Über die Autorin:

Dr. Irene C. Kassorla hat für ihre Arbeiten international viele Auszeichnungen und Preise erhalten, darunter den »Women's Achievement Award« und den »Prix Italia«. Dr. Kassorla hat zwei Töchter. Sie lebt und praktiziert in Beverly Hills, Kalifornien.

*Ich widme dieses Buch meiner Mutter, Bertha,
deren positive Einstellung zum Leben
für mich eine ständige Quelle der Energie
und Motivation ist.*

# DANKSAGUNG

Der Ursprung dieses Buches liegt in London, liegt in der Zeit, als ich mein Studium abgeschlossen hatte. Dort begann ich zu schreiben und stellte meine ersten Forschungen über das Thema »Wie man sein Leben erfolgreich gestaltet« an. Ich untersuchte Verhaltens- und Denkmuster einer Reihe äußerst erfolgreicher Leute. Meine Studie stand unter dem Titel »Zwanzig der berühmtesten Briten«. Mein Dank gilt einer außergewöhnlichen Gruppe von Personen, die mir halfen und diese Studie unterstützten: George Perry, Leitender Redakteur der Londoner »Sunday Times«; Susanne Puddefoot, Redakteurin für Frauenangelegenheiten bei der Londoner »Times«; Dr. Robert Reid, Wissenschaftlicher Direktor der BBC-Fernsehanstalt; Lord John Wakehurst, dem früheren Generalgouverneur von Neusüdwales und Irland; sowie Sir Hue Weldon, der später Direktor der BBC-Fernsehanstalt wurde. Mein besonderer Dank gilt George Perry für die vielen Gespräche, in denen ich meine Vorstellungen über »Erfolgreiche und Erfolglose« und die Art der Darstellung in diesem Buch diskutierte.

Mit Zuneigung und Dank möchte ich einer Gruppe von Freunden und Helfern, die mir während der Monate und Jahre des Entstehens dieses Buches zur Seite standen, meine Anerkennung aussprechen: Johanna Dick für die Befragungen einiger »Superstars«, für ihre Geduld und ihre hervorragenden Fähigkeiten als meine Herausgeberin; meinen Büroleiterinnen Vicki Hiney und Dalia Weiss sowie deren Mitarbeiterinnen Susan Canzoneri und Tami Applegate; Joe Loesch für seine Hingabe, seinen Eifer und seine genaue Arbeit mit dem Textverarbeiter und schließlich Denise Demong für ihre saubere Gestaltung des Manuskripts.

Vielen Dank auch meinen beiden hübschen Töchtern Ronnie und Jackie, deren Umarmungen, Küßchen und mitempfindende Worte mir ein Gefühl der Sicherheit und des Geliebtwerdens gaben, wenn mir Erschöpfung und Tränen den Blick trübten. Sie inspirierten mich, wenn ich den Mut verlor. Ein besonderes Wort des Dankes geht an meine lieben Freundinnen, Judi Williams und Lani Alpert, deren Mitgefühl und Aufmunterungen mir während meiner Arbeit halfen.

Die nie versiegende Quelle bedeutender Einzelheiten für mein Buch waren meine Patienten, die meine Freunde und zum Teil meine Daseinsberechtigung sind. Ihr wunderbarer Fortschritt gibt mir immer wieder Antrieb. Drastische Änderungen ihres Lebensstils und die Fähigkeit, sich neue Erfolgseigenschaften anzueignen, sind das Magische, das mich veranlaßte, mich an meinen Schreibtisch zu setzen und »GO FOR IT!« zu schreiben.

# INHALT

# VORWORT

# Siegen schlägt Verlieren

*Wenn der Tag und die Nacht so beschaffen sind, daß du sie mit Freude begrüßt, und das Leben den Wohlgeruch von Blumen und süßduftenden Kräutern ausströmt, wenn es sternenreich, unsterblich ist... dann ist das dein Erfolg.*

HENRY DAVID THOREAU

Was erwarten Sie vom Leben?

Angenommen, Sie könnten Ihre Träume verwirklichen, was würden Sie sich wünschen? Von allem nur erdenklichen materiellen Luxus umgeben zu sein? Vom anderen Geschlecht angebetet zu werden? Ein beständiges und mit Liebe ausgefülltes Familienleben zu führen? Beruflich Ansehen zu gewinnen? Aus Lust am Abenteuer die wildesten Plätze der Erde aufzusuchen? Von faszinierenden Persönlichkeiten geschätzt und respektiert zu werden?

WAS WÜRDEN SIE SICH WÜNSCHEN?

In jahrelanger Arbeit mit Hunderten von·Menschen habe ich höchstwahrscheinlich alle nur möglichen Träume, Sehnsüchte und Hoffnungen kennengelernt. Und indem ich diese Menschen behandelte, habe ich vielen von ihnen helfen können, ihre Träume wahrzumachen. Denn genau das ist, seit ich als Psychologin arbeite, mein Ziel.

Wieder und wieder habe ich ganz erstaunliche Veränderungen erleben dürfen. Meine Patienten nennen das, was mit ihnen geschehen ist und geschieht, »Wunder«. Ich ziehe es vor, ihre Verwandlung »*neuen Fertigkeiten, die erlernbar sind*«, zuzuschreiben. Erlernbaren Verhaltensregeln und Denkweisen, einfachen, leicht nachzuvollziehenden Handlungsweisen, die zum Erfolg führen. Jene Fertigkeiten, die man braucht, um im Leben als Gewinner dazustehen.

11

## AUCH SIE KÖNNEN DIESE FERTIGKEITEN ERLERNEN – AUCH SIE KÖNNEN ZU DEN GEWINNERN GEHÖREN.

Ich bin felsenfest davon überzeugt, *daß jeder seine Kraft, die zum Erfolg führt, bis zum äußersten ausschöpfen, mehr erreichen und seinen Horizont erweitern kann.* Unglücklicherweise wissen nur die wenigsten Menschen, *wie sie den nahezu unerschöpflichen Vorrat an Talent, Scharfsinn und Vorstellungskraft, den sie besitzen, nutzbar machen können.* Die meisten von uns nutzen nur einen Bruchteil ihrer tatsächlichen Fähigkeiten, während der Großteil ihres Potentials im Unterbewußtsein vergraben schlummert.

Wie aber können wir diese unendliche, bislang ungenutzte Kreativität ausgraben? Wo können wir beginnen?

Wir alle sind erfüllt von Träumen von dem, was wir im Leben erreichen möchten. Aber wir haben Angst davor, diese Träume zu verwirklichen. Statt dessen rationalisieren wir sie ganz einfach weg, indem wir uns selbst einreden, daß Träume sowieso nie Wahrheit werden können. Ohne ihnen auch nur die kleinste Chance zu geben, zu beweisen, wieviel Lebenskraft in ihnen steckt, ersticken wir die Hoffnungen, die wir in unserem Innersten hegen, im Keim.

### JEDER, DER DIESES BUCH LIEST, HAT DIE KRAFT, SEIN LEBEN POSITIV ZU VERÄNDERN. JEDER, UND GANZ BESONDERS *SIE*, KANN VERHALTENSWEISEN ENTWICKELN, DIE IHN ZUM SIEGER MACHEN.

Anhand dieses Buches können Sie lernen, die in Ihnen verborgenen Fähigkeiten zu wecken und zu entfalten. Sie können Ihre Persönlichkeit zu ihren Gunsten verändern und erstaunliche POSITIVE Wandlungen bewirken.

### SIE KÖNNEN SOFORT DAMIT BEGINNEN!

Wie ich aus meiner Erfahrung als Psychotherapeutin immer wieder nur bestätigen kann, ist ein Verhalten, das zum Erfolg führt, erlernbar. Denn mir ist bei den außergewöhnlich erfolgreichen Menschen, die meinen Weg gekreuzt haben, aufgefallen, daß ihnen *allen* bestimmte Verhaltensweisen gemeinsam sind. Verhaltensweisen, die LEHRBAR und LERNBAR sind.

Ebenso ist mir eine Unzahl von Menschen begegnet, die von ihrer Familie und von der Gesellschaft zu »Verlierern« abgestempelt worden waren. Menschen, die mir in Sitzungen unter Tränen gestanden, daß sie sich *tatsächlich* – als Liebende, als Eltern, als Freunde oder als Geschäftspartner – als Verlierer fühlen. Auch ihre Verhaltensweisen zeigen Gemeinsamkeiten auf, die ebenfalls erlernt sind. Zum Glück können diese Verlierer-Verhaltensweisen auch geändert werden.

> MEINE GRÖSSTE FREUDE IST ES,
> VERLIERERN ZU HELFEN, SIEGER ZU WERDEN.

Was erachten *Sie* als Sieg im Leben? Was würde *Sie* glücklich und zufrieden machen? Es ist gleichgültig, ob Sie den »Sieg«, nach dem Sie streben, in Ihrer Karriere, im Sport oder in den Künsten erlangen, oder ob es sich um einen persönlichen Sieg, wie den, den Respekt und die Bewunderung Ihres Partners, Ihrer Kinder, Ihrer Freunde oder gar der ganzen Welt zu erringen, handelt. Wie auch immer Sie derzeit leben, Sie können lernen, glücklich zu sein, Ihr Leben zu verbessern und größere Erfolge in Ihren persönlichen und beruflichen Beziehungen zu erfahren.

> ERKENNEN SIE IHRE TRÄUME UND FINDEN SIE HERAUS,
> MIT WELCHEM MASS *SIE* ERFOLG IM LEBEN MESSEN.

Ist es ein stärkeres Gefühl von Selbstvertrauen, Würde und Selbstachtung? Ist es größere Anerkennung durch andere, Ruhm, Weisheit, Auszeichnungen, Beförderungen, Geld? Ist es vielleicht ein Dienst für die Gemeinschaft – oder alles oder keine der eben genannten Möglichkeiten?

Was Ihre Hoffnungen und Ihre Sehnsüchte, die tief in Ihnen verborgen liegen, auch sein mögen: Sie sind von Wert, solange SIE sie hochschätzen.

> LERNEN SIE, IHRE TRÄUME ZU VERWIRKLICHEN!

Sie sind der einzige Mensch, der weiß, was einen Freudensturm in Ihrem Herzen entfachen kann. SIE SIND DER BESTE RICHTER darüber, was ein Lächeln auf Ihr Gesicht zaubert und was das Leben für Sie lebenswert macht. Unabhängig davon, wie Ihr persönliches Erfolgskonzept aussehen mag, SIE VERDIENEN ES, DEN ERFOLG ZU HABEN, NACH DEM SIE SICH SEHNEN. Ihr ganz persönliches Erfolgserlebnis.

»Halt«, werden Sie jetzt vielleicht sagen. Nur wenige von uns sind dazu auserkoren, in die Geschichte der Menschheit einzugehen, indem sie ein bedeutender Staatsmann werden, als Forscher lebensrettende Impfstoffe entwickeln oder eine raffinierte Technologie ausklügeln, die es dem Menschen ermöglicht, das All zu erobern.

Stimmt. Wenn Sie das, was Sie unter »Erfolg« verstehen, so hoch ansetzen, bedarf es eines außergewöhnlichen Genies. Wenn Sie solche Genialität besitzen, wird dieses Buch Ihnen helfen, sie zu entdecken. Wesentlich wichtiger erscheint mir allerdings, daß auch ganz »normale Menschen«, die tagtäglich mit Alltagssorgen konfrontiert sind, zum Kreis der Gewinner zählen können.

Innerhalb der Grenzen Ihrer ganz persönlichen Welt können Sie mehr von dem, was Sie wollen, erreichen... das Höchstmögliche! Kein Traum, den Sie hegen, ist zu groß oder zu unwichtig; kein Gebiet, auf dem Sie sich auszeichnen wollen, ist zu gewichtig oder zu unwesentlich.

Siegen zu lernen beginnt damit, daß Sie sich darüber klarwerden, was Sie unabhängig von Ihrem sozialen Status, Ihrem Körperbau, Ihrem Einkommen oder Ihrer Bildung tun können:

Ihre Welt verändern,
kreativ sein und Neuerungen durchsetzen,
ein gesundes Gleichgewicht von menschlicher Wärme und Bestimmtheit ausstrahlen,
Ihre (all)täglichen Tätigkeiten mit Freude versehen und sie gern erledigen,
die Bewunderung und Zustimmung der Menschen, die Sie schätzen, erlangen,
der Mensch werden, den auch Sie bewundern können,
mehr Ausdauer und Energie entwickeln,
den vollen Umfang Ihrer persönlichen Größe und Kraft erforschen.

# Werden Sie ein Star

Wir alle haben ihnen schon applaudiert, den Helden in Film-Epen, die das Kampffeld des Lebens siegreich verließen und die bösen Schurken glorreich besiegten. Wir kennen das erhebende Gefühl, uns mit diesen Helden und anderen Gewinnern zu identifizieren: Stars aus dem Bereich des Sports, der Künste, der Medien.

ABER STELLEN SIE SICH VOR, WIE BEFRIEDIGEND ES SEIN MUSS, NICHT ZU PHANTASIEREN UND SICH MIT ANDEREN ZU IDENTIFIZIEREN,
SONDERN *SELBST* EIN STAR ZU SEIN!

Ich bin der Ansicht, daß Gewinnen Verlieren schlägt und daß der Erfolg jede Anstrengung wert ist, die man unternehmen muß, um ihn zu erlangen. *SIE* können der Held sein, der über seinen Widersacher triumphiert, der kniffelige Probleme löst und der weiß, wie man das Leben meistert.

WARTEN SIE NUR, BIS SIE DEN GESCHMACK VON ERFOLG ZUM ERSTEN MAL GENIESSEN!

Der Erfolg an sich birgt nämlich mehr als nur einen Vorteil. Meine Erfahrungen mit außergewöhnlich schöpferischen und produktiven – sprich erfolgreichen – Menschen haben mir gezeigt, daß Erfolgsmenschen VIEL GLÜCKLICHER und eine WESENTLICH ERFREULICHERE GESELLSCHAFT sind als Menschen, die weniger kreativ oder produktiv sind und folglich weniger zustande bringen.

*In meinem gesamten Leben habe ich noch nie jemanden getroffen, der so glücklich ist, wie ich es bin – und mit neunzig ist das eine äußerst gewichtige Aussage. Ich bin an allem lebhaft interessiert.*

ARTHUR RUBINSTEIN

# Entscheiden Sie selbst

Wie ich schon sagte, ist es kein Geheimnis, daß erfolgreiche Menschen sehr ähnliche Denk- und Verhaltensmuster aufweisen.

Sie finden in diesem Buch viele faszinierende Interviews mit Super-Erfolgsmenschen auf dem Gebiet der Unterhaltung, des Sports, der Politik und Wirtschaft. Sie werden Ihnen Vorbilder sein, denen Sie nacheifern können und die Ihnen einen intimen Einblick gewähren, wie hervorragende Leistungen zu erzielen sind. Wenn Sie die persönlichen Philosophien dieser Superstars betrachten, werden Sie feststellen, wie viele Gemeinsamkeiten sie haben... wertvolle Ideen, die Sie für die Verwirklichung Ihrer eigenen Wünsche in Ihr Leben einbeziehen können.

Also, greifen Sie zu Papier und spitzen Sie den Bleistift! Dieses Buch bietet Ihnen nämlich auch noch interessante Hausaufgaben und leichte Übungen, die Ihnen, wenn Sie sie beherrschen, zum Erfolg verhelfen.

Machen Sie sich bei dem aufregenden Abenteuer, das vor uns liegt, auf wundersame Veränderungen in Ihrer Persönlichkeit gefaßt, sobald Sie entdeckt haben, WELCH AUSSERGEWÖHNLICHER MENSCH Sie sein können.

Auch Sie können zu den Gewinnern zählen, auch Sie können ein Mensch sein, dem andere Menschen nacheifern wollen. Auch Sie können Fertigkeiten entwickeln, die Sie zum Sieger machen. Es ist an der Zeit, daß Sie ihre eigene Philosophie, Methoden und Techniken erwerben, die Sie der Erfüllung Ihrer Sehnsüchte und persönlichen Siegen näherbringen.

Während Sie dies lesen, stellen Sie sich vor, daß wir zusammensitzen und miteinander reden. Ich möchte Ihren Geist mit neuem Wissen, einfachen Formeln und Ideen füllen, die schließlich Ihr tägliches Leben mit mehr Freude erfüllen.

Erfolg kennt keine Grenzen: Ein Sieg zieht den anderen nach sich, und mehreren Siegen folgen weitere. Es gibt keine Grenzen, und Sie können Ihre Träume Wahrheit werden lassen, sobald Sie einen wichtigen Menschen dazu bringen, fest an Sie zu glauben.

Während Sie die Übungen, die Sie hier finden, machen, werden Sie ein neues Selbstvertrauen und ein immer größeres Selbstwertgefühl erfahren. Sie werden begreifen, wie wichtig es ist, sich »in sich selbst zu verlieben«, während Sie sich zu dem einzigartigen Menschen, der Sie sind, entwikkeln.

Ihre Liebe und Ihr Respekt für andere werden ebenfalls wachsen. Freunde und Familie werden den Unterschied an Ihnen bemerken. Sie werden die gesunden, positiven Botschaften, die Sie ausstrahlen, spüren. Indem sie Ihnen nacheifern, werden sie Ihnen mit Wärme, Wertschätzung und Respekt begegnen.

### SIE WERDEN SICH GROSSARTIG FÜHLEN – UND DIE ANDEREN AUCH!

Sieger fühlen sich großartig! Und Sie sind umhüllt vom »süßen Duft des Erfolgs«, der andere anzieht. Es ist an der Zeit, daß *Sie* eine interessantere, dynamischere und attraktivere Persönlichkeit werden.

### SIE HABEN ES IN SICH:

sich von anderen zu unterscheiden;
Ihr Leben zu verändern;
Verlierer-Verhaltensmuster in Sieger-Verhalten umzuwandeln.

### SIE HABEN ES IN SICH:

sich selbst zu verbessern;
andere positiv zu beeinflussen;
die Umstände, unter denen Sie leben, zu verbessern.

### SIE HABEN ES IN SICH:

Ihre Selbsteinschätzung zu verdoppeln;
Ihren Selbstrespekt zu verdreifachen;
Ihr Selbstvertrauen zu vervierfachen.

Sie haben die Macht, Ihre Träume zu verwirklichen. Sie können glücklich, glücklicher, am glücklichsten sein... indem Sie das erregende Gefühl, das jeder Sieg mit sich bringt, an sich selbst erfahren. Glücklichsein und Gewinnen sind ansteckend. Ich kann Ihnen zeigen, wie Sie beides wahr werden lassen.

ERFAHREN SIE DIE FREUDE ZU SIEGEN!
DIE ERFÜLLUNG IHRER WÜNSCHE IST ZUM GREIFEN NAH!

# 1. KAPITEL

# Sie müssen Ihr Leben für sich selbst leben

*Ist das Leben nicht hundertmal zu kurz, als daß wir Zeit hätten, uns zu langweilen?*

FRIEDRICH WILHELM NIETZSCHE

Ich erlebe es oft, daß Patienten erzählen: »Meine Mutter hat sich immer gewünscht, daß ich Ärztin werde« oder »Mein Vater hat gehofft, daß ich ihm nachschlage und sein Geschäft übernehme« oder »Meine Schwester meint, ich sollte es ihr nachtun und Lehrerin werden«. Der nächste Satz, den ich dann zu hören bekomme, ist der: »Aber wo bleibe ich bei all dem? Meine Wünsche werden ganz einfach ignoriert. Selbst meine Nachbarn sind der Ansicht, daß sie besser wissen als ich, wie ich mein Leben leben soll. Was *ich* hingegen tun möchte, scheint niemanden zu interessieren.«

WIE STEHT ES MIT IHNEN?
WER PLANT *IHR* LEBEN?

Wer trifft *Ihre* wichtigen Entscheidungen? Wer lebt *Ihr* Leben? Wenn Sie sich nach den Ratschlägen anderer richten, werden diese anderen gewiß sehr froh darüber sein. Nur einer wird dabei nicht glücklich – UND DAS SIND SIE! Wenn *Sie* glücklich sein wollen, wenn *Sie* Erfolg anstreben, müssen *Sie* selbst Ihr Leben in die Hand nehmen.

DER FÜNFHUNDERT-JAHRE-PLAN.

Können Sie damit rechnen, fünfhundert Jahre alt zu werden? Wenn ja, dann können Sie es sich leisten, die ersten einhundert Jahre Ihres Erdenlebens gemäß den Wünschen und Plänen Ihrer Eltern zu gestalten.

Die zweiten einhundert Jahre, denke ich mir, sollten Sie Ihren Nachbarn zu Gefallen leben, schließlich sind sie solch nette Leute.

Die dritten einhundert Jahre sollten Sie Ihren Kindern und Ihrer Familie opfern, die sind schließlich auch nicht gerade unwichtig und besitzen gewiß sehr konkrete Vorstellungen, wie Sie Ihr Leben für sie verbringen sollen. Die vierten einhundert Jahre sollten Sie gemäß den Wünschen irgendwelcher anderer Leute, die Sie besonders schätzen, leben. Damit würden Sie sich als besonders großmütig und gut erweisen.

Die fünften einhundert Jahre – und damit das letzte Jahrhundert Ihres irdischen Daseins – sollten Sie dann ruhig so leben, wie Sie selbst sich Ihr Leben vorstellen.

Sollten Sie allerdings zu den Normalsterblichen gehören, haben Sie keine Zeit, Ihre Träume und Ziele denjenigen zu opfern, die Sie lieben. Es sei denn, Sie wollen sich selbst – und die anderen – hassen lernen.

Alles, was jeder von uns hat, ist das HIER und JETZT. Jeder muß eines Tages sterben. Niemand verläßt diese wunderschöne Welt bei lebendigem Leib. Der »Erfolg« des Lebens liegt darin, jeden kostbaren Augenblick *Ihres* Lebens auf *Ihre* Weise zu genießen.

### WAS IST IHNEN LIEB UND TEUER?
### WAS ZAUBERT EIN LÄCHELN AUF IHR GESICHT?

Stellen Sie sich einmal folgende Frage: »Wenn ich nur noch ein Jahr zu leben hätte, vierzig Stunden pro Woche arbeiten müßte und die restlichen 128 Stunden je nach Bedarf einteilen könnte, würde ich mein Leben wie bisher fortsetzen?«

Wenn Sie diese Frage *nicht* mit »Ja« beantworten können, dann ist es höchste Zeit, aufzuwachen! Denn die Zeit verrinnt, und so wie die Tage aller Sterblichen sind auch *Ihre* Tage gezählt.

Manchmal höre ich jemand sagen: »Ich hasse meinen Beruf, aber ich muß meinen Lebensunterhalt verdienen.« Dann denke ich mir: Ist er verrückt? Es muß wohl einer von denen sein, die fünfhundert Jahre leben.

Was mich betrifft, so weiß ich nur eines. Und das ist, daß mir – wenn überhaupt – für mein gesamtes Leben höchstens einhundert Jahre bleiben. Folglich kann ich es mir *nicht* leisten, mein Leben mit Dingen zu verbringen, die ich hasse. Ich bin darauf angewiesen, mir hier und jetzt das Arbeitsfeld, die Freunde und die Aktivitäten zu suchen, die Freude in mein Leben bringen.

»Ich muß meinen Lebensunterhalt verdienen« ist für mich nicht Grund genug, Dinge zu tun, die ich hasse. Und für Sie sollte es das ebensowenig sein. Was haben Sie schon davon, wenn Sie zwar pünktlich Ihre Miete zahlen und sich ein Auto leisten können, wenn Ihnen Ihr Leben im großen und ganzen keinen Spaß macht? Wenn Sie sich jeden Tag schon beim Aufwachen wünschen, daß es schon wieder Abend wäre, oder wenn Sie sich Magengeschwüre zulegen?

Denken Sie doch einmal so: Wenn Sie es sogar geschafft haben, Ihren Lebensunterhalt mit einer Arbeit, die Sie hassen, zu verdienen – wieviel eher müßte es Ihnen gelingen, das Geld, das Sie zum Leben brauchen, auf eine Weise zu verdienen, die Ihnen Freude macht? Sie müssen nicht in einem Leben verharren, das Ihnen nicht gefällt. Geben Sie sich einen Ruck herauszufinden, wie Sie Ihr Leben lieber gestalten würden – anstatt Ihre Energie auf Dinge zu verschwenden, die Sie langweilen oder gar unglücklich machen.

RESIGNIEREN SIE NICHT.
SEIEN SIE NICHT UNGLÜCKLICH.
VERSCHWENDEN SIE NICHT DAS *EINZIGE* LEBEN, DAS SIE HABEN.
WAS MÖCHTE ICH *NICHT* SEIN?

Menschen davon zu überzeugen, ihr Leben für sich selbst zu leben, ist gar nicht so schwierig. Problematisch wird es erst, wenn sie fragen: »Wie geht das? Gewiß würde ich mein Leben gern so gestalten, daß es mir gefällt – aber ich weiß nicht, *was* mir gefallen könnte.«

Es geschieht oft, daß Patienten, die mich aufsuchen, das sind, was ich »totale Verlierer« nenne. Sie haben es in ihrem Leben zu nichts gebracht – außer dazu, negativ zu sein. Sie haben keine Ahnung von dem, was sie eigentlich tun wollen.

Und weil ihnen ein Ziel fehlt, auf das sie zusteuern können, drücke ich ihnen Papier und Bleistift in die Hand und bitte sie, eine Liste zu erstellen, die den Titel trägt:

»WAS ICH ALLES *NICHT* SEIN MÖCHTE«

Die Antworten kommen wie aus der Pistole geschossen. Denn so wenig die meisten Menschen wissen, *was* sie sein möchten, so sehr wissen sie, was sie alles *nicht* sein möchten. Ihr negatives Denken haben sie schließlich perfektioniert. »Ich möchte nicht bei der Müllabfuhr arbeiten«, bekomme ich da zu lesen. Und »Ich möchte kein Dienstmädchen sein«. Sie schreiben und schreiben, bis ihnen schließlich irgendwann die Gedanken zu diesem Thema ausgehen. *Nur* Negatives fällt auf die Dauer auch dem negativsten Menschen nicht ein.

Dann taste ich mich weiter vor, indem ich bitte, eine zweite Liste aufzustellen. Diesmal heißt die Überschrift

»WAS MIR NICHTS AUSMACHEN WÜRDE ZU SEIN«.

Also schreiben sie weiter. Die meisten Tätigkeiten, die ich auf dieser zweiten Liste finde, sind Jobs, bei denen es meinen Patienten nichts ausmachen würde, sie zeitweilig oder halbtags auszuüben. Wenn ihnen schließlich auch dazu nichts mehr einfällt, wenden sie sich langsam, aber sicher positivem Denken zu.

Nun bitte ich sie, mir eine Liste mit der Überschrift »ICH GLAUBE, ICH WÄRE GANZ GERNE…« zu machen. So schlage ich zwei Fliegen mit einer Klappe. Einerseits zwinge ich auf diese Weise niemanden zu einer definitiven Aussage – die Menschen, die ihr Leben lang daran gewöhnt worden sind zu »verlieren«, von einer Sekunde zur anderen gar nicht machen können. Definitive Aussagen verlangen schließlich Entscheidungen; Entscheidungen fordern Handlungen, und Handlungen wiederum bedeuten für »ständige Verlierer« Mißerfolg, sprich Versagen.

Kurzum: Obwohl – oder gerade weil – ich meinen Patienten einerseits keine definitive Entscheidung abverlange, schubse ich sie andererseits in eine Richtung, die sie zu positivem Denken führt. Denn nun können sie die vage Vorstellung von dem, was sie »vielleicht ganz gern sein würden«, als Sprungbrett dazu benutzen, herauszufinden, was sie tatsächlich gern wären – und wie sie dieses Ziel in Angriff nehmen könnten.

## Fangen Sie Ihr neues Leben heute an

Vielleicht haben Sie auch schon mit dem Gedanken gespielt, daß Sie dieses oder jenes gern tun oder gern sein würden. Nichts leichter als das. Schauen Sie in die Zeitung und lesen Sie die Stellenangebote in der von Ihnen gewünschten Berufssparte. Erkundigen Sie sich nach Schulungskursen. Unterhalten Sie sich mit Menschen, die bereits in diesem Beruf tätig sind. Machen Sie sich mit allen Möglichkeiten, Ihr Ziel zu erreichen, vertraut.

Vielleicht entscheiden Sie sich sogar dazu, sich auf diesen Beruf (um)schulen zu lassen. Vielleicht stellen Sie im Laufe Ihrer Ausbildung auch fest, daß Ihnen das, was Ihnen wie ein Traumberuf erschien, doch nicht liegt. Und dann? Dann werfen Sie sich nicht vor, Zeit vergeudet zu haben, sondern gratulieren Sie sich lieber zu der Erfahrung, um die Sie nun reicher sind. Und auch dazu, daß Sie sich dazu aufgerafft haben, in etwas Neues hineinzuschnuppern.

Je mehr Informationen Sie sich vorab besorgen, desto klarer und schneller werden Sie beurteilen können, ob es sich für Sie lohnt, sich voll und ganz »hineinzuknien«.

ERFOLGREICH SEIN BEGINNT DAMIT, DASS MAN SICH
AKTIV DARUM BEMÜHT

Manche Menschen schaffen es, den Erfolg, nach dem sie sich sehnen, schon im Keim zu ersticken. Weil sie so überhaupt keine Ahnung von dem haben, was sie eigentlich wollen, können sie auch keinerlei Veränderung herbeiführen. Ohne ein klares Ziel vor Augen zu haben, erscheint es ihnen nicht möglich, irgendwo auf irgendeine Weise einen Anfang zu machen. Statt dessen sitzen sie tatenlos da und warten darauf, daß ein Wunder geschieht. Daß sie über Nacht blitzartig die Erleuchtung überkommt, was *genau* zu tun ist.

Ein Großteil der außergewöhnlich erfolgreichen Menschen, die ich kennengelernt habe, hatten jedenfalls keine feste Vorstellung von dem, was sie zum Erfolg führen sollte. Erreicht haben sie ihn, indem sie so viele verschiedene Dinge ausprobierten, daß bei einigen von ihnen der Erfolg gar nicht ausbleiben konnte. Sie sind wie das berühmte blinde Huhn, das auch einmal ein Korn findet. Oder viele Körner, weil es pausenlos aktiv ist.

Erfolgsmenschen sind AKTIV. Sie EXPERIMENTIEREN. Und treffen dabei irgendwann auf Dinge, die nicht nur Spaß machen, sondern die auch der Mühe wert waren.

## Haben Sie den Mut zu experimentieren

Nach meinem Schulabschluß studierte ich Musik – und es wäre mir damals auch nie in den Sinn gekommen, etwas anderes zu studieren. Meine gesamte Familie war musikalisch, und die Musik spielte eine große Rolle in unserem Leben. Wir hatten zwei Pianos, eines oben und eines im Erdgeschoß, so daß meine ältere Schwester Charlotte und ich gleichzeitig üben konnten, ohne einander dabei zu stören. Charlottes Hauptfach auf dem College war Musik gewesen, und meine Eltern und Freunde erwarteten von mir, daß ich ihrem Beispiel folgte.

In der Fairfax High-School hatte die Musik mir auch tatsächlich viele Türen geöffnet und mich zum »Star« gemacht. Bei jeder Veranstaltung spielte ich Klavier, begleitete den Chor; und ich schrieb Musicals. Daher war ich sehr beliebt und fühlte mich als etwas ganz Besonderes. Aber dann kam der große Schock: Während es in Fairfax weniger als 2500 Schülerinnen gegeben hatte, waren an der Universität, an der ich mich eingeschrieben hatte, 25000!

Die Musikstudenten kamen aus aller Welt. Es gab einen Schweizer Pianisten im ersten Semester mit fast fehlerfreier, brillanter Technik und einen russischen Musikstudenten ein paar Semester darüber, dessen Klaviertechnik noch viel bemerkenswerter war.

Langsam, aber sicher dämmerte es mir: Ich bin hier nicht

mehr in der High-School, und ich bin hier auch nichts Besonderes mehr. Mir fehlte nicht nur die totale Hingabe und ausschließliche Liebe zur Musik, die andere bewiesen, mir fehlte auch – das Talent. Dennoch hatte bislang jeder gemeint, ich müßte Karriere in der Musik machen. Und so dauerte es zwei Jahre, bis ich begriff, daß ich nicht werden wollte, was meine Mutter mir zum Ziel gesetzt hatte.

Folglich entschied ich mich, das Musikstudium aufzugeben. Ich war nicht einmal enttäuscht darüber, daß es so gekommen war. Denn es hatte mich nur zwei Jahre – und nicht ein ganzes Leben – gekostet, um herauszufinden, daß eine Musikkarriere nicht das war, was ich wollte.

So begann ich, danach zu suchen, *was* ich wollte. Aber ich verließ mich in meinen Entscheidungen immer noch darauf, was andere für mich als gut erachteten. Ich hatte zum Beispiel einen Freund, der Wirtschaftswissenschaften studierte und der davon überzeugt war, daß dieses Studium das richtige für mich sei. Also wechselte ich zum Ökonomiestudium über.

*Mein Freund* fand es fabelhaft, daß wir die Vorlesungen gemeinsam besuchten. *Ich* hingegen verstand kaum etwas von dem, was ich da zu hören bekam, und fühlte mich alles andere als wohl. Ich spielte vielmehr mit dem Gedanken, dem Professor das grauenhaft trockene Lehrbuch, dessen Autor er war, an den Kopf zu werfen. Das einzige, was mich zunächst bei der Stange hielt, war das Lob meines Freundes. Aber eines Tages wurde mir klar: Auch das ist keine Laufbahn für mich.

Danach versuchte ich mich in einem weiteren Fach, das ein anderer Freund von mir studierte. Mir gefiel es, meine eigenen Kleidungsstücke zu entwerfen, und in den Semesterferien arbeitete ich als Sportbekleidungs-Designer. Daher wählte ich Marketing und Modeschöpfung als mein neues Studienfach.

Aber auch damit war ich nicht glücklich. Und so wechselte ich von einem Fach zum anderen, daß schon jeder Studienberater lachte, wenn er mich kommen sah. Mit fast jedem Semester begann ich ein neues Studium.

ABER DAS WAR GUT SO.

Dadurch, daß ich vieles versucht und oft darin versagt hatte, wußte ich, was ich alles *nicht* wollte und konnte letztlich entdecken, was mein Herz höher schlagen ließ. Was mir immer neue Energie verleiht und was mir Spaß macht: meine Arbeit in der Psychologie.

Stimmt. Wenn das Leben ein Märchen wäre, dann wäre alles anders verlaufen. Dann wäre ich eines Morgens aufgewacht, hätte Geigen spielen hören und vor mir in Leuchtschrift gesehen: »Du sollst Psychologin werden. Das ist deine Bestimmung.« Prompt hätte ich mich auf meinem fliegenden Teppich wiedergefunden und wäre von ihm zur Universität getragen worden. Da wäre ich automatisch im richtigen Hörsaal gelandet, hätte sämtliche Scheine und Examina mit Glanz und Gloria gemacht und bestanden und hätte als Spitzenpsychologin die Uni verlassen. Drei Sekunden später wäre ich bereits berühmt und auf sechs Kontinenten als Koryphäe auf meinem Gebiet anerkannt gewesen.

Die Realität sah allerdings anders aus. Um mal wieder zu einem anderen Studienfach wechseln zu können, mußte ich gleichzeitig Psychologie belegen. Dann allerdings erschien es mir schon wie ein Wunder, als ich mich ausgerechnet in dieses Pflichtfach verliebte. Und daß mir einfach alles, was mit Psychologie zusammenhing, gefiel. Selbst die Professoren langweilten mich plötzlich nicht mehr, sondern ich hörte ihnen gespannt zu.

Mehr noch: Man hörte auch *mir* zu. Wann immer ich etwas sagte, wurde es mucksmäuschenstill. Es interessierte die anderen, was ich zu sagen hatte. Und das war mir – Freunde und Eltern einmal ausgenommen – schon lange nicht mehr passiert.

Durch diese Erfolgserlebnisse angeregt, machte ich Psychologie zu meinem Hauptfach und nutzte jede Minute, um zu lernen. Ich verbrachte Wochen in der Bibliothek, um mich auf einen Schein vorzubereiten, für den andere Studenten nur wenige Stunden Vorbereitungszeit aufwandten. Dann begann mein Praktikum in der Klinik. Da fand ich mich dann mit einem Kind konfrontiert, das mir ins Gesicht schlug und mich biß. Ich dachte, ich muß verrückt geworden sein, mir so etwas bieten zu lassen, um diesen Beruf ergreifen zu wollen. Aber es gab auch erhebende Augenblicke, und so setzte ich mein Studium fort. Es gab sogar einige Professoren, die besonders um mich bemüht waren. Dann begann ich eine Forschungsarbeit an einem autistischen Kind, dessen Zustand sich durch meine Therapie merklich besserte. Aus allen Ecken Amerikas kamen daraufhin andere Psychologen, um meine Arbeit zu beobachten. Selbst das *Life Magazine* berichtete darüber.

Dem folgten Einladungen nach Europa, wo ich meine Experimente an der Londoner Universität wiederholte. Ich behandelte einen Mann, der seit dreißig Jahren kein einziges Wort gesprochen hatte, und konnte ihn innerhalb von dreißig Tagen wieder zum Reden bewegen. Diese Therapie wurde das Thema meiner Doktorarbeit. Die Zeitungen berichteten darüber, und ich wurde berühmt. All das geschah in den 60er Jahren.

Wenn ich heute an den verschachtelten Weg zurückdenke, den ich zurücklegte, um meine Liebe zur Psychologie zu entdecken, bin ich sehr glücklich. Psychotherapeutin zu sein und anderen Menschen zu helfen, ihr Leben in den Griff zu bekommen, gibt auch meinem Leben einen Sinn. Doch niemals, obwohl als Erfolgsmensch gefeiert, vergesse ich, daß ich als »Verlierer« angefangen habe. Als mittelmäßige Musikstudentin, die das tat, was ihre Eltern erwarteten. Und die sich selbst nie gefragt hatte, was sie eigentlich wollte. Aber sobald ich mir einen Ruck gegeben und – weil ich immer noch nicht wußte, was ich wollte – die verschiedensten Möglichkeiten durchprobiert hatte, begannen meine Träume Form anzunehmen. Und durch ihre Form greifbar zu werden.

BEGINNEN AUCH SIE,
*IHREN* TRÄUMEN GESTALT ZU GEBEN.

Den ersten Schritt unternehmen Sie mit einer Übung, die der, die ich mit meinen Patienten mache, ähnelt.

Wenn Sie gerade am Beginn Ihrer Karriere stehen oder wenn Ihnen Ihr derzeitiger Beruf keine Freude macht und Sie an eine Veränderung denken, wird Ihnen die Übung bestimmt weiterhelfen. Was aber, wenn es nicht Ihre berufliche Laufbahn ist, die Ihnen Sorgen bereitet? Wenn Sie beispielsweise die Beziehung zu Ihrem Partner, Ihren

Freunden, Eltern oder Kindern verbessern möchten? Wenn Sie Gewichtsprobleme haben, das Rauchen aufgeben wollen oder wenn die Umgebung, in der Sie leben, Sie unglücklich macht?

Auch dann ist die folgende Übung von Wert. Sie müssen sie auf das Problem, mit dem Sie sich derzeit befassen, abstimmen. Das Ziel der Übung bleibt nämlich: Ihren Kopf von all dem zu befreien, was Sie »tun sollten«, und langsam damit zu beginnen herauszufinden, *was Sie gern tun möchten.*

# Übung 1

## Sie müssen Ihr Leben für sich selbst leben

### Erster Schritt

Diese Übung ist so aufgebaut, daß Sie *sich selber* kennenlernen, erforschen, was *Sie* wollen, was *Ihnen* Spaß macht und woran *Sie* wirklich Interesse haben.

Nehmen Sie einen Block Papier und einen Bleistift zur Hand, und schreiben Sie oben auf das erste Blatt:

WIE MEINE ELTERN MICH SEHEN WOLLEN:
MEIN LEBENSZWECK.

Darunter schreiben Sie, welche Art Leben Ihre Eltern für Sie geplant hatten. Angenommen, Ihre Eltern haben von Ihnen erwartet, daß Sie heiraten und eine Familie gründen, sollten Sie schreiben:

WIE MEINE ELTERN MICH SEHEN WOLLEN:
ALS MUTTER/VATER.

Wenn es allerdings der Wunschtraum Ihrer Eltern war, daß Sie in Vaters Fußstapfen treten und seine Firma übernehmen, schreiben Sie auf das Blatt:

WIE MEINE ELTERN MICH SEHEN WOLLEN:
ALS GESCHÄFTSMANN/GESCHÄFTSFRAU.

Darunter führen Sie alle Charakteristiken, die Ihre Eltern an dem, was sie für Sie im Sinne hatten, schätzten, auf. Mit anderen Worten: all die Eigenschaften, die einen guten Vater, eine gute Mutter oder einen guten Geschäftsmann, eine gute Geschäftsfrau ausmachen.

## Zweiter Schritt

Nehmen Sie ein weiteres Blatt Papier und überschreiben Sie es mit »Wie meine Freunde (mein Partner) mich sehen wollen«: als Familienmensch (Modell, Tramp, Mogul, Künstler usw.). Auch hier schreiben Sie all die Eigenschaften, die diese Gruppe für wichtig hält, auf.

## Dritter Schritt

Beginnen Sie eine dritte Liste mit der Überschrift »Was ich alles nicht sein möchte«. Bringen Sie so viele Beispiele wie möglich zu Papier. Und vergessen Sie nicht, all das dazuzuschreiben, was Sie absolut zu tun hassen.

## Vierter Schritt

Beginnen Sie ein viertes Blatt Papier mit der Überschrift »Es würde mir nichts ausmachen... zu sein«. Noch müssen Sie keine Entscheidung treffen. Alles, was Sie momentan tun, ist, neue Denk- und Handlungsweisen zu üben.

Schreiben Sie alles auf, wovon Sie sich vorstellen könnten, daß Sie es täten. Selbst wenn Sie es für ein unerreichbares Ziel halten – setzen Sie es auf die Liste. Rein der Übung halber möchte ich, daß Sie Ihre Träume einmal näher betrachten.

Wenn Sie alle Listen fertig haben, nehmen Sie die ersten drei – »Wie meine Eltern mich sehen wollen«, »Wie meine Freunde mich sehen wollen« und »Was ich alles nicht sein möchte« – und

WERFEN SIE SIE FORT!

Behalten Sie nur die vierte Liste. Denn diese Liste spiegelt *Ihre* Wünsche wider. Selbst wenn sie noch nicht bis ins einzelne beschrieben sind, haben Sie doch immerhin eines getan: einen Anfang gemacht, positiv zu denken.

# Wie wir uns den Erfolg selbst versagen

Völlig gleichgültig, was andere von Ihnen erwarten: Das einzige, was für Ihr Leben zählt, ist das, was *Sie* für Ihr Leben wollen. Um der Erfolgsmensch zu werden, den *Sie* respektieren und bewundern können, müssen *Sie* selbst Ihr Schicksal in die Hand nehmen – muß die Feder, die Ihr Leben schreibt, von Ihnen selbst geführt werden. *Sie* sind derjenige, der seine eigenen Wünsche verwirklichen muß. Wenn ein anderer für Ihren Erfolg verantwortlich zeichnet, dann hat *er* gewonnen – und Sie haben verloren.

Sie wären nicht glücklich, wenn ein anderer für Sie essen, schlafen, trinken und lachen würde. Ebensowenig würde es Sie glücklich machen, sich von einem anderen Ihrer Selbstbestimmung berauben zu lassen. Sie bringen sich um zu viel Freude, wenn Sie nicht Ihr eigenes Leben leben. Wenn Sie sich immer nur nach dem richten, was andere für Sie oder ganz generell gutheißen, können Sie nichts anderes werden als ein selbstzerstörerischer Verlierer.

Aber die meisten von uns *sind* selbstzerstörerisch – die meisten Menschen verpassen ihr Glück.

Warum zerstören wir uns selbst? Warum bringen wir uns Jahr um Jahr nach ein und derselben Methode selbst um die Erfolge, die wir haben könnten?

Ein Blick in meine Arbeit mit den Patienten wird Ihnen nicht nur diese Frage beantworten, er wird Ihnen auch das Muster unseres ständigen Versagens klarmachen – und wie es unbewußt aufrechterhalten wird.

In den frühen sechziger Jahren habe ich ausschließlich Menschen mit schweren Psychosen behandelt. Ob es darum ging, autistische Kinder dazu zu bringen, ihre ersten zusammenhängenden Sätze zu sprechen, oder darum, geistig gestörte Erwachsene zu vernünftigerem Handeln zu bringen, ich war immer froh und glücklich, wenn meine Patienten Fortschritte darin machten, mit ihrem Leben zurechtzukommen.

1967 begann ich, normale Menschen, die sich nach einem verfeinerten Leben sehnten, zu behandeln. Menschen, die ihre Beziehungen, ihre Ehe, ihr Berufsleben verbessern wollten. Diese normalen, geistig gesunden Menschen unterschieden sich lediglich in *Intensität* und *Häufigkeit* ihrer Handlungen von den psychisch schwer gestörten Menschen, die ich zuvor behandelt hatte. Mit anderen Worten: Sie gingen ihre Probleme nicht nur völlig unwirksam an, sie waren sich nicht einmal klar darüber, wie sehr sie mit ihren Handlungsweisen sich und anderen Menschen *schadeten*.

Um Ihnen den einzigen Unterschied zwischen den einen und den anderen Patienten zu verdeutlichen: Stellen Sie sich vor, bei Tisch sitze Ihnen jemand gegenüber, der einen Augenblick lang an seiner Nase kratzte. Na und? werden Sie denken. Das tut jeder mal, und höchstwahrscheinlich würde es mir gar nicht auffallen. Stimmt. Jetzt aber stellen Sie sich vor, daß Ihr Gegenüber sich stundenlang an seiner Nase kratzt. Würden Sie den auch noch für normal halten? Oder könnten Sie auf den Gedanken kommen, er sei nicht ganz bei Trost? Immerhin wirkt ein Mensch, der pausenlos an seiner Nase kratzt, leicht verrückt.

Und als genau das würde er wahrscheinlich bezeichnet werden. Nicht etwa, weil das, was er tut, verrückt ist, sondern weil die *Intensität* und die *Häufigkeit*, mit der er es tut, ihn als gestört erweist.

Selbst Menschen, deren Verhalten sich innerhalb der Norm bewegt, benutzen Verhaltensmuster, die wieder und wieder zu Mißerfolg und seelischen Schmerzen führen. Erfahrene Therapeuten erkennen diese Muster sofort. Denn gleichgültig, ob es sich um Freßsucht, Alkoholismus, Versagen, Geld verlieren oder um Streitereien mit dem geliebten Partner handelt – die meisten Menschen wiederholen ihre Handlungen, mit denen sie sich selbst schaden und die sie vom Erfolg abhalten, immer und immer wieder. Ein Blick in die frühe Kindheit kann Aufschluß über diese selbstzerstörerischen Verhaltensmuster geben.

# Der Teufelskreis, in dem Verlierer stecken

Wie oft haben Sie sich schon über sich selbst geärgert, weil Sie hinterher, nachdem Sie etwas verpatzt hatten, ganz genau wußten, was Sie hätten tun oder was Sie hätten sagen sollen? Haben Sie sich schon einmal Gedanken darüber gemacht, warum Sie sich selbst im Weg stehen und sich aus eigener Schuld um die Dinge bringen, die Sie eigentlich gern hätten?

## WEIL SIE ES SO GELERNT HABEN, DARUM!

Wir alle *lernen* Erfolg zu haben – oder Verlierer und Versager zu sein. Es liegt nicht in unserem Blut oder in unseren Genen. Unser Verhalten ist vielmehr von unseren Eltern geprägt, die ihr Verhalten wiederum von ihren Eltern gelernt haben.

### NIEMAND TRÄGT DIE SCHULD

Jeder von uns benutzt Verhaltensmuster, die ihm von frühester Kindheit an anerzogen wurden und die auf der ganz persönlichen Familiengeschichte des einzelnen beruhen. Seit wir auf der Welt sind, waren uns die Menschen, die uns großzogen, Vorbild. Dadurch, daß wir sie beobachtet haben, haben wir ihre Art und Weise, Probleme anzugehen oder Konflikte zu lösen, unbewußt übernommen. Für alles, was wir sagen und tun, standen unsere Eltern mit dem, was sie sagten und taten, Modell.

Gleichgültig, in welchem Dilemma wir uns befinden: Auch heute noch reagieren wir so darauf, wie wir es von unseren Eltern gelernt haben. Gegen Ende unserer ersten vier Lebensjahre wußten wir schon sehr genau, wie wir uns verhalten mußten: Wann wir weinen oder lachen durften, wann wir Ärger, Freude, Liebe Ausdruck geben durften, wann wir zugeben durften, verletzt worden zu sein, und wann wir *keine* Reaktionen und *kein* Gefühl zeigen durften.

Das einzige, wozu wir als Kinder imstande sind, ist, all das, was unsere Eltern uns lehren, in uns aufzunehmen. Kein Wunder also, daß wir unseren Eltern von Kindesbeinen an immer ähnlicher werden – und letztlich *ihre* Verhaltensweisen nachahmen und durch unser Leben schleppen.

Die meisten Eltern sind sich auch heute noch nicht klar darüber, was ihre Erziehung oder das Vorbild, das sie uns geben, für das Leben der Kinder bedeutet. Mehr noch: Sie wollen nur unser Bestes. Nur, alles, was sie uns beibringen können, ist nicht mehr und nicht weniger als das, was sie selbst gelernt haben. Ergo: Wenn unsere Eltern ihr Leben lang einen Kompromiß nach dem anderen geschlossen haben, werden auch wir höchstwahrscheinlich unser Leben lang dazu bereit sein, einen Kompromiß nach dem anderen einzugehen. Weil wir nichts anderes gesehen und gelernt haben, als Verlierer zu sein.

Kurzum: Da wir es nicht anders kennen, können wir auch nicht ahnen, daß *wir selbst* diejenigen sind, die ihrem eigenen Glück im Weg stehen. Unbewußt sind wir darauf ausgerichtet, jedweden Erfolg, den wir möglicherweise erzielen könnten, von vornherein zu sabotieren.

## Was Margaret von ihrer Mutter lernte

Betrachten wir einmal Margaret, Chefsekretärin einer großen Computer-Firma, eine meiner Patientinnen. Erst kürzlich erzählte Margaret mir, wie froh und glücklich sie sei, eine Gehaltserhöhung bekommen zu haben, die noch lange nicht fällig war. In der ersten Freude hatte Margaret gleich ihre Mutter angerufen. Aber die Reaktion ihrer Mutter verdarb ihre gute Laune.

»Immer dann, wenn ich glücklich bin, bringt meine Mutter es fertig, mich ganz schnell wieder niederzumachen«, sagte Margaret mir. »Als ich ihr am Telefon erzählte, daß mein Chef mir bereits nach drei Monaten unaufgefordert eine Gehaltserhöhung gegeben hatte, begann sie zu – weinen! Dann brachte sie ihre üblichen Sprüche, die ich schon von frühester Kindheit an kenne: ›Wenn doch nur dein Vater noch lebte und miterleben könnte, daß du es nach all den Jahren doch noch zu etwas gebracht hast!‹ Damit war meine gute Laune sofort auf dem Nullpunkt.«

Margaret hatte recht. Die Reaktion ihrer Mutter *war* negativ gewesen. Dieses »Wenn doch nur dein Vater« und dieses »Nach all den Jahren« drückten Margaret nieder. Denn anstatt sich über die Gehaltserhöhung ihrer Tochter zu freuen, hatte Margarets Mutter die Unterhaltung auf den toten Vater gelenkt.

»Egal, was ich tue«, erzählte Margaret mir weiter, »ich

kann es meiner Mutter nicht recht machen. Nur gut, daß ich daraus gelernt habe und meine Tochter Stephanie *aufbaue,* anstatt ihr einen Dämpfer nach dem anderen zu versetzen. Erst kürzlich brachte Stephanie ein Super-Schulzeugnis nach Hause. Dafür bekam sie einen Kuß von mir, und ich sagte: ›Wenn doch nur deine Großmutter hier wäre und das Zeugnis sehen könnte. Dann wüßte sie, daß ich nicht nur eine gute Sekretärin, sondern auch eine gute Mutter bin!‹«

Sie haben es gewiß schon bemerkt: Ohne zu wissen, was sie tut, wiederholt Margaret ihrer Tochter gegenüber dieselben Verhaltensweisen, die ihre Mutter ihr gegenüber an den Tag gelegt hat.

Mit ihrer Bemerkung »wenn doch nur deine Großmutter« sagt Margaret nichts anderes, als ihre Mutter es mit »wenn doch nur dein Vater« gesagt hatte.

Unbewußt also verhielt sich Margaret Stephanie gegenüber genauso, wie sie es von ihrer Mutter gelernt hatte. Anstatt sich über das gute Zeugnis zu freuen, lenkte Margaret die Unterhaltung darauf, was für eine gute Sekretärin und Mutter sie sei.

Margaret war bestürzt, als ich ihr das klarmachte. *Bewußt* hätte sie den Erfolg ihrer Tochter nie geschmälert, aber *unbewußt* hatte sie die Verhaltensmuster ihrer Mutter übernommen.

## Ändern Sie Ihr Leben jetzt

Nun, sich andere Eltern auszusuchen und neu geboren zu werden, ist nicht möglich. Möglich aber ist es,

HEUTE AUS IHREM LEBEN DAS BESTE ZU MACHEN.

Sie können *lernen,* Ihre Probleme besser in den Griff zu kriegen. *Sie können* die Ihnen anerzogenen Verlierer-Verhaltensmuster abbauen und Ihr Leben auf Erfolgskurs bringen. Sie müssen sich nicht länger selbst im Weg stehen.

# Es ist nie zu spät

Mag sein, daß Sie jetzt denken, »Meine Eltern haben ein solches Chaos in mir hinterlassen, daß ich es nie schaffen werde! Wenn ich all das geradebiegen wollte, was meine Eltern an mir verkorkst haben, müßte ich tatsächlich fünfhundert Jahre alt werden!«

DENKEN SIE NICHT SOLCHEN UNSINN!

*Jeder* Mensch kann sein Leben *jederzeit* in die Hand nehmen und statt Mißerfolg Erfolg haben. Das ist nicht nur meine Meinung, das sagt auch Dr. Judianne Densen-Gerber, die Gründerin und Präsidentin des Odyssey Institute of America und des Odyssey Institute International, deren Arbeit meine Forschungen bestätigt.

Knapp zwei Jahrzehnte lang hat Dr. Densen-Gerber Menschen das Paradies gezeigt, indem sie ihnen beigebracht hat, Verhaltensmuster, die in chronischem Versagen endeten, abzubauen und durch neue Verhaltensmuster, die zum Erfolg führen, zu ersetzen. In ihren Zentren, die über die ganze Welt verteilt sind, hat sie Drogensüchtigen, Alkoholikern und Opfern von Kindesmißhandlung geholfen.

Als ich Dr. Densen-Gerber, die Psychologie und Jura studiert hat, zum ersten Mal traf, dachte ich: »Diese Frau ist so klug und dynamisch, ich wette, daß sie Berge versetzen kann.« Heute, wo ich sie und ihre therapeutischen Erfolge kenne, weiß ich, daß sie es kann.

Ihr Hauptanliegen ist es, Menschen, die eine unglückliche Kindheit erlebt haben, zu glücklichen Erwachsenen zu machen. »Die meisten Menschen, die das Odyssey-Programm nutzen, sind bei Eltern aufgewachsen, die entweder Alkoholiker waren, die an Depressionen litten oder die sie körperlich und seelisch mißhandelt haben«, erklärt sie. »Ihre Erziehung schwebt wie eine dunkle Wolke über ihnen, und sie sind überzeugt davon, ›zum Verlieren geboren‹ worden zu sein. Die unterschiedlichen Denk- und Verhaltensweisen, die sie von Menschen, die eine fröhliche und unbeschwerte Kindheit hatten, unterscheidet, sind ihnen nicht bewußt.

Das erste, was ich ihnen beibringe, ist, sich nach einem

Menschen umzuschauen, der all das verkörpert, was sie gern sein möchten. Wenn sie jemanden gefunden haben, den sie bewundern können, rate ich ihnen, diesen Menschen gut zu beobachten. Aufzupassen, wie er sich in welchen Situationen verhält.

Patienten, die meinen Rat befolgen, können bald gar nicht mehr anders, als die Verhaltensmuster ihrer Vorbilder auf ihr *eigenes* Leben zu übertragen. Mehr noch: Da sie bewundernswerten Menschen nacheifern, werden auch sie mit der Zeit zu Vorbildern für andere.«

Viele Menschen, die das Odyssey-Programm in Anspruch genommen haben, konnten ihrem Leben eine *Wende um 180 Grad* geben. In Dr. Densen-Gerbers Zentren in Detroit, Flint und Michigan zum Beispiel galten 45 Prozent ihrer Klienten als Analphabeten. Dennoch gelang es 93 Prozent von ihnen, einen Haupt- oder Oberschul-Abschluß zu erzielen, während die nationale Erfolgsquote lediglich bei 45 Prozent liegt. Mit anderen Worten: Dr. Densen-Gerber ist der lebendige Beweis dafür, daß man sein Leben selbst dann erfolgreich verändern kann, wenn man von den nur denkbar ungünstigsten Startmöglichkeiten ausgeht.

AUCH SIE KÖNNEN IHR LEBEN POSITIV VERÄNDERN.

So schwierig ist es gar nicht, denn ich helfe Ihnen dabei. Ich zeige Ihnen, wie Sie Ihr Leben Ihren Wünschen gemäß gestalten können, wie Sie all das erreichen können, wonach Sie sich sehnen. Unabhängig davon, was Sie in Ihrem Leben erreichen möchten, Sie allein haben es in der Hand, Ihre Träume Wahrheit werden zu lassen. Das Glücksgefühl, das sich mit dem Erfolg bei Ihnen einstellt, ist der Mühe, die Sie sich dafür geben müssen, mehr als wert.

LERNEN SIE, FROH UND GLÜCKLICH ZU SEIN
UND AUF DER SIEGER-SEITE DES LEBENS ZU STEHEN.

# Sieger und Verlierer

Testen Sie sich selbst: Wenn es darum geht, »Ihr Leben zu leben«, verhalten Sie sich wie ein Verlierer, oder beherrschen Sie schon einige der Verhaltensmuster, die Ihnen über kurz oder lang zum Erfolg verhelfen?

## VERLIERER

1. Verlierer verfolgen blind die Ziele, die ihre Eltern ihnen gesetzt haben, oder sie leben so, wie ihre Freunde, Nachbarn und Bekannten es von ihnen erwarten.

## SIEGER

1. Sieger wissen, daß die Tage ihres Erdenlebens gezählt sind. Folglich geben sie ihrem Leben doch den Sinn, den sie ihm selber geben möchten.

| VERLIERER | SIEGER |
|---|---|

2. Verlierer halten oft an Berufen fest, die ihnen keinen Spaß machen. Als Grund dafür nennen sie Sicherheit, die durch ein regelmäßiges Einkommen gewährleistet ist.

2. Sieger wissen, daß »Geld verdienen« allein nicht Grund genug ist, in einem Beruf zu verharren, der ihnen keine Freude bringt. Sie sind sich darüber klar, daß sie – wenn sie mit einem Beruf, den sie ungern ausüben, Geld verdienen können, aller Wahrscheinlichkeit nach dasselbe oder mehr Geld mit einem Beruf, der ihnen auch Spaß macht, verdienen können.

3. Verlierer sind, ohne ein klares Ziel vor Augen zu haben, wie gelähmt. Sie sind der Ansicht, nichts unternehmen zu können, bevor sie nicht *ganz genau* wissen, welches Ziel sie ansteuern wollen.

3. Sieger wissen, daß sie experimentieren müssen, bevor sie genau wissen, welches Ziel sie verfolgen wollen. Sie scheuen sich nicht, verschiedene Möglichkeiten durchzuprobieren – auch auf die Gefahr hin, Fehlentscheidungen zu treffen. Sie wissen: Irgendwann wird eine von unzähligen Möglichkeiten die richtige sein.

| VERLIERER | SIEGER |
|---|---|

**4.** Verlierer sind selbstzerstörerisch. Sie wiederholen ihre alten Verhaltensmuster Jahr um Jahr, weil sie fürchten, daß sie zu alt sind oder daß es zu spät ist, um noch irgend etwas zu verändern.

**4.** Sieger sind überzeugt davon, daß es nie zu spät ist, einen neuen Anfang zu machen. Selbst dann nicht, wenn die Voraussetzungen, die sie aus ihrer frühen Kindheit mitbringen, denkbar ungünstig sind. Sieger wissen, daß sie ihrem Leben jederzeit eine positive Wende geben können.

**5.** Verlierer suchen die Schuld für ihre Mißerfolge stets bei anderen. Sie begreifen nicht, daß sie selbst es sind, die sich von einem Dilemma ins andere hineinmanövrieren.

**5.** Sieger haben begriffen, daß niemand ihr Glück sabotiert – außer ihnen selber. Anstatt anderen die Schuld an ihren Mißerfolgen zu geben, bemühen sie sich, negative Verhaltensmuster, die sie als Kind gelernt haben, abzubauen und sie durch positive Verhaltensmuster zu ersetzen.

# 2. KAPITEL

# Gleich wieder aufgeben?

*Nichts entsteht in nur einem Augenblick, nicht einmal die Traube oder Feige. Wenn du mir jetzt sagst »Ich möchte eine Feige«, werde ich dir antworten, »das braucht Zeit«. Lasse zuerst den Baum blühen, dann lasse ihn seine Frucht hervorbringen und dann lasse die Frucht reifen.*

EPIKTET

Wenn ein Verlierer etwas Neues wagt und dabei einen Fehler macht oder mit Schwierigkeiten konfrontiert wird, tut er eines: Er gibt augenblicklich auf. Er ist nämlich felsenfest davon überzeugt, daß jedem anderen, jedem Erfolgreichen besagtes Unternehmen auf Anhieb geglückt wäre. Er denkt: »Ich wollte, ich wäre ein Erfolgsmensch und nicht so saudumm. Aber ich hab' einfach nicht das Zeug zum Erfolg. Ich bin offensichtlich nicht intelligent genug, um das, was ich mir vornehme, auch gleich beim ersten Versuch zu schaffen. Ich halte weder eine Abmagerungskur durch, noch gelingt es mir, das Rauchen aufzugeben.«

Verlierer glauben tatsächlich, daß allen Menschen außer ihnen Erfolge nur so in den Schoß fallen. Mehr noch: Die meisten Verlierer sind sich sogar sicher, daß man erfolgreich geboren wird – oder eben nicht. Daß Erfolgsmenschen ihren Erfolg mit in die Wiege gelegt bekamen. Daß alles, was sie erreichen, für sie ein Klacks ist. Daß sie, was immer zu ihren Erfolgen führt, mit links erledigen.

# Berg und Tal

Während der Recherchen für meine Doktorarbeit waren die Wände meines Büros mit Grafiken, die die Resultate meiner Experimente aufzeichneten, geziert. Mit Erfolgskurven, die mir anzeigten, wie schnell oder wie langsam die einzelnen Menschen, mit denen ich arbeitete, neue Informationen aufnehmen und verwerten konnten. Was mich daran besonders faszinierte, war, daß keine einzige Erfolgskurve geradewegs von null auf hundert anstieg, sondern daß sie sich als Berg- und Talkurven entpuppten. Mit anderen Worten: Meine Patienten gingen nicht mit regelmäßiger Beständigkeit einen Schritt nach dem anderen voran, sondern sie gingen dann und wann auch mal einen, zwei oder gar drei Schritte zurück.

Keiner von uns kann neue Fähigkeiten, die er erlernt hat, auch ab sofort fehlerfrei anwenden. Jedes Lebewesen braucht Zeit, bis das, was es gelernt hat, wie im Schlaf sitzt. Und bevor es soweit ist, fällt jeder Mensch in der einen oder anderen Situation automatisch in seine alten Verhaltensweisen, die er gerade abzubauen bemüht ist, zurück. Wie heißt es doch so wahr: Es ist noch kein Meister vom Himmel gefallen.

Lernen ist ein langsamer Prozeß. Erfolgsmenschen wissen, daß sie nichts übers Knie brechen können. Daß gut Ding tatsächlich Weile haben will. Daß kein Berg mit einem Sprung zu erklimmen ist. Erfolgsmenschen sind sich klar darüber, daß sie, um am Ende der Erfolgsleiter anzukommen, zuerst die unterste Sprosse besteigen müssen. Sie wissen, daß sie nicht von heute auf morgen aus dem Nichts in der Chefetage einer Firma landen. Aber anstatt sich durch den Faktor Zeit beirren zu lassen, kalkulieren sie ihn als natürliche Gegebenheit in die Pläne, die sie schmieden, ein.

# Das Märchen vom Erfolg im Handumdrehen

Stimmt: Säuglinge schaffen es, von einer Sekunde zur anderen ein Erfolgserlebnis zu haben. Sobald sie das Bedürfnis verspüren, in die Windeln zu machen, tun sie es. Auch Verlierer erwarten ein Leben lang, daß jedes ihrer Bedürfnisse augenblicklich erfüllt werden muß.

Nehmen wir beispielsweise einen Verlierer, der sich dazu entschließt, Künstler zu werden. Die Erwartung, die er an sich selbst stellt, ist die, daß es ihm mehr oder minder im Handumdrehen gelingt, in Null Komma nichts ein Meisterwerk zu produzieren und als vielversprechendes Talent anerkannt zu werden. Sobald sich herausstellt, daß die ganze Angelegenheit schwieriger und langwieriger ist, als er erwartet hat, tut es einen großen KNALL – und er gibt auf. Auf die Idee, daß jeder Mensch dem Leben Tribut zahlen muß, daß niemand von heute auf morgen – wenn überhaupt – perfekt ist, kommt er nicht.

Verlierer erwarten mühelosen, sofortigen Erfolg. Sobald etwas nicht auf Anhieb klappt, verlieren sie das Interesse daran. Sie sind überzeugt davon, daß eine Erfolgskurve steil anzusteigen hat. Daß nirgendwo Probleme auftauchen, daß Erfolgreichsein ein Kinderspiel sein muß.

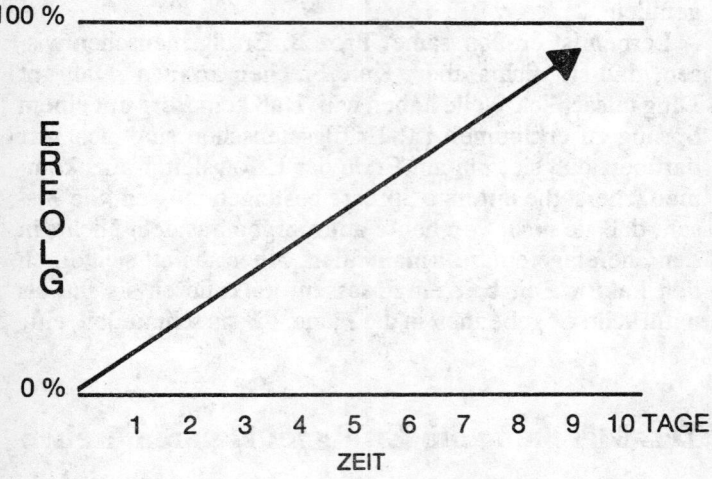

**Wie sich Verlierer die Erfolgskurve vorstellen**

Erfolgsmenschen wissen, daß Erfolgskurven nicht geradewegs steil nach oben verlaufen. Sie sind sich bewußt, daß sie auf ihrem Weg Enttäuschungen und Rückschläge erleiden können. Sie wissen, daß es manchmal Jahre dauert, bis der Erfolg, den sie anstreben, auch nur in Sichtweite gelangt. Aber sie wissen auch, daß sich die Strapazen, die Erfolgsleiter Sprosse für Sprosse zu erklimmen, eines Tages lohnen. Weil sie, wenn sie erst einmal oben sind, auch oben zu bleiben verstehen.

## Rückfälle

Verlierer werden nicht nur sauer, wenn es ihnen nicht gelingt, eine neue Fertigkeit im Handumdrehen zu erlernen. Sie sind gleichermaßen ungeduldig, wenn es darum geht, alte, fest eingefahrene Verhaltensmuster durch neue zu er-

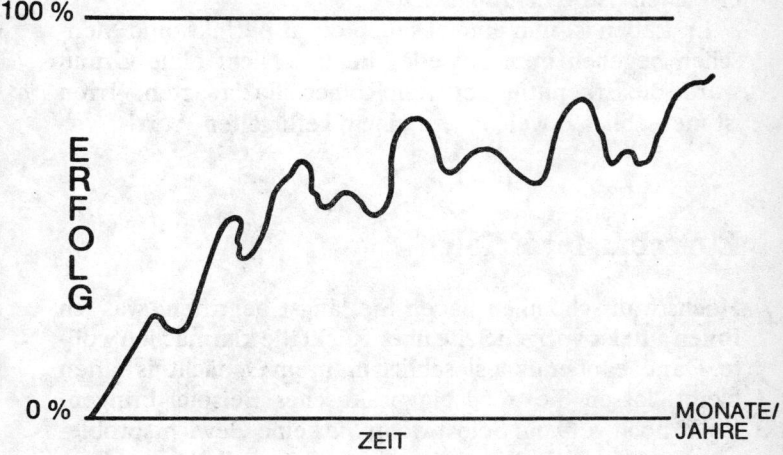

**Wie Erfolgsmenschen die Erfolgskurve kennen**

43

setzen. Verlierer sind davon überzeugt, daß ein einziger Rückfall das Ende all ihrer Bemühungen bedeutet. Verlierer geben bei einem Rückfall sofort *alles* auf. Nur weil sie einmal versagt haben, glauben sie, automatisch auf der ganzen Linie zu versagen. Das Motto der Verlierer ist:

EIN RÜCKFALL BEDEUTET, DU SCHAFFST ES NIE.
EIN RÜCKFALL BEDEUTET, DU BIST DAFÜR NICHT GE-
EIGNET.

Kurzum: Auch hier benehmen sich Verlierer wie Kinder. Denn nur ein Kind kann glauben, daß alles in der Welt perfekt zugeht. Gewinner wissen, daß die Früchte des Erfolgs langsam, oft erst nach wiederholtem Mißerfolg reifen. Sie wissen, daß ein Rückfall kein Grund ist, das Ziel, das sie sich gesteckt haben, samt und sonders aufzugeben. Anstatt also das Kind mit dem Bad auszuschütten, lernen sie aus ihren Rückfällen, Mißerfolgen, Fehlern – und beginnen von neuem.

Wenn ein Verlierer versagt, sagt er sich: »Ich hab' ganz einfach nicht das Zeug dazu.« Wenn ein Gewinner versagt, sagt er sich: »Alles, was ich tun muß, um mein Ziel zu erreichen, ist *weiterzumachen*!«

Im Leben ist nun einmal selten etwas perfekt, und Menschen begehen immer wieder Fehler. Nicht ohne Grund wurde die Erkenntnis der alten Römer, die da sagten: »Irren ist menschlich«, weltweit zu einem geflügelten Wort!

# Ein schmaler Erfolg

Höchstwahrscheinlich haben Sie längst begriffen, was ich Ihnen auf der vorigen Seite über Rückfälle klarmachen wollte. Damit es aber unauslöschlich in Ihrem Gedächtnis haften bleibt, lassen Sie mich ein praktisches Beispiel bringen. Eines noch vorweg: Selbst wenn *Sie* keine Gewichtsprobleme, an denen ich dieses Beispiel aufhänge, haben, sollten Sie ruhig weiterlesen. Denn was Sie daraus lernen werden, ist, aus Rückschlägen *jeder Art* das Beste zu machen.

Stellen Sie sich vor, Sie bringen etliche Pfund zuviel auf

die Waage und wollen abnehmen. Um Ihre zehn Kilo Übergewicht loszuwerden, haben Sie sich mit sämtlichen verfügbaren Bestsellern über Abmagerungskuren gewappnet. Einen davon wählen Sie aus, um sich daran zu halten.

In der ersten Woche verläuft alles glatt. Sie widerstehen jeder Versuchung, Ihre Lieblingsspeisen in sich hineinzustopfen: Spaghetti, Torte, Eiscreme, Brot. Sie fühlen sich stark, Sie haben sich in der Gewalt. Sie specken fünf Pfund ab. Sie sind stolz auf sich.

Gegen Ende der zweiten Woche bringen Sie zehn Pfund weniger auf die Waage. Aber jetzt fangen Sie an, sich Gedanken zu machen, ob es Ihnen auch weiterhin so leichtfallen wird, die restlichen zehn Pfund loszuwerden. Da werden Sie zu einer Hochzeitsfeier bei Freunden eingeladen.

Jeder, den Sie dort treffen und der Sie kennt, bemerkt, daß Sie abgenommen haben, und überschüttet Sie mit Komplimenten. Das Problem ist nur: das Lob der anderen baut Sie nicht auf, sondern es setzt Sie unter Druck. Sie befürchten nämlich, die Erwartung der anderen – bald die Idealfigur erreicht zu haben – vielleicht nicht erfüllen zu können. In Ihrem Hirn kreist nur noch ein Gedanke: »Was passiert, wenn ich meine Diät nicht durchhalte? Dann werden alle mich auslachen. Und selbst wenn ich die restlichen zehn Pfund noch herunterhungere – woher weiß ich, daß es mir gelingen wird, schlank zu *bleiben*? Was passiert, wenn ich nach allen Entsagungen, die ich mir jetzt auferlege, über kurz oder lang doch wieder rund und dick werde? *Ich weiß,* daß ich nicht ewig auf meine Lieblingsspeisen verzichten kann und automatisch wieder zunehmen werde. Zum Teufel mit der Abmagerungskur. Weshalb soll ich mich noch länger quälen, wenn im Endeffekt doch alles für die Katz ist...«

Und bevor Sie sich versehen, ist es auch schon passiert: Sie haben drei Gläser Champagner getrunken und vier Teller Hors d'œuvres gegessen.

Wie's dazu kam? Nach der zweiten Portion gefüllter Pilze haben Sie ganz schlicht die Selbstbeherrschung verloren. Erst im nachhinein wird Ihnen klar, was Sie damit angerichtet haben. »Was hab' ich nur gemacht?« verfluchen Sie sich selbst. »Ich habe wieder einmal versagt! Jetzt ist alles vorbei und egal!«

NEIN, DAS IST ES NICHT!
NEIN, DAS IST ES NICHT!
NEIN, DAS IST ES NICHT!

Solange Sie leben, ist *nichts* egal. Ist *nichts* vorbei. Auch erfolgreiche Menschen machen Fehler, geben dem Heißhunger auf ihre Lieblingsspeise nach, während sie eine Abmagerungskur machen. Aber im Unterschied zu Verlierern wissen sie: Ein Rückfall muß nicht das Ende sein. Denn er ist nicht das Ende, wenn man ihn nicht selbst dazu macht.

RÜCKFÄLLE GEHÖREN GANZ EINFACH ZU JEDEM LERNPROZESS.

## Wieder mit von der Partie

Wenn Sie wirklich und wahrhaftig mit einer alten Gewohnheit brechen wollen, müssen Sie begreifen, daß ein Rückfall kein Grund ist, alles aufzugeben. Nicht der Rückfall vereitelt Ihren Erfolg, *Sie selbst* vereiteln ihn. Um bei dem vorangegangenen Beispiel zu bleiben: Wenn Sie während einer Abmagerungskur bei irgendeiner Gelegenheit Ihrem Heißhunger auf das eine oder andere nicht widerstehen können, ist das verständlich. Aber bei Ihrer nächsten Mahlzeit können Sie sich wieder an die Schlankheitsregeln halten, nach denen Sie zuvor gelebt haben.

Sagen Sie sich wieder und wieder: »Ich schaffe es. Zwei Wochen lang habe ich meine Abmagerungskur durchgestanden. Das war schon ein Erfolg.« Zusätzlich können Sie sich ruhig noch selbst auf die Schulter klopfen und sich weiter loben: »Vierzehn Tage lang habe ich mich blendend geschlagen, 42 Mahlzeiten über habe ich nicht gemogelt. Nur ein einziges Mal bin ich schwach geworden. Nach Adam Riese sind das 42 Siege über mich selbst gegen eine Niederlage. Wenn das kein Erfolg ist!«

Kurzum: Anstatt sich damit zu beschäftigen, daß Sie einmal versagt haben, loben Sie sich lieber für das, was Ihnen bereits *gelungen* ist!

Gleichgültig, ob es Ihnen darum geht, eine neue Fertigkeit zu meistern, oder ob Sie Ihr Verhalten zum Positiven ändern wollen: Rückfälle sind immer nur ein Zeichen dafür, daß Sie von dem Weg, den Sie gehen wollten, abgekommen sind. Also müssen Sie den Weg, den zu gehen Sie sich vorgenommen hatten, wiederfinden.

AUCH RÜCKFÄLLE FÜHREN ZUM ERFOLG.

Rückfälle haben nämlich eines an sich: Sie zeigen uns, wie etwas *nicht* geht. Dadurch schubsen sie uns wieder in die richtige Richtung. Die Richtung nämlich, die uns irgendwann zu dem Erfolg, den wir verbuchen möchten, führt!

## Der Teufelskreis der Selbstbestrafung

Sobald ein Verlierer einen Fehler gemacht oder einen Rückfall erlitten hat, beginnt er damit, sich selbst dafür zu bestrafen. Er schimpft sich »dumm« und »idiotisch«, fühlt sich absolut wertlos und versinkt in Verzweiflung. Dabei quält er sich mit selbstzerstörerischen Fragen: »Warum habe ich nicht besser aufgepaßt? Weshalb war ich so leichtgläubig? Wieso habe ich die ganze Angelegenheit nicht von vornherein auf Herz und Nieren geprüft? Weshalb nur mußte mir dieser Fehler unterlaufen?«

WARUM?...WESHALB?...WIESO?

Das ist die Litanei, die der Verlierer sein Leben lang vor sich hinbetet. Er tadelt sich gnadenlos selbst, so wie extrem strenge Eltern ihr Kind für etwas anherrschen, das es – weil es dies nicht besser wußte – falsch gemacht hat. Das Ende vom Lied: Für alles, was der Verlierer falsch macht, bestraft er sich so gründlich und so lange, bis auch sein letztes Fünkchen Selbstwertgefühl erloschen ist.

Es ist ein Teufelskreis. Denn je mehr der Verlierer sich selbst bestraft, um so mieser und unfähiger fühlt er sich. Je inkompetenter er sich fühlt, desto mehr Fehler macht er. Je mehr Fehler er macht, desto heftiger bestraft er sich selbst. Je heftiger er sich selbst bestraft... Und so geht es immer weiter, bis der Verlierer aus Angst vor Fehlern, die er machen könnte und für die er sich selbst bestrafen müßte, gar nichts mehr unternimmt. Statt dessen zieht er sich in den Schutz der »Faulheit« zurück, der Bequemlichkeit.

Indem er nichts mehr wagt, kann er auch nichts mehr verlieren. Da er sich selbst nicht mehr die Gelegenheit gibt, Fehler zu machen, macht er auch keine mehr. Weil er keine Fehler mehr machen kann, baut er langsam, aber sicher die Angst, die ihn bislang in seinem Leben begleitet hat, ab. Endlich kann er aufatmen: Es gibt keine Herausforderungen mehr, keine Mißerfolge, keine Nackenschläge. Allerdings auch keine Chance mehr, irgendwann mit irgend etwas Erfolg zu haben.

# Übung 2
## Lernen, den Teich zu überqueren

In den meisten Lebenssituationen stoßen wir mehr oder minder regelmäßig auf Schwierigkeiten. Die Methode, mit der wir besagte Probleme angehen, kann unsere Erfolgsaussichten *schmälern* oder *vergrößern*.

Um Ihnen zu verdeutlichen, nach welch gegensätzlichen Methoden Gewinner und Verlierer ihre jeweiligen Probleme angehen, wieder ein Beispiel.

Nehmen wir an, Sie müßten, um Ihren Arbeitsplatz zu erreichen, tagtäglich einen vereisten Teich überqueren. An einigen Stellen ist das Eis so dick, daß Sie sich gefahrlos darauf bewegen können. An anderen ist es so dünn, daß es bei der geringsten Belastung bricht und Sie ins kalte Wasser fallen.

**Ein Verlierer würde das Problem folgendermaßen angehen:**

Anstatt die volle Aufmerksamkeit darauf zu verwenden, sicher über den Teich zu kommen, rufen Sie sich alle Situationen, in denen Sie bisher versagt haben, wieder ins Gedächtnis. Dann gehen Sie ganz vorsichtig los.

Bevor Sie einen Schritt tun, testen Sie das Eis: Setzen Sie

Ihren Fuß leicht auf, um sicherzugehen, daß das Eis Sie tragen kann, bevor Sie es mit Ihrem gesamten Gewicht belasten. Dann machen Sie einen zögernden Schritt. Auch hier: Vermeiden Sie es um jeden Preis, einen Fehler zu machen!

Wiederholen Sie Ihren Test, die Dicke der Eisdecke herauszufinden, vor jedem einzelnen Schritt. Rechnen Sie jederzeit damit, daß Sie einen Fehler machen!

Hören Sie nie auf, daran zu denken, daß Sie einen Fehler machen und im kalten Wasser landen könnten!

Lassen Sie sich notfalls den ganzen Tag dafür Zeit, den Teich zu überqueren. Sorgen Sie sich nicht darum, daß Sie nicht an Ihrem Arbeitsplatz erscheinen könnten. Vergessen Sie nicht: von Vorrang ist, daß Sie *nicht versagen*.

Sollten Sie dumm genug sein, einen falschen Schritt zu machen, weil Sie die Eisdecke trotz aller Vorsicht dicker eingeschätzt hatten, als sie ist, tadeln Sie sich für Ihre Dummheit. Beschimpfen Sie sich, während Sie sich aus dem Eiswasser emporziehen, und auch danach – stundenlang. Wenn Sie endlich zitternd und frierend auf einem festen Stück Eis sitzen, versuchen Sie ganz genau zu rekonstruieren, warum, wieso, weshalb Ihnen dieser Fehler unterlaufen konnte. Halten Sie sich für absolut nutzlos, während Sie, was immer zu dem Vorfall geführt hat, rekonstruieren.

Geben Sie sich Schimpfnamen! Sprechen Sie sie laut aus, während Sie das Loch, in das Sie gefallen sind, betrachten. Um Ihnen die Angelegenheit zu erleichtern, habe ich Ihnen Wörter, mit denen Sie sich beschimpfen können, aufgeschrieben. Aber sobald Sie ein wenig Übung darin haben, fallen Ihnen gewiß noch andere dazu ein:

     a) dumm
     b) achtlos
     c) blind
     d) schwachsinnig
     e) idiotisch
     f) blöd
     g) hirnrissig.

Nachdem Sie sich so ausreichend selbst bestraft haben, stehen Sie auf und wagen – sobald Sie das Eis ausreichend getestet haben – bibbernd einen neuen Schritt. Wenn Sie sich Ihrer Sache nicht absolut sicher sind, nehmen Sie sich notfalls Stunden, um einen Fuß vor den anderen zu setzen.

Befolgen Sie die bisherigen Anleitungen ohne die geringste Abweichung, bis Sie auf der anderen Seite des Teichs angelangt sind.

Wenn Sie schließlich Ihren Arbeitsplatz erreichen, versäumen Sie nicht, Ihren Mitarbeitern eine *detaillierte Beschreibung* jedes Mißgeschicks, das Ihnen auf Ihrem Weg passiert ist, zu geben. Malen Sie das Geschehene plastisch aus!

## Ein Gewinner würde völlig anders vorgehen

Bevor Sie das Eis betreten, haben Sie sich über die Eigenschaften der Eisdecke bereits informiert. Sie haben z. B. mit Experten gesprochen, die Ihnen, weil sie ähnliche Erfahrungen bereits gemacht haben, Ratschläge geben können. Sie haben alles, was sich zu dieser Problematik und Thematik finden läßt, gelesen.

Ehe Sie losgehen, richten Sie ihre Aufmerksamkeit voll auf die bevorstehende Aufgabe, den vereisten Teich zu überqueren. Verschwenden Sie Ihre Energie nicht auf das Problem, was zu tun ist, wenn Sie in das Eiswasser fallen.

Seien Sie gut vorbereitet. Da Ihre Chance, sich im Wasser wiederzufinden, ziemlich groß ist, sollten Sie Ölzeug tragen.

Gehen Sie früh genug los, damit Sie – selbst wenn eine Panne geschieht – Ihren Arbeitsplatz pünktlich erreichen.

Denken Sie nicht pausenlos daran, daß Sie ins Wasser fallen könnten. Seien Sie sicher, *daß Sie hineinfallen werden*! Überall im Leben werden Sie damit konfrontiert sein, daß Sie sich plötzlich genau da befinden, wo das Eis zu dünn ist und bricht.

Bewegen Sie sich zügig vorwärts. Sollten Sie einbrechen, ziehen Sie sich sofort wieder heraus und gehen flott weiter.

Weil Fehler Ihre besten Lehrer sind, markieren Sie die Stellen, an denen das Eis nicht gehalten hat. Diese Stellen können Sie bei Ihrer nächsten Überquerung von vornherein meiden.

Seien Sie am Arbeitsplatz darauf eingerichtet, sich umkleiden zu müssen. Um sich so schnell wie möglich wieder wohl zu fühlen und um Zeitverluste zu vermeiden, sollten Sie an Ihrem Arbeitsplatz verschiedene Dinge (Handtücher, frische Kleidung, Fön etc.) bereithalten.

Unabhängig davon, wie oft Sie während Ihrer Überquerung im Wasser gelandet sind, *loben Sie sich* immer dafür, daß es nicht noch öfter passiert ist und daß Sie den Weg so gut geschafft haben.

Wenn Sie an Ihrem Arbeitsplatz eintreffen, vergessen Sie nicht, daß auch alle anderen, mit denen Sie hier zusammen sind, ihren eigenen Teich überqueren mußten. Daß sie selber Fehlschläge erlebt haben und darum nur begrenzt gewillt und in der Stimmung sind, sich Ihre Probleme erzählen zu lassen. *Interessieren Sie sich für die anderen!*

Mal ganz ehrlich: Als Sie die eben genannten Beispiele lasen, haben Sie sich da in einer der beiden Gruppen wiedererkannt? Ich hoffe, Sie haben es – selbst wenn es die Gruppe der Verlierer war. Meine Erfahrung hat mich nämlich gelehrt, daß diejenigen meiner Patienten, die sich nicht gescheut haben, ihren Problemen sozusagen *ins Gesicht zu sehen*, die schnellsten Fortschritte erzielten.

Ein Gewinner behält sein Ziel immer im Auge – gleichgültig, in welchen Teich er gerade gefallen ist. Er nimmt Herausforderungen an, und Probleme sind für ihn dazu da, gelöst zu werden.

Selbst wenn er zwischendurch eine unkluge Entscheidung fällt oder ein Problem falsch einschätzt, versichert er sich: »Ich habe das Beste getan, was ich konnte.« Dann steuert er mit neuer Energie beharrlich weiter auf sein Ziel zu. Weil er weiß, daß die kürzeste Verbindung zwischen zwei Punkten eine gerade Linie ist, konzentriert er sich darauf, so wenig Umwege wie möglich zu machen. Er will sich nicht mit Unnötigem aufhalten. Er will seine Energie und seine Mühe nicht nutzlos verschwenden. Und wo immer er kann, wählt er Abkürzungen, die ihn schneller ans Ziel bringen.

## Sie haben als Büroboten angefangen

*... das Publikum sieht nur selten, wie stockend und qualvoll selbst die Schritte sind, die auch nur zum geringsten Erfolg führen.*

ANNIE SULLIVAN
*Helen Kellers Lehrerin*

Ziele werden Schritt für Schritt erreicht. Weil Lernen seine Zeit braucht, kann der Prozeß des Umlernens manchmal Jahre dauern. Erfolgsmenschen wissen das. Sie nehmen sich die Zeit, einen Schritt nach dem anderen zu tun. Dies und jenes auszuprobieren und den einen oder anderen Versuch als Mißerfolg zu verbuchen. Sie nehmen sich die Zeit, um ihr Ziel zu kämpfen.

Wenn Sie den Weg erfolgreicher Leute einmal näher betrachten, werden Sie feststellen, daß er bei allen von ihnen sehr ähnlich verlief. Sie hatten von Anfang an begriffen, daß ihre Mühe nicht sofort belohnt werden würde. Aber sie haben angefangen – angefangen und *weitergemacht*.

Nehmen Sie meinen Agenten Norman Brokow. Er begann seine Karriere im Showgeschäft mit 15 Jahren – als Bürobote. Heute, vierzig Jahre später, gilt Norman weltweit als einer der bedeutendsten Agenten. Er ist leitender Vizepräsident von William Morris, einer großen, internationalen Künstleragentur.

Norman ist stolz auf die Liste seiner Klienten, auf der Persönlichkeiten von Rang und Namen zu finden sind: Der ehemalige US-Präsident Gerald Ford, der ehemalige Staatssekretär Alexander Haig, Barbara Stanwyck. Auch Natalie Wood und die legendäre Marilyn Monroe zählten dazu.

Viele der Menschen, die wie Norman heute »ganz oben« sind, haben »ganz unten« angefangen. Sie haben sich hochgearbeitet, indem sie immer mehr dazugelernt haben, auch aus ihren Fehlern. So wie andere Menschen Pfennige sammeln und zur Bank bringen, sammeln diese Menschen Informationen und Erfahrungen. Je mehr sie davon haben, desto mehr Wissen besitzen sie. Geballtes Wissen, mit dem sie viel anfangen können.

## Am Ball bleiben

Den meisten Menschen ist offensichtlich nicht bewußt, daß der Weg zum Erfolg holperig und steinig ist. Daß es niemanden gibt, der ihn völlig problemlos gegangen ist.

Wenn wir die Merkmale überaus erfolgreicher Persönlichkeiten betrachten, werden Sie feststellen, daß *alle* Erfolgsmenschen eines gemeinsam haben: Gleichgültig, mit welchen Schwierigkeiten sie auch konfrontiert wurden, sie sind – ihr Ziel vor Augen – immer am Ball geblieben. Eines der besten Beispiele dafür bietet der Farbige John R. Johnson.

1918 in einer armen Familie in Arkansas geboren, machte er seinen Weg nach oben über die Universität von Chicago und Northwestern. Und obwohl er nie einen akademischen Grad erworben hat, besitzt er heute sechzehn Ehrentitel, die ihm im Laufe der Zeit verliehen wurden. Johnson begann seine Karriere als Bürobote in der Supreme Life Insurance Company of America in Chicago. Heute ist er Vorsitzender der von Farbigen geführten Lebensversicherung.

1942 verschaffte er sich Startkapital, indem er die Möbel seiner Mutter ins Pfandhaus brachte. Die 500 Dollar, die er dafür bekam, nutzte er, um ein Verlagsunternehmen zu gründen, das heute das zweitgrößte von Farbigen geleitete Unternehmen seiner Art ist. Es begann mit *Negro Digest* (heute *Black World*) und umfaßt mittlerweile *Ebony*, *Jet*, *Black Stars* und *Ebony Jr*. 1961 begann Johnson auch Bücher zu verlegen. Zwölf Jahre später hatte er seine Organisation noch beträchtlich erweitert, indem er die Chicagoer Rundfunkstation WGRT aufgekauft und die Fashion Fair-Kosmetikfirma gegründet hatte.

Johnson spricht mit Demut und Ernsthaftigkeit über seine Arbeits- und Erfolgsphilosophie. »Meine Mutter war die stärkste Antriebskraft für mich. Sie pflegte mir wieder und wieder zu sagen, ›Mag sein, daß du hart arbeitest und es trotzdem zu nichts bringst. Aber wenn du nicht hart arbeitest, kannst du dich darauf verlassen, daß du es zu nichts bringen wirst. Wenn du Erfolg haben willst, kommst du nicht darum herum, etwas dafür zu tun. Daß dir der Erfolg nicht in den Schoß fällt, versteht sich von selbst. Aber für jedes Problem, mit dem du dich im Laufe der Zeit konfrontiert sehen wirst, läßt sich irgendeine Lösung finden – wenn du dir die Mühe machst, nach einer Lösung zu suchen. Welche Hindernisse sich auch immer vor dir erheben, du darfst nicht aufgeben. Du mußt einen Weg finden, sie zu überwinden.‹«

Den ersten Problemen sah sich Johnson bereits gegenüber, als er in eine Oberschule in Chicago kam. »Ich hatte keine Freunde, kein Geld, und alle lachten mich aus, weil ich selbstgeschneiderte Kleidung trug. Dazu kam, daß meine Mitschüler mich wegen meines südlichen Dialekts und meiner krummen Beine verspotteten. Um es ihnen zu zeigen, blieb mir nur eines: Klassenerster zu werden.

Also büffelte ich wie verrückt, bekam gute Noten und belegte zudem einen Kursus, in dem ich lernte, ohne Hemmungen vor großem Publikum beziehungsweise vor meinen Mitschülern zu reden. Dazu las ich Dale Carnegies *Wie man Freunde gewinnt und Menschen beeinflußt* mindestens fünfzigmal.

Die Zeit und die Mühe, die ich in all das investierte, lohnten sich. Keiner in meiner Klasse traute sich, laut vor allen anderen zu reden – außer mir. Was natürlich niemand wußte: daß ich – wie es das Lehrbuch empfahl – vor dem Spiegel geübt hatte, Reden zu halten. Das Ergebnis war, daß ich zum Klassensprecher gewählt wurde. Bald darauf war ich auch noch Schulsprecher, Chefredakteur der Schülerzeitung und Herausgeber des Schüler-Jahrbuches.«

Einen entscheidenden Schritt in seiner Karriere machte Johnson 1943, als er einen kleinen Verlag gründete. Er hatte es sich zum Ziel gesetzt, die Auflage seines Magazins *Negro Digest* zu steigern.

»Ich hatte mir überlegt, eine Serie mit dem Titel ›Wenn ich ein Neger wäre‹ zu starten. In dieser Serie sollte sich ein Weißer in die Situation eines Schwarzen versetzen und sich Gedanken darüber machen, wie er sich unter diesen Umständen verhalten würde«, erinnert sich Johnson. »Wen ich unbedingt für diese Serie gewinnen wollte, war Eleanor Roosevelt. Also setzte ich mich hin und schrieb ihr einen Brief.

Sie schrieb mir zurück und erklärte, daß sie zu beschäftigt sei, um diese Serie zu schreiben. Aber *sie hatte nicht gesagt, daß sie sie nicht schreiben wollte.*

Also schrieb ich sie einen Monat später wieder an. Auch diesmal war ihre Antwort, daß sie keine Zeit dafür habe. Also wartete ich einen weiteren Monat und schickte dann einen dritten Brief. Ihre Antwort war dieselbe: Sie bedauerte, nicht eine freie Minute zu haben.«

Da Mrs. Roosevelt ihre Absagen mit Zeitmangel begründet hatte, ließ Johnson sich nicht beirren. »Schließlich hatte sie nie erklärt, kein Interesse am Schreiben der Serie zu haben. Alles, was ihr fehlte, war offensichtlich Zeit. Und die würde sie, so dachte ich mir, eines Tages gewiß haben.

Irgendwann las ich dann, daß sie nach Chicago kommen würde, um hier einen Vortrag zu halten. Kurzerhand entschloß ich mich dazu, ihr ein Telegramm zu schicken, in dem ich anfragte, ob sie während ihres Chicago-Aufenthalts Zeit finden würde, die Serie für *Negro Digest* zu schreiben.

Der Zufall wollte es, daß mein Telegramm sie tatsächlich zu einem Zeitpunkt erreichte, zu dem sie ein bißchen Luft hatte. Freundlicherweise nutzte sie die Pause, die zwischen ihren vielen Verpflichtungen lag, und diktierte den Artikel sogleich auf Band.

Um auf Mrs. Roosevelts Artikelserie aufmerksam zu machen, schickte ich Meldungen an sämtliche Zeitungen und Rundfunkstationen in ganz Amerika, und alle berichteten darüber. Der Lohn meiner Beharrlichkeit war, daß die Auflage des *Negro Digest* innerhalb eines Monats von fünfzigtausend auf einhundertfünfzigtausend stieg. Das war wahrlich der Wendepunkt meiner Karriere.«

An Erfolg, der sich über Nacht einstellt, glaubt Johnson nicht. »Manchmal«, sagt er, »muß man erst mit Hindernissen und Mißerfolgen rechnen. Aber was auch passiert oder nicht passiert – *man muß es weiter versuchen*. Daß mir nichts geschenkt wurde, darüber sind sich die Leute, die mich heute in meiner palastartigen Umgebung sehen, nicht bewußt. ›Hast du ein Glück gehabt!‹ sagen sie. Und dann sind sie baß erstaunt, wenn ich ihnen erwidere, daß weniger von Glück als vielmehr von *dreißig langen Jahren harter Arbeit* die Rede ist. Daß ich als ein Niemand in einer Versicherungsgesellschaft anfing, dann in ein winziges Gebäude umzog, das nicht viel mehr als eine Kohlenkiste war. Ich habe einen Schritt nach dem anderen getan. Um das zu erreichen, was ich heute erreicht habe, mußte ich *unten* anfangen, nicht am oberen Ende der Leiter. Um Erfolg zu haben, muß man ein Langstreckenläufer sein. Man braucht viel Puste, um durchzuhalten, und man darf eines *nicht*: aufgeben.«

## Ein unbesiegbarer Wille

Wenn man bemerkenswerte Persönlichkeiten der Geschichte studiert, fällt einem auf, daß sich das Motto »Immer am Ball bleiben« wie ein roter Faden durch ihr Leben zieht. Auch in der Biographie des einstigen Präsidenten Harry S. Truman, die von seiner Tochter Margaret geschrieben wurde, wird das deutlich. Insbesondere dort, wo es Margaret darum geht, die Zähigkeit, mit der ihr Vater 1948 seinen Wahlkampf bestritt, zu beschreiben.

Obwohl das allgemeine Empfinden bei Trumans Kandidatur eher eine Niederlage als einen Sieg erwarten ließ, erklärte Truman entschlossen: »Wir *werden gewinnen*. Ich werde durch ganz Amerika reisen und in jeder Kleinstadt halten, um mit der Bevölkerung zu reden.«

Voller Respekt und voller Liebe beschreibt Trumans Tochter den unbesiegbaren Willen ihres Vaters, die Wahl zu gewinnen. Als das Magazin *Newsweek* unter fünfzig kompetenten politischen Journalisten eine Umfrage veranstaltete und das Ergebnis lautete: »FÜNFZIG POLIT-EXPERTEN SAGEN ÜBEREINSTIMMEND DEWEYS SIEG VORAUS«, grinste ihr Vater und sagte: »Na ja, diese verflixten Typen irren sich sowieso immer... also nichts wie ran an die Arbeit.«

Trumans Wahlsieg überraschte nicht nur sämtliche Meinungsforscher, sondern das ganze Land. Als Truman zur Amtseinführung nach Washington zurückkehrte, hing am Gebäude der *Washington Post* ein riesiges Plakat:

»MR. PRÄSIDENT, WIR SIND BEREIT ZU KREUZE ZU KRIECHEN, WANN IMMER SIE ES VON UNS VERLANGEN!«

## Man muß seinen Kurs wählen und ihn beibehalten

Ein andermal verhalf das Motto »Immer am Ball bleiben« dazu, einen Präsidenten zu stürzen. Ausdauer, die, wie Sie mittlerweile wissen, zur Grundausrüstung eines jeden Erfolgsmenschen gehört, zeichnet auch Bob Woodward aus. Jenen *Washington-Post*-Reporter, der nicht nur den Pulitzer-Preis gewann, sondern der auch die drei Bestseller *All The President's Men (Der Watergate-Skandal)*, *The Final Days* und *The Brethren* schrieb.

Obwohl es anfangs so aussah, als handele es sich bei ihrer Geschichte um einen ganz gewöhnlichen Diebstahl im Hauptquartier der Demokraten im Watergate-Gebäude, weigerten Woodward und sein Kollege Carl Bernstein sich, die Angelegenheit als Lappalie abzutun. Anstatt die Geschichte fallenzulassen, recherchierten sie unermüdlich weiter.

»Dadurch, daß der Sprecher und Leiter der freien Welt uns ›Lügner‹ schimpfte, war die Lage, in der wir uns befanden, alles andere als günstig. Und doch war gerade das unser Anreiz dafür, den Dingen auf den Grund zu gehen. Wir waren die ganze Angelegenheit sachlich angegangen. Aber dadurch, daß das Weiße Haus hoch pokerte und verschiedene Dinge dementierte, hieß es für uns ›mitziehen oder die

Karten auf den Tisch legen‹. Unsere Glaubwürdigkeit und unsere berufliche Laufbahn standen auf dem Spiel.«

Woodward war besonders betroffen, weil er ein Jahr zuvor von der *Post* abgelehnt worden war. Folglich lag ihm ganz persönlich sehr viel daran, die ganze Sache bis zum Ende durchzuziehen. Er war zudem davon überzeugt, daß eine Unmenge von Tatsachen vor ihm verborgen wurde.

Sein Motto – »Man muß seinen Kurs wählen und ihn beibehalten« – faßt Woodwards Erfolgsmethode in einem Satz zusammen. »Bei meiner Arbeit geht nichts über die Recherche. Man muß mit Leuten reden, reden, reden. Wenn ich in einem Artikel dreißig Leute zitieren soll, interviewe ich dafür sechzig.«

Wenn Menschen sich weigern, mit ihm zu sprechen, erhöht das seine Neugier nur, wie Woodward sagt. »Wenn mich jemand betroffen anschaut und mir die Tür vor der Nase zuknallt, dann ist es ziemlich offensichtlich, daß es irgend etwas gibt, was er vor mir verbergen möchte.

Anfangs hatte ich keine Ahnung davon, daß die ganze Affäre zu Nixon führte. Nicht einmal im Traum wäre ich darauf gekommen. Aber in meinem Beruf gräbt man weiter und tut seine Arbeit. Das befriedigt von Tag zu Tag mehr. Es gibt viele wichtige Dinge, die im verborgenen liegen. Sie aufzudecken ist eine Herausforderung. Was den Watergate-Skandal betrifft: Die Tatsache, daß diejenigen, mit denen wir uns anlegten, zu den Mächtigsten der Welt zählten, machte den Einsatz, um den wir spielten, um so höher. Es motivierte uns erst recht, am Ball zu bleiben. Unsere Neugierde war geweckt, und wir wollten unsere Sache gut machen. Es waren die Kleinen gegen die Großen. Nicht die Guten gegen die Bösen.«

Die größte Freude an seiner Arbeit hat Woodward, wenn er die Information, hinter der er her ist, bekommt und somit den Durchbruch schafft. »*Gleichgültig, wieviel Mühe ich investiert habe*, der Moment der Enthüllung ist der größte für mich.«

Indem er sich, selbst als er aus höchsten amerikanischen Politikerkreisen beschimpft und beschuldigt wurde, *nicht entmutigen* ließ, veränderte Woodward die amerikanische Geschichte.

# Der erste Schritt zum Erfolg

Wenige lernen in ihrer Kindheit, daß Mißerfolg der erste Schritt zum Erfolg ist. Es gibt nicht viele Eltern, die begriffen haben, daß Fehler letztlich zum Erfolg führen und daß KEIN ERFOLG GÄNZLICH OHNE RÜCKSCHLÄGE ZU ERLANGEN IST. Bringen Sie sich also diese neue Lektion, die Sie als Kind nicht gelernt haben, heute als Erwachsener selbst bei. Lesen Sie sich die beiden folgenden Abschnitte laut vor, und beziehen Sie sie in Ihre neue Lebensphilosophie mit ein.

> »Ein Kind muß schon sehr früh lernen zu begreifen, daß das Leben unter anderem auch daraus besteht, Fehler zu machen. Es irgend etwas anderes zu lehren, heißt, die Realität zu verleugnen und es im Glauben einer falschen – und destruktiven – Überlegenheit aufwachsen zu lassen.
>
> Ein Kind um seiner Perfektion willen zu lieben, bedeutet gar nichts. Es mit seinen Fehlern zu lieben, ist wahre Liebe. Es ist die Liebe, die den späteren Menschen formt – den Menschen, den ein Versagen nicht zu Fall bringen kann.«[6]

Es ist unrealistisch zu glauben, daß wir nie danebenhauen, wenn wir dabei sind, etwas Neues zu lernen, wenn wir einen Beruf ergreifen oder eine neue Beziehung beginnen. Natürlich werden wir Fehler begehen, weil Fehlermachen ein wichtiger Teil des jeweiligen Abenteuers, auf das wir uns eingelassen haben, ist.

Lernen Sie folgende Überlebensformel, bis sie Ihnen in Fleisch und Blut übergegangen ist:

VERSAGT:
VERSUCH'S NOCH EINMAL.

VERSAGT:
NIMM'S DIR NICHT ÜBEL UND MACH WEITER.

VERSAGT:
MACH WEITER, BIS DU ES GESCHAFFT HAST!

# Sieger und Verlierer

Zu versagen kann eine große Enttäuschung sein und weh tun. Es kann aber auch ein positiver Beitrag zu einem Lernprozeß sein. Was einzig und allein zählt, ist, *wie* Sie mit Mißerfolgen fertig werden. Wie verständnisvoll – oder wie unwirsch – Sie sich selbst gegenüber sind.

*Nutzen* Sie die Lehre, die Sie aus Ihren Mißerfolgen ziehen? Oder verschwenden Sie Ihre kostbare Zeit damit, sich selbst einen Idioten zu schimpfen und sich über die Fehler, die Sie gemacht haben, zu ärgern?

### VERLIERER

1. Wenn Verlierern etwas, das sie vorhaben, nicht auf Anhieb gelingt, vergessen sie die ganze Angelegenheit und geben auf. Sie sind felsenfest davon überzeugt, daß andere, intelligentere Menschen von heute auf morgen zur Perfektion gelangen.

2. Wenn ein Lernprozeß langsam und mühsam vor sich geht, sind Verlierer augenblicklich gelangweilt. Sie erwarten sofortige Resultate, für die sie kaum Zeit investieren müssen.

### SIEGER

1. Sieger wissen, daß Lernen Zeit braucht. Daß oft Jahre vergehen, bis man etwas perfekt beherrscht. Sie wissen, daß noch kein Meister vom Himmel gefallen ist.

2. Sieger wissen, daß jeder Lernprozeß seine Zeit braucht und viel Mühe kostet. Sie wissen, daß nichts problemlos vonstatten geht. Aber sie wissen auch, daß ihnen der Erfolg sicher ist – wenn sie weiter am Ball bleiben.

3. Wenn ein Verlierer, der mit einer alten Gewohnheit brechen will, einen Rückfall erleidet – indem er bei einer Abmagerungskur seinem Heißhunger nachgibt oder, obwohl er nicht mehr rauchen will, doch zur Zigarette greift – ist er überzeugt davon, daß mit besagtem Rückfall das Ende seiner Bemühungen gekommen ist. Er sagt sich: »Ich schaff's sowieso nicht. Also laß ich es lieber gleich ganz bleiben, bevor ich mich weiter zum Narren mache.«

4. Wenn Verlierer einen Fehler machen oder ein Problem falsch einschätzen, schimpfen sie sich selbst »dumm« und »unfähig«. Sie quälen sich mit selbstzerstörerischen Fragen wie »Warum war ich nicht vorsichtiger? Wieso habe ich nicht gesehen, was so offensichtlich war? Warum, wieso, weshalb?« Letztlich werden sie aus Angst vor weiterem Versagen gelähmt und versuchen gar nichts Neues mehr.

3. Wenn ein Sieger in eine alte Gewohnheit, mit der er brechen möchte, zurückfällt, beginnt er mit seinen Bemühungen noch einmal von vorn. Anstatt sich darüber aufzuregen, daß er einmal versagt hat, freut er sich darüber, wieviel er – bis zu besagter Panne – schon geschafft hat.

4. Wenn ein Sieger mit Schwierigkeiten konfrontiert ist oder einen Fehler macht, versucht er's noch mal von vorn. Er weiß, daß jedes Unterfangen das Risiko, Fehler zu machen, beinhaltet. Ein Gewinner freundet sich mit dem Gedanken an, dann und wann einen Fehler zu machen. Wenn es soweit ist, lernt er aus dem Fehler, den er gemacht hat – und macht ihn kein zweites Mal.

5. Verlierer sind so sehr damit beschäftigt, Fehler zu vermeiden, daß sie dadurch ihr Ziel aus den Augen verlieren. Sie verschwenden ihre Energie darauf, ihre Fehler zu analysieren. Da sie das zu ihrer Hauptbeschäftigung machen, kommen sie nicht dazu, neue Versuche in Richtung Ziel zu starten.

6. Verlierer sind nicht nur ungeduldig, sondern sie lassen sich auch von einer einzigen Niederlage voll und ganz entmutigen. Sobald sie auf ein Problem stoßen, fürchten sie eine Niederlage zu erleiden – prompt geben sie samt und sonders auf. Anstatt stolz darauf zu sein, Hindernisse, die sich ihnen in den Weg stellen, zu überwinden, trachten sie nur nach einem: dem augenblicklichen Erfolg.

5. Ein Gewinner behält sein Ziel im Auge und konzentriert sich darauf, es so direkt und so schnell wie möglich zu erreichen. Er versucht keine Zeit zu verschwenden und vermeidet Umwege. Wenn er einen Fehler macht, lernt er daraus und versichert sich: »Ich habe getan, was ich konnte.« Anstatt sich selbst zu bemitleiden, unternimmt er einen neuen Versuch, zum Ziel zu gelangen.

6. Selbst wenn sie sich in wenig erfreulichen Situationen befinden, zeigen Sieger Optimismus und Zielstrebigkeit. Sie sind nicht kleinzukriegen, denn sie wissen, daß es oft Jahre dauert, bis der Erfolg, den man sich wünscht, eintritt. Probleme, mit denen sie sich konfrontiert sehen, drücken sie nicht nieder. Sie sind ganz im Gegenteil eine Herausforderung, jetzt erst recht weiterzumachen, noch härter und konzentrierter auf das Ziel zuzuarbeiten.

# 3. KAPITEL

# Weg mit der seelischen Sperre

*Nur wenigen Menschen ist es vergönnt, die Wahrheit, voll-
kommen und verblüffend, durch eine augenblickliche Erleuchtung zu erfahren. Die meisten von uns erwerben sie
Stück um Stück, im kleinen, durch Weiterentwicklung, Steinchen auf Steinchen, wie ein mühsam erarbeitetes Mosaik.*

ANAÏS NIN

Haben Sie auch manchmal diese seelische Sperre? Das Gefühl, daß irgend etwas in Ihnen selbst Sie davor zurückhält,
das, was Sie vorhaben, anzugehen? Haben Sie es auch schon
erlebt, daß Sie fast übermenschliche Kraft aufwenden mußten, um mit einer Arbeit – und sei es mit der leichtesten – zu
beginnen? Oder daß Sie sich selbst dann, wenn Ihr Lebensunterhalt davon abhing, nicht zu der Tätigkeit, die Sie hätten erledigen müssen, aufraffen konnten?

Eine solche Sperre ist eine unbewußte Vorrichtung, die
uns davon abhält, etwas zu leisten. Der Grund dafür ist das,
was man Erfolgsangst nennt. Und ob Sie's glauben oder
nicht, die meisten Menschen sind von ihr befallen. Ohne daß
wir uns darüber klarwerden, gibt unser Gehirn das Kom-
mando: »Sieh dich vor! Tu so, als seist du beschäftigt. Aber
unternimm um Himmels willen nichts wirklich Effektives,
weil du sonst erfolgreich und mit Verantwortung beladen
wirst.«

Wenn solch unbewußte Befehle Ihr Verhalten bestimmen, sperren Sie sich gegen jedweden Erfolg automatisch.
Anstatt aktiv auf Ihr Ziel hinzuarbeiten, Hindernisse aus
dem Weg zu räumen und schließlich Erfolg zu haben, sind

Sie wie gelähmt. Ihr Gehirn ist leer. Sie vergessen, was immer Sie tun oder sagen wollten. Anstatt sich der Aufgabe, die Sie sich gestellt haben, zu widmen, ertappen Sie sich selbst dabei, daß Sie alles andere tun – und damit wertvolle Zeit verschwenden.

Mag sein, daß Sie sich tatsächlich etwas vorgenommen haben, was nicht leicht zu bewerkstelligen ist; lassen Sie mich Ihnen dabei helfen, die Probleme, mit denen Sie konfrontiert werden, zu lösen und letztlich *erfolgreich zu sein*.

## Auf die richtige Stimmung warten

Schriftsteller und Journalisten kennen ihn, den »Schreibblock«, der es ihnen unmöglich macht, auch nur ein einziges Wort zu Papier zu bringen. In solchen Zeiten »hassen sie ihre Schreibmaschine«, und »es graut ihnen vor dem weißen Blatt Papier«. Und vielen, die vor einer Doktorarbeit saßen, ging es sicherlich ebenso.

Lassen Sie mich beim Beispiel eines Schriftstellers bleiben und Ihnen von einem meiner Patienten namens David erzählen. Die Techniken, die er erlernte, um seinen Schreibblock aufzulösen, werden auch Ihnen helfen, seelische Sperren, die Ihrem Erfolg im Weg stehen, abzubauen.

David suchte mich auf, weil er einfach nicht begreifen konnte, daß er trotz seines Talents zum Schreiben nicht das Zeug hatte, damit seinen Lebensunterhalt zu verdienen. Das Problem, das er hatte, war schnell herausgefunden: David wartete auf die große Inspiration. Seiner Meinung nach konnte ein Autor nur dann gut schreiben, wenn er die Energie und die Kreativität dazu verspürte. Folglich war David der Meinung, »auf die richtige Stimmung warten zu müssen«, bevor er sich an seine Schreibmaschine setzte. Blieb die besagte »richtige Stimmung« aus, konnte er nicht arbeiten. Daß David dadurch, daß er auf die richtige Stimmung zum Schreiben wartete, nur selten zum Arbeiten kam, versteht sich von selbst. Weil er so wenig schrieb, war er deprimiert. Und wenn er deprimiert war, konnte er erst recht nichts zu Papier bringen.

David hatte sich selbst in einen Teufelskreis gebracht, aus dem er allein nicht herauskam. Seine Arbeitsmethode unterschied sich kraß von der, die Joyce Carol Oates, die den National Book Award gewann und sehr wohl ihren Lebensunterhalt mit Schreiben verdient, anwendet:

>*Man muß die Angelegenheit mit der ›richtigen Stimmung‹ unbarmherzig betrachten. In gewissem Sinne kommt man durch das Schreiben in Stimmung. Ich habe mich dazu gezwungen, auch dann mit dem Schreiben zu beginnen, wenn ich völlig erschöpft war, wenn meine Seele kaum noch vorhanden war, wenn nichts mir wert erschien, daß ich es auch nur noch fünf Minuten lang tue... und irgendwie hat allein die Tätigkeit des Schreibens alles positiv verändert.*«[7]

## Sitzfleisch haben

Mit Joyce Carol Oates als Beispiel habe ich David erklärt, daß er als erstes »Sitzfleisch entwickeln« müßte. Wenn er mit dem Schreiben weiterkommen wollte, *müßte er sich dorthin setzen, wo irgend etwas in dieser Richtung geschehen konnte* – an die Schreibmaschine. Dummerweise ist das allerdings leichter gesagt als getan.

Normalerweise, wenn David sich an die Schreibmaschine setzte, war sein Gehirn leer. Er fürchtete das weiße Blatt Papier so sehr, daß er, nur um es nicht sehen zu müssen, aufstand und vor seiner Schreibmaschine davonrannte. Sobald er das Schreiben vergaß und sich im Garten beschäftigte, war ihm wieder wohler. Andere Ersatzhandlungen waren für David, die Schränke aus- und wieder einzuräumen und seinen Bart sorgsam zu stutzen.

Mit solchen Ablenkungsmanövern stand David nicht allein da. Tom Wolfe, ein überaus fruchtbarer Schriftsteller, macht sich über eben diese Neigung zu Ersatzhandlungen, die auch er hatte, lustig:

>*Wenn ich so zurückblicke, war meine Strategie normalerweise die, zum Schneider zu gehen und mir einen Anzug*

*anfertigen zu lassen. Die Unmenge von Zeit, die man allein damit verbringen kann, sich das Musterbuch anzuschauen, um das Material zu wählen, eignet sich vorzüglich dazu, seinem Ziel (seine Arbeit zu meiden) näherzukommen. Danach darf man sich noch auf mindestens drei Anproben freuen und auf Zwischenbesuche beim Schneider, um mit ihm ausführlich über Abnäher, Knöpfe, Revers und American Bemberg-Futter zu sprechen.«[8]*

Dadurch, daß David im Badezimmer an seinem Bart herumfummelte oder im Garten Rosen pflanzte, war das weiße Papier natürlich nicht plötzlich wie von Geisterhand beschrieben. Um ein Projekt durchzuziehen, muß man sich da aufhalten, wo das Projekt in Angriff zu nehmen ist. In Davids Fall war es also unumgänglich, daß er sich an die Schreibmaschine setzte.

Ich erinnere mich, einmal an einem Vortragsabend teilgenommen zu haben, bei dem auch Neil Simon anwesend war. Dieser bekannte Schriftsteller, der unzählige erfolgreiche Bühnenstücke und Filmdrehbücher verfaßt hat, erklärte in seiner Rede, wie *er* dem berühmt-berüchtigten Schreibblock beikommt. Er sagte, daß er sich dazu zwingt, »sich hinzusetzen«. Er gab auch zu, daß ihm zeitweilig das Schreiben nicht leichtfiel. Dennoch setzte er sich tagtäglich an seine Schreibmaschine und begann zu schreiben. Wichtig war, etwas zu Papier zu bringen. Denn sobald er *etwas zu Papier* gebracht hatte, kann er entscheiden, ob es ihm gefällt oder nicht. Ob und wie er es verändern oder gar ganz umschreiben will. Auch Umschreiben ist ein Prozeß, der ihn seinem Ziel näherbringt:

*»Beim Umschreiben eines Stückes beginnt für mich erst der eigentliche Spaß ... Beim Baseball hat man nur drei Anläufe und ist draußen. Beim Umschreiben kann man so viele Anläufe nehmen, wie man möchte. Und früher oder später, so weiß man, trifft man ins Schwarze.«*

Der Satz »Und früher oder später, so weiß man, trifft man ins Schwarze« ist mir in Erinnerung geblieben. Wenn ich zurückdenke, habe ich genau diese Technik, den Schreibblock zu überwinden, 1968 gelernt, als ich in London an meiner Doktorarbeit schrieb.

Patienten zu behandeln war für mich ein Kinderspiel, denn es war der Teil meiner Arbeit, der mir Freude machte. Was hingegen in wirkliche Mühe ausartete, war, daß ich jedes meiner Experimente detailliert schriftlich ausarbeiten mußte. Davor graute mir.

Trotzdem wußte ich, es gab keine Alternative. Ich mußte Statistiken, meine Philosophie und meine Methodik zu Papier bringen. Tat ich es nicht, könnte ich meinen Doktortitel in den Wind schreiben. Ich hatte zu viele Jahre studiert und hart gearbeitet, um an dieser Stelle aufzugeben.

Ich hatte Angst vorm Schreiben, weil ich mit dem, was ich in meinen Therapien tat, Pionierarbeit leistete. Ich war besorgt, ob die traditionelle britische Psychologie meine neuen Behandlungsmethoden akzeptieren würde. Ich fürchtete, daß meine Arbeit nicht wissenschaftlich genug war, um der Prüfung meiner Tutoren standzuhalten. Kurzum: Ich kritisierte meine Worte schon, bevor sie schwarz auf weiß vorhanden waren.

Jeden Morgen, wenn der Wecker klingelte, stand ich auf, zog mich an und setzte mich an meinen Schreibtisch. Das war auch schon alles, was ich anfangs tat... ich saß einfach da.

Ich wußte, daß ich meinen Schreibtisch nicht verlassen durfte. Denn wenn ich eine Chance haben wollte, irgend etwas zu Papier zu bringen, mußte ich dort sitzen bleiben. Am ersten Tag tat ich genau das: Stundenlang saß ich vor dem verflixten weißen Blatt Papier. Irgendwann begann ich dann zu tippen. Ich erinnere mich noch, wie ich die ersten beiden beschriebenen Seiten las und sie schrecklich fand. Mir war, als wären meine Finger (und meine Gedanken) einzementiert... Aber ich tippte weiter.

Am vierten Tag fühlte ich mich schon etwas entspannter, und die Sätze schienen weniger mühevoll in die Maschine zu fließen. Fünf Monate später hatte sich mein »Sitzfleisch« ausgezahlt. Ich hielt die fertige Doktorarbeit in meinen Händen. Nachdem ich sie noch zweimal umgeschrieben hatte, was wiederum drei Monate lang dauerte, wurde ich zum »Doktor« ernannt. Der Kommentar, den ich am meisten schätzte, kam von meinem Tutor Gwynne Jones. Er sagte: »Ich bin höchst beeindruckt, wie *wissenschaftlich* Sie das Thema angegangen sind.«

## Bringen Sie etwas zu Papier

Kürzlich las ich einen Ratschlag, den der bekannte Science-fiction-Autor Frederick Pohl zum Thema Schreibblock gibt. Hätte ich diesen Rat damals schon gekannt, hätten seine Worte mir gewiß helfen können, meine Angst vor der Doktorarbeit zu überwinden.

*»Wenn ich feststelle, daß ich Schwierigkeiten beim Schreiben habe, beschäftige ich mich vorerst damit, grobe Entwürfe zu machen, so grob und roh, wie es mir möglich ist. Dann beginne ich wieder von vorn und schreibe die Seiten um. Damit habe ich in den letzten Jahren längere Schreibblocks vermieden. Niemand außer mir sieht, was ich da schreibe, und ich schiebe meine Kritik über das Geschriebene vorerst auf. Ich stürze mich in die Arbeit, bringe, was immer mir einfällt, zu Papier. Wenn es mir später nicht gefällt, kann ich es immer noch ändern, aber vorerst bin ich ein kleines Stück weitergekommen.«*[10]

Das war eine weitere Lektion, die David zu lernen hatte. Er hatte erklärt, er hasse es, »irgend etwas« zu tippen. Er wollte, daß das, was er schreibt, richtig »gut« sein sollte. Daß er erst in seinem Kopf Klarheit haben müsse, bevor er seine Gedanken zu Papier brächte.

»Unsinn!« widersprach ich. »Schreib einfach auf, was dir in den Sinn kommt! Dann hast du etwas Greifbares, mit dem du arbeiten kannst, das du umschreiben und verbessern kannst. Bis es so ist, wie du es dir vorstellst. Fang einfach an!«

# Davids Fahrplan zum Erfolg

Damit David nicht länger tatenlos herumsaß, arbeiteten wir gemeinsam einen Arbeitsplan für ihn aus. Er sollte den Wecker jeden Morgen auf 7.30 Uhr stellen und um 8.00 Uhr an der Schreibmaschine sitzen. Seine Aufgabe war es, dort sitzen zu bleiben – notfalls den ganzen Tag –, bis er etwas zu Papier gebracht hatte.

Wir führten auch ein Belohnungssystem ein: David durfte kein Frühstück essen, ehe er nicht mindestens eine beschriebene Seite hatte.

Am ersten Tag war David so unsicher, daß die erste Seite nicht vor 14.00 Uhr fertig war. Am zweiten Tag war er bereits so weit, daß er schon nach zwei Stunden ein beschriebenes Blatt Papier vorweisen und sein Frühstück genießen konnte. Am dritten Tag schrieb David die erste Seite so gut wie auf Anhieb und füllte noch weitere fünf Seiten, bevor er auch nur ans Frühstück dachte. Langsam, aber sicher begann sein Schreiben Form anzunehmen. David lernte seine Aufgabe zu erfüllen, indem er sich hinsetzte und *sie bewerkstelligte.*

*»Es ist nicht genug zu wissen, man muß es auch anwenden; es ist nicht genug zu wollen, man muß es auch tun.«*

GOETHE

Machen Sie es wie David. Vereinfachen Sie Ihr Vorhaben, indem Sie mit dem winzigsten aller Schritte, der Sie zu Ihrem Ziel führt, beginnen. Davor, einen winzigen Schritt vorwärts zu machen, brauchen Sie sich gewiß nicht zu fürchten. Zugegeben, am ersten Tag kann es passieren, daß Ihnen dabei körperlich alles andere als wohl ist. Mag sein, daß Sie Magenschmerzen, Kopfweh, Übelkeit oder sonst ein Unbehagen verspüren. Aber schon am zweiten Tag wird es Ihnen nicht nur leichter fallen, Ihre Aufgabe zu bewältigen, sondern es wird auch beginnen, Ihnen Spaß zu machen. Am dritten Tag werden Sie sich bereits entspannt, wenn nicht gar wohl fühlen, wenn Sie »Sitzfleisch« beweisen und merken, wie Sie allein dadurch Ihrem Ziel näherkommen.

Entscheidend ist, daß Sie, um an Ihr Ziel zu gelangen, irgendwann irgendwo *den ersten Schritt* in Richtung Ziel *tun müssen*. David hat diesen Schritt getan. Auch Sie können ihn tun. *Sie können den Anfang machen.*

## Das Schaltpult, die Tasten und die Uhren

Den Anfang zu machen war für mich gar nicht so einfach, als es 1982 darum ging, *meine eigene* Radiosendung zu starten. Gewiß war ich schon seit 1967 an Rundfunksendungen der Londoner BBC beteiligt. Aber bis dahin waren es immer *die anderen* gewesen, die für den technischen Kram verantwortlich gezeichnet hatten. Ich war »nur« ihr Studiogast.

Als es nun darum ging, eine eigene Sendung in eigener Verantwortung zu gestalten, fand ich mich plötzlich in einem technischen Labyrinth wieder, konfrontiert mit einer Unzahl von Schaltern, Tasten, Knöpfen, Lichtern, Uhren, Computern und Telefonen, von denen ich nicht nur keine Ahnung hatte, wie sie funktionierten, sondern gegen die ich auch noch – wie gegen alles Mechanische und Elektrische – eine wohlgenährte Abneigung besaß.

Ich fühlte mich zwar im siebten Himmel, als man mir anbot, eine eigene Rundfunksendung zu machen; aber ich war schnell wieder auf dem Boden der Tatsachen, als mir bewußt wurde, auf *was* ich mich da eingelassen hatte. Nach einer kurzen Einarbeitungszeit sollte ich ganz allein im Studio sitzen – alleingelassen mit dem elektronischen Monster!

Mein erster Impuls war fortzurennen!

Mir laufen nämlich schon kalte Schauer über den Rükken, wenn ich nur eine Stereo-Anlage bedienen soll. Dennoch: Unzählige Menschen im ganzen Land über den Äther erreichen zu können, das wog mehr als meine Angst vor der Technik.

Äußerst verwirrt, naßgeschwitzt vor Aufregung und von Magenkrämpfen begleitet, nahm ich an diesem bedeutungsvollen Montag den ersten Anruf für mich im Studio entgegen. Die Stimmen meiner Zuhörer zu vernehmen, die mich in der Sendung um Rat fragten, versetzte mich in Hochstimmung. Aber vor dem Schaltpult mit all seinen Knöpfen und

Tasten zu sitzen, war eine Tortur, zumal ich immer die Uhr im Rücken hatte. Für 9:12.56 Uhr war ein Werbespot geplant, was bedeutete, daß ich mein Gespräch mit dem Hörer um 9:12.48 beenden mußte – ohne einfach abzubrechen. Mit der gesamten Sendung mußte ich – gleichgültig, was passieren mochte – um 9:56.33 Uhr auf die Sekunde fertig sein. Als die erste Sendung vorbei war, hatte ich heftige Kopfschmerzen.

Aber am zweiten Tag war ich überrascht, wieviel ich am ersten Tag bereits gelernt hatte. Mir unterliefen weniger Fehler, Kopfweh und Magenkrämpfe waren so gut wie verschwunden. Am Mittwoch fühlte ich mich bereits etwas sicherer, am Donnerstag hatte ich die Sendung schon ziemlich im Griff, und am Freitag hätte ich am liebsten wie Professor Higgins in »My Fair Lady« laut gerufen: »Ich hab's geschafft, ich hab's geschafft!« Obwohl ich mich immer für einen technischen Idioten gehalten hatte, war es mir gelungen, mit der Technik klarzukommen.

Der Programmdirektor, die Ingenieure und alle anderen Mitarbeiter hatten mir freundlicherweise Hilfestellung gegeben. Hilfe anzunehmen führt einen Schritt weiter zum Erfolg... und Fragen zu stellen, wenn man welche hat, ebenso. Verlierer befürchten, zum Dummchen abgestempelt zu werden, wenn sie Fragen stellen. Sie versuchen zu bluffen, indem sie vorgeben, alles zu wissen – und hoffen, daß ihnen niemand auf die Schliche kommt.

Unsinn! Ich fühle mich nicht als Dummkopf, wenn ich Fragen stellen muß. Ich weiß, daß ich intelligent bin. Und deswegen weiß ich eben auch, daß mir in bestimmten Dingen ein bestimmtes Fachwissen fehlt. Als ich mit meiner eigenen Sendung begann, hatte ich keine Ahnung davon, wie Satelliten funktionieren. Heute weiß ich es, denn ich habe Fragen gestellt und mich darüber informiert, so gut ich konnte.

Wenn Sie sich diese Philosophie zu eigen machen, können auch Sie es schaffen. Merken Sie sich die Formel gut, und sprechen Sie sie laut vor sich hin:

ERFOLGSMENSCHEN STELLEN FRAGEN.
ERFOLGSMENSCHEN AKZEPTIEREN HILFE.

# Übung 3
## Neue Fertigkeiten entwickeln

Die nun folgende Übung gibt Ihnen Richtlinien und macht Sie mit Techniken vertraut, mit deren Hilfe Sie entweder neue Verhaltensweisen beherrschen lernen oder bereits vorhandene Ansätze in dieser Richtung ausbauen können.

### Erster Schritt: Lernen Sie, sich einzustimmen

Schalten Sie jedwede Störung, die sich bei Ihrer Arbeit ergeben könnte, von vornherein aus: Lärmbelästigung, Musik oder was immer Sie ablenken könnte. *Konzentrieren Sie sich einzig und allein auf die Arbeit, die Sie gerade tun.*

Schalten Sie das Radio und den Fernsehapparat aus, und nehmen Sie den Telefonhörer von der Gabel. Teilen Sie Ihren Freunden und Ihrer Familie mit, von wann bis wann Sie arbeiten, damit Sie nicht von ihnen gestört werden. Sagen Sie Ihnen auch, wann Sie *wieder frei* sind – so können Sie für Ihre Freizeit etwas mit ihnen verabreden, worauf Sie sich jetzt schon freuen können.

Machen Sie sich keine Gedanken darüber, was zum Beispiel Ihre Konkurrenz tut. Derlei Grübeleien halten Sie nur von Ihrer Arbeit ab. Sollten Sie sich dennoch dabei ertappen, zwingen Sie sich sofort wieder zur Konzentration auf Ihre Arbeit. *Behalten Sie Ihre Gedanken unter Kontrolle.*

### Zweiter Schritt:
### Reden Sie mit sich selbst – als Rückenstärkung

Wann immer Sie in Versuchung geraten, Ihr »Sitzfleisch« Sitzfleisch sein zu lassen und vor Ihrer Arbeit zu flüchten, sprechen Sie die folgenden Sätze laut und deutlich – am besten vor einem Spiegel – aus. Achten Sie darauf, daß Ihre Stimme freundlich, aber fest und entschlossen ist:

»Ich möchte mich auf das, was ich gerade tue, *konzentrieren.*
Ich werde meiner Arbeit sofort meine *gesamte Aufmerksamkeit* schenken.

Ich *verdiene* es, daß ich mit dem, was ich mir vorgenommen habe, erfolgreich bin.
Ich werde darauf achten, *daß mich nichts davon abhält, Erfolg zu haben.*«

## Dritter Schritt:
## Lernen Sie, mit Kritik konstruktiv umzugehen

Besprechen Sie die Arbeit, die Sie gerade tun, mit Menschen, die sich auf diesem Gebiet auskennen und somit Erfahrung und Wissen besitzen, Ihr Vorgehen kritisch kommentieren zu können. Bitten Sie diese Leute ausdrücklich um Kritik – damit Sie aus der Kritik lernen können.

Halten Sie keine Entschuldigungen dafür bereit, daß Sie nicht *mehr* gearbeitet haben. Dadurch verlangsamen Sie nur die notwendige Wechselwirkung und bringen sich selbst um die Möglichkeit, wichtige Informationen von den Experten, die Sie um Rat fragen, zu bekommen. Hören Sie sich die Vorschläge, die die Fachleute Ihnen machen, gut an. Nur so gewinnen Sie neue Einsichten, wie Sie Ihre Arbeit besser machen und Ihre Fertigkeiten vervollständigen können.

## Vierter Schritt: Nutzen Sie vorhandene Lernmodelle

Nehmen Sie sich die Zeit, Verhaltens- und Denkmuster anderer, die auf Ihrem Gebiet *bereits erfahren und erfolgreich* sind, genau zu untersuchen. Fragen Sie in der Stadtbibliothek nach Büchern, Zeitschriftenartikeln und sonstigen Abhandlungen von Experten auf Ihrem Gebiet. Wie diese Experten ihre Arbeit angegangen sind, kann Ihnen als Vorbild dienen. Nutzen Sie sie als Lernmodelle. Indem Sie über sie lernen, lernen Sie *von* ihnen.

Damit, daß Sie besagte Informationen *ein*mal lesen, ist es nicht getan. Studieren Sie die Bücher und die Artikel im Detail. Bei jedem Wiederlesen werden Sie neue Möglichkeiten entdecken, die Ihnen zuvor gar nicht aufgefallen sind. Knien Sie sich in die Erfolgstechniken anderer, bis sie Ihnen in Fleisch und Blut übergegangen sind.

## Fünfter Schritt: Lernen Sie, neue Ideen zu akzeptieren

Verfolgen Sie Ihre Karriere und Ihren Lebensstil nicht nach einem sturen, einmal festgelegten Muster. Seien Sie beweglich: Ziehen Sie andere Ideen in Betracht.

Jeder Mensch vermag sein Leben durch neue Einsichten, Entwicklungsveränderungen und den Prozeß geistiger Reife entscheidend zu verbessern. Nur: Die wenigsten Menschen machen von diesen Möglichkeiten Gebrauch. Merken Sie sich: Kein Mensch lernt je aus.

Sehen Sie sich nach neuen Möglichkeiten um. Nach Workshops, in denen Sie lernen, Ihr Potential auszuschöpfen; nach psychotherapeutischen Sitzungen, nach Selbstverwirklichungsgruppen. Geben Sie Ihrem Denken neue Dimensionen. Erweitern Sie Ihren geistigen Horizont. Suchen Sie Gelegenheiten, immer wieder über und für sich selbst – in Seminaren oder Abendkursen – dazuzulernen.


## Sechster Schritt: Lernen Sie, sich weiterzubewegen

Während Sie arbeiten, wird es immer wieder Momente geben, in denen Sie sich schläfrig fühlen, gar einnicken. Das, wogegen Sie in solchen Augenblicken zu kämpfen haben, ist allerdings nicht Erschöpfung, sondern Angst. Seien Sie sich darüber klar, daß Sie, wenn Sie an einem solchen Punkt angelangt sind, nichts anderes tun, als Ihren Erfolg (unbewußt natürlich!) zu sabotieren, damit Sie ein Verlierer bleiben und sich weiterhin selbst bedauern können.
Sollten Sie sich also bei einer solchen Müdigkeit ertappen, machen Sie eine Pause. Beschäftigen Sie sich für *kurze* Zeit mit etwas anderem oder auch nur einem anderen Teil der zu bewältigenden Aufgabe. Nach dieser kurzen Entspannung werden Sie Ihre Arbeit mit neuer Tatkraft fortsetzen können. Sollten Sie sich erneut beim Eindösen ertappen, machen Sie wieder eine kurze Pause – und arbeiten dann schwungvoll weiter.

*Lassen Sie sich nicht von Ihrer Angst beherrschen, sondern beherrschen Sie Ihre Angst!*

## Siebenter Schritt: Lernen Sie, Anweisungen zu befolgen

Sollten Sie das Glück haben, von einem Lehrer in Ihr neues Gebiet eingewiesen zu werden, hören Sie ihm zu. Versuchen Sie nicht gleich, seine Methoden anzuzweifeln oder alles, was er sagt, besser wissen zu wollen. Zunächst einmal sind Sie sein Schüler, der das, was ihm beigebracht wird, in sich aufnehmen soll. Wenn Sie sich selbst zum Meister entwickelt haben, steht Experimenten nichts mehr im Weg. Dann brauchen Sie sich nicht mehr an die Regeln zu halten, sondern können Sie brechen und vielleicht Vorreiter für eine neue Art, das eine oder andere zu tun, werden.

Die großen Maler der Jahrhundertwende, die, wie Matisse, Derain, Dufy und Rouault, der »Fauves«-Bewegung angehörten, brachen aus der Stilrichtung, die zu jener Zeit herrschte, aus. Bevor sie ihre eigenen Wege gingen, waren sie allerdings ernsthafte Studenten gewesen, die das, was man sie gelehrt hatte, meisterten – nämlich die traditionelle Art des Malens. *Danach* erst machten sie sich von alten Konzepten frei, begannen zu experimentieren und begründeten schließlich neue Schulen der Malerei.

Zuerst also müssen Sie lernen, Anweisungen zu befolgen und Dinge so zu tun, wie sie normalerweise getan werden. Damit verschaffen Sie sich das Wissen, das Ihnen als feste Grundlage dient, wenn es später um das ›Für und Wider‹ geht, alte Regeln zu brechen und neue einzuführen. Ein wahrer Erfolgsmensch *nutzt* alte Erfahrungswerte, anstatt gegen sie anzukämpfen. Denn er weiß, daß es ihm nur aus fundiertem Wissen heraus gelingen wird, neue Ideen ein- und durchzusetzen.

## Achter Schritt:
## Lernen Sie, Ihre Arbeit einladend zu gestalten

Indem Sie Ihre Umgebung so gemütlich und einladend wie möglich gestalten, tragen Sie ganz wesentlich dazu bei, Ihre Lernfähigkeit und Ihre Erfolgsmöglichkeiten zu verbessern. Was mich betrifft, so schaffen schon ein paar Blumen eine angenehme Atmosphäre. Deshalb sorge ich dafür, immer einige Vasen mit frischen Blumen um mich zu haben.

Gemütlichkeit bedeutet für mich auch Kleidung, in der ich mich wohl fühle. Locker sitzende Kleidung aus weichen Materialien, die nicht knittern, und Tennissocken ohne Schuhe. Daß ich mich warm und kuschelig fühle und stets eine gefüllte Schale Obst vor mir habe, ist für meine Arbeit wichtig. So komme ich nicht auf die Idee, mich durch Gedanken um mein körperliches Wohl von dem, was ich gerade tue, ablenken zu lassen.

## Helfen Sie sich selbst

Was immer Sie auch meistern wollen, wichtig ist, daß *Sie sich selbst* so viel wie möglich bei Ihrem Unterfangen *helfen*. Wie Sie das tun, hängt ganz von Ihren persönlichen Bedürfnissen ab. Für David, den Schriftsteller, bedeutete sich selbst zu helfen, sich mit seiner Schreibmaschine in ein Zimmer einzusperren, in dem er vor Lärm und vor Unterbrechungen geschützt war. Beim Rundfunksender habe ich »mir selbst geholfen«, indem ich andere bat, mir zu helfen. So lange jedenfalls, bis ich alle notwendigen technischen Details selbst beherrschte.

AUCH SIE WERDEN HILFE BRAUCHEN.

Sogar riesige Passagierschiffe benötigen die Hilfe kleiner Schlepper, von denen sie in sichere, tiefe Wasser gezogen werden. Wie *Sie* sich am besten führen und helfen lassen, müssen Sie *für sich selbst* herausfinden. Und vergessen Sie nicht, Ihre Umgebung so zu gestalten, daß Sie sich dort wohl fühlen. Während Sie arbeiten, lernen Sie. Und für jede Stunde, die Sie »Sitzfleisch« beweisen, werden Sie mit Selbstachtung und Stolz auf sich selbst belohnt werden. Allein dadurch, daß Sie sich an den Ort begeben, an dem Ihre Arbeit getan werden muß, gewinnen Sie nicht nur an (Selbst-)Disziplin, sondern auch an Entschlußkraft, das, was Sie angefangen haben, zu Ende zu bringen. Aber das ist keine neue Erkenntnis. Schon im vierten Jahrhundert vor Christus schrieb Aristoteles:

*»Um die Dinge, die wir erlernen müssen, zu erlernen, müssen
wir sie tun, bevor wir gelernt haben, sie zu meistern.«*

AUCH SIE KÖNNEN ZU DEN SIEGERN GEHÖREN. KÖNNEN
AUFHÖREN, SICH SELBST ZU BEHINDERN, UND DAS, WAS
SIE VORHABEN, WIRKLICH TUN.

## Sieger und Verlierer

Wenn sie mit einer schwierigen Aufgabe konfrontiert sind,
unternehmen Sieger alles, um sich selbst bei der Bewälti-
gung der Arbeit zu helfen. Verlierer stehen sich selbst im
Weg und versperren sich somit die Tür zum Erfolg.

| VERLIERER | SIEGER |
|---|---|
| 1. Verlierer beklagen sich darüber, wie schwierig es ist, mit einer bestimmten Arbeit zu beginnen, und verschieben die ganze Angelegenheit, bis sie »in Stimmung« dafür sind. Sie lassen ihre Produktivität von dem »Klima«, in dem sich ihre Gefühle befinden, beeinflussen. | 1. Sieger wissen, daß sie nicht auf die »richtige Stimmung« warten können, bis sie mit dem einen oder anderen Vorhaben beginnen. Unabhängig davon, wie ihnen zumute ist, machen sie sich sofort an die Arbeit. |
| 2. Wenn ein Verlierer versucht zu arbeiten und ihm nichts einfällt, neigt er dazu, die Arbeit sausenzulassen und sich in Ablenkungsmanöver zu flüchten. | 2. Sieger entwickeln »Sitzfleisch«... Sie begeben sich an den Ort und an die Stelle, wo ihre Anwesenheit für die Arbeit, die von ihnen getan werden muß, notwendig ist. |

| VERLIERER | SIEGER |
|---|---|
| 3. Verlierer zögern, irgend etwas in Angriff zu nehmen, wenn sie nicht die Gewähr haben, es auch perfekt zu Ende zu bringen. Sie erwarten, daß ihr Einsatz auf Anhieb zu vollkommenen Resultaten führt. Sie wollen von heute auf morgen zur Vollkommenheit gelangen. | 3. Sieger nehmen auch dann eine Sache in Angriff, wenn sie nur einen vagen Plan, eine grobe Idee, ein unvollständiges Konzept, einen Rohentwurf im Kopf haben. Von da aus entwickeln sie ihre Arbeit weiter, tüfteln und verändern alles so oft und so lange, bis sie damit zufrieden sind. |
| 4. Verlierer fürchten so sehr, daß irgend etwas schiefgehen könnte, daß sie sich an schwierige Aufgaben *von vornherein* gar nicht erst heranwagen. | 4. Sieger wissen, daß Probieren über Studieren geht, daß *wer nicht wagt, auch nicht gewinnt*. Wenn sie sich mit einer schwierigen Aufgabe konfrontiert sehen, tasten sie sich schrittweise an ihr Ziel heran. So nehmen sie sich selbst die Angst vor großen Unternehmungen. |
| 5. Verlierer glauben, daß sie dumm wirken, wenn sie Fragen stellen oder Hilfe annehmen. Sie bestehen darauf, alles allein zu tun, und lehnen jede Unterstützung durch andere ab. Das Ende vom Lied ist, daß sie überhaupt nicht weiterkommen, sondern vielmehr entmutigt und desillusioniert auf der Strecke bleiben. | 5. Ein Sieger stellt Fragen und nimmt die Hilfe anderer an. Er weiß, daß er so die besten Möglichkeiten hat, sein Ziel zu erreichen. Er weiß, daß auch eine Kugel angeschoben werden muß, bevor sie von allein weiterrollt. |

6. Verlierer bevorzugen eine Arbeitsatmosphäre, in der sie sicher sein können, abgelenkt und gestört zu werden. So haben sie, wenn sie sich nicht konzentrieren können – weil sie sich nicht konzentrieren *wollen* –, immer eine gute Ausrede parat.

7. Verlierer gehen ihre Arbeit unter schwerstmöglichen Bedingungen an. Anstatt dafür zu sorgen, daß sie sich körperlich und seelisch wohl fühlen, sorgen sie dafür, daß sie sich *un*wohl fühlen. Folglich sind sie pausenlos mit sich selbst beschäftigt, anstatt ihre volle Konzentration ihrer Arbeit widmen zu können.

8. Im Laufe der Zeit haben Verlierer so viele Schlappen erlitten, daß sie ein Negativ-Syndrom entwickeln. Jeden Versuch, den sie wagen, stempeln sie von vornherein zum Mißerfolg ab. Bei allem, was sie anfangen, wissen sie, daß nichts daraus wird. Aus dieser negativen Einstellung heraus trauen sie sich bald gar nicht mehr, irgend etwas in Angriff zu nehmen.

6. Sieger bevorzugen eine Arbeitsatmosphäre, in der sie so ungestört wie möglich arbeiten können. Um ihrer vollen Konzentration gewiß zu sein, schließen sie von vornherein jede Ablenkung, die sich ergeben könnte, aus.

7. Sieger schaffen die bestmögliche Arbeitsatmosphäre, die sie für sich nur schaffen können. Dadurch, daß sie sich körperlich und seelisch wohl fühlen, können sie sich voll und ganz auf ihre Arbeit konzentrieren und sie letztlich erfolgreich ausführen.

8. Sieger schauen nicht auf Mißerfolge, sondern auf Erfolge zurück. Sie wissen, daß jeder Versuch – auch der, der fehlschlägt – sie ihrem Ziel näherbringt. Mit jedem Schritt, den sie tun, gewinnen sie an Stolz und Selbstachtung.

# 4. KAPITEL

# Jeder ist seines Glückes Schmied – auch Sie

*Die Menschen machen immer die Umstände für das, was sie sind, verantwortlich. Ich glaube nicht an Umstände. Die Menschen, die es in dieser Welt zu etwas bringen, sind Menschen, die sich die Umstände, die sie brauchen, suchen und die sich, wenn sie sie nicht finden, besagte Umstände selber schaffen.*

GEORGE BERNARD SHAW

## »Gebt mir nur eine Chance«

Kürzlich suchte mich eine neue Patientin namens Sylvia auf. Sie stammt aus guter Familie. Ihr Vater war ein bekannter Orthopäde in Boston, ihre Mutter außerordentliche Professorin für englische Literatur an einer renommierten Universität. Sylvia war mit allen Vorteilen, die eine höhere Mittelklasse-Erziehung mit sich bringt, aufgewachsen. Durch die Unterstützung ihrer Eltern, die beide beruflich erfolgreich waren, hatte Sylvia jede nur erdenkliche Gelegenheit, ihre Träume wahr werden zu lassen.

Sylvias größter Traum war es, Fernsehreporterin zu werden, Leute vor der Kamera zu interviewen. Sie wußte, daß ihr das Spaß machen würde. Wann immer sie mit Menschen zusammenkam – auch mit wildfremden –, zeigte Sylvia das Talent, sie augenblicklich in lange Gespräche zu verwickeln. Die Menschen schienen ihr zu vertrauen und gaben ihr schnell ihre intimsten Geheimnisse preis. Sylvia wußte, wie man aus Leuten »etwas herausbekommt«. Ihre Freunde nannten sie ihre »freundliche Kummerkastentante«.

Sylvia wußte, daß sie es schaffen würde, wenn ihr nur irgend jemand im Fernsehen eine Chance gäbe.

Auch ich war der Meinung, daß Sylvia Talent in dieser Richtung besaß. Aber was *tat* sie, um an das Ziel ihrer Träume zu gelangen? Sie tat *nichts*! Statt dessen *wartete* sie auf eine gute Fee, die ihren Wunsch erfüllte. Die sie über Nacht erfolgreich und berühmt machte.

Als Sylvia mir ihre unrealistischen Erwartungen schilderte, war ich so verärgert über ihre Einstellung, daß ich fast aus meinem Sessel gesprungen wäre. »So geht es nicht!« rief ich. »*Sie* müssen sich von Ihrem Hintern erheben, wenn Sie eine Chance beim Fernsehen wollen. *Sie* müssen sich darum kümmern! *Sie* müssen sich die Ausbildung, die dafür notwendig ist, beschaffen.

Niemand wird einem Menschen, der völlig ohne jede Fernseherfahrung ist, einen Job als Reporterin anbieten! Unsere Fernsehgewaltigen haben auch kein Interesse daran, die Welt nach neuen Talenten abzusuchen. Man muß sich um einen Job bewerben. Ich habe Patienten, die beim Fernsehen arbeiten, und die, obwohl sie jahrelange Berufserfahrung haben, immer noch lernen. Es dauert nun einmal seine Zeit, bis man das kann, was man können muß.«

Dann erzählte ich Sylvia von Cindy, einer Patientin von mir, die eine bekannte und beliebte Fernsehreporterin geworden war. Cindy hatte nicht darauf gewartet, daß jemand auftauchte, um ihr eine Chance zu geben. Da Cindy nicht die finanzielle Sicherheit, die Sylvia im Rücken hatte, vorweisen konnte, arbeitete sie tagsüber und besuchte abends Fortbildungskurse an der Universität. Nachdem sie ihre Abschlußprüfung bestanden hatte, sah sie sich nach einem Job um. Sie sprach bei allen Rundfunk- und Fernsehstationen in Los Angeles vor, aber jeder Personalchef sagte ihr das gleiche: »Wir können nur jemanden einstellen, der bereits jahrelange Erfahrung vor der Kamera mitbringt.«

Und Cindy hatte immer wieder gefragt: »Wie soll ich je Erfahrung vor der Kamera vorweisen können, wenn mir jeder sagt, daß ich nur dann angestellt werden kann, wenn ich diese Erfahrung bereits habe? Hier beißt sich die Katze doch in den Schwanz!«

Trotzdem gab Cindy nicht auf. Anstatt auf eine Chance

zu *warten*, suchte sie nach einer Chance, und *fand* sie. Nachdem sie monatelang sämtliche Fachzeitschriften studiert hatte, entdeckte sie eines Tages ein Stellenangebot für eine Wetteransagerin bei einem kleinen Fernsehsender in North Dakota.

Cindy war Kalifornierin und haßte Schnee. »In North Dakota werde ich sterben«, sagte sie zu sich selbst. Aber was sollte es: Ob Sonne, Schnee, Graupelregen oder Wirbelstürme – sie wollte einen Job beim Fernsehen. Irgendeinen Job. Also nahm sie die Gelegenheit wahr und ging nach North Dakota.

Zwei Jahre lang arbeitete sie dort, dann fand sie eine Stelle bei einem Lokalsender in Los Angeles, wo Cindy sich weitere fünf Jahre lang bewähren mußte. Dann endlich bekam sie die Stelle als Fernsehreporterin, von der sie so lange geträumt hatte.

Der Unterschied zwischen Sylvias Verliererdenken und Cindys Erfolgsrezept ist der: Zehn Jahre lang hatte Sylvia vor sich hingeträumt, hatte sie auf ihre Chance *gewartet*... während die Zeit weiterlief. Cindy hatte *gehandelt*. Sie hatte zuerst ihre Ausbildung abgeschlossen, dann zwei Lehrjahre in North Dakota hinter sich gebracht und sich schließlich zu ihrem Traumjob hochgearbeitet.

Wenn Verlierer von den Erfolgen anderer reden, sprechen sie zumeist verärgert über »das Glück, das der andere hatte«, und daß er »zur rechten Zeit am rechten Ort« gewesen sei. Sie betrachten Erfolg als einen Glücksfall, der immer nur die anderen trifft. Anstatt sich darüber klarzuwerden, daß jeder Mensch seines eigenen Glückes Schmied ist, warten sie auf ein Wunder. Ein Wunder, das nicht geschieht... weil sie ihm nicht auf die Sprünge helfen.

Jahrein, jahraus warten Verlierer auf ihre große Chance und verbittern mehr und mehr. Sie begreifen einfach nicht, daß sie *selbst* es sind, die ihrer Chance im Weg stehen. Folglich geben sie nicht sich selbst, sondern immer anderen die Schuld: ihren Partnern, ihren Kollegen, den Lebensumständen, dem Präsidenten, »der Gesellschaft«. Sie ergehen sich in Selbstmitleid und lassen sich endlos darüber aus, wie unrecht die Welt ihnen tut.

Gewinner können es sich nicht leisten, Zeit zu verschwenden. Sie sind viel zu sehr damit beschäftigt, Probleme zu lösen, ihre Arbeit zu tun, sich weiterzuentwickeln und ihre Energie in die richtigen Bahnen zu lenken.

NICHTS GESCHIEHT VON SELBST;
SIE MÜSSEN SCHON ETWAS DAFÜR TUN!

Um Erfolg muß man sich bemühen, und man muß für ihn arbeiten. Erfolgsmenschen verschieben ihre Taten nicht auf »morgen« oder »übermorgen«. Sie handeln *heute*. Und wenn sie damit einmal auf die Nase fallen – lernen sie daraus.

Erinnern Sie sich ruhig an das alte Sprichwort »Was du heute kannst besorgen, das verschiebe nicht auf morgen«. Erfolgreiche Menschen lösen Probleme *in dem Moment, in dem sie auftauchen*. Sie verschwenden ihre Zeit nicht damit, sich selbst zu bemitleiden. Sie wissen, daß Selbstmitleid Probleme nicht löst, sondern sie höchstens noch vergrößert. Anstatt sich also darüber aufzuregen, daß sie mit einem Problem konfrontiert sind, konzentrieren sie sich darauf, eine Lösung für ihr Problem zu finden. Und zwar *sofort*.

# Ich hätte können, wenn...

Sind Sie auch schon mal von einem »Ich hätte können... wenn«-Menschen gelangweilt worden? Von einem, der Ihnen stundenlang erzählt, was er alles geschafft hätte, wenn nicht gerade dies und das dazwischengekommen wäre? Der aber, das versteht sich wohl von selbst, die wildesten Zukunftspläne hat?

Jill war so ein Mensch. Als sie meiner Therapiegruppe beitrat, erging sie sich in die verschiedensten Variationen tränenreicher »ich hätte können« und »wenn nur«: »Ich hätte eine große Opernsängerin werden können, *wenn ich nur nicht* geheiratet hätte; ich hätte berühmt werden können, *wenn ich nur nicht* so viele Kinder hätte großziehen müssen.«

Nach ein paar Minuten unterbrach der Rest der Therapiegruppe Jill mit einem einstimmigen »Unsinn!« Um Jill dabei zu helfen, sich nicht über verschüttete Milch aufzuregen, sondern ihr heutiges Leben in den Griff zu kriegen, sagte jemand: »Wenn man etwas wirklich *will*, dann *kann* man es auch. Schauen Sie sich doch mal die berühmte Opernsängerin Beverly Sills an. Sie hat es auch geschafft, obwohl sie verheiratet ist und eine Familie hat. Wenn *Sie* auf Ihre Ziele *hinarbeiten*, können Sie sie auch erreichen!«

Kurzum: Dieses ganze Geschwätz »ich hätte können… wenn« ist nichts anderes als Selbstbetrug. Wenn man wirklich will, kann man. Aber, wie Verlierer es tun, allein darüber zu *reden*, was sie tun und sein *hätten können*, bringt natürlich überhaupt nicht weiter. Erfolgsmenschen wissen das. Sie reden nicht, sie handeln.

*»Einige Stars schaffen es mit zehn Rollen. Ich habe hundert gelernt. Wenn ich von einem Tag auf den anderen berühmt geworden sein soll, dann war der Tag, der vor dem anderen lag, der längste, den es je gegeben hat!«*

BEVERLY SILLS
*People*

Warten Sie nicht darauf, daß Sie Ihre Chance bekommen, und ärgern sich dann, wenn nichts geschieht. Nehmen Sie selbst die Dinge in die Hand. Fangen Sie klein an.

HANDELN SIE – HEUTE!

## Helfen Sie Ihrem Glück auf die Sprünge

Hören Sie auf, Ihr »Pech« zu beklagen. Für Erfolgsmenschen ist das Synonym für Glück harte Arbeit. »Chancen« bekommt man durch Beharrlichkeit. Dadurch, daß man sich auf sein Ziel konzentriert und so lange darauf hinarbeitet, bis man es erreicht hat.

Dadurch, daß Sie Ihr Pech beklagen, werden Sie es nicht ändern. Im Gegenteil: Die Zeit, in der Sie sich selbst bemitleiden, geht Ihnen von der Zeit, die Sie an Ihrem Erfolg arbeiten sollten, ab. Wenn Sie »zur rechten Zeit am rechten

Ort« sein wollen, schauen Sie sich um, welches der rechte Ort für Sie ist. Glück ist kein Zufall. Je mehr Energie Sie in die Verwirklichung Ihrer Träume stecken, desto häufiger werden Sie feststellen, daß plötzlich das »Glück« auf Ihrer Seite ist.

# Den Traum leben

Diana von Fürstenberg ist eine Erfolgsfrau, in der sich Energie, Scharfsinn und exotisches Aussehen vereinen. Sie hat eine bemerkenswert erfolgreiche Karriere gemacht. Sie ist konkurrenzfähig, aggressiv und entschlußfreudig, und sie ist zugleich außerordentlich feminin, fürsorglich und feinfühlend.

In Brüssel geboren und in Spanien, England und der Schweiz erzogen, kam sie in den 60er Jahren, nach ihrer Heirat mit dem Fiat-Erben Prinz Egon von Fürstenberg, nach Amerika. 1969 waren die beiden die Lieblinge des New Yorker Jet-set, ein Märchenpaar.

Dann zerbrach die Ehe.

Diana Fürstenberg war erst 23, als sie mit einem 30 000-Dollar-Kredit, den ihr Vater ihr gegeben hatte, eine Modellkleider-Firma gründete. Nachdem sie sich von dem Prinzen getrennt hatte, baute sie ihre Firma zu einem Mode-Imperium auf, das heute 200 Millionen Dollar Jahresumsatz hat.

Ferner gründete sie eine Kosmetikfirma und vergibt Lizenzen, nach denen andere Firmen Schuhe, Handtaschen, Schals und andere Produkte unter ihrem Namen herstellen und verkaufen dürfen. All das schaffte sie innerhalb von fünf Jahren.

Mittlerweile geschieden, besitzt Diana von Fürstenberg ein luxuriöses 16-Zimmer-Park-Avenue-Appartement und eine 53 Morgen große Farm in Connecticut. Ein Geschenk, das sie sich selbst zu ihrem 27. Geburtstag verehrt hat. Sie ist Mutter und Karrierefrau zugleich und erfüllt damit den Traum, den viele moderne Frauen träumen. Den Traum, *alles zu haben*. »Wenn man etwas will, kann man es auch«, sagt sie. »Ich habe festgestellt, daß man nicht das eine für das andere aufgeben muß.«

Mit 29 Jahren war Diana von Fürstenberg auf der Titelseite von *Newsweek*. Die Geschichte, die im Heft über sie zu lesen war, beschrieb ihren Arbeitstag von acht Uhr morgens bis Mitternacht. Über die vielen Stunden, die sie arbeitet, sagt sie: »Manchmal denke ich, mein Gott, bin ich erschöpft! Weshalb mache ich das alles? Aber es ist aufregend, und ich habe mein Leben im Griff. Ich beneide niemanden.«

Wie definiert diese Frau, die zu den Top-Geschäftsleuten und Modemachern zählt, Erfolg?

»Wenn man das Leben als eine Reise betrachtet, dann ist Erfolg, an eine Oase zu gelangen – sich zu verschnaufen, sich umzusehen, zu genießen, zu schlafen, und wieder aufzustehen und weiterzugehen. Ich glaube, *gewinnen ist leben* – alles genießen zu können – die guten und die schlechten Ereignisse.«

Diana von Fürstenberg sagt, sie sei von dem Wunsch angetrieben, ständig weiterzuwachsen. »Wenn ich in einer Richtung etwas leiste, gelange ich damit automatisch auf eine andere Ebene, von der aus ich wieder Neues leisten kann. Es ist wie eine Straße, die sich vor mir auftut und in der ein neues Leben beginnt. *Ich weiß nicht immer, wohin ich gehe.* Dann und wann geschieht die eine oder andere Katastrophe. Aber es tun sich wieder andere Straßen auf. Ich glaube, daß es wichtig ist, flexibel zu sein, daß es wichtig ist, neuen Möglichkeiten und neuen Menschen Gelegenheit zu geben, mit meinem Weg, den ich gehe, zu verschmelzen.«

Die Grundlinie ist und bleibt harte Arbeit. »Manche Menschen versuchen es nicht einmal. Sie sind von vornherein der Ansicht, daß sie nie erfolgreich sein können. Und genau das sind die Menschen, die es tatsächlich nicht schaffen. Denn man kann nur das werden, was man in seinen Träumen sein *möchte*. Ich glaube nicht, daß man es trotz seiner selbst – trotz seiner negativen Einstellung – schafft. Ich glaube, man muß sich selbst *helfen*, indem man das, was man erträumt, im Geist Form annehmen läßt. Sonst wird es nicht geschehen.«

Und der Lohn? »Ich wollte immer diese Frau in ihren Dreißigern sein, die schicke Autos fährt, die herumkommt und die sehr selbständig ist. Ich *bin* sie. Etwas, was ich Ihnen über mich mit Sicherheit sagen kann, ist, daß ich meinen Traum lebe. Ich tue es wirklich.«

## Wie Träume Wahrheit werden

Mein Beruf ist es, den Leuten dabei zu helfen, ihre Träume Wahrheit werden zu lassen. Ich lebe meine Träume, ich glaube daran, und ich lehre es. Meine Patienten werden höchst erfolgreich im Beruf und auch in ihren Beziehungen zu ihrer Familie und zu ihren Freunden. In dem Prozeß, den sie dabei durchmachen, finden sie plötzlich so viel *Spaß* daran, erfolgreich zu sein, und erkennen, daß die Mühe, die sie sich dafür geben müssen, für sie bald keine Mühe mehr ist. Die erhöhte Energie, die sie haben, setzt sich in Tatkraft um!

Auch *Sie* können Erfolg zum Bestandteil *Ihres* Lebens werden lassen! Auch *Sie* können Ihre Träume von gestern in die Realität von heute verwandeln. Vorausgesetzt, Sie arbeiten daran. Damit, daß Sie auf ein Wunder hoffen, ist es nicht getan. Wie sagte doch schon Thomas Edison:

»*Genie ist ein Prozent Inspiration und neunundneunzig Prozent Transpiration!*«[11]

Erfolgreiche Menschen machen Überstunden, wenn es erforderlich ist. Um eine Arbeit pünktlich zu beenden, arbeiten sie notfalls auch an Wochenenden. Sie schauen nicht auf die Uhr. Sie arbeiten so lange, bis sie mit ihrer Arbeit fertig sind – *zu ihrer Zufriedenheit* fertig sind. Erfolgsmenschen sind stolz auf alles, was sie in ihren arbeitsreichen Tagen erledigen.

Die englische Premierministerin Margaret Thatcher besitzt diese Energie.[12] Als »self-made-Frau« gönnt sie sich nur selten Urlaub und braucht meistens nicht mehr als fünf Stunden Schlaf pro Nacht. Ihr langer Weg zur ersten Premierministerin der europäischen Geschichte ist ein Triumph ihrer wilden Entschlossenheit und ihres Stolzes. Der Autor Paul Johnson, ein ehemaliger Linker, der zu Thatchers

Weltanschauung konvertierte, sagt: »Sie besitzt die Qualitäten, die die Briten als Nation brauchen: altmodische christliche Moral, harte Arbeit und Mut. Sie hat ein bißchen etwas von einer Bulldoggen-Züchtung in sich.«[13]

## Sich regen bringt Segen

Zu den unermüdlich arbeitenden und erfolgreichen Geschäftsfrauen zählt auch Mary Wells Lawrence, die Vorsitzende der Wells, Rich, Greene Werbeagentur. Durch den immensen Erfolg ihrer Verkaufsstrategien ist Mary Wells Lawrence eine äußerst einflußreiche Frau. Sie gründete ihr Unternehmen, das heute einen Jahresumsatz von 250 Millionen Dollar aufweist, gemeinsam mit ihrer Mutter in einem New Yorker Hotelzimmer.

»Ich führe mein gesamtes Leben so, wie viele Leute ihr Geschäft führen«, verriet Lawrence einst einem *Vogue*-Reporter. »Ich male es zwar nicht in Tabellen und Grafiken an die Wand, aber es ist trotzdem alles genau durchdacht und geplant. Ich plane das Jahr im voraus, den Monat, die Woche, den Tag – und ich bin jederzeit darauf vorbereitet, mit unerwarteten Ereignissen konfrontiert zu werden und sie in den Griff bekommen zu müssen. Ich kann es mir nicht leisten, irgend etwas dem Zufall zu überlassen. Dafür habe ich zu viele Verpflichtungen, die ich einhalten muß. Verpflichtungen Klienten und potentiellen Klienten gegenüber, Verpflichtungen meinen Angestellten gegenüber, Verpflichtungen, hier einen Vortrag zu halten und dort an einem neuen Projekt zu partizipieren, und nicht zuletzt habe ich Verpflichtungen meiner Familie gegenüber.«

Lawrence ist es gelungen, die Verantwortung für ihre gut gedeihende Werbeagentur und die Verantwortung für ihre Familie erfolgreich miteinander zu verbinden. »Wenn ich zu Hause bin«, sagt sie, »dann bin ich nur für meine Familie da. Dann wünsche ich mir nicht, irgendwo anders zu sein, irgend etwas anderes zu tun oder irgend etwas anderes zu haben. Wenn ich mit meiner Familie zusammen bin, dann bin ich mit Leib und Seele Ehefrau und Mutter. Und da ich das nicht immer sein kann, genieße ich es um so mehr, wenn ich es bin.«[14]

Wie bei allen erfolgreichen Menschen jagt auch in ihrem Tagesablauf ein Termin den anderen. Um 6.30 Uhr klingelt der Wecker. Bis um 7.30 Uhr ist Mary Wells Lawrence angekleidet, hat die Zeitungen gelesen und sich Notizen für ihre allmorgendliche Besprechung mit ihrem persönlichen Assistenten gemacht. Der erscheint wenig später. Nachdem anfallende Fragen geklärt sind, fährt Mrs. Lawrence entweder in ihr Büro oder zum Flughafen, weil sie einen Klienten in einer anderen Stadt besuchen muß. Im Flugzeug studiert sie die neuesten Entwicklungen ihrer Agentur und befaßt sich mit dem Anliegen des Kunden, zu dem sie gerade unterwegs ist. Ihren eigenen Worten nach ist sie »ungeheuer organisiert« und ungeheuer glücklich.

## Gehören Sie zu den Neun-bis-fünf-Menschen?

Wenn Sie Wert darauf legen, jeden Tag nicht mehr als von neun bis fünf zu arbeiten, werden Sie in Ihrem Beruf wohl nie etwas anderes als mittelmäßig sein. Je weniger Sie arbeiten, desto geringer sind automatisch die Resultate, die Sie mit Ihrer Arbeit erzielen.

Wenn Sie hingegen Karriere machen wollen, müssen Sie bereit sein, ein Extra-Pensum an Kraft und Zeit zu investieren. Sie brauchen es ja nicht gleich zu übertreiben – es genügt für den Anfang, wenn Sie sich vornehmen, ein wenig »mehr« als unbedingt notwendig zu tun. Selbst wenn Sie Ihre Arbeitszeit nur um zehn bis 15 Prozent erhöhen, werden Sie erstaunt sein, wieviel produktiver Sie sind.

Ein weiterer Lohn für Ihre Mühe wird sein, daß sich Ihr Stolz, Ihre Freude und Ihre Selbstachtung steigern... was wiederum ein Schritt in die Richtung ist, daß Ihre Arbeit Ihnen tatsächlich *Spaß* zu machen beginnt.

# Übung 4
## Holen Sie das meiste aus Ihrer Zeit heraus

Sie können lernen, selbst erfolgreich zu sein, indem Sie andere, erfolgreiche Leute beobachten. Deren Verhalten kann Ihnen Vorbild dafür sein, selbst produktiver mit Ihrer Zeit umzugehen. Machen Sie in den nächsten Tagen folgende Leitsätze zu Ihrem Motto:

### 1. Teilen Sie sich Ihre Zeit besser ein

Wenn Sie noch nicht im Besitz eines Terminkalenders sind, kaufen Sie sich einen, und beginnen Sie damit, Ihren Tagesablauf sorgfältig zu planen. Schreiben Sie auf, was Sie zu tun haben und was Sie tun wollen, anstatt sich wie bisher lediglich auf Ihr Gedächtnis zu verlassen. Tragen Sie immer Block und Bleistift bei sich, damit Sie Ideen, auch wenn Sie unterwegs sind, sofort notieren können. Auch zu Hause sollten Sie in jedem Zimmer – und auch an Ihrem Bett – Block und Bleistift bereitliegen haben.

### 2. Nutzen Sie jede Minute Ihres Tages bestmöglich

Füllen Sie Ihren Tag mit produktiven Aufgaben an. Mit Telefonaten und Treffen mit Menschen, die Sie Ihrem Ziel Schritt für Schritt näherbringen. Gehen Sie mit Ihrer Zeit sorgsam um. Machen Sie nur Termine, die Sie wirklich *weiterbringen*; aber davon so viele wie möglich.

### 3. Scheuen Sie sich nicht, mehrere Dinge gleichzeitig zu tun

Essen Sie nicht allein, sondern funktionieren Sie Ihre Essen zu Geschäftsessen um. Telefonieren Sie, während Sie Ihre Nägel feilen oder lackieren, oder hören Sie Lehrkassetten, die Ihnen bei Ihrem Vorhaben weiterhelfen. Beim Joggen können Sie Nachrichten hören, wenn Sie einen Walkman mitnehmen, und während Sie Ihre Gymnastik machen, können Sie sich Fernsehdokumentationen oder sonstige wichtige Sendungen anschauen.

## 4. Planen Sie weit voraus

Überlassen Sie nichts dem »Zufall«, wenn Sie Wert darauf legen, keine unliebsamen Überraschungen zu erleben. Bereiten Sie sich auf eine Verkaufspräsentation, eine Rede, ein Examen oder was immer anstehen mag, gründlich vor. Und vergessen Sie nicht, sich einen Zeitplan für den nächsten Tag zu machen. Selbst wenn Sie noch so sehr damit beschäftigt sind, das Pensum, das Sie sich für den heutigen Tag vorgenommen haben, zu bewältigen.

Zu den Verlierern zu zählen macht KEINEN SPASS! Sie verdienen es, glücklich zu sein, ein ausgefülltes Leben zu leben... und Erfolg zu haben.

SEIEN SIE IHRES EIGENEN GLÜCKES SCHMIED
...SIE KÖNNEN ES SCHON HEUTE SEIN!

## Sieger und Verlierer

Wissen Sie, wie man Hindernisse aus dem Weg räumt und sich selbst eine Chance gibt? Anhand der folgenden Beispiele können Sie erkennen, welche Lebenseinstellung Sie haben – und welche Sie haben sollten.

### VERLIERER

1. Verlierer warten ihr Leben lang auf »ihre Chance«. Auf die Idee, daß sie sich selbst eine Chance geben müssen, kommen sie nicht.

### SIEGER

1. Sieger nutzen jede Gelegenheit, ihrem Ziel einen Schritt näher zu kommen. Sie schaffen sich ihr eigenes Glück, indem sie nach guten Gelegenheiten suchen und sie dann auch wahrnehmen.

2. Verlierer glauben, daß allein ihr Talent sie dazu befähigt, von heute auf morgen eine Top-Position zu bekommen. Sie weigern sich, eine Lehrzeit durchzumachen und nach und nach die Erfahrungen zu sammeln, die von ihnen verlangt werden. Statt mit vielen kleinen Schritten wollen sie mit einem großen Schritt sofort zu Erfolg kommen.

3. Verlierer reden pausenlos über die Vergangenheit und über die Zukunft. Anstatt ihre Gegenwart in den Griff zu kriegen, belügen sie sich mit Redewendungen wie »wenn nur«, »ich war«, »ich hätte sein können« selbst – und verlieren dadurch jede Zeit, endlich zu *handeln*.

2. Sieger fangen einfach an. Irgendwo. Ganz unten, wenn es sein muß. Sie sind bereit, jede Arbeit anzunehmen, die sie ihrem Ziel näher bringt. Sie sammeln Erfahrungen. Sie wissen, daß Talent zu 99 Prozent aus Schweiß bzw. harter Arbeit besteht. Sie handeln, anstatt nur zu reden.

3. Sieger machen sich sofort an die Arbeit. Ihnen fehlt die Zeit, sich selbst zu bemitleiden und sich in Spekulationen über ihr Gestern und ihr Morgen zu ergehen. Sie sind viel zu sehr damit beschäftigt, für das Heute zu leben. Ein Heute, das voller Aktivitäten steckt.

4. Ein Verlierer hat kein Interesse daran, länger als von neun bis fünf zu arbeiten. Er ist der Ansicht, daß sein Arbeitgeber ihn ausnutzen will, wenn er ihn bittet, Überstunden zu machen oder dann und wann eine außerplanmäßige Arbeit zu übernehmen.

4. Gewinner machen oft Überstunden. Ihr normaler Arbeitstag besteht meistens nicht aus acht, sondern aus zehn und mehr Stunden. Notfalls legen sie auch eine 7-Tage-Woche ein, um mit einer dringenden Arbeit rechtzeitig fertig zu werden. Ihre Freizeit beginnt nicht zu einer bestimmten Uhrzeit, sondern immer erst dann, wenn sie ihr Tagespensum zu ihrer Zufriedenheit erledigt haben.

5. Verlierern gelingt es nicht, ihr Leben im voraus zu planen. Sie vergeuden wertvolle Zeit damit, auf ihr Glück zu warten, anstatt die Dinge selbst in die Hand zu nehmen. Sie glauben, daß es Glückspilze und Pechvögel gibt und daß sie, wie könnte es anders sein, zu den letzteren gehören.

5. Erfolgsmenschen organisieren ihren Tagesablauf und sind von morgens bis abends aktiv. Sie denken nicht im Traum daran, sich auf ihr Glück zu verlassen, um zu bekommen, was sie wollen. Sie wissen, daß es an ihnen selbst und an ihrer Tatkraft liegt, ob sie Erfolg haben oder nicht. Also handeln sie.

# 5. KAPITEL

# Mit voller Kraft voraus

*Wenn man sich vertrauensvoll auf seine Träume zubewegt und bestrebt ist, sein Leben so zu leben, wie man es sich vorstellt, wird man selbst in alltäglichen Stunden unerwartete Erfolge erzielen.*

HENRY DAVID THOREAU

Als ich noch zur Schule ging, las ich die faszinierenden Biographien der großen Erfolgreichen der Geschichte. Eigentlich war das Lesen dieser Lebensläufe dazu gedacht gewesen, mich zu inspirieren – aber genau das Gegenteil war der Fall. Das, was die Großen der Vergangenheit geschafft und geschaffen hatten, erschien mir für mich so unerreichbar, daß die Lektüre über ihre Erfolge mich entmutigte. *Ich* würde nie Legionen durch die Wüste führen, riesige Imperien beherrschen oder neue Welten entdecken. Prompt fühlte ich mich klein und unwichtig.

Würde ich es einer Madame Curie, einer Jeanne d'Arc, einer Florence Nightingale gleichtun müssen, um zu den Erfolgreichen zu zählen? Waren ein ungewöhnliches körperliches Durchhaltevermögen oder spezielle emotionale und intellektuelle Fähigkeiten vonnöten, um außergewöhnliche Leistungen erbringen zu können? Aus Angst vor den Antworten hörte ich auf, mir solche Fragen zu stellen, und konzentrierte mich darauf, *was ich wohl leisten könnte*. Ich entschloß mich dazu, jeder Herausforderung mit allem, was ich hatte, entgegenzutreten. Und alles, was ich geben konnte, war mein Bestes.

Genau darauf läuft es hinaus, wenn Sie nach Anerkennung streben. Betrachten Sie die bedeutendsten Menschen der Weltgeschichte *nicht als Maßstab*, sondern lediglich als *Vorbild* für Ihren Erfolg. Dann widmen Sie sich dem, was

*Sie* im Leben erreichen können, und stecken *Ihre volle Energie* in die Verwirklichung Ihrer Träume.

## Jeder Behinderung zum Trotz gewinnen

Viele von uns erliegen dem Mythos, daß nur die Reichen gewinnen, daß nur Athleten Sportstars werden und daß nur die Schönen bekommen, was sie wollen. Aber das stimmt eben nicht. Denn nicht nur aus Geschichtsbüchern, sondern auch aus den Medien von heute erfahren wir, daß es Menschen gibt, die allen körperlichen Handicaps zum Trotz erfolgreich wurden.

Obwohl eine Störung seines Nervensystems sein Sprechen ernsthaft behindert und ihn zudem an einen Rollstuhl fesselt, hat Stephen Hawking in theoretischer Physik eine Arbeit geleistet, die einen der wichtigsten Beiträge dazu liefert, das Universum zu verstehen. Seinen Kollegen zufolge »ist er für Einstein, was Einstein für Newton war«.[15]

Obwohl sie blind und taub war, lernte Helen Keller Lesen und Schreiben und wurde eine brillante Autorin. Sie besuchte Radcliffe, wo sie 1904 ihre Abschlußprüfung mit *cum laude* ablegte. Sie reiste, schrieb und hielt Vorträge, wobei sie die Botschaft vermittelte, daß jedes blinde Kind Bildungschancen und daß jeder blinde Erwachsene Ausbildungs- und Arbeitschancen haben sollte.[16]

Obwohl Toulouse-Lautrec deformiert und kleinwüchsig war, schuf er außergewöhnliche Bilder. Daß er körperlich klein war, hielt ihn nicht davon ab, einer der ganz Großen der Malerei zu werden. Sein Werk ist auch heute noch so lebendig, wie es am Montmartre von 1890 lebendig war.

Obwohl diese Menschen ungeheuerliche Hindernisse überwinden mußten, haben sie es geschafft. Gerade sie, die tatsächlich allen Grund gehabt hätten, sich über ihr Schicksal zu beklagen. Doch hätten sie ihre wertvolle Zeit damit verbracht, mit sich und der Welt zu hadern, hätten sie nichts erreicht – außer immer verbitterter zu werden.

# Aus besonderem Holz geschnitzt

Sind Erfolgsmenschen wirklich aus einem besonderen Holz geschnitzt? Sie können Gift darauf nehmen, daß sie es sind! Damit wir uns nicht falsch verstehen: Keinem von ihnen wurde es in die Wiege gelegt, aus diesem »besonderen Holz geschnitzt zu sein«. Statt dessen haben Erfolgsmenschen an sich selbst gearbeitet, um aus der Masse ihrer Mitmenschen herauszuragen. Sie sind die Macher. Sie sind die, die unsere Gesellschaft weiterbringen. Und sie sind die, die begriffen haben, daß harte Arbeit der Schlüssel zu jedem Erfolg ist.

SIE *WOLLEN*, DASS IHNEN ETWAS GELINGT,
UND SIE VERSUCHEN ES UNERMÜDLICH WEITER!

Erfolgsmenschen sind nicht einmal unbedingt die intelligentesten Menschen der Welt. Aber sie sind emsig und beharrlich. Ein hoher IQ *ist nicht, was zählt.* Selbst wenn ein Mensch mit sämtlichen nur erdenklichen Talenten geboren wird, bedeutet das noch lange nicht, daß er auch Erfolg haben wird. Denn alle Fähigkeiten, die einem Menschen angeboren sind, sind noch lange keine Garantie dafür, *daß er sie auch nutzt.*

Denken Sie nur an die vielen »Superkinder«, von denen man später nie wieder etwas gehört hat. Oder an die brillanten Universitätsabgänger, von denen man eine außergewöhnliche Karriere erwartete, und die dann doch nie von sich reden machten.

Erfolgsmenschen hingegen machen von sich reden. Dadurch, daß sie jede Gelegenheit, die sich ihnen bietet, wahrnehmen, arbeiten sie sich hoch.

Haben Sie schon einmal eine Pflanze aus einem asphaltierten Weg wachsen sehen und überlegt, wie sie es wohl schaffen konnte, hier, wo die Voraussetzungen für ihr Leben so denkbar schlecht sind, zu wachsen? Gewinner machen es ebenso. Sie lernen, sich auch dann »durchzuboxen«, wenn sich scheinbar alles gegen sie verschworen hat. Sie schaffen es, indem sie es wieder und wieder versuchen... und Stück für Stück vorwärtskommen.

In diesem Zusammenhang möchte ich Ihnen von einem außergewöhnlichen Patienten, den ich einst hatte, erzählen.

Ein Mann, der sich aus der Menge hervorhob, einen Doktortitel erwarb und auf seinem Gebiet ein Top-Mann in unserem Land wurde.

# Du wirst es nie schaffen, Harry

Harry wurde als erstes von zehn Kindern einer Brooklyner Flüchtlingsfamilie geboren. Sein Vater arbeitete auf dem Mitternachtszug nach Manhattan, und die Familie war so arm, daß sie oft kaum etwas zu essen hatte.

Harry wollte das alles ändern und dafür sorgen, daß seine Familie von allem immer genug haben würde. Er wußte auch, wie er das tun wollte. Denn er hatte einen Plan: Er würde die Universität besuchen und Akademiker werden.

Seine gesamte Schulzeit hindurch saß Harry nächtelang über Büchern, denn das Lernen fiel ihm nicht leicht. Trotzdem oder gerade deshalb nutzte er jede freie Minute für seine Hausaufgaben. Nebenher half er seiner Mutter bei der Hausarbeit und verdiente mit Gelegenheitsarbeiten zusätzliches Geld. Harry zeigte immer ein freundliches Gesicht bei der Arbeit. »Fröhlich zu sein half mir dabei, meine Angst zu überwinden, daß ich es vielleicht doch nicht schaffen könnte. Wenn ich gut gestimmt war, konnte ich mir immer einreden, daß es gar nicht so schlecht um mich bestellt war. Damit vertrieb ich meine Furcht.«

Schon als Harry noch ein Teenager war, nannten seine Freunde ihn einen ›workaholic‹, einen Arbeitswütigen. »Mir blieb auch gar nichts anderes übrig«, erklärte mir Harry. »Wenn ich nicht wie verrückt gearbeitet hätte, hätte ich nicht alles geschafft. Ich konnte gar nicht anders, als vom Aufstehen bis zum Schlafengehen zu arbeiten.«

Harry war entschlossen, komme was wolle, aufs College zu gehen. Seine Hoffnungen wurden allerdings schwer getrübt, als er das Ergebnis seiner Aufnahmeprüfung sah. Die beratende Vertreterin der Lehrkörper sagte ihm, daß seine Resultate »an der Grenze« seien, und schlug Harry vor, seine College-Pläne zu begraben und statt dessen lieber eine Handelsschule zu besuchen.

Als Harry ihr Büro verließ, klangen noch ihre letzten Worte in seinen Ohren. »Du wirst es nie schaffen, Harry. Mit deinen Prüfungsergebnissen wird es viel zu mühsam für dich sein, mit den anderen am College mitzuhalten.«

ABER HARRY HÖRTE NICHT AUF SIE.

Er war nach wie vor dazu entschlossen, eine College-Ausbildung zu bekommen.

Wie Harry mir erzählte, war es für ihn extrem schwierig gewesen, die wissenschaftlichen Konzepte und Theorien, die am College gelehrt wurden, zu begreifen, weil er ein außergewöhnlich langsamer Leser war. Allein das Lesen verlangte ihm so viel Konzentration ab, daß er, um überhaupt zu begreifen, jedes Kapitel sechsmal lesen mußte. »Ich war mir nie sicher, was ich da eigentlich las«, erzählte er mir. »Aber ich habe die Texte wieder und wieder gelesen. Und dann habe ich gebetet. Bei jedem Examen zitterte ich wie Espenlaub. Doch dann hatte ich das, von dem ich gedacht hatte, daß ich es nie begreifen würde, eben doch kapiert, weil ich es in meinen Kopf gehämmert hatte.

Wenn meine Lehrer erklärten, daß für die eine oder andere Arbeit eine Vorbereitungszeit von fünf bis sechs Stunden erforderlich sei, konnte ich darauf wetten, daß ich *dreißig* Stunden dafür brauchen würde. Sobald mir ein Thema gestellt wurde, ging ich schnurstracks in die Bibliothek. Ich lernte sogar beim Mittagessen. Ich brauchte für alles enorm viel Zeit, weil ich so übereifrig war und alles besonders gut machen wollte. Ich gehöre zu den Leuten, die Hosenträger *und* einen Gürtel tragen.

Ich entsinne mich, wie unzulänglich ich mir vorkam, wenn ich mich nach den Prüfungen mit anderen Studenten unterhielt und von ihnen erfuhr, daß sie den Stoff, für den ich Wochen gebraucht hatte, in nur wenigen Stunden gelernt hatten. Ich habe nie verstanden, wie sie das angestellt haben. Was mir hingegen die ganze Zeit über klar war, war eines: daß ich es schaffen würde, wenn ich es schaffen *wollte*. Auch wenn ich dazu doppelt und dreifach so viel Zeit investieren mußte wie die anderen.«

Es waren harte Jahre für Harry. Er fühlte sich oft überfordert und hatte nicht das Geld für einen Nachhilfelehrer.

Dazu kam seine extrem große Prüfungsangst. Trotzdem war er froh und dankbar, auf dem College zu sein. Und weil er nie aufhörte, zu lernen, weil er nie aufgab, kam er schließlich auch durch alle Examina.

Mehr noch, er schaffte nicht nur das, sondern er erwarb auch noch einen Doktortitel in Gesundheitswissenschaften. Von da aus entwickelte er sich zu einem führenden Ernährungsspezialisten, der heute einer Kette von mehr als zweitausend Reformhäusern in Amerika und Kanada vorsteht. Allein daraus, daß Harry sich nicht hatte unterkriegen lassen, resultierte und resultiert sein Erfolg.

> HARRY *WOLLTE* ES SCHAFFEN,
> UND ER FAND EINEN WEG. ER LIESS SICH NICHT
> BREMSEN.

Trotz seiner Angst, trotz seiner Überbelastung und obwohl man ihm prophezeit hatte, »du wirst es nie schaffen« – Harry schaffte es!

✱

Wenn ich mich mit Patienten unterhalte, die beruflich erfolgreich sind, bin ich oft verblüfft, wie ähnlich das Milieu, in dem sie aufgewachsen sind, doch ist. Gleichgültig, ob sie heute in der Industrie, im Film- oder Finanzgeschäft Karriere machen, die meisten von ihnen mußten sich, besonders in jungen Jahren, mit großen Problemen herumschlagen. Sie konnten gar nicht anders als lernen, wie man sich nicht unterkriegen läßt und wie man mit Schwierigkeiten, Frustrationen und Enttäuschungen fertig wird. Aus purer Notwendigkeit heraus waren sie gezwungen, sich die Verhaltensmuster, die sie letztlich zum Erfolg führten, anzueignen.

*Sie* haben es leichter.

*Sie* können, wenn Ihnen daran etwas liegt, mit Hilfe dieses Buches lernen, wie Sie das, was Sie wollen, auch bekommen. SIE SCHAFFEN ES... auf bequeme Art und Weise. Und Sie allein bestimmen, wie schnell Sie das, was Sie hier lernen, auch effektiv anwenden.

# Nicht genügend Platz, um hinzufallen

Eine Persönlichkeit, die lernte, wie man Nachteile in Vorteile verwandelt, war Jessica Savitch, Chefreporterin und Redakteurin der Samstagsausgabe der »NBC-Nachtnachrichten«. Wochentags sah man Jessica in »News Updates« (Aktualisierte Nachrichten) im NBC-TV und hörte ihre Kommentare im NBC-Radio. Jessica Savitch, für ihre Glanzleistung als Stütze der Präsidentenversammlung 1980 von *Newsweek* zu »NBC's Golden Girl« ernannt, war eine attraktive Rotblonde, die mehr als ein Fotomodell wie eine Reporterin aussah. Für ihren Dokumentarfilm »Die Spione unter uns« erhielt sie den Emmy, und in einer Umfrage von 1982 wurde sie als einer der reizvollsten Grundpfeiler des amerikanischen Fernsehens gewählt.

Auf ihrem Weg vom »Mädchen für alles« (das im Büro den Kaffee aufgießt, Besorgungen und Botendienste macht) zu ihre Spitzenposition war Jessica Savitch oft mit frustrierenden Situationen konfrontiert. Und wie verhielt sie sich, wenn sie sich einer neuen Herausforderung gegenübersah?

»Immer, wenn ich eine schwierige Aufgabe vor mir hatte, habe ich mich ihr gestellt. Ich bin vorwärts gegangen, weil ich nicht nach rückwärts gehen konnte. Immer wenn ich entmutigt war – und ich war in meinem Leben schon oft entmutigt – habe ich mir gedacht, ›ich habe keine andere Wahl. Ich muß es versuchen.‹ Mir blieb ganz einfach gar nichts anderes übrig. Was hätte ich denn sonst tun sollen? Ich hatte mir diesen speziellen Beruf ausgesucht, und damit war ich in der Öffentlichkeit. Sollte ich stolpern, wäre niemand dagewesen, mich aufzufangen. Ich konnte nicht nach Hause zu meiner Familie gehen und sagen ›sorgt für mich‹, und ich konnte zu keinem Ehemann gehen und ihn bitten ›unterstütz' mich‹. Also hielt ich durch.

Bei Bob Dylan gibt es eine Zeile: ›You never stumble when you have no place to fall‹, wenn du nicht genügend Platz hast, um hinzufallen, stolperst du auch nicht. Ich glaube, daß die meisten erfolgreichen Menschen nach diesem Motto leben. Rückwärts zu gehen ist für sie keine Alternative.

Ich erinnere mich auch an eine Zeile aus einem Broadway-Stück, die ich gern mag: ›Er besaß all die Nachteile, die für seinen Erfolg notwendig waren – er hatte keine Wahl!‹ Wenn man keinen Platz zum Stolpern und keinen Platz zum Hinfallen hat, wenn niemand da ist, der einen auffängt, und wenn man nirgendwo unterkriechen kann – dann neigt man einfach dazu, nach vorn zu gehen.«

### UND WIE STEHT'S MIT IHNEN?

Erlauben Sie sich nicht, genügend »Platz zum Hinfallen« zu haben! Machen Sie es sich nicht so leicht, einfach aufzugeben. Bringen Sie sich selbst in den Besitz des Vorteils, »keine Wahl« zu haben. Gewinnen zu müssen.

Da Sie dieses Buch lesen, nehme ich an, daß auch Sie – wie fast alle Menschen – einen Traum haben, den Sie verwirklichen wollen. Ich möchte Ihnen dabei helfen, daß Sie es schaffen. Auf dem Weg dorthin *wird* es Hindernisse geben... wenn alles mit rechten Dingen zugeht. Aber jedes Hindernis erhöht Ihre Selbstsicherheit, weil Sie dadurch lernen, nach Problemlösungen zu suchen und Sie schließlich auch zu finden.

*Lassen Sie sich keine andere Wahl, als die Wahl, zu gewinnen.*

Schreiben Sie diesen Satz auf verschiedene Zettel. Hängen Sie einen davon über Ihren Badezimmerspiegel, einen über die Küchenspüle. Legen Sie einen solchen Zettel auf Ihren Schreibtisch und einen in Ihr Auto. Lesen Sie diesen Satz so oft und so lange, bis er Ihnen in Fleisch und Blut übergegangen ist.

HINDERNISSE SIND KEIN ZEICHEN DAFÜR,
AUFZUHÖREN.
SIE SIND ZEICHEN DAFÜR, WEITERZUMACHEN.
JETZT ERST RECHT!

# Sieger und Verlierer

Sind Sie überzeugt davon, daß Sie Erfolg haben könnten, wenn Sie das Talent oder den familiären Hintergrund hätten, mit dem Erfolgsmenschen aus Ihrem Bekanntenkreis ausgestattet sind? Wenn Sie so denken, werden Sie Ihre Wünsche nie in die Realität umsetzen! Um erfolgreich zu sein, müssen Sie lernen, wie Sie all die Fähigkeiten, die Ihnen eigen sind, bestmöglich nutzen können.

## VERLIERER

1. Ein Verlierer vergleicht sich mit Erfolgsmenschen und fühlt sich hilflos und unzulänglich. Das wiederum hat zur Folge, daß er sich nutzlos fühlt... und so kommt er schließlich zu dem Schluß, daß er sowieso nichts Weltbewegendes leisten kann. Schon gibt er auf, bevor er überhaupt begonnen hat.

2. Verlierer glauben, daß nur die Reichen siegen, nur die Athleten Sportstars werden können und daß nur die Schönen bekommen, was sie wollen.

## SIEGER

1. Sieger arbeiten darauf hin, all das zu erreichen, was sie erreichen können. Sie nehmen Herausforderungen an und stecken ihre volle Energie in das Unternehmen. Sie ziehen keine negativen Vergleiche zwischen sich selbst und den großen Erfolgreichen. Sie betrachten sie lediglich als Vorbilder... für ihren eigenen Erfolg.

2. Sieger glauben daran, daß es sogar trotz enormer körperlicher Behinderungen möglich ist, Erfolg zu haben. Sie sind selbst dann, wenn sie ungeheure Hindernisse zu überwinden haben, noch erfolgreich. Sie zeichnen sich durch Tatkraft aus, und sie wissen, daß Arbeit der Schlüssel zu jeder Art von Erfolg ist.

| VERLIERER | SIEGER |
|---|---|

3. Verlierer verschwenden wertvolle Zeit, in der sie produktiv sein könnten, damit, daß sie sich wegen tatsächlicher oder eingebildeter Handicaps pausenlos selbst bemitleiden. Alles, was sie damit erreichen, ist, immer verbitterter zu werden.

3. Erfolgsmenschen besiegen selbst die ernsthaftesten Lernschwierigkeiten, indem sie früh aufstehen, stundenlang arbeiten und sich wiederholt um das, was sie erreichen wollen, bemühen. Sie sind beharrlich. Sie üben, was immer sie beherrschen wollen, so lange, bis es unwiderruflich sitzt.

4. Wenn man Verlierern sagt, daß sie es »nie schaffen«, neigen sie dazu, sofort aufzugeben. Sie sind fest davon überzeugt, daß Erfolgsmenschen aus einem ganz besonderen Holz geschnitzt sind und daß sie Eigenschaften besitzen, die ihnen – den Verlierern – nicht angeboren wurden.

4. Selbst wenn man ihnen prophezeit, daß sie es *nicht* schaffen, denken Sieger nicht im Traum daran, gleich aufzustecken. Dadurch, daß, was immer sie vorhaben, ihnen offensichtlich schwerer fällt als anderen, genießen sie ihren Erfolg, wenn sie ihn schließlich erreicht haben, um so mehr.

5. Wenn Verlierer mit Problemen konfrontiert sind, die sie frustrieren und die schwer in den Griff zu bekommen sind – werden sie entmutigt und geben auf. Weil sie nie nach Lösungen für ihre Probleme suchen, können sie auch keine finden. Folglich müssen sie sich auf andere Leute verlassen, um aus der Patsche zu kommen.

5. Wenn Sieger entmutigt werden, heißt das für sie noch lange nicht, daß sie nun rückwärts statt vorwärts gehen. Erfolgsmenschen erlauben sich nicht, so viel Platz zu haben, daß sie sich fallenlassen können. Ihnen bleibt folglich keine andere Wahl, als das, was sie sich vorgenommen haben, auch zu schaffen. Da niemand da ist, bei dem sie unterkriechen können, holen sie tief Luft und gehen ihren Weg weiter.

# 6. KAPITEL

# Konkurrieren Sie nur mit sich selbst

*Nicht im Lohn, sondern in der Kraft vorwärtszustreben, liegt der Segen.*
JOHN TOWNSEND TROWBRIDGE

Manchen Leuten mag es zu vereinfacht erscheinen, die Menschheit in zwei Kategorien einzuteilen: in Sieger und Verlierer. Dennoch kann diese Art der Vereinfachung eine wertvolle Methode sein, um jene Charakterzüge, die zum Erfolg verhelfen, augenblicklich zu erkennen. Im vorhergehenden Kapitel habe ich darüber berichtet, daß Gewinner sich dadurch auszeichnen, aus dem, was sie haben, das Beste zu machen. Wie sie selbst physische Handicaps, Leseschwierigkeiten und Angst bewältigt haben. In diesem Kapitel will ich Ihre Aufmerksamkeit darauf richten, wie die Schritte aussehen, die die jeweiligen Verhaltensmuster von Verlierern und Gewinnern prägen. Daß Sie lernen können, die Schritte, die zum Erfolg führen, nachzuvollziehen und auf Ihre Vorhaben anzuwenden, versteht sich dabei von selbst.

Als ich damit anfing, meine Theorien darüber, wie man zum Erfolg kommt, zusammenzustellen, ging ich von der These aus, daß Erfolgsmenschen höchst ähnliche Verhaltensmuster an den Tag legen. Ich glaubte fest daran, daß es einen gemeinsamen Nenner gebe, der erkennbar zum Erfolg führe und der für andere ersichtlich und nachvollziehbar sei. Mein Ziel war es, die Verhaltensmuster der Erfolgreichen zu analysieren, sie Schritt für Schritt zu verfolgen und leichtverständlich an andere, die sie erlernen wollen, weiterzugeben.

Wie ein Wissenschaftler, der verschiedene Substanzen miteinander verbindet und daraus einen Impfstoff entwickelt, suchte ich nach einem Grundstock von Regeln, Denk- und Verhaltensweisen, die ich zusammenstellen und in den Geist der Menschen injizieren konnte.

Nach vielen intensiven Gesprächen und nachdem ich unzählige Menschen behandelt habe, bin ich überzeugt davon, daß Menschen nicht als Verlierer oder Gewinner geboren werden, sondern daß sie sich zu Verlierern oder Gewinnern ENTWICKELN. Erfolgsmenschen gleichen sich in ihren Verhaltensweisen so sehr, daß sich durchaus ein roter Faden, der zum Erfolg führt, erkennen läßt. Folglich kann Erfolgsverhalten erforscht und erklärt werden. Mehr noch: Man kann es trainieren und auf das Leben eines jeden Menschen anwenden.

Die Verhaltensmuster der meisten Menschen beinhalten *beides*: Züge, die zu Erfolg und Züge, die zu Mißerfolg führen. Bei Ihnen wird das auch der Fall sein. Was Sie in diesem Buch lernen, ist, Ihr Verhalten zu einem wesentlich größeren Teil als bisher an Verhaltensmustern, die zum Erfolg führen, zu orientieren, neue positive Verhaltensweisen hinzuzulernen. Und Verhaltensweisen, die »Verlierer« charakterisieren, abzubauen.

Mit folgenden Schritten können Sie beginnen, Ihr Verhalten positiv zu verändern.

### Erster Schritt: Erweitern Sie Ihre Fähigkeiten

Gewinner haben einen großen Tatendrang, sie schätzen Leistung und setzen alles daran, Leistung zu erbringen. Was immer ihnen an Potential zur Verfügung steht, machen sie sich nutzbar. Und sie schöpfen selbst die geringsten ihrer Talente aus. Erfolgsmenschen konzentrieren sich auch auf die kleinste Aufgabe, die sie zu bewältigen haben, voll und ganz.

GEWINNER VERLANGEN SICH SELBST
DAS ÄUSSERSTE AB.

Ein überzeugender Wortführer, der Ihnen zeigen kann, wie er sich selbst bis aufs äußerste forderte, ist Edward Bennett Williams, einer der meistgefeierten Rechtsanwälte unserer Zeit.

Williams kam am 31. Mai 1920 als Sohn armer Eltern in Hartford, Connecticut, zur Welt. Dennoch besuchte er nicht nur das College of the Holy Cross, sondern studierte an der Universität von Georgetown auch noch Jura: Seine hervorragenden Leistungen hatten ihm ein Stipendium eingebracht. Dann begann er, eine Unzahl berühmter und weniger berühmter Klienten zu verteidigen. Unter ihnen befanden sich der frühere Finanzminister John Connally, der Gangster Frank Costello, der ehemalige CIA-Direktor Richard Helms, Senator Joseph R. McCarthy, der Kongreßangehörige Adam Clayton Powell jr., die Gewerkschaftsführer Jimmy Hoffa und Dave Beck, der LBJ-Protegé Bobby Baker, die Fords aus Detroit, Gulf & Western Industries, der flüchtige Finanzier Robert Vesco.

Ein Artikel, der 1983 in *The New York Times Magazine* erschien, nannte Williams »einen Mann des Gesetzes, des Sports und der Politik... einen Pfeiler des Washingtoner Establishments«,[18] der sich gleichermaßen in Präsidenten-, Parlaments- und Journalistenkreisen bewegt.

Williams hat auf so vielen Gebieten so vieles geleistet, daß ich an einem Gespräch mit ihm besonders interessiert war. Zum Thema Erfolg und Siegen sagte er: »Wenn ich meinen Körper, meinen Geist, meine Vorstellungskraft und meine Kreativität bis an ihre jeweiligen Grenzen fordere, bin ich zufrieden. Unabhängig vom Urteil einer Jury weiß ich, daß ich nach den Maßstäben, die ich mir selbst setze, gewonnen habe.«

Williams glaubt fest daran, daß Erfolg für jedermann greifbar ist. »Meiner Definition nach bedeutet Erfolg oder Sieg, seine Fähigkeiten – seien sie physischer, geistiger oder emotionaler Natur – bei allem, was man tut, so weit wie möglich auszuschöpfen. Wenn man sich daran hält, lebt man ein erfülltes Leben und ist damit ein Sieger.«

Edward Bennett Williams ist das außergewöhnliche Beispiel eines Gewinners, der sich aufrichtig um Erfolg bemüht und ihn dann auch feiern kann. Der Wunsch, Leistung zu erbringen, seine Fähigkeiten voll zu nutzen und alles, was nur getan werden kann, zu tun, zeichnet Gewinner auf den verschiedensten Gebieten aus.

Die Stimmen anderer Gewinner klingen wie ein Chor, der aufeinander abgestimmte Harmonien singt:

*»Ich möchte Erfolg haben, und ich wollte es schon, als ich noch zur Schule ging. Ich möchte erfolgreich sein, und das in so vielen Dingen wie möglich: in Filmen, in Sportarten, in denen ich mich versuche, in Sozialarbeit, in meiner Aktivität, die Regierung dieses Landes zu fördern, im amerikanischen Filminstitut, als Präsident der Filmschauspielergilde oder als Präsident eines der vielen anderen Komitees, denen ich angehöre.*

*Meine Augen sind immer größer als mein Magen, ich übertreibe. Ich nehme mehr Aufgaben an, als ich eigentlich bewältigen kann.«*

CHARLTON HESTON
*San Francisco Examiner*
*& Chronicle*

*»Ich spiele gern, obwohl ich es nicht muß und auch nie mußte. Niemand zwingt einen dazu, zu spielen. Man tut es aus einer freien Entscheidung heraus. Was mich dazu motiviert, ist ein Streben nach Perfektion.«*

BILLIE JEAN KING
*The New York Times*

*»Das einzig Lohnende im Leben ist, alles dazu zu tun, die Dinge zu verbessern. Gewiß, die Menschen sollten lachen und feiern. Aber was gibt es zu feiern, wenn man nichts erreicht?«*

JANE FONDA

**Zweiter Schritt: Konkurrieren Sie nur mit sich selbst**

Für viele Menschen hat der Begriff »konkurrieren« eine negative Bedeutung. Sie verbinden ihn mit unehrlichem

Verhalten, mit Zurückhalten wichtiger Informationen, mit Ausnutzen und Vertrauensmißbrauch – eben ganz generell unfairem Verhalten. Weiterhin bekommt das Konkurrieren oft durch mit ihm in Zusammenhang gebrachte Begriffe wie »Berechnung«, »knallhart« und »rücksichtslos« einen miesen Beigeschmack. Wer kennt nicht das Klischee von dem, der »über Leichen geht«...

Dennoch ist ein gesunder Konkurrenzkampf aber auch Teil des amerikanischen Ethos. Jeder liebt die, die Erfolg haben, sei es im Sport, in der Politik, im Geschäft oder in der Kunst. Seit der Zeit der Pioniere wurde Amerika dadurch geformt, daß *einzelne* sich darum bemühten, in ihrem Leben etwas zu erreichen, was Spuren für die Nachwelt hinterließ.

Studien, die Dr. Ernest Vanderweghe und sein Partner Dr. Laurence Morehouse am Institut für menschliche Verhaltensforschung an der University of California machten, bestätigen, welch wichtige Rolle Konkurrenz spielt, wenn es darum geht, Erfolg zu haben. Sie kamen zu dem Schluß, daß »Siegen... beim Spiel, beim Sport, überall... eine äußerst positive Wirkung auf das Selbstwertgefühl des Menschen hat«.[19]

Die Untersuchung der beiden Wissenschaftler beweist, daß ein Erfolg – in welcher Hinsicht auch immer – nicht nur die Gegenwart eines Menschen positiv verändert, sondern daß Erfolgserlebnisse auch dafür ausschlaggebend sind, wie ein Mensch seine Zukunft angeht und bewältigt: Erfolge stärken das Selbstvertrauen und erzeugen gleichzeitig eine hohe Energie. Durch einen Erfolg angespornt, sind weitere Erfolge und weitere Anerkennung so gut wie vorprogrammiert.

Weiterhin fand das Forscherteam heraus, daß Wettkampfspiele unter Kindern eine gute Vorbereitung auf Wettkämpfe, die im späteren Leben auf verschiedenen Gebieten auf sie zukommen, sind. Ferner bleibt das Streben nach Erfolg meistens nicht auf ein einziges Ziel begrenzt. Es erweckt vielmehr den Wunsch, auf verschiedenen Gebieten Leistung zu erbringen und seine eigenen Grenzen zu sprengen.

»Erfolgreich sein«, so Dr. Morehouse, »bedeutet in Höchstform zu sein... Je mehr Gelegenheit ein Mensch dazu hat, seine Fertigkeiten aufzuzeigen, Lob für seine Leistung zu ernten oder seine Fähigkeiten als Stratege zu beweisen, desto mehr Spaß hat er an der Sache. Der Mensch scheint ein Bedürfnis nach Erfolg zu haben, ein Bedürfnis danach, seine Fähigkeiten zu testen.«[20]

Es wird also höchste Zeit, daß der Begriff »konkurrieren« eine neue, menschliche Definition erhält. Eine Definition, die auch die idealistischen Werte beinhaltet. Konkurrenz hat nichts damit zu tun, über Leichen zu gehen oder andere zu übervorteilen. Bei einem Konkurrenzkampf kann es sich vielmehr um eine bereichernde Erfahrung handeln, in der jeder Mensch sein Bestes gibt – und zuallererst mit sich selbst konkurriert. Und wo er eine gesellschaftliche Verantwortung und Interesse an anderen verspürt.

# Das grünäugige Monster

Wenn wir Angst haben, wenn wir überfordert oder überarbeitet sind, neigen die meisten dazu, ihren Selbstwert und all das, was sie bisher erreicht haben, zu vergessen. Statt dessen sind wir plötzlich auf unsere Kollegen und Nachbarn eifersüchtig. Das Kind in uns vergißt, daß auch wir von Wert sind und daß auch wir das Zeug dazu haben, erfolgreich zu sein. Anstatt aber unsere eigenen guten Seiten zu akzeptieren, verherrlichen wir plötzlich andere. Bei jedem Vergleich mit anderen kommen wir in unserer Selbstkritik schlecht weg. Besagte allzu harte Selbstkritik sorgt dann dafür, daß wir uns völlig unzulänglich und wertlos fühlen.

Wenn Sie sich hingegen selbst ein wenig freundlicher betrachten können, wird sich Ihr Selbstwertgefühl erhöhen und stärken. Diese Erfolgsphilosophie hat zur Folge, daß Sie sich auch mit anderen Menschen ehrlicher befassen. Dadurch, daß Sie mit sich selbst zufrieden sind, gewinnen Sie an Selbstvertrauen. Damit können Sie es sich dann leisten, sich nicht allein um Ihr eigenes Wohl, sondern auch um das Wohl anderer Gedanken zu machen. Konkurrenzkampf sollte heißen: mit Respekt für den anderen immer sein Bestes geben und über die Grenzen seiner selbst hinauszuwachsen.

SIEGER WISSEN, DASS NICHT NUR EINER SIEGEN KANN.

Für Erfolgsmenschen hat der Begriff des Konkurrierens einen freundlichen Beigeschmack. Sie haben begriffen, daß auch andere Menschen Erfolg haben können, ohne daß dadurch ihr eigener Erfolg geschmälert wird. Weil ein Erfolgsmensch in erster Linie mit sich selbst konkurriert, ist er weder unfreundlich, noch feindlich gesonnen, noch liegt ihm daran, andere niederzumachen, um selbst größer zu erscheinen. Die Kleinkariertheit und Verbitterung, die in so vielen Lebenssituationen – wo einer dem anderen eine Grube gräbt – vorherrscht, garantiert nur eines: ein höchst unerfreuliches Dasein. Schlimmer noch: Diese negative, unproduktive Tätigkeit kann einen so sehr in Anspruch nehmen, daß *keine Zeit mehr bleibt, sich Dingen zu widmen, die zum Erfolg führen.*

Wenn Sie gewillt sind, FEHLER, DIE SIE GEMACHT HABEN, zu erkennen und sie sich OHNE sich selbst dafür zu bestrafen einzugestehen, dann sind Sie auf dem besten Weg, Ihr Leben positiv zu verändern.

Und denken Sie daran: Planen Sie Ihren Erfolg auf lange Sicht. Greifen Sie nicht nach kurzfristigem Sieg, den Sie dadurch erreichen, daß Sie andere mißbrauchen oder in die Irre führen. Ernten Sie nicht die Lorbeeren, die andere sich verdient haben, und verschaffen Sie sich nicht dadurch Gewinne, daß Sie anderen in den Rücken fallen. Vergessen Sie nie, daß Sie ein Mensch mit hoher Selbstachtung sind – und daß Sie genau das bleiben wollen. Schließen Sie um eines momentanen Erfolges willen keine Kompromisse, die im Endeffekt für nichts anderes sorgen als dafür, daß Sie Ihren persönlichen Stolz einbüßen.

**Dritter Schritt: Belohnen Sie sich selbst**

Patienten, die ich, wenn sie neu zu mir kommen, in die Kategorie der »Verlierer« einstufe, erzählen mir oft, daß

ihnen jegliche Motivation fehlt, weil niemand ihre Bemühungen zu schätzen weiß – geschweige denn sie für ihre
Leistungen belohnt.

»Weshalb«, klagen sie, »soll ich Überstunden machen
oder mich sonstwie totarbeiten, wenn sich niemand für mich
interessiert und keiner ›danke‹ sagt.«

Um diesen Menschen zu helfen, demnächst zu den »Gewinnern« zu gehören, rate ich ihnen dazu, sich einfach selbst
zu belohnen. »Freuen Sie sich darüber, daß Sie eine Arbeit
gut getan haben«, sage ich. »Stärken Sie sich selbst den
Rücken. Sagen Sie *sich selbst*, wie gut *Sie* sind, wie sehr *Sie
selbst* von *Ihrer* Leistung beeindruckt sind, wie sehr *Sie sich*
über das, was *Sie* erreicht haben, freuen.«

> BELOHNEN SIE SICH SELBST…
> SCHÄTZEN SIE SICH SELBST…
> MOTIVIEREN SIE SICH SELBST!

Malcolm S. Forbes, Präsident und Chefredakteur der *Forbes Magazine*, Inc., ist ein Erfolgsmensch, der genau nach
diesem Motto handelt. Seine Arbeit bringt ihm Spaß und
Befriedigung und nicht zuletzt auch materielle Erfolge. Er
besitzt ein Schloß in der Normandie, ein traumhaftes Haus
aus dem 17. Jahrhundert in der Nähe von London, das Haus
eines Sultans in Tanger, eine Insel in Fiji, Ranchs in Wyo-
ming und Montana und einen 170000-Acker-Trakt in Colo-
rado. Die französische Regierung verlieh ihm einen Orden,
und er trägt sechzehn Ehrentitel.

Forbes wurde nicht nur als Verleger, sondern auch als
Ballonfahrer berühmt. Im Oktober 1973 gelang es ihm als
erstem, Amerika von Küste zu Küste mit einem Heißluftbal-
lon zu überqueren und damit sechs offizielle Weltrekorde im
Heißluftballonfahren aufzustellen. In seinem Haus in der
Normandie gründete er das erste Ballonfahrt-Museum der
Welt.

Wenn Sie Forbes fragen, was ihn dazu motiviert, zu den
Erfolgsmenschen zu gehören, wird er Ihnen sagen: »Was
mich genau motiviert, kann ich gar nicht sagen. Es sei denn,
Sie lassen meine Freude am Beruf und meine Befriedigung,
wenn mir etwas gelungen ist, als Motivation gelten. Wenn
ein Artikel außerordentlich gut gelungen ist, sind wir alle

begeistert. Erfolg bringt grenzenlos viele Belohnungen mit sich, die nicht meßbar sind, nicht nur das momentane Aha-Erlebnis. Er bringt die Befriedigung mit sich, sagen zu können, ›das ist wirklich ein gutes Thema. Das ist ein gelungener Artikel. Das ist eine hervorragende Titelseite.‹«

Der Spaß daran, eine Arbeit gut zu tun, hängt mit der Freude, die man am Beruf an sich hat, zusammen. Für Forbes bedeutet das: »Das Adrenalin muß fließen. Unabhängig davon, in welchem Beruf man tätig ist: Wenn man sich nicht darüber freuen kann, daß man das, was man sich vorgenommen hat, erreicht und wenn man nicht in dem, was man tut, über sich hinauswachsen kann, wird man es nicht zu viel bringen.

Man kann viele Dinge hinreichend gut tun. Aber um sie besonders gut tun zu wollen, muß man von der Vorfreude auf das Ergebnis beflügelt sein. Etwas besser zu machen, als es je zuvor getan wurde, eine neue Spitzfindigkeit bei dem, was man macht, auszuklügeln oder eine bessere Leistung zu erbringen als die Konkurrenz. So baut man ein Geschäft auf. Ich bin jeden Morgen der erste an meinem Schreibtisch. Und das bin ich nicht etwa, weil es zu meinen Aufgaben gehört, sondern ich bin es, weil mir meine Arbeit Spaß macht.«

### Vierter Schritt: Zeigen Sie Selbstwertgefühl

Ein Erfolgsmensch präsentiert sich anderen gegenüber würdevoll. Sein Benehmen läßt andere erkennen: »Ich bin ein guter Mensch. Ich verdiene es, respektiert zu werden.«

Wo kein Respekt entgegengebracht wird, korrigiert ein Erfolgsmensch die Situation. Angenommen etwa, irgend jemand sagte – vielleicht sogar im Spaß: »Herrjeh, war das dumm von dir, die Unterlagen für die Konferenz zu vergessen!«, würde ein Erfolgsmensch ihn freundlich, aber bestimmt unterbrechen und ihn verbessern: »Nein, es war nicht dumm. Aber ich habe die Unterlagen diesmal vergessen.«

Wenn man Menschen weh tut oder wenn man sie beleidigt, haben sie oft Angst, etwas darauf zu erwidern. Statt dessen erröten sie, stottern, sagen irgend etwas Albernes und entwickeln einen Groll gegen den, der sie verletzt hat. Noch Tage später kreisen ihre Gedanken um den demütigenden Vorfall, und sie fühlen sich höchst unzulänglich.

Zu lernen, wie man mit verächtlichen Bemerkungen anderer problemlos und freundlich fertig wird, ist ein wesentlicher Schritt in Richtung Erfolg.

Nehmen wir folgendes Beispiel. Sie haben Gäste zum Essen, und einer von ihnen sagt: »Lieber Himmel, ist die Suppe salzig. Ich dachte immer, Sie seien ein Gourmet-Koch!« Anstatt gekränkt zu reagieren, können Sie die beleidigende Bemerkung mit einem Lächeln und folgender Antwort aus der Welt schaffen: »Stimmt schon, daß man mir nachsagt, ein Gourmet-Koch zu sein. Aber dann und wann hab' ich offensichtlich beim Würzen ein zu lockeres Händchen. Wie wär's, wenn Sie mal das Soufflé probierten? Das ist bisher immer bei all meinen Gästen gut angekommen.« So einfach ist es, mit einer positiven Wende in der Erwiderung die fröhliche Atmosphäre für alle Gäste zu erhalten.

Ein anderes Beispiel: Sie sind auf einer Party und ein Nachbar begrüßt Sie mit den Worten: »Du lieber Himmel, Sie sind ja dünn wie eine Bohnenstange! Essen Sie nie?« Auch hier: Nicht ärgern! Lächeln Sie freundlich und erwidern: »Ich bin *gerne* schlank, und ich muß eine Menge dazu tun, auch schlank zu bleiben. Manchmal sterbe ich fast vor Hunger, weil ich mir nichts zu essen gönne. Aber das Ergebnis macht alle Qualen wieder wett. Freut mich, daß Sie bemerkt haben, wie schlank ich bin.«

Was immer andere auch sagen: Sie müssen deren Wort nicht für ein Gesetz halten. Wenn Sie dünn sind und sich dabei wohl fühlen... bleiben Sie dünn! Mag sein, daß die anderen Mollige bevorzugen – jeder hat nun mal seine Vorlieben. Jeder, das bedeutet: *Sie* auch! Wenn die anderen ein Recht auf eine eigene Meinung haben, weshalb sollte ausgerechnet Ihnen dieses Recht versagt sein? Na bitte.

JE FREUNDLICHER SIE AUF DIE KRITIK ANDERER REAGIEREN,
DESTO WÜRDEVOLLER WERDEN SIE SEIN.

Damit wir uns nicht mißverstehen: Sie sollen es keineswegs zulassen, daß andere Sie dumm, schrecklich oder stümperhaft schimpfen. Denken Sie nur immer daran, daß Sie Ihre Antwort freundlich gestalten und daß Sie den anderen Ihren Standpunkt kurz und ohne sich zu verteidigen klarmachen. Es ist wichtig, daß Sie anderen, die gegensätzlicher Meinung sind, *zuhören* können und dabei wissen, daß Sie recht haben – *von Ihrem Standpunkt aus* ... und die anderen auch – *aus ihrer Sicht.*

Ein Erfolgsmensch läßt es nicht zu, daß negative oder degradierende Bemerkungen über ihn gemacht werden, und er bietet auch *nicht die Gelegenheit* dazu. Ein Erfolgsmensch würde *nicht* im Traum daran denken, einen Raum zu betreten und »Oh, was war ich für ein Idiot, ich hab' die Ausfahrt verpaßt und mich verfahren« zu murmeln. Damit nämlich würde er sofort einen negativen Eindruck machen.

Ebensowenig läßt ein Erfolgsmensch es zu, daß andere ihn zum Gespött machen. Würde beispielsweise jemand sagen: »Du lieber Himmel! Haben Sie sich schon wieder mal verfahren?« fiele einem Erfolgsmenschen schnell eine humorvolle Antwort wie »Natürlich, ich verfahre mich überall in der Welt« ein. Erfolgsmenschen präsentieren ihre Fehler anderen nicht auf einem Silbertablett. Wenn sie etwas an andere weitergeben, dann Begeisterungsfähigkeit und Energie.

Wenn ein Erfolgsmensch einen Raum betritt, erwartet er, daß etwas Erfreuliches geschieht. Er reicht den Anwesenden die Hand und begrüßt sie freundlich. Wenn er über sich selbst und über andere spricht, dann nur Positives. Er beginnt eine Unterhaltung beispielsweise mit einer amüsanten Geschichte über seinen jüngsten Sproß oder auch mit Erzählungen über sein neuestes Projekt, an dem er gerade arbeitet und das ihn fasziniert. Es gibt auch keinen Grund, aus dem ein Erfolgsmensch nicht von seinen Erfolgen berichten dürfte. Schließlich hat er allen Grund, auf seine Leistungen stolz zu sein. Wenn ihm jemand solche Erzählungen verübelt oder als »Aufschneiderei« auslegt, dann sind es nicht die Menschen, die ebenfalls erfolgreich sind, sondern lediglich die »Verlierer«, die ihm seine Erfolge neiden. Und auf deren Gehässigkeiten kann er pfeifen.

## Fünfter Schritt:
## Erbitten Sie Hilfe, wenn Sie welche brauchen

Erfolgsmenschen besitzen das Geschick, sich um Hilfe zu bemühen, wenn sie Hilfe benötigen. Und sie greifen auf alle Hilfsmittel zurück, die ihnen zur Verfügung stehen. Sie fragen Ärzte, Rechtsanwälte, Buchhalter, Lehrer und Berater um Rat... und sie sind gewillt, von den Experten zu lernen.

Weshalb es »allein schaffen«, wenn Probleme wesentlich schneller zu lösen sind, indem man Menschen, die auf besagtem Gebiet Erfahrung besitzen, fragt? Um Problemlösungen so wirkungsvoll wie möglich anzugehen, müssen Sie das Geschick erwerben, sich helfen zu lassen.

Was immer das Ziel Ihrer Träume ist, irgendwo können Hindernisse auftauchen, die Ihnen den Weg dorthin verbauen. Um Ihnen dabei zu helfen, Ihre Träume zu verwirklichen, möchte ich Ihnen Möglichkeiten zeigen, die Ihnen dabei dienlich sind, das eine oder andere Hindernis, über das Sie stolpern könnten, aus dem Weg zu räumen. Die nachfolgende Übung bezweckt, daß sie lernen, Hilfsmittel, die Ihnen zur Verfügung stehen, auch tatsächlich zu nutzen.

## Übung 5
## Lernen Sie, Probleme zu lösen

Um diese Übung durchzuführen, sollten Sie sich ein ganz spezielles Problem oder Ziel, mit dem Sie sich befassen, aussuchen.

Wie wär's mit einem Thema Ihrer »ES WÜRDE MIR NICHTS AUSMACHEN.... ZU SEIN-Liste aus ÜBUNG 1 (Seite 28)?

Um Ihnen zu verdeutlichen, was ich meine, nehmen wir an, Ihr Wunschtraum sei es, zurück zur Schule oder Universität zu gehen oder sonst irgend etwas zu erlernen. Schon beim ersten Gedanken an Ihr Vorhaben ist es wichtig, daß sich nichts Negatives in Ihr Hirn schleicht. Sie wollen sich schließlich nicht *ent-*, sondern *er*mutigen. Womit Sie Ihre

Motivation also keinesfalls untergraben dürfen, sind Sätze wie:

*»Ich bin nicht intelligent oder erfahren genug, um...«*
*»Mein Vorhaben ist so gewaltig, ich fürchte...«*
*»Ich weiß jetzt schon, daß es mir nicht gelingen wird...«*
*»Ich werde es doch nicht schaffen. Weshalb sollte ich das*
*Risiko eingehen, wie ein Idiot dazustehen...«*
*»Ich bin schon zu alt, um noch etwas Neues zu lernen...«*

### HÖREN SIE AUF, SICH SELBST ZU SABOTIEREN.

Wenden Sie sich statt dessen positiven Gedanken zu. Gedanken wie diesen:

*»Für den Anfang ist es gleichgültig, wo ich meine Erfahrung sammle. Hauptsache, ich kann mich auf irgendeine Erfahrung stützen, um weiterzukommen.«*
*»Mein Vorhaben ist gewaltig. Am besten, ich kümmere mich jetzt schon darum, jemanden zu finden, der mir helfen kann.«*
*»Mißerfolg ist, es gar nicht erst zu versuchen.«*
*»Wenn ich mich mit jemandem unterhalte, der das, was ich vorhabe, erfolglos in Angriff genommen hat, weiß ich zumindest, wie man es nicht macht.«*
*»Ich werde mich nach jemandem umsehen, der das, was ich vorhabe, bereits mit Erfolg hinter sich gebracht hat, und mir von ihm ein paar gute Tips geben lassen, wie man am besten vorwärtskommt.«*
*»Ich werde sowieso mit jedem Tag älter, weshalb soll ich es also nicht lieber heute als morgen versuchen.«*

### KONZENTRIEREN SIE SICH DARAUF,
### HILFE ZU BEKOMMEN.

Nehmen Sie einen Schreibblock und einen Stift zur Hand, und schreiben sie die Namen all derer auf, die Ihnen bei Ihrem Vorhaben – beispielsweise wieder zur Schule zu gehen – behilflich sein können. Schreiben Sie auch die Namen derer auf, die Ihnen indirekte Hilfe geben können. Dann rufen Sie diese Leute an und vereinbaren ein Treffen mit ihnen. Daß Sie auch dazu Block und Bleistift mitnehmen, versteht sich von selbst. Schließlich müssen Sie all das, was die »Experten« Ihnen raten, aufschreiben.

Sollte Ihnen niemand von ihnen helfen können – geben Sie nicht auf. Fragen Sie, ob sie Ihnen andere Leute nennen können, die, was Ihr Problem betrifft, vielleicht weiterwissen. Seien Sie nicht entmutigt, wenn Sie anfangs bei den Menschen, die Sie um Rat fragen, nicht weiterkommen.

### SUCHEN SIE WEITER!

Mag sein, daß manches nicht auf Anhieb klappt. Aber Sie versuchen es, und der Versuch allein ist ein Erfolg. Wenn Sie in einer Sackgasse landen, nehmen Sie es sich selbst nicht übel. »Mißerfolge« sind kein Beinbruch. Sie sind lediglich die Bestätigung dafür, daß Sie *aktiv* damit befaßt sind, ein Problem, das Ihnen im Weg steht, zu lösen. Der Prozeß der Problemlösung besteht nun mal aus Versuchen... versagen... erneutem Versuchen... Fehler machen... und schließlich Erfolg haben.

Bleiben Sie am Ball: Telefonieren Sie mit noch mehr Leuten, sprechen Sie mit noch mehr Leuten, stellen Sie noch mehr Fragen. Alles, was Sie unternehmen, wird Sie der Antwort, die Sie suchen, näherbringen und Ihnen schließlich den Weg, der zum Ziel ihrer Träume führt, zeigen.

### REDEN SIE MIT FREUNDEN.

Freunde, die bereits die Schule beendet haben oder die wissen, wie sich Ihr Problem lösen läßt, können Ihnen nützlich sein. Mag sein, daß Sie sogar einen Rat wissen, wie Sie Ihr Ziel schnell und zuverlässig erreichen. Vielleicht können sie Ihnen eine Empfehlung geben oder Sie mit Lehrern und Schülern in Verbindung bringen, die sich ebenfalls mit dem, was Sie vorhaben, beschäftigen.

### BEMÜHEN SIE SICH UM PROFESSIONELLEN RAT.

Auch in Ihrer Stadt gibt es Menschen, die es sich zum Beruf gemacht haben, anderen mit Ratschlägen weiterzuhelfen. Weil sie sich mit Problemen wie dem Ihren auseinandergesetzt haben, wissen sie, wie man ihnen beikommt. Fragen Sie solche Berufs- oder Umschulungsberater um Rat. Fragen Sie – um bei dem Beispiel zu bleiben – einen Schuldirektor um Rat.

SCHÖPFEN SIE JEDE HILFSQUELLE AUS.
MACHEN SIE SICH LISTEN.

Eine Liste kann die Namen der Leute enthalten, die Sie kontaktieren wollen. Eine zweite Liste kann Organisationen aufführen, die Ihnen bei Ihrem Problem behilflich sein können. In der dritten Liste sollten Sie die Schritte, die Sie vorhaben, um Ihr Ziel zu erreichen, aufschreiben. Daß Sie letztere Liste höchstwahrscheinlich des öfteren umschreiben und korrigieren müssen, versteht sich wohl von selbst...

Gehen Sie, wenn Sie die Liste benutzen, systematisch vor. Setzen Sie einen Punkt Ihrer »Tagesordnung« nach dem anderen in die Tat um.

Loben Sie sich für jede Anstrengung, die Sie machen, um weiterzukommen. Allein dafür, daß Sie den Versuch wagen, haben Sie schon ein Lob verdient.

Loben Sie sich auch für Anstrengungen, die im Endeffekt zu nichts führen. Denn erinnern Sie sich: auch Mißerfolge sind ein Schritt zum Erfolg, weil Sie aus Mißerfolgen lernen.

# Sieger und Verlierer

In diesem Kapitel haben wir einige Verhaltensmuster untersucht, die Gewinner und Verlierer unterscheiden. Prägen Sie sich die Unterschiede im Denken der beiden Gruppen gut ein. Und handeln Sie so, wie die Erfolgsmenschen handeln, die in diesem Kapitel beschrieben werden. So kommen auch Sie der Verwirklichung Ihrer Träume Schritt für Schritt näher.

| VERLIERER | SIEGER |
|---|---|

**1.** Verlierer geben sich nur wenig Mühe und nutzen nur einen Bruchteil der Fähigkeiten, die sie haben.

**1.** Sieger schöpfen ihre Fähigkeiten voll und ganz aus. In welcher Situation sie sich auch befinden – sie geben nie weniger als ihr Bestes.

**2.** Für Verlierer hat das Wort »Wettbewerb« einen negativen Beigeschmack. Sie assoziieren es mit Aggression, Rücksichtslosigkeit und Manipulation.

**2.** Ein Sieger ist überzeugt davon, daß ein Wettbewerb eine bereichernde Erfahrung sein kann, in der jeder Teilnehmer sein Bestes gibt. Mehr noch: in der jeder in erster Linie mit sich selbst konkurriert, um seine eigenen Grenzen zu sprengen.

**3.** Verlierer fühlen sich unzulänglich und glauben dadurch, an Größe zu gewinnen, daß sie andere niedermachen. So verschwenden sie ihre Energie darauf, anderen ein Bein zu stellen.

**3.** Erfolgsmenschen wissen, daß Erfolge, die andere erzielen, ihren eigenen Erfolg nicht schmälern. So konzentrieren sie sich darauf, das, was sie tun, zu vervollkommnen und verschwenden ihre Zeit nicht damit, anderen in den Rücken zu fallen.

**4.** Für einen Verlierer bedeutet der Begriff »konkurrieren«, daß er um jeden Preis gewinnen muß. Dabei darf er unehrlich sein, wichtige Informationen zurückhalten, die Naivität und das Vertrauen anderer Leute ausnutzen – nur um sich den Sieg zu sichern.

**4.** Ein Gewinner betrachtet Erfolg auf lange Sicht. Sein Selbstwertgefühl erlaubt es ihm nicht, um eines momentanen Erfolgs willen Kompromisse zu schließen und seinen Stolz und seine ideellen Werte aufs Spiel zu setzen.

5. Wenn Verlierer kritisiert werden, geben sie nur selten eine Antwort, die sie in positivem Licht erscheinen läßt. Schlimmer noch: Sie sorgen für einen ersten negativen Eindruck, indem sie sich durch eigene Kommentare, die sie über ihre Person abgeben, schmälern.

6. Verlierer halten es für eine Tugend, alles »allein schaffen« zu wollen. Sie verzichten auf den Rat und die Hilfe anderer.

5. Erfolgsmenschen treten stolz und würdevoll auf. Sie lassen ihr Umfeld wissen: »Ich bin ein guter Mensch. Ich verdiene Respekt.« Negative oder herabsetzende Kommentare, die über sie gemacht werden, korrigieren sie freundlich, aber bestimmt.

6. Erfolgsmenschen wissen, daß Probleme sich wesentlich leichter lösen lassen, wenn man den Rat und die Hilfe anderer, die Erfahrung damit haben, sucht.

# 7. KAPITEL

# Entdecken Sie die Schönheit aller Dinge

*Ich schlenderte einsam wie eine Wolke,*
*die hoch über Täler und Hügel dahintreibt,*
*als ich ganz plötzlich eine Menge,*
*eine Heerschar goldener Narzissen sah...*
*ich starrte – und starrte – aber ich dachte kaum,*
*was für einen Reichtum der Anblick mir gebracht hatte...*
*und dann füllt sich mein Herz mit Vergnügen*
*und tanzt mit den Narzissen.*

WILLIAM WORDSWORTH

Seit vielen Jahren teilen Menschen mir in Radio- und Fernseh-Talkshows ihre Probleme mit. Unabhängig davon, ob die Anrufe aus Australien, Großbritannien oder den Vereinigten Staaten kommen, eines erstaunt mich immer wieder: Wie wenige Menschen dazu fähig sind, Freude zu erfahren. Es ist selten, Menschen zu treffen, die »die Narzissen« auf ihren Hügeln »sehen« können.

NEHMEN SIE DIE SCHÖNHEIT IHRER UMGEBUNG WAHR?

Bemerken Sie die farbenprächtige Paradiesblume, wenn sie vor Leben birst und erblühen möchte? Oder lassen Sie sich von dem Unkraut, das in ihrer Nähe wächst, ablenken, weil Sie überlegen, wie Sie es ausrotten können? Lächeln Sie, wenn Sie den süßen Duft der Luft nach einem Regen einatmen, oder sind Ihre Augen auf die Dreckpfützen gerichtet, die der Regen hinterlassen hat? Wenn Sie an einem Spiegel vorbeigehen und unerwartet Ihr eigenes Gesicht darin erblicken, was ist es, das Sie in Ihrem Ausdruck entdecken? Ist es Freude, ist es Schmerz?

121

Glauben Sie mir: Eine optimistische Lebenseinstellung ist der Kern eines jeden Erfolges. Oft kann ein und dasselbe Ereignis als »gut« oder »schlecht«, »glücklich« oder »traurig« beschrieben werden.

Ihre ganz persönliche Wahrnehmung der Realität färbt Ihr Denken und Ihr Verhalten. *Sie* sind verantwortlich für das Design Ihrer Wirklichkeit. *Sie* sind der Architekt, der das Bauwerk skizziert.

SIE HABEN DIE MACHT, DIE RICHTUNG,
DIE IHR LEBEN NIMMT, ZU BEEINFLUSSEN.

Wenn Sie davon überzeugt sind, daß sowieso alles schiefgeht, sind Sie tatsächlich drauf und dran, Ihrer Erwartungshaltung gemäß *unbewußt eine Katastrophe nach der anderen heraufzubeschwören.* Sobald Sie dem einen oder anderen Ihrer Vorhaben ein schlechtes Ende oder Mißerfolg prophezeit haben, sind Sie automatisch dazu verpflichtet, ein negatives Ergebnis zu erzielen, um somit die Glaubwürdigkeit Ihrer Prophezeiungen zu untermauern.

Wenn Sie sich aber andererseits mit positiven Gedanken an eine Aufgabe heranwagen, unterstützen Sie damit – wiederum unbewußt – Ihre Chancen für den Erfolg. Mehr noch: Optimistischem Denken und Reden folgt optimistisches Handeln. Wenn Sie davon überzeugt sind, daß heute ein Supertag für Sie ist und morgen ein noch viel besserer, werden Sie *alles dransetzen*, daß dem tatsächlich so ist. Auch in diesem Fall sorgen Sie dafür, daß sich Ihre Prophezeiungen erfüllen. Wie wichtig eine positive Einstellung ist, steht schon in der Bibel:

*»Alle Dinge sind möglich, dem der da glaubt.«*

MARKUS 9:23

Leider erinnern sich nur wenige an die guten Dinge, die ihnen in ihrer Vergangenheit widerfahren sind. Oder »glauben«, daß sie ihnen in Zukunft widerfahren werden.

# Felsbrocken auf der Seele

Verlierer sacken unter ihnen zusammen, unter dem, was ich »Felsbrocken auf der Seele« nenne. Zentnerschwer schleppen sie ungelöste Probleme und Konflikte aus ihrer Vergangenheit mit sich herum. Dafür, daß diese alten Sorgen lebendig bleiben, sorgen sie dadurch, daß sie Tag für Tag darüber klagen. Und so führen sie sie wie Bleiketten, mit denen sie gefesselt sind, ihr Leben lang mit sich.

Freude und Lachen zu erfahren ist für Verlierer, die von Negativ-Denken bestimmt sind, so gut wie unmöglich: Sie verpassen jedes Vergnügen, das ihnen die Gegenwart bietet, weil sie pausenlos in unglücklichen Erinnerungen an gestern schwelgen und sich in den Schmerz, den diese Erinnerungen noch heute hervorrufen, fallenlassen.

Wenn es darum geht, schwermütig zu sein und ihr Schicksal zu bejammern, sind Verlierer absolut Spitze. Sie füllen ihr gesamtes Leben mit negativen Dingen aus, über die sie wieder und wieder reden.

*Verlierer verweisen pausenlos auf die Tragödien ihrer Vergangenheit:*

»Seit Vater tot ist, ist nichts mehr dasselbe.«
»Ich werde nie vergessen, wie arm wir waren, als ich noch ein Kind war.«
»Ich habe mich so geschämt, daß ich die abgetragenen Sachen der anderen tragen mußte.«
»Immer, wenn ich Freunde zu Besuch hatte, hat meine Mutter mich angeschrien und mich beschämt.«
»Meine Schulkameraden haben sich immer lustig darüber gemacht, wie dick (dünn, groß, klein etc.) ich war.«

*Verlierer bejammern dauernd, wie schwer sie es in der Gegenwart haben:*

»Immer bin ich an allem schuld, was schiefgeht.«
»Das Problem mit meiner Familie ist, daß keiner von ihnen je an mich denkt.«
»Es ist unmöglich, in dieser Stadt einen netten Mann zu treffen.«

»Ich habe nichts anzuziehen!«
»In Zeiten wie diesen kann man nicht vorwärtskommen.«

*Verlierer prophezeien ein Unglück nach dem anderen für die Zukunft:*

»Wie ich mein Glück kenne, fallen die Aktien garantiert.«
»Ich fühle es einfach, daß es morgen regnen und uns den Ausflug verderben wird.«
»Ich weiß, daß ich mich verlaufen und nie wieder hierher zurückfinden werde.«
»Laß das. Ich habe Angst, daß du dich überanstrengst und dir weh tust.«

Dieser niederdrückende Jargon umgibt Verlierer in der Art und Weise, in denen Mauern ein Gefängnis umgeben. Mit ihrer alles erstickenden Düsterkeit vergiften sie die Atmosphäre. Wohin Verlierer auch gehen, sie rennen immer wieder gegen die Mauern ihres Gefängnisses, das sie für sich erbaut haben. Durch ihre negative Lebenseinstellung schwächen sie ihre Lebensenergie von Tag zu Tag mehr.

Wie können Verlierer sich vergnügen? Sie können es gar nicht. Und mehr noch: Auch *Sie* können es nicht, wenn *Ihre* Lebenseinstellung eine negative ist.

Ich arbeite mit vielen Patienten, die, wenn sie zum ersten Mal zu mir kommen, nur die schwarze Seite aller Dinge sehen. Unabhängig davon, in welcher Lage sie sich befinden, systematisch urteilen sie über jedes Versagen, stellen jedes Mißgeschick heraus und protokollieren jede Panne. Sie sind nie zufrieden, nie glücklich. Gleichgültig, welche Position sie haben, es ist immer die falsche. Oder sie ist unbequem oder eben ganz einfach ganz und gar nicht, was sie wollen. Wenn sie im Norden sind, sehnen sie sich in den Süden, und wenn die Sonne scheint, wünschen sie sich Regen.

Wenn sie von ihrem Partner geliebt und umsorgt werden, verlangen sie nach mehr Freiraum. Aber wenn ihr Partner mal »nein« sagt oder zu beschäftigt ist, beschweren sie sich darüber, vernachlässigt zu werden.

SIE SIND UNBEFRIEDIGT UND UNZUFRIEDEN.

**Wie werden Menschen so?**

# Negative Programmierung

Während unserer Entwicklungsjahre gehen wir zuerst bei unseren Eltern in die Schule. Sie sind unsere Vorbilder, unsere Lehrer. So wie sie sich verhalten, verhalten wir uns auch. Sind unsere Eltern negativ programmiert, kommen auch wir kaum umhin, negativ programmiert zu werden. Wir erleben ja nichts anderes. Ergo: Weil wir es als Kinder nicht anders gelernt haben, können wir uns auch als Erwachsene nie richtig freuen. Mehr noch: Wir wissen Gutes und Schönes, das wir haben oder haben können, erst dann zu schätzen, wenn es unwiderruflich verloren ist.

Wenn Sie also herumsitzen und pausenlos darüber nachgrübeln, was Sie in Ihrem Leben alles vermissen oder was mit Ihrem Leben nicht in Ordnung ist, tun Sie nichts anderes, als das Negativ-Programm, mit dem Sie in Ihrer Kindheit gefüttert wurden, abzuspielen. Und schon können Sie gar nicht anders, als sich hundeelend zu fühlen.

Das Negative, das manche Menschen ausstrahlen, kann ansteckend sein! Solche Leute machen nicht nur sich selbst unglücklich, sondern sie ziehen andere mit in ihr Unglück hinunter. Positiven Menschen hingegen gelingt es, ihre Umgebung ebenfalls fröhlich und optimistisch zu stimmen. Wenn Sie mit positiv denkenden Menschen zusammen sind, werden Sie sich wesentlich BESSER fühlen und viel mehr SPASS am Leben haben.

# Frau Alles-ist-so-schrecklich und Herr Ich-könnte-die-ganze-Welt-umarmen

Während meines Englandaufenthaltes behandelte ich ein Ehepaar, das ich »Frau Alles-ist-so-schrecklich« und »Herr Ich-könnte-die-ganze-Welt-umarmen« taufte. Während der Therapiestunden war ich jedesmal von neuem verblüfft darüber, wie gegensätzlich die Lebenseinstellung der beiden war. Selbst ihre Beschreibungen von Begebenheiten, die sie *gemeinsam* erlebt hatten, waren so verschieden, daß man kaum glauben mochte, daß es sich hier um ein und dasselbe Ereignis handeln sollte.

Wenn sie beispielsweise von einer Party berichteten, die sie gemeinsam besucht hatten, kam bei beiden eine völlig andere Beschreibung des Abends und der Gäste heraus.

Frau Alles-ist-so-schrecklich erzählte beispielsweise haarklein und bis in jedes Detail, wie »gräßlich« die Party gewesen sei. Das Essen hatte ihr nicht geschmeckt, die Leute hatte sie scheußlich gefunden, der Gastgeber hatte sie den ganzen Abend über ignoriert, und sie hatte sich schrecklich gelangweilt. Damit war sonnenklar, daß sie einen entsetzlichen Abend hinter sich gebracht hatte.

Ihr Ehemann, Herr Ich-könnte-die-ganze-Welt-umarmen, erzählte mir in seiner Sitzung ebenfalls von besagter Party. Doch so wie er sie schilderte, war sie ganz das Gegenteil von dem gewesen, was seine Frau mir berichtet hatte. »Ich hab' mich köstlich amüsiert«, erzählte er mir erfreut. »Es war herrlich! Einfach super! Die Partygäste waren allesamt unheimlich interessante Menschen, das Essen war köstlich, und Clive war ein perfekter Gastgeber.«

Sollte das wirklich ein und dieselbe Party gewesen sein? Es war dieselbe Party. Der Unterschied in den Erzählungen des Ehepaares lag lediglich darin, daß jeder von ihnen den Abend – bedingt durch die Grundeinstellung – völlig verschieden empfand.

Wenn ein Mensch darauf aus ist, Kritik zu üben und sich über dies und jenes zu ärgern, wird er das Negative, das er in allem sucht, auch finden. Wenn ein anderer Mensch von vornherein aufgeschlossen ist und sich amüsieren möchte, dann wird er es auch tun. Kurzum: Die Dinge sind immer so, wie man sie sehen *will*. Und damit hatten Frau Alles-ist-so-schrecklich und Herr Ich-könnte-die-ganze-Welt-umarmen tatsächlich zwei verschiedene Parties besucht. Sie die fürchterliche, die sie erwartet hatte, und er die fröhliche, auf die er sich gefreut hatte.

Wen würden Sie lieber zu Ihrem Freundeskreis zählen – Herrn Ich-könnte-die-ganze-Welt-umarmen oder Frau Alles-ist-so-schrecklich? Und wem sind Sie ähnlicher? Sind Sie oft verstimmt und fühlen sich elend? Oder nehmen Sie jede Gelegenheit, sich am Leben zu erfreuen, wahr?

Andauerndes Negativ-Verhalten macht einsam. Wer möchte schon mit einem Menschen zusammen sein, der immer nur nörgelt und jammert? Das war das Problem von Emmy, einer Patientin von mir, die darüber klagte, daß sich niemand ein zweites Mal mit ihr treffen wollte.

## Sie fragen mich nie nach einem zweiten Rendezvous

Emmy war zweiunddreißig, als sie mich zum ersten Mal aufsuchte. Sie wollte »unbedingt heiraten«, aber es war »kein Mann in Aussicht«, den sie hätte heiraten können. Und das nicht etwa, weil Emmy ein Mauerblümchen gewesen wäre. Im Gegenteil. Ihr Beruf brachte sie ständig mit Männern zusammen, und die meisten von ihnen baten sie um ein Rendezvous. Das Problem war nur: Keiner wollte sie ein zweites Mal treffen.

Also bat ich Emmy mir zu beschreiben, wie ihr letztes Rendezvous verlaufen war. Als sie davon zu erzählen begann, war es plötzlich glasklar, weshalb fast jeder Mann vor ihr sofort wieder Reißaus nahm. Von der ersten bis zur letzten Sekunde ihrer Verabredungen tat Emmy nichts anderes, als ihren Partner zu kritisieren und an ihm herumzumeckern.

Kaum hatte sie ihm beispielsweise, als er sie abholte, die Tür geöffnet, bemängelte sie: »Oje! Dieses abgetragene Sporthemd hätten Sie nun wirklich nicht anziehen sollen! Schließlich handelt es sich um eine formelle Angelegenheit. Ich hoffe, Sie werden nicht der einzige Mann ohne Krawatte sein!« Als er sie zum Auto führte, instruierte sie ihn: »Vergessen Sie nicht, die Fenster hochzukurbeln. Wenn es windig ist, wird mein Haar *grauenhaft* aussehen.«

Als Emmys Begleiter ihr die Autotür geöffnet hatte, hatte sie gerufen: »Ich fürchte, ich mache mir mein neues Kleid schmutzig. Der Sitz ist alles andere als sauber. Weshalb nehmen Sie sich nicht die Zeit und säubern ihn?«

Hier unterbrach ich Emmys Erzählung. »Emmy«, sagte ich, »ich würde Sie auch kein zweites Mal ausführen. Wer möchte schon pausenlos bemäkelt werden? Noch bevor Sie mit ihm im Auto gesessen haben, haben Sie sich schon als eine kritische Mutter aufgespielt und ihn mit demütigenden Bemerkungen bombardiert. Es macht wirklich keinen Spaß, den ganzen Abend über vorgehalten zu bekommen, was man alles falsch macht!«

Dann suchten Emmy und ich nach ein paar positiven Bemerkungen, mit denen sie ihre Begleiter nächstens begrüßen sollte: »Dieser Anzug steht Ihnen ausgezeichnet!« oder »Die Farbe schmeichelt Ihnen« oder »Ich mag den Duft Ihres Aftershave«.

Weiterhin ermutigte ich Emmy, auch im Auto freundliche Bemerkungen zu machen. Über den Wagen, über die Pläne für den Abend oder ganz einfach darüber, wie sehr sie das Zusammensein genoß.

Wenn Sie jetzt sagen: »Liebe Frau Dr. Kassorla, ist das nicht ein bißchen übertrieben – ein bißchen zuviel Zucker?« kann ich Sie durchaus verstehen. Nur: Was Emmy anbetraf, mußte ich mir keine Sorgen darüber machen, daß sie *zu süß* klingen würde. Für sie war es wichtig, von einem Extrem ins andere zu fallen, um dann später irgendwo eine goldene Mitte zu finden.

Emmy hatte noch ein weiteres Problem: Sie konnte nicht lächeln. Selbst wenn sie es mal versuchte, verbarg sie dabei ihre Zähne. Ich zeigte ihr, wie man seine Zähne entblößt, indem ich vorgab, wie ein Pferd zu wiehern. Emmy fand das so komisch, daß sie kichern mußte.

Als sie zu lachen begann, sagte ich: »Es freut mich, daß ich Sie amüsiere. Noch schöner wäre es allerdings, wenn Sie sich bei Ihrem nächsten Rendezvous auch so vergnügen würden. Stellen Sie sich ganz einfach ein wieherndes Pferd vor. Und versuchen Sie, es zu imitieren. Nehmen Sie nicht alles so bierernst. Gehen Sie Ihre Verabredungen mit spielerischer Leichtigkeit an. Das bringt Ihnen – und Ihrem Begleiter – wesentlich mehr.«

Was Emmy sich ebenfalls noch nicht klargemacht hatte, war, daß sie fast unablässig ihre Stirn runzelte. Sie erklärte das damit, daß sie sich die ganze Zeit darüber Gedanken machte, was ihr Begleiter wohl von ihr denken mochte. Schon fühlte sie sich unterlegen und konnte sich nicht locker verhalten, geschweige denn lächeln!

»Und er macht sich Gedanken darüber, *was Sie wohl* von ihm denken«, versicherte ich Emmy. »Weshalb sagen Sie nicht einfach, was Ihnen auf dem Herzen liegt. Ihm wird es nicht anders gehen. Aber sobald solche Gefühle ausgesprochen sind, kann man sich entspannen.«

Ich gebe meinen Patienten eine Hausaufgabe mit, die sie bis zur nächsten Sitzung bewältigen sollten. In Emmys Fall bestand die Hausaufgabe darin, beim Lachen die Zähne zu zeigen. Ergo mußte sie üben, wie ein Pferd wiehert. Bevor sie an diesem Tag die Praxis verließ, übte ich ein paarmal mit ihr Wiehern. Emmy lachte darüber und gestand mir, wie albern und kindisch sie sich dabei vorkam.

»Hervorragend!« sagte ich. »Genau das ist der Sinn der Übung. Bislang haben Sie sich nämlich hauptsächlich wie eine alte, keifende Frau verhalten. Sich wie ein Kind zu benehmen, dürfte eine willkommene Abwechslung sein!«

Weiterhin gab ich Emmy den Auftrag, jedesmal, wenn sie an einem Spiegel oder einer Fensterscheibe vorbeikam, hineinzusehen und zu lächeln. Mir war sehr daran gelegen, daß sie selbst entdecken würde, wie liebenswert und attraktiv sie war, wenn sie ein fröhliches Gesicht machte.

Ein paar Wochen später traf ich Emmy in meiner Praxis wieder. »Ich lache so viel, daß mir der Kiefer weh tut!« sagte sie. »Aber seitdem passieren die seltsamsten Dinge – die Leute lächeln zurück! Es überrascht mich immer, wenn ich feststelle, daß mich die Leute offensichtlich gern anschauen. Und ich weiß auch, weshalb sie es tun: weil ich es bin, die den Anfang macht, ihnen freundlich entgegenzukommen.«

Emmys neues Verhalten sorgte für frischen Wind in ihrem Leben. Und raten Sie mal, was passierte, als sie damit begann, die Männer, die sie einluden, mit freundlicher Herzlichkeit zu behandeln? Sie luden sie wieder und wieder zum Ausgehen ein!

*

Wenn *Sie* damit beginnen, Positives auszustrahlen, kann es Ihnen durchaus passieren, daß Ihre Freunde und Ihre Familie zunächst einmal mißtrauisch werden. Aber lassen Sie sich dadurch nicht beirren. Machen Sie weiter so! Reden Sie über angenehme Dinge und gehen Sie das Leben mit Optimismus an. Irgendwann werden die anderen schon begreifen, daß Sie es so meinen. Sie werden erkennen, daß Sie sich zu Ihrem Vorteil verändert haben und ein neuer – positiver – Mensch sind.

## Deidre hatte eine positiv denkende Mutter

Verlierer neigen zu der Ansicht, daß die Lebensumstände, in denen sie sich befinden, zunächst einmal ideal werden müssen, bevor sie sie positiv betrachten können.

UNSINN!

Ein Gewinner macht aus jeder Situation das Beste. Selbst bei schmerzlichen Ereignissen gelingt es ihm noch, irgend etwas Gutes daran zu suchen ... und zu finden. Ein Beispiel dafür ist Deidres Mutter.

Deidre war eine meiner wenigen Patientinnen, die den Vorteil hatten, von Eltern erzogen zu werden, die eine überaus positive Lebenseinstellung hatten und denen es gelang, jedes Problem schnell und geschickt zu lösen. Solche Eltern zu haben, ist für jedes Kind ein außergewöhnliches Glück.

Deidre war neunundzwanzig, als sie in meine Praxis kam. Der Grund war, daß sie mit dem plötzlichen Tod ihrer Mutter, die bei einem Autounfall gestorben war, nicht allein fertig wurde.

Als sie von ihrer Vergangenheit sprach, erzählte sie mir, daß sie erst sechs Jahre alt gewesen war, als ihr Vater, ein junger Mann, von heute auf morgen einem Herzinfarkt erlag. Ihre Mutter, die damals siebenundzwanzig Jahre alt war, war völlig verzweifelt. Ohne Geld zwei kleine Kinder aufziehen zu müssen, war wahrlich ein harter Schicksalsschlag.

Deidre erzählte mir, daß die Familie noch Jahre nach Vaters Tod so arm war, daß es kaum genug zu essen gab. Aber anstatt ihre Armut zu beklagen, hatte Deidres Mutter einen Weg gefunden, Geld zu verdienen. Sie erledigte für einen Nachbarn, der sich keine vollbeschäftigte Sekretärin leisten konnte, alle anfallenden Schreibarbeiten. Auch Deidre selbst hatte eine Möglichkeit entdeckt, ihrer Mutter finanziell unter die Arme zu greifen. Als sie acht Jahre alt war, verdiente sie sich hie und da ein paar Mark, indem sie Kindern im Vorschulalter das Abc beibrachte.

Deidre war stolz darauf, daß ihre Mutter eine so positive Lebenseinstellung gehabt hatte. »Ich bewunderte ihren Mumm und ihre ›Sich-niemals-unterkriegen-lassen‹-Einstellung. Wenn sie vor fünf Katastrophen stand, sagte sie: ›Haben wir nicht ein Mordsglück, daß es nicht sechs sind?‹ Als wir uns kein Auto leisten konnten, freute sie sich: ›Ist es nicht herrlich, so nah an einer Bushaltestelle zu wohnen?‹ Als sie kein Geld hatte, um mir ein Halloween-Kostüm zu kaufen, nähte sie mir eines aus alten Stoffetzen, die sie im Haus zusammensuchte. Sie machte einfach aus allem das Beste. Als ich die Wahl zur Klassensprecherin verlor, sagte sie: ›Gut so! Nun haben wir wenigstens genügend Zeit, uns auf die nächste Wahl so vorzubereiten, daß du es dann garantiert schaffst!‹

Wann immer ich eine negative Bemerkung machte, mich über irgend etwas beklagte oder davon erzählte, daß ich in der Schule Ärger hatte, gelang es meiner Mutter im Handumdrehen, mich umzustimmen. Sie erzählte mir ganz einfach von ähnlichen Situationen, in denen sie sich befunden hatte, und aus denen sie – obwohl es anfangs oft gar nicht so aussah – mit heiler Haut herausgekommen war. Sie brachte mir bei, daß man sich nie entmutigen lassen darf, und sie ermutigte mich dadurch, daß sie mir zu verstehen gab, daß ich stark bin. Ob es sich um meine Probleme, die meines Bruders oder ihre eigenen handelte: Mutter handelte immer nach dem Motto, daß man alles erreichen kann, was man möchte – wenn man es nur will.«

Dadurch, daß Deidres Mutter ihren Kindern jahrelang positives Denken und Handeln vorgelebt hatte, war es Deidre gar nicht anders möglich gewesen, als ebenfalls positiv zu denken und zu handeln. Vor welche Herausforderung sie auch gestellt wurde, sie ging jede von ihnen mit dem Optimismus, den sie daheim gelernt hatte, an ... und bewältigte somit jedes Problem.

Als sie noch klein war, wollte sie zum Beispiel zeichnen lernen. Aber es war kein Geld für Malstunden vorhanden. Anstatt deswegen traurig zu sein, setzte Deidre sich eben allein hin und malte. Als sie zehn Jahre alt war, beschloß sie, an einem nationalen Malwettbewerb, den eine Tageszeitung ausgeschrieben hatte, teilzunehmen. Und das, obwohl sie nie zeichnen gelernt hatte und obwohl ihre Freunde ihr erklärten, daß es sowieso keinen Sinn habe. »Tausende von Kindern werden sich bewerben«, sagten sie Deidre. »Bei der Konkurrenz hast du nicht die geringste Chance! Weshalb willst du dich unbedingt zum Narren machen?« Deidre hörte nicht auf ihre Freunde. »Nur wenn ich es nicht versuche«, sagte sie sich, »dann habe ich tatsächlich keine Chance.«

Zehn Wochen später kam ein Brief, in dem stand, daß sie zu den Siegern gehörte. Der Preis, den sie gewonnen hatte, war ein Jahr lang kostenloser Unterricht an einer Kunstschule ihrer Wahl.

Deidres eiserner Wille, zu den Siegern zu gehören, war ihr auch im späteren Leben nützlich. Mit nur zweiundzwanzig Jahren hatte sie bereits ihre Ausbildung zur Juristin beendet, und drei Jahre später war sie bereits Juniorpartnerin in einer der führenden Kanzleien in ihrer Heimatstadt. Wann, wie und wo auch immer Deidre sich mit Problemen konfrontiert sah, packte sie diese Probleme mit dem Vertrauen darauf an, sie lösen zu können. Ihre positive Denk- und Handlungsweise, die sie als Kind gelernt hatte, half ihr, nicht nur mit alltäglichen Enttäuschungen und den üblichen Frustrationen, sondern auch mit großen Schicksalsschlägen klarzukommen.

Alles, was ich bei ihr zu tun hatte, war, ihr während der Trauer um ihre Mutter emotionale Unterstützung zu geben. Ich erinnere mich noch gut, wie beeindruckt ich von ihrer gefühlsmäßigen Belastbarkeit war. Deidre war wesentlich stärker als die meisten Menschen, die zu mir kommen. Und obwohl sie sich sehr über den Tod ihrer Mutter grämte, war ihre Fähigkeit, sich mit ihrem Kummer auseinanderzusetzen und darüber hinwegzukommen, außergewöhnlich stark ausgeprägt.

# Die Dinge in eine andere Richtung lenken

An irgendeinem Punkt in unserem Leben finden sich die meisten von uns inmitten einer Tragödie oder einer schmerzhaften und qualvollen Situation wieder. Aber jedem, der gewillt ist zuzuhören, wieder und wieder von unserem Leid zu berichten, ist ungesund. Mehr noch: Indem wir das tragische Ereignis durch Erzählungen immer wieder lebendig werden lassen, berauben wir uns unserer Gegenwart und unserer Zukunft. Weil wir auch heute nur in der Vergangenheit leben. Lösen Sie sich von Ihrer Vergangenheit, und fangen Sie etwas Neues an!

Anstatt kostbare Zeit damit zu verschwenden, die Vergangenheit am Leben zu erhalten:

LEBEN SIE HEUTE FÜR IHR HEUTE.

Und sollten Sie gerade eine schmerzvolle Zeit durchleben, machen Sie sich die Mühe und versuchen Sie auch die schlimmsten Dinge, die Ihnen widerfahren, zum Guten zu wenden. Anstatt sich selbst zu bemitleiden, tun Sie besser daran, nach einer Lösung für Ihr ganz spezielles Problem zu suchen.

Nutzen Sie dabei Ihre positive Einfalls- und Vorstellungskraft, *nicht* Ihr negatives Denken. Entdecken Sie, wie stark Sie sich fühlen, wenn Sie die Dinge in eine andere Richtung lenken, indem Sie versuchen, aus *allem* das Beste zu machen. Nur so gelingt es Ihnen, die Qualität Ihres Lebens zu verbessern.

# Ein Staubsauger für die Seele

Zugegeben, was ich Ihnen jetzt anbiete, ist ein imaginäres Werkzeug. Aber das ändert noch lange nichts an der Tatsache, daß es ein äußerst wirkungsvolles Werkzeug ist: der »Staubsauger für die Seele«. Wenn Sie lernen, ihn zu benutzen, wird er Ihnen dabei helfen, alle negativen Gedanken, die sie haben, fortzunehmen. Zuerst müssen Sie lernen, sich selbst zuzuhören.

HÖREN SIE SICH SELBST ZU.

Sprechen *Sie* normalerweise über all die unangenehmen Dinge, die Ihnen an Ihrer Umgebung auffallen? Ist die Verneinung ein häufiger Bestandteil Ihrer Reden – so wie ich *kann nicht, will nicht, tue nicht, sollte nicht, würde nicht?* Benutzen Sie gerne Adjektive wie diese: *schrecklich, fürchterlich, eigennützig, falsch, langweilig, unmöglich, rücksichtslos?* Bestürmen Sie andere mit Redewendungen wie *Weshalb tust du nicht? Wieso hast du nicht?* und *Du machst nie...?*

WENN SIE SICH SELBST ZUHÖREN KÖNNEN...
KÖNNEN SIE SICH ÄNDERN.

Bevor Sie sich allerdings ändern, sollten Sie sich darüber klarwerden, was es ist, womit Sie sich bislang geschadet haben. Sobald Sie sich nämlich nicht länger selbst etwas vormachen und bereit sind, sich all das Negative, was Sie denken und sagen, einzugestehen, können Sie den »Staubsauger für die Seele« einschalten und ihn alles Negative aufsaugen lassen. Den Raum, der dadurch frei wird, können Sie dann mit positiven Gedanken und Botschaften füllen.

Mag sein, daß Sie sich jetzt sagen, »Stimmt, ich benutze viele negative Worte und Redewendungen. Aber aus dieser Sicht habe ich das noch gar nicht betrachtet. Ob meine Freunde mich wohl für eine Frau oder einen Herrn ›Alles-ist-so-schrecklich‹ halten? Ob ich meine Denk- und Sprechgewohnheiten überhaupt ändern kann? So jung bin ich schließlich auch nicht mehr...«

Natürlich können Sie Ihre negativen Denk-, Sprech- und Handlungsweisen noch in positive verwandeln! Und der wundersame »Staubsauger für die Seele« wird Ihnen dabei helfen. Stellen Sie sich folgendes lebhaft vor:

Ein winziger Spielzeug-Staubsauger fährt über Ihre Stirn. Dabei saugt er allen Schutt auf, der sich dahinter befindet: tragische Ereignisse aus Ihrer Vergangenheit, Ärger, den Sie in der Gegenwart haben, Katastrophen, die Sie für Ihre Zukunft prophezeien... Ihre Verneinungen, Ihre »könnte nicht, würde nicht, sollte nicht«.

Wann immer Sie sich dabei ertappen, eine negative Bemerkung zu machen, HALT! Greifen Sie zu Ihrem Wunderstaubsauger und lassen Sie mit seiner Hilfe alle negativen Gedanken, die Sie anfüllen, verschwinden!

# Übung 6
## Sherlock Holmes spielen

Diese Übung soll Ihnen dazu verhelfen, sich selbst zu beobachten, wenn Sie reden. Sie wird Ihnen helfen, Dinge, die Sie bisher als »halb leer« betrachtet haben, in Zukunft als »halb voll« zu sehen.

### Erster Schritt: Entdecken, nicht verstecken

Während Sie damit beschäftigt sind, sich zu verändern, sollten Sie das, was ich als Sherlock Holmes spielen bezeichne, versuchen. Machen Sie sich das zu eigen, wofür Holmes berühmt wurde: die Freude am Entdecken. Nehmen Sie Ihre Fehler kritisch unter die Lupe, anstatt sie weiterhin vor sich selbst zu verstecken oder sie gar noch zu rechtfertigen.

### Zweiter Schritt:
### Belohnen Sie sich ruhig auch für Ihre Ausrutscher

Während Sie sich mehr und mehr bewußt werden, daß Ihre Redensart die Sprechweise der »Verlierer« ist, sollten Sie besonders lieb und freundlich mit sich selbst umgehen.

Wenn Sie sich dabei ertappen, eine Ihrer negativen Redewendungen zu gebrauchen, *freuen* Sie sich darüber, daß es Ihnen überhaupt aufgefallen ist. Gehen Sie nicht mit sich selbst ins Gericht und *bestrafen Sie sich nicht dafür, daß Sie sich einen Ausrutscher geleistet haben.* Denn auch das wäre eine negative Handlungsweise! Seien Sie positiv! Klopfen Sie sich auf die Schulter, und loben Sie sich dafür, daß Sie sich Ihren Ausrutscher bereitwillig eingestehen.

Je freundlicher Sie zu sich selbst sind, desto eher werden Sie sich verändern. Ärgern Sie sich also nicht über sich selbst, sondern freuen Sie sich statt dessen darüber, daß Ihnen heute – im Gegensatz zu früher – auffällt, wie negativ Sie manchmal denken.

Stellen Sie sich einmal folgende Situation vor: Ein Freund, mit dem Sie in einem Restaurant essen waren, fragt Sie, wie es Ihnen geschmeckt hat. Hören Sie sich daraufhin sagen: »Es war kein schlechtes Essen.«

Überlegen Sie doch mal: Wenn es nicht schlecht war, war es... gut! Na bitte. Sollten Sie sich also nächstens bei derlei negativen Formulierungen erwischen, lächeln Sie – und korrigieren Sie sich ruhig selbst, indem Sie einfach hinzufügen: »Damit meine ich natürlich, das Essen war wirklich gut!«


## Dritter Schritt: Worten folgen Taten

Dieser Schritt erfordert einige Praxis, bevor Sie sich darüber klarwerden, wie der Vorgang der Veränderung funktioniert. Und doch werden Sie langsam, aber sicher merken, daß positivem Denken und Reden positives Handeln automatisch folgt.

Seien Sie geduldig, und suchen Sie bei allen Problemen auch dann noch nach positiven Aspekten, wenn Sie sich entmutigt und hoffnungslos fühlen. Gewinner lassen sich nicht unterkriegen. Sie versuchen, was immer sie sich vorgenommen haben, so lange weiter, bis sie endlich Erfolg haben. Gutes geschieht, wenn man nur fest genug daran glaubt und mit all seiner Energie darauf hinarbeitet. Sobald Sie sich dafür entschieden haben, in allem, was um Sie herum geschieht, das Positive zu suchen, werden Sie Positives ausstrahlen – und zurückerhalten. Mehr noch: Je mehr Sie sich selbst mögen lernen und je mehr Respekt Sie sich selbst entgegenbringen, desto schneller werden Sie sich positiv verändern.

## Negatives durch Positives ersetzen

Unerfreuliche Gedanken ereilen uns immer wieder mal – oft sogar dann, wenn man sie am wenigsten erwartet. In solchen Fällen ist es wichtig, nicht nur zu wissen, wie man den »Staubsauger für die Seele« bedient, sondern auch zu wissen, wie man das Vakuum, das er hinterlassen hat, mit positiven Gedanken und Gefühlen füllt.

Nehmen wir einmal an, Sie stehen unter der Dusche. Sie haben gerade Ihre Morgengymnastik hinter sich gebracht, das warme Wasser prickelt auf Ihrer Haut und erfrischt Sie. Während Sie dieses Gefühl genießen, fällt Ihnen plötzlich der Streit ein, den Sie einen Monat zuvor mit Ihrem Nachbarn hatten. Schon schwirren unerfreuliche Erinnerungen durch Ihren Kopf.

Dabei stehen Sie gerade unter der Dusche, genießen die Erfrischung und sind in eben diesem Moment sowieso nicht dazu in der Lage, das Problem mit Ihrem Nachbarn zu klären. Naß und eingeseift wie Sie sind, können Sie schlecht bei ihm auftauchen und mit ihm reden. Wenn Sie das Problem aus der Welt schaffen wollen, ist es wesentlich gescheiter, so lange damit zu warten, bis Sie – angezogen und frisch zurechtgemacht – zu ihm gehen können.

Aber was tun Sie? Dadurch, daß Sie sich in Gedanken mit Ihrem Nachbarn und dem Streit, den Sie mit ihm hatten, befassen, bringen Sie sich um Ihr derzeitiges Duschvergnügen.

BERAUBEN SIE SICH NICHT SELBST IHRER
GLÜCKLICHEN STUNDEN.

Greifen Sie zu Ihrem Mini-Staubsauger und lassen Sie sich ihn alle Gedanken an Ihren Nachbarn einverleiben. Momentan können Sie den Streit mit ihm sowieso nicht schlichten, aber was Sie in genau diesem Augenblick *tun können,* ist, Ihr Duschbad zu genießen. Sie verdienen es, sich wohl zu fühlen – und es liegt in *Ihrer Verantwortung,* sich nicht selbst aller schönen Stunden zu berauben.

Nachdem Sie sich nun von Ihren negativen Gedanken befreit haben, können Sie wählen, durch welch positive Gedanken Sie sie nun ersetzen. Was mich betrifft, ich denke gern an Blumen. Und das ganz einfach deshalb, weil ich Blumen mag und weil sie anzuschauen mir daheim und in meiner Praxis viel Freude bringt. Ihr positiver Ersatz für negative Gedanken kann selbstverständlich etwas völlig anderes sein. Das nämlich, was Ihnen die größte Freude bereitet, vor Ihrem geistigen Auge zu sehen oder darüber nachzudenken.

Eine meiner Patientinnen stellt sich beispielsweise gern ein Baseballspiel vor. Oder genauer gesagt: ihren Lieblingsbaseballspieler. Schon fühlt sie sich wesentlich fröhlicher und ebnet dadurch weiteren positiven Gedanken den Weg.

Versuchen Sie es auch einmal mit dieser Übung! Sie werden staunen, um wieviel besser Sie sich fühlen, sobald Sie kummervolle Gedanken aus Ihrem Hirn herausgetrieben und sie durch angenehme ersetzt haben. Sollten die unschönen Gedanken hartnäckig sein und sich nach ein paar Minuten wieder bei Ihnen einschleichen, nichts wie her mit dem Staubsauger und weg mit ihnen!

Mag sein, daß Sie anfangs alle paar Minuten damit beschäftigt sind, miese Gedanken fortzufegen und gegen schöne auszutauschen. Trotzdem dürfen Sie nicht aufgeben. Sie müssen lernen, Ihr Unterbewußtsein, das gern in unerfreulichen Gedanken schwelgt, zu überrumpeln, indem Sie ganz bewußt an erfreuliche Dinge denken.

SOBALD SICH NEGATIVE GEDANKEN IN IHREM KOPF
BREITMACHEN WOLLEN –
SCHIEBEN SIE SIE FORT, UND
ERSETZEN SIE SIE DURCH POSITIVE!

Stunden, vor denen Sie sich besonders in acht nehmen müssen, sind Mußestunden und die Zeit vorm Einschlafen. Denn gerade dann, wenn man nicht aktiv mit irgendwelchen Dingen beschäftigt ist, neigt man dazu, ein wenig zu sinnieren. Und worüber sinniert man? Über seine Sorgen. Über Ärger, den man hatte und hat.

Und was bringt es?

Gar nichts! Zumindest nichts Gutes. Also noch einmal: Weg mit allen negativen Gedanken, die Sie nur belasten, und her mit lebhafter Vorstellung an Dinge, über und auf die Sie sich freuen können. Machen Sie Ihren Kopf frei für die schönen Dinge des Lebens!

**LERNEN SIE, IHRE GEDANKEN ZU KONTROLLIEREN.**

## Eine heimliche Sehnsucht

Manchmal ist es geradezu ein Glücksfall, einen Menschen kennenzulernen. Mir ging es so mit Paula Kent Meehan, der Vorsitzenden der Redken-Produkte. Noch heute wird mir ganz warm ums Herz, wenn ich an diese außergewöhnlich positive Frau zurückdenke.

Als ich Paula zum ersten Mal in ihrem Haus, das sie von Elvis Presley gekauft hatte, traf, begrüßte sie mich an der Tür mit einem Lächeln, das ich nie vergessen werde. Ihre ansteckende Energie und Wärme, die sie ausstrahlte, dauerte das ganze Interview über an. Es bereitete mir Freude, eine so begeisterungsfähige, optimistische Frau zu erleben.

Dynamisch und tatkräftig, wie sie ist, hat Paula eine persönliche Formel entwickelt, ihre heimlichen Sehnsüchte Wahrheit werden zu lassen.

Sie gründete Redken gemeinsam mit ihrer Kosmetikerin Iheri Redding, die sie später aus dem Unternehmen herausgekauft hat. Das Startkapital, das Paula zur Gründung ihrer Firma für Haarpflegeprodukte hatte, waren nur 3000 mühsam ersparte Dollar. Heute ist Redken eine riesige nationale Organisation, die jährlich etwa 85 Millionen Dollar Umsatz macht.

Der erste Job, mit dem Paula Geld verdiente, war Tankwart. Danach gab sie mehr oder weniger kurze Gastspiele als Sekretärin, Empfangsdame, Flugbegleiterin und Stenotypistin. Danach folgten Jobs, die reizvoll waren: Schauspielerin in Fernsehwerbung und die Rolle als Empfangsdame in »77 Sunset Strip«.

Dennoch hatte Paula die ganze Zeit über eine heimliche Sehnsucht: Sie wollte ins Kosmetikgeschäft einsteigen. »Die Schauspielerei hat mich ziemlich frustriert«, sagt sie. »Denn nicht *ich*, sondern andere nahmen mein Schicksal in die Hand. *Sie* entschieden, welche Rollen ich spielte – oder nicht.«

Meehan meint, daß jeder Mensch eine heimliche Sehnsucht hat. »Es ist die innere Stimme, die einem sagt, wozu man fähig ist. Ich glaube, daß eine Menge Leute annehmen, daß ihre heimliche Sehnsucht ein Traum bleiben muß, weil sie Angst haben, nach den Sternen zu greifen, die sie für unerreichbar halten. Ich hingegen bin der Ansicht, daß man der heimlichen Sehnsucht, die man hegt, nachgehen soll. Weshalb wohl sollte man sie sonst haben? Außerdem kann man, wenn man seine heimliche Sehnsucht verfolgt, sicher sein, daß einem das, was man sich entschlossen hat zu tun, auch Freude macht.«

Weil sie tut, was ihr Spaß macht, empfindet es Paula nicht als Opfer, jeden Tag von morgens bis in den Abend hinein zu arbeiten. »Dann und wann nörgele ich auch und frage meinen Mann, der der Präsident unserer Firma ist: ›Weshalb holen wir nicht noch mehr aus dem Geschäft heraus? Weshalb tun wir nicht noch dies und das?‹ Und wenn ich das wirklich wollte, täte ich es auch. Wenn man etwas ernsthaft will, findet man auch die Zeit, es zu tun. Und Arbeit ist nun einmal, was mir Vergnügen bereitet.

Wenn man etwas gern tut, stürzt man sich auch voll und ganz hinein. Wenn man hingegen mit Dingen beschäftigt ist, die man nicht gern tut, kann ich mir nicht vorstellen, wie man damit je zum Erfolg kommen könnte. Mein Rat ist: ›Wenn Sie keinen Spaß an Ihrer Arbeit haben, lassen Sie sie bleiben, und suchen Sie sich eine andere, der Sie sich gerne widmen.‹«

Darauf, daß auch ihre Mitarbeiter Freude an der Arbeit

haben, legt Paula schon beim Einstellungsgespräch großen Wert. »Mir ist wichtig, daß meine Angestellten den Job, um den sie sich bewerben, auch wirklich von Herzen gern tun wollen. Folglich achte ich bei Einstellungsgesprächen nicht nur auf die Qualifikationen der Bewerber, sondern mindestens ebensosehr darauf, welche Hoffnungen sie für sich hegen und was für Ambitionen sie haben. Oft stelle ich auch Leute ein, die nicht die eigentlich von mir verlangte Berufserfahrung mitbringen, die aber statt dessen um so mehr von dem Wunsch geprägt sind, die Arbeit, um die es geht, tun zu wollen. Weiterhin ist es mir wichtig, meine Angestellten zu motivieren. Wie sollten sie sich voll und ganz für die Firma einsetzen können, wenn ihnen die Motivation dazu fehlt? Es ist wichtig, daß sie wissen, daß die Mühe, die sie sich geben, auch anerkannt wird.«

Meehan ist der Überzeugung, daß der Glaube Berge versetzen kann. »Ich halte sehr viel von Autosuggestion«, sagt sie, »und ich nutze sie auch für mich selbst. Wenn ich mir selber sage, daß ich dies oder das erreichen oder sein kann, dann weiß ich, daß das stimmt. Unabhängig davon, daß ich wohl auch Glück habe, besitze ich einen ausgeprägten Instinkt, der mich leitet.«

Was das Glück betrifft, so lag es bei Meehan zum Teil wohl darin, daß sie in einem Elternhaus aufwuchs, in dem positives Denken gang und gäbe war. »Ich bin schon ein Optimist«, sagt sie, »aber meine Mutter ist der optimistischste Mensch, der mir je begegnet ist. Ihr ist im Leben nie etwas Schlechtes widerfahren, weil sie in allem das Gute suchte – und fand. Meine Mutter ist heute achtzig, und raten Sie, was sie im vergangenen Jahr getan hat? Sie hat wieder geheiratet! Sie ist die erste, die den Tanzboden betritt und die letzte, die ihn verläßt. Sie ist ein Energiebündel. Ich hoffe sehr, daß ich ihr nachschlage.«

## Suchen Sie das Positive

Im Leben eines jeden gibt es unzählige schöne Dinge, die es zu entdecken gilt. Wenn Sie zu den Gewinnern gehören wollen, sollten Sie damit beginnen, diese Dinge für sich zu entdecken. Jetzt zu entdecken.

Es gibt eine alte Fabel von einem Mann, der die Blume des Glücks suchte. Um sie zu finden, bereiste er die ganze Welt und suchte in allen Ecken und Enden. Nach langem Suchen fand er die Blume schließlich – vor seiner eigenen Haustür.

Wie wär's, wenn Sie vor Ihrer eigenen Tür zu suchen anfingen? Ich bin sicher, daß Sie schon ganz in Ihrer Nähe viel Positives finden können.

# Übung 7
## Addieren Sie Ihre Positiva

Negatives zu registrieren, ist für die Gehirne der meisten Menschen keine Kunst. Aber wie wär's, wenn Sie Ihr Gehirn zu einem Computer, der Positives registriert, umfunktionieren würden? Das nämlich ist das Geheimnis der Gewinner.

### JEDER MENSCH HAT POSITIVA!

Sie finden die Ihren schon in dem Moment, in dem Sie nicht mehr bedauern, was Sie alles *nicht* haben, sondern in dem Sie sich an den Dingen zu erfreuen beginnen, die Sie bereits besitzen.

An dieser Stelle folgt mal wieder eine kleine Hausaufgabe, die ich mir für Sie ausgedacht habe. Selbst wenn nicht alles auf der Liste, die ich erstellt habe, auf Sie zutrifft, so können Sie sie doch als Ausgangspunkt benutzen. Mehr noch: Während Sie meine Worte sprechen, fallen Ihnen gewiß andere ein, die auf *Ihr* Leben genauer zutreffen, um es positiv zu beschreiben.

Stellen Sie sich für diese Übung vor einen Spiegel und lesen Sie die folgende Liste laut und deutlich ab. Vergessen Sie dabei nicht, Ihr charmantestes Lächeln aufzusetzen.

SEIEN SIE ÜBERZEUGT VON DEM,
WAS SIE SICH NUN SAGEN:

»Ich bin ein guter Mensch.«
»Ich kümmere mich gern um andere Menschen.«
»Ich mag andere Menschen gern.«
»Ich bin ein rücksichtsvoller Mensch.«
»Ich schätze mich selber.«
»Daß mein Körper gesund ist, ist mir wichtig.«
»Ich mache mir Gedanken um das Wohl anderer.«
»Ich bin ein individueller, einzigartiger Mensch.«
»Ich bin ein fürsorglicher Mensch.«
»Ich bin eine liebende Mutter (Vater, Großmutter, Groß-
vater, Tante, Onkel, Bruder, Schwester).«

Addieren Sie ganz einfache Dinge. Es müssen keine umwerfenden Entdeckungen über sich selbst sein, die Ihnen dazu verhelfen, sich selbst mögen zu lernen. Sie wissen doch: Kleine Dinge sind oft noch viel wichtiger als große!
Noch eines: *Machen Sie diese Übung jeden Tag!*

ERWEITERN SIE DIE LISTE, IN DER SIE SICH
SELBST LOBEN, DURCH EIGENE GEDANKEN! SUCHEN
SIE STÄNDIG NACH NEUEN POSITIVA!

»Die Menschen wissen, daß sie mir trauen können.«
»Ich bin couragiert.«
»Ich bin ein loyaler Freund.«
»Ich helfe anderen Menschen gern.«
»Ich kann gut kochen.«
»Ich bin zuverlässig.«
»Bei mir daheim ist es gemütlich.«
»Ich tue etwas für die Gesellschaft, in der ich lebe.«
»Ich bin ein religiöser Mensch.«
»Ich bin freundlich zu Fremden.«
»Ich bin gesellig.«
»Es macht mir Spaß, andere glücklich zu machen.«

Schreiben Sie selbst Dinge auf, die Sie für unwichtig halten. Wesentlich ist, daß Sie mit Ihren negativen Denkmustern *brechen* und sich selbst mehr und mehr in einem positiven Licht sehen. Abraham Lincoln sagte einmal, daß jeder Mensch in dem Maße glücklich ist, in dem er es sich selbst gestattet, glücklich zu sein.[21] *Sie* entscheiden darüber, was in Ihrem Kopf vorgeht. Sie sind Herr Ihrer Gedanken!

Wann immer Ihnen ein negativer Gedanke in den Sinn kommt, her mit dem »Staubsauger für die Seele« und weg damit!

Überlegen Sie doch mal: Negative Gedanken haben Sie jahrelang mit sich herumgetragen. Und was hat es Ihnen geholfen? Nichts! Im Gegenteil. All das Negative hat lediglich dazu geführt, daß Sie *noch negativer* wurden, *noch entmutigter*, *noch sorgenbeladener*.

Hören Sie endlich auf damit, sich immer wieder die alten Bänder vorzuspielen. Wenn Sie dem Negativen erlauben, sich in Ihrem Leben breitzumachen, werden Sie nie zu den Gewinnern gehören.

Machen Sie Schluß damit. Entschließen Sie sich dazu, glücklich zu sein... sich wohl zu fühlen! Sprechen Sie über angenehme Dinge: anregende Zukunftspläne, erfreuliche Erinnerungen und Positives, das Sie derzeit erleben. Sie erinnern sich: Worten folgen Taten. Denken, reden, handeln Sie positiv!

GESTALTEN SIE IHR LEBEN REICHER
UND ERFÜLLENDER!
DENKEN SIE POSITIV UND SEIEN SIE EIN GEWINNER!

## Sieger und Verlierer

Wie steht's mit Ihnen? Sind Sie die Kritik in Person? Sind Sie unerbittlich in Ihrem Negativdenken und Ihren Beschwerden?

Oder sind Sie dazu bereit, alles Negative über Bord zu werfen und ein positives Leben zu beginnen?

## VERLIERER

1. Verlierer registrieren und addieren jeden Makel in ihrer Umgebung. Sie sind so mit ihrer Kritik und ihrem Negativdenken beschäftigt, daß ihnen keine Zeit sich zu vergnügen bleibt.

2. Verlierer sind überzeugt davon, daß sowieso alles, was sie anfangen, ein böses Ende nimmt. Unbewußt setzen sie dann auch alles daran, daß sich ihre negative Erwartungshaltung erfüllt – was sie dann auch tut.

3. Verlierer tragen tagein, tagaus »seelische« Felsbrokken mit sich herum. Sie belasten sich mit ungelösten Problemen und Konflikten aus ihrer Vergangenheit, erschweren ihre Gegenwart dadurch, daß sie nur über unschöne Ereignisse ihres Lebens sprechen, und sehen für ihre Zukunft ebenfalls nur Unheil voraus.

## SIEGER

1. Sieger erfreuen sich an allem Schönen, das sie umgibt. Sie genießen auch die kleinen Freuden: eine Blume, die gerade in ihrer Blüte erwacht, den süßen Duft der Luft nach einem Regen.

2. Sieger zeichnen sich durch eine optimistische Erwartungshaltung aus. Bewußt und unbewußt unternehmen sie alles, was in ihrer Kraft steht, um besagte positive Erwartungshaltung wahr werden zu lassen.

3. Gewinner erfreuen sich an den schönen Dingen des Lebens, die ihnen widerfahren. Fehler, die sie in der Vergangenheit gemacht haben, belasten sie nicht – sondern werden als wertvolle Lektionen betrachtet. Von der Zukunft, die vor ihnen liegt, erwarten sie viel Gutes und blicken ihr frohgemut entgegen.

4. Verlierern kann man es nie recht machen. Wenn sie z.B. endlich bekommen, was sie sich immer gewünscht haben, wollen sie es nicht mehr – und wenn sie es dann wieder verlieren, wollen sie es zurück. Dadurch, daß sie immer nur negativ denken, fühlen sie sich ihr Leben lang elend und unglücklich.

4. Sieger konzentrieren ihre Energie darauf, sich an dem, was sie haben, zu erfreuen. Ansonsten lassen sie sich etwas dazu einfallen, wie sie Dinge, die sie gern hätten, aber noch nicht haben, bekommen können.

5. Verlierer gewöhnen sich so sehr daran, nur Negatives zu erleben, daß sie sich selbst dann unwohl fühlen, wenn es eigentlich gar keinen Grund dazu gibt.

5. Sieger machen es sich zur Gewohnheit, alle Probleme, mit denen sie konfrontiert werden, so schnell wie möglich zu lösen und damit alles Negative, dem sie begegnen, auf ein Minimum zu reduzieren. Mehr noch: Sie trachten auch danach, selbst in katastrophalen Situationen noch etwas Gutes zu finden. Sie machen aus allem das Beste.

6. Verlierer üben destruktive Kritik. Sie machen andere Menschen nieder und demütigen sie.

6. Gewinner üben konstruktive Kritik und helfen anderen weiter. Dadurch, daß sie Positives geben, fällt Positives auf sie und ihr Leben zurück.

| VERLIERER | SIEGER |
|---|---|

**7.** Verlierer stehen wie gelähmt vor ihren scheinbar endlosen Problemen. Je mehr sie daran verzweifeln, desto weniger sind sie imstande, ihre vermeintlichen und wirklichen Probleme in den Griff zu kriegen.

**7.** Selbst in tragischsten Situationen gelingt es Siegern, einen kühlen Kopf zu bewahren. Anstatt sich unterkriegen zu lassen, gehen sie noch stärker als zuvor aus solchen Situationen hervor.

**8.** Wenn Verlierer Sorgen haben oder sich über etwas ärgern, verschwenden sie ihre Zeit und ihre Energie darauf, sich über ihr Schicksal – an dem sie anderen die Schuld geben – zu beklagen.

**8.** Wenn ein Sieger verwirrt oder unglücklich ist, setzt er alles daran, seine derzeitige Situation ins Gegenteil zu verkehren. Er weiß, daß es einzig und allein in *seiner* Verantwortung liegt, wie er sein Leben gestaltet.

**9.** Verlierer lieben es, alles zu verneinen. Ihr Wortschatz beschränkt sich auf Aussagen wie »ich *kann nicht, will nicht, sollte nicht, würde nicht*« und Adjektive wie »*schrecklich, langweilig, gräßlich, eigennützig*«. Andere bombardieren sie mit Vorwürfen wie »*weshalb tust du nicht, wieso hast du nicht getan?*«

**9.** Sieger besitzen einen »Staubsauger für die Seele«, mit dessen Hilfe sie sich aller negativen Gedanken und pessimistischen Gefühlen entledigen. Sie sind positiven Erlebnissen gegenüber aufgeschlossen und suchen das Positive, wenn es sich nicht von selbst einstellt. Ihr Wortschatz enthält Wörter und Redewendungen wie »*wunderbar, gut, herzlich, wichtig, aufregend, großartig, ich liebe…*«

# 8. KAPITEL

# Die Kraft des wahrhaft Positiven

*Der Beifall eines einzigen menschlichen Wesens ist von gro-
ßer Bedeutung.*

SAMUEL JOHNSON

Ich habe in sechs Kontinenten gearbeitet und die verschiedensten Menschen behandelt. Zu den Patienten, die mir die
größten Sorgen bereiteten, zählten ein stummes Kind, das
in den Slums im Fernen Osten lebte, und ein autistischer
Teenager, der sich während eines Anfalls selbst ein Auge
ausgekratzt hatte. Was meine normalen, emotional stabilen
Klienten, die mir ihre innersten Geheimnisse anvertrauten,
betrifft, so reichte ihre Skala vom Arbeitslosen bis hin zu
Menschen königlichen Geblüts.

Wenn mich jemand fragen würde, »Dr. Kassorla, was ist
das Heilmittel, mit dem Sie all diesen Menschen helfen?«, so
würde ich ohne zu zögern antworten: »Es ist ein Zauber, der
von einer der Techniken, die ich anwende, ausgeht. Ein
Zauber, der es mir ermöglicht, stumme Menschen zum
Sprechen zu bringen, deprimierte Menschen das Lächeln zu
lehren und unglückliche Ehen neu zu beleben. Der Zauber,
der bei schizophrenen und normalen Menschen gleichermaßen wirksam wird, ist die Kraft des wahrhaft Positiven.«

Wenn Sie sich fragen, ob auch Sie diese Kraft erlangen
können, lassen Sie mich Ihnen eines sagen: *Sie besitzen diese
Kraft bereits.* Sie ist identisch mit der Fähigkeit, andere –
und sich selbst – positiv zu verstärken und aufzubauen. *Wie*
Sie diese Kraft, die Ihnen bereits zu eigen ist, nutzen können, das ist etwas, das ich Ihnen beibringen kann.

# Was ist das wahrhaft Positive?

»Wahrhaft Positives« sind Wörter und Bemerkungen, mit denen Sie andere ermutigen, loben, aufbauen, und zwar solche, *die Sie ehrlich meinen*. Durch solch spontane Positiva gewinnen nicht nur diejenigen, denen sie zugedacht sind, sondern im Endeffekt auch derjenige, der sie ausspricht.

Von anderen unterstützt zu werden, tut gut. Von anderen positiv verstärkt zu werden, tut noch besser. Wichtig ist nur, daß das Lob, das Sie anderen erteilen, von Herzen kommt und *ernstgemeint* ist. Ist ein solches Lob hingegen nur eine leere Phrase, wird es das Gegenteil bewirken: Der Angesprochene wird mißtrauisch werden und annehmen, daß Sie ihn manipulieren und benutzen wollen.

*Ehrlich* gemeintes Lob hingegen wird Sie vertrauenswürdig erscheinen lassen. Mehr noch: Der Angesprochene wird an Selbstachtung gewinnen, weil er sich von Ihnen geschätzt und anerkannt fühlt. Das wiederum wird Ihnen den Umgang mit ihm erleichtern. Gleichgültig, ob Sie Kinder, die Sie erziehen, Ihren Partner, Ihre Familie oder Ihren Arbeitskollegen mit ehrlich gemeinten Positiva unterstützen, das Ergebnis ist dasselbe: Ihre Kommunikation verbessert sich merklich.

Um den Zauber des wahrhaft Positiven so wirksam wie möglich zu machen, sollten Sie sich hüten, auch nur die geringste Anspielung auf eine Kritik in Ihren Worten mitschwingen zu lassen. Nehmen wir z. B. an, daß Sie Ihren Mann schon zigmal gebeten haben, den Müll nach unten zu bringen, aber daß er es immer wieder vergessen hat. Eines Tages aber kommen Sie nach Hause und entdecken, daß er den Abfall in die Mülltonne geleert hat. Und was sagen Sie? »Liebling, ich freu' mich, daß du den Müll fortgebracht hast. *Es war aber auch höchste Zeit* – ich habe dich schon seit Monaten darum gebeten!«

Sie merken es selbst: Dadurch, daß Sie Ihren Mann daran erinnern, wie oft Sie ihn vergebens darum gebeten hatten, verwandeln Sie Ihr Lob in Kritik – oder schmälern es zumindest. Das ist im Grunde genauso, als wenn ich Ihnen einen Dollar schenken – und gleich darauf wieder wegnehmen würde. Wie also reagiert Ihr Mann? Sauer. Weil Sie – selbst wenn Sie ihn loben – immer noch etwas zu benörgeln haben. Wenn etwas Erfreuliches geschieht, verderben Sie es sich – und anderen – nicht dadurch, daß Sie alte Ärgernisse aufwärmen. Freuen Sie sich allein über das Heute.

Für das vorausgegangene Beispiel könnte eine positive Bemerkung Ihrerseits etwa so aussehen: »Liebling, ich seh', daß du den Abfall runtergetragen hast. Das ist wirklich lieb von dir. Danke!« Kurzum: So und nicht anders motivieren Sie Ihren Mann, Ihnen wieder gern zu helfen.

MOTIVIEREN SIE ANDERE DURCH VERBALES LOB.

Und noch etwas: Das Lob, von dem ich hier spreche, muß nicht überschwenglich sein. Eine freundliche Bemerkung kann genauso wirksam sein!

## Versteckte Positiva

Vor vielen Jahren leitete ein Mann namens W. S. Verplanck ein faszinierendes Experiment, bei dem es um die Wirkung des versteckten Lobs, dessen wir uns nicht einmal bewußt sind, ging.

Um zu demonstrieren, daß das menschliche Verhalten sich an Lob, das erteilt wird oder nicht erteilt wird, orientiert, machte Verplanck College-Studenten zu Versuchskaninchen.

Nachdem er festgestellt hatte, wie oft besagte Studenten politische Themen diskutierten, unterhielten sich von Verplanck über das Experiment Informierte im Zwiegespräch mit einzelnen Studenten. Wann immer ihre Unterhaltung auf die Politik kam, hatte der Experimentator Anweisung, sich äußerst interessiert zu zeigen, begeistert am Gespräch teilzunehmen und dem Studenten seine volle Aufmerksamkeit zu widmen.

Sobald andere Themen zur Sprache kamen, hatte der Experimentator Anweisung »abzuschalten«. Ohne allzu augenscheinlich unhöflich zu sein, sollte er aus dem Fenster schauen, seine Fingernägel betrachten oder seinen Blick einfach durchs Zimmer schweifen lassen. Sobald der Student jedoch das politische Thema wieder aufnahm, war der Experimentator wieder voll und ganz bei der Sache.

Am Ende der Studie waren alle Studenten wesentlich mehr als vorher an Politik als Gesprächsthema interessiert. Über Ihre Unterhaltungen mit dem Experimentator befragt, gaben sie allgemein freundliche Antworten wie: »Oh, er war sehr nett; wir haben ein erfreuliches Gespräch gehabt.« Keinem der Studenten war aufgefallen, daß der Experimentator methodisch versucht hatte, nur positive Bemerkungen zu machen und die Konversation in eine bestimmte Richtung zu manipulieren. Und doch hatten sich die Studenten, wie das Ergebnis der Untersuchung zeigte, vom Verhalten des Experimentators deutlich beeinflussen lassen.[22]

## Wirksame psychologische »Waffen«

In meinen eigenen Studien mit Schizophrenen konnte ich ihr bizarres psychotisches Verhalten auf dramatische Art und Weise in ein angemesseneres Verhalten verwandeln, indem ich wirksame psychologische »Waffen«, nämlich wahrhafte Positiva, zur Behandlung einsetzte.

Die Resultate waren so bemerkenswert, daß ein Laie leicht auf die Idee hätte kommen können, ich hätte meinen Patienten eine neue, starke Droge verabreicht. Meine »Droge« war allerdings in den meisten Fällen nur wenig mehr als ein herzliches, fürsorgliches Wort. Wann immer meine schizophrenen Patienten auch nur das geringste Anzeichen eines normalen gesunden Verhaltens zeigten, schenkte ich ihnen meine volle *Aufmerksamkeit* und mein *Lob*... positive Verstärker, um sie zu belohnen.

Wenn ihr Verhalten psychotischer Natur war, ignorierte ich meine Patienten, indem ich mein Gesicht abwandte.[23] Ich handelte nach einer höchst simplen Formel:

Gesundes Verhalten erntete Lob (oder Positiva).

Krankes Verhalten erntete Nichtbeachtung (oder Negativa).

Die Wirkung dieser Formel läßt sich besonders gut am Beispiel eines Patienten, den ich im Springfield-Hospital, einer Institution für Geisteskranke, behandelte, erkennen. Sein Name war Charlie Blake.[24] Der Diagnose nach war er »der am meisten geschädigte Mann in ganz Britannien«.

## Charlie war »Mr. Zero«

Charlie saß den gesamten Tag über in seinem Sessel und tat nichts. Er bewegte sich nicht, sah nur selten auf und hatte seit *dreißig Jahren* nicht ein verständliches Wort von sich gegeben. Einer der Beamten auf der Krankenstation hatte Charlie »Mr. Zero«, Herr Null, getauft. Urteilt man nach Begriffen wie Erfolg und Mißerfolg, konnte man Charlie als »Britanniens erfolglosesten Mann« bezeichnen. Er war gewiß nicht damit beschäftigt, auf irgendeinem Gebiet seines Lebens zu wetteifern oder gar nach den Sternen zu greifen. Charlie war ein ungewöhnliches Beispiel für extremes Versagen – er war ein totaler Verlierer.

Mein Ziel war es, auch nur die geringste Andeutung von Mimik in Charlies Gesicht zu belohnen. Selbst ein Zucken in seinem Gesicht, selbst ein Grunzen würde mir genügen, um ihn positiv zu verstärken und ihn dadurch zu gesünderem Verhalten anzuregen.

Von Therapien, die ich mit autistischen Kindern unternommen hatte, wußte ich, daß eine Veränderung von Charlies Verhalten einen langwierigen Kampf bedeuten würde; denn jedwedes normale Verhalten konnte ich nur Schritt für Schritt durch stetige positive Verstärkung erreichen.

Auch als ich mit stummen Kindern arbeitete, hatte ich mich in viel Geduld üben und jedes Murmeln, jeden Ton, den sie von sich gaben, wieder und wieder loben müssen, bis sie ein gesünderes sprachliches Verhalten an den Tag legten. Aber meine Mühe hatte sich gelohnt; es war mir gelungen, sie zu normalem Sprechen zu bringen.

# Die grausamste Strafe

Wenn Charlie sich stumm oder sonstwie bizarr zeigte, wandte ich mich zehn Sekunden lang von ihm ab. Und das, so möchte ich betonen, war die härteste und grausamste Strafe, die ich ihm je zukommen ließ: ihn zu ignorieren. Ich habe ihn nie angebrüllt und bin nie wütend auf ihn geworden, und es versteht sich wohl von selbst, daß ich ihn nie geschlagen habe oder unfreundlich zu ihm war.

Am Ende des einunddreißigsten Tages des Experiments sprach Charlie nicht nur, sondern er las mir laut aus Tageszeitungen und Zeitschriften vor und beantwortete Fragen, die ich ihm stellte, meistens zu mehr als neunzig Prozent richtig. Kraftvolle Positiva, wie »Gut, Herr Blake« oder »Ich mag den Ton, den Sie von sich geben«, hatten Charlie und mir zu diesem Erfolg verholfen.

DIE KRAFT DES WAHRHAFT POSITIVEN
WIRKT TATSÄCHLICH WUNDER.

In den Jahren, die ich als Therapeutin gearbeitet habe, ist mir eines besonders bewußt geworden: Große Dosen echter Gefühle von Herzenswärme und Ehrlichkeit, gepaart mit positiver Verstärkung, bauen Menschen auf. Sie schaffen eine Atmosphäre, die dermaßen mit Bejahung und Bestätigung angereichert ist, daß selbst ein Mensch, der 30 Jahre lang emotional tot war, dazu motiviert werden kann, zuzuhören, zu lernen, an sich zu arbeiten, sich zu verändern.

Und jetzt überlegen Sie einmal, *was Sie alles erreichen könnten*, wenn Sie damit beginnen würden, positive Verstärker in *Ihr* Leben einzubeziehen! Ob es darum geht, Ihr Kind zum Lernen zu motivieren, Ihren Partner zu mehr Zärtlichkeit zu bringen, Ihrem Chef klarzumachen, daß Sie eine Gehaltserhöhung brauchen, Ihre Eltern und Freunde dazu anzuhalten, Sie mehr zu achten und zu schätzen ... das alles und mehr können Sie durch wahrhaft positive Verstärker mühelos erzielen. Suchen Sie das Positive im anderen – und belohnen Sie es.

# Klopfen Sie sich selbst auf die Schulter

Jetzt, da Sie beginnen, sich mit der Kraft des wahrhaft Positiven anzufreunden, möchte ich Ihnen noch nahelegen, einen Menschen in Ihrem Leben, *der Ihre Bejahung und Ihre Bestätigung* wie alle anderen Menschen dringend braucht, nicht zu vergessen.

### DIESER MENSCH SIND SIE.

Positive Verstärker wirken nämlich nicht nur Wunder, wenn Sie sie auf *andere* Menschen anwenden, sie helfen auch *Ihnen*, wenn Sie sich selbst damit unterstützen.

### POSITIVE VERSTÄRKER BAUEN AUF; DESTRUKTIVE KRITIK TÖTET.

Erinnern Sie sich an diesen Satz, wenn Sie mit Ihrer Selbstkritik beginnen. Veränderung beginnt mit Bestätigung, sie beginnt damit, *daß Sie nett zu sich selbst sind.* Wenn Sie neue Verhaltensmuster oder neue Fertigkeiten entwickeln wollen, seien Sie freundlich zu sich selbst. Je mehr Sie sich selbst mögen, desto schneller wird es Ihnen gelingen, sich so zu verhalten, wie Sie sich verhalten möchten. Mit anderen Worten: Beschränken Sie Ihre positive Einstellung nicht auf andere.

### KLOPFEN SIE SICH SELBST AUF DIE SCHULTER!

Mehr noch: Seien Sie besonders nett zu sich selbst, wenn Sie sich bei einem Fehler ertappt haben oder wenn Ihnen irgend etwas, was Sie vorhatten, mißlungen ist. Ich kann es Ihnen gar nicht oft genug sagen: *Allein der Versuch, den Sie unternommen haben, ist schon ein (Eigen-)Lob wert.* Eine Selbstbestrafung hingegen, die Sie bei einem Mißerfolg vornehmen, wird, anstatt Ihnen zu helfen, lediglich jeden weiteren Fortschritt erschweren.

Negativa bringen Sie nicht weiter, sondern hemmen Sie nur immer mehr. Negativa zerstören jegliche Motivation, die Positiva errichtet haben. Bedenken Sie sich also selbst mit positiven Verstärkern, und gehen Sie nicht zu geizig damit um. Und vergessen Sie nicht, sich für jeden Fortschritt, den Sie gemacht haben, bevor Ihnen ein Fehler unterlaufen ist, selbst zu loben!

Klopfen Sie sich ruhig dafür auf die Schulter, daß Sie zur Zigarette greifen, obwohl Sie das Rauchen aufgegeben haben. Ohne sich darüber klar zu sein, haben Sie die Zigarette, die Ihnen angeboten wurde, genommen. Kein Wunder – Sie waren schließlich mit einem Problem an Ihrem Arbeitsplatz beschäftigt. Und ehe Sie sich auch nur versahen, hatten Sie die Zigarette schon angezündet und bis auf den letzten Zug aufgeraucht.

### HÖREN SIE AUF, SICH SELBST ZU TADELN!

Einnern Sie sich daran, daß Sie schon einmal das Rauchen aufgegeben haben – und daß Sie es auch ein zweites Mal schaffen. Klopfen Sie sich allein dafür auf die Schulter, daß Sie zu rauchen aufhören *wollen* und daß Sie es immerhin schon eine Zeitlang durchgehalten haben, nichts zu rauchen. Klopfen Sie sich dafür auf die Schulter, daß Sie das Rauchen so schnell wie möglich erneut aufgeben. Es ist Ihnen einmal gelungen, also gelingt es Ihnen auch ein zweites Mal!

Stimmt: Wenn man versagt hat, ist es nicht einfach, sich auf die Schulter zu klopfen. TUN SIE'S TROTZDEM! Negativ sein ist selbstzerstörerisch, weil es sämtliche Motivation tötet und damit die Fähigkeit, sich zu verändern, im Keim erstickt.

Angenommen, Sie nehmen sich vor, Gymnastik zu machen. Sie sind wild entschlossen, fit zu werden. Prompt planen Sie, am nächsten Morgen früh aufzustehen, um mit dem Körpertraining zu beginnen.

Als am nächsten Morgen der Wecker klingelt, sind Sie so müde, daß Sie einfach noch zehn Minuten schlafen *müssen*. Zehn Minuten später entschließen Sie sich dazu, weitere zehn Minuten zu schlafen. Das Spielchen spielen Sie dann so lange weiter, bis Ihnen nach dem Aufstehen gerade noch genügend Zeit für eine schnelle Dusche bleibt, bevor Sie zur Arbeit hetzen müssen.

Selbst wenn es Ihnen zwei Wochen lang jeden Morgen so ergeht – lassen Sie sich nicht entmutigen. Allein dafür, daß

Sie den Wecker am Abend zuvor in der guten Absicht, am nächsten Morgen früh aufzustehen, aufgestellt haben...

### KLOPFEN SIE SICH SELBST AUF DIE SCHULTER!

Haben Sie Geduld mit sich selbst, und sagen Sie sich immer wieder: »Bald werde ich wirklich früh aufstehen und mein Fitneßprogramm beginnen.« Und genau das werden Sie auch tun, wenn Sie *herzlich* zu sich selbst sind. Veränderungen vorzunehmen ist ein schwieriges Unterfangen, aber Sie können es sich selbst erleichtern, indem Sie Ihr Fehlverhalten ignorieren und indem Sie aufhören, sich selbst zu tadeln. Kurzum: Indem Sie sich selbst gegenüber so verhalten, wie ich mich Charlie Blake gegenüber verhalten habe. Merken Sie sich:

### NEGATIVE VERSTÄRKER BRINGEN VERLIERER HERVOR; POSITIVE VERSTÄRKER VERHELFEN ZUM ERFOLG.

Wenn Sie etwas Neues ausprobieren und es anfangs von zwanzigmal nur einmal klappt – das ist in Ordnung! Machen Sie weiter so! Je mehr Mut Sie sich selbst zusprechen, desto schneller werden Sie zum Erfolg gelangen. Je weniger Sie sich unterkriegen lassen, desto stärker wird Ihre Motivation sein, neue Fähigkeiten zu erlernen.


# Bestraft werden wollen

Jeder von uns möchte von Menschen, die ihm wichtig sind, anerkannt und geschätzt werden. Diese Menschen wiederum brauchen *unsere* Aufmerksamkeit und Bestätigung, und ebenso wie wir, werden sie alles daransetzen, sie zu erlangen.

Gerade deshalb ist es bestürzend festzustellen, daß die meisten von uns gerade die Dinge in anderen verstärken, die sie am meisten irritieren. Daß sie hauptsächlich negativen Verhaltensmustern ihre Aufmerksamkeit schenken.

Kritik und Klagen sind nämlich ebenso Formen von Aufmerksamkeit, wie es ein anerkennendes Lächeln und ein Lob sind. Sie *alle* besitzen die Kraft, unser Verhalten zu beeinflussen. Mehr noch: Obwohl sich alle Menschen nach Wärme und Zuneigung sehnen, nehmen viele von ihnen, wenn sie ihnen versagt bleiben, sogar körperliche Züchtigungen in Kauf. Und das nach dem Motto: Lieber werde ich überhaupt bemerkt – und notfalls geschlagen –, als daß ich übersehen sein möchte.

Ein Experiment, das mir zu Studienzeiten zu Ohren kam, beeindruckt mich noch heute. Die Wissenschaftler, die es unternahmen, wollten untersuchen, welche Bedeutung der Mangel an Stimulationen und zwischenmenschlichen Beziehungen auf eine Gruppe ganz normaler Menschen hat. Die Testpersonen wurden in sargähnlichen Kammern isoliert und in regelmäßigen Intervallen nach ihren Gedanken und Wünschen, die sie dort hatten, befragt. Anfangs erklärten alle übereinstimmend, daß sie sich wohl fühlten. Einige von ihnen meinten, es sei herrlich, dafür bezahlt zu werden, sich nach Herzenslust ausruhen und schlafen zu dürfen. Andere erklärten, sie genössen es, mit ihren Phantasien über erfreuliche Ereignisse, gute Mahlzeiten oder Sex, allein zu sein.

Je mehr Stunden jedoch verstrichen, desto häufiger wurden die Klagen über körperliches Unwohlsein, Einsamkeit und Isolation. Gegen Ende des Experiments erklärte jede der Versuchspersonen, daß sich ihr ganzes Denken nur noch darum drehte, auf *irgendeine* Form von äußerlicher Stimulation zu hoffen. Einige von ihnen gingen sogar so weit zu sagen, sie würden es begrüßen, gestoßen oder geschlagen zu werden, weil sie sich nach nichts mehr sehnten als nach Körperkontakt und Aufmerksamkeit. Sie waren bereit, fast alles zu ertragen, nur eines nicht: ignoriert zu werden.

Erstaunlicherweise erklären mir auch viele Eltern, die mich wegen ihrer »unerzogenen« Kinder konsultieren, daß sie den Eindruck haben, ihre Sprößlinge würden »Prügel« geradezu herausfordern. Es wäre wirklich interessant, einmal zu untersuchen, wie oft diese Eltern ihre Kinder liebevoll umarmen oder mit ihnen schmusen. Wenn sie es nur selten tun, könnte Prügelbeziehen wirklich die einzige Möglichkeit für diese Kinder sein, mit ihren Eltern in Hautkontakt zu kommen.

Die Menschen sind nun einmal so, daß sie alles tun, was in ihrer Macht steht, um die Aufmerksamkeit, die sie brauchen, zu erlangen. Wenn ein Übermaß an Aufmerksamkeit dafür geboten wird, daß jemand talentiert, brillant und dynamisch ist, so ist das hervorragend. Wofür sonst gibt man sich die Mühe? Wenn aber die einzige Möglichkeit, von anderen umsorgt und wahrgenommen zu werden, darin besteht, daß man sich bizarr und unmöglich verhält, wird man sich eben schwierig geben.

## WEM WIDMEN SIE IHRE AUFMERKSAMKEIT UND WOFÜR?

Zu viele von uns leben Tag für Tag mit Menschen zusammen, denen wir unbewußt unsere volle Aufmerksamkeit immer dann widmen, wenn sie sich so verhalten, wie wir es *am meisten hassen*. Eltern neigen beispielsweise dazu, ihre Kinder kaum zu beachten, solange sie sich ruhig und brav verhalten. Sobald die Kleinen »quietschen und Unfug machen« sind sie plötzlich für sie vorhanden. Wir sind uns offensichtlich nicht klar darüber, daß *unsere* Art, Positives zu ignorieren und Negatives aufzublasen, verantwortlich dafür ist, wie andere sich uns gegenüber verhalten. Wenn wir nur auf Negatives reagieren, fordern wir negative Verhaltensweisen heraus – weil nur sie es sind, die anderen unsere Aufmerksamkeit garantieren. Aber naiv, wie wir in der Erschaffung unseres eigenen Unglücklichseins sind, bilden wir uns auch noch ein, daß andere uns ärgern oder weh tun wollen. Daß wir sie geradezu dazu treiben, davon wollen wir nichts wissen. Beispiele dafür gibt es mehr als genug.

Nehmen wir die übergewichtige Frau, die sich immer darüber aufregt, daß ihr Ehemann ihr Eiscreme mitbringt. Was sie nicht weiß, ist, daß sie ihm immer nur dann ein Lächeln gönnt, wenn er ihr Süßigkeiten schenkt. Folglich verstärkt sie ihn unbewußt darin, ihr dazu zu verhelfen, übergewichtig und unförmig zu bleiben.

Ein anderes Beispiel ist der Ehemann, der sich darüber mokiert, daß seine Frau frigide sei, weil sie nur höchst selten Interesse an Sex mit ihm zeigt. Was er nicht realisiert, ist, daß er sich kaum für sie interessiert oder versucht, sie zu umarmen – es sei denn, sie sagt »nein«. Er begreift nicht, daß sie ihn mit ihrem »Nein« dazu bekommen möchte, sie zu umarmen.

# Hüten Sie sich vor dem Saboteur

Fühlen Sie sich jetzt schuldig und denken: »Okay, Frau Dr. Kassorla, Sie haben mich überzeugt. Ich zäum' das Pferd von hinten auf. Wenn meine Kinder Unfug machen, erklär' ich ihnen stundenlang, wie sehr ich mich darüber ärgere, und wenn sie brav sind, beachte ich sie nicht... sondern telefoniere mit Freunden. Ich nehme an, daß das die negativen Verstärker sind, von denen Sie erzählt haben. *Ich bin also der schuldige Saboteur!* Ich geb' es zu. Es ist meine Schuld, daß meine Kinder mir den Nerv töten, weil ich sie eben hauptsächlich dann, wenn ich an ihnen herumnörgele, beachte. Dabei wollte ich gar nichts falsch machen. Ich wollte ihnen durch meine Kritik nur zu verstehen geben, was *richtig* ist. Daß ich sie auf diese Art und Weise allerdings dazu treibe, eine Idiotie nach der anderen zu begehen, das habe ich wirklich nicht gewußt...«

ICH *GLAUBE* IHNEN.
ALSO HÖREN SIE AUF DAMIT,
SICH SCHULDIG ZU FÜHLEN.

Anstatt gesunde Beziehungen aufzubauen, verfolgen die meisten von uns das Ziel, in ihren Beziehungen das zu tun, was *richtig* ist.

UNSERE ABSICHTEN SIND GROSSARTIG...
ABER UNSERE TATEN SIND ES NICHT!

Nur wenige von uns reagieren mit *spontanen* Positiva, wenn jemand uns eine Freude gemacht hat oder sonst was unternommen hat, worüber wir uns freuen. Dafür haben wir meistens auch noch einen »guten« Grund: »Ich brauche nichts zu sagen. Sie *wissen bereits*, wie sehr ich sie liebe und schätze. Man muß es ja nicht *übertreiben*.«
UNSINN! Sie wissen es *nicht*. SAGEN SIE ES IHNEN! Wenn Sie mit Lob geizen, kann es nämlich durchaus passieren, daß die anderen Ihnen tatsächlich bald keinen Grund mehr geben, Sie zu loben. Gehen Sie großzügig mit positiven Verstärkern um. SIE KÖNNEN ES GAR NICHT ÜBERTREIBEN.
Wenn Sie entdecken, *daß Sie der Saboteur sind*, der für Ihre Probleme verantwortlich zeichnet, »klopfen Sie sich

selbst auf die Schulter«. Wann immer Ihnen klar wird, daß Sie eine Kommunikation sabotiert haben, daß Sie etwas unterlassen oder einen Fehler gemacht haben – dann ist der Zeitpunkt gekommen, die Mühe, die Sie sich gemacht haben, es »richtig« zu machen, anzuerkennen.

Glauben Sie an Ihre Aufrichtigkeit und an das Gute in Ihnen. Sie haben nichts anderes *gelernt*, als sich selbst zu sabotieren, auch wenn Sie sich dessen nicht bewußt sind.

Jetzt aber können Sie *bewußt lernen*, Ihrer Eigensabotage Einhalt zu gebieten. Indem Sie freundlich zu sich selbst sind. Wenn Sie sich nämlich für Ihr(e) Fehlverhalten schelten, aktivieren Sie wieder nur Negatives, klar?


## Seien Sie sich selbst ein liebendes Elternpaar

Um sich jetzt zu verändern, brauchen Sie Eltern, die Ihnen dabei helfen. Oder genauer: einen Menschen, der Sie nicht richtet, sondern der Sie bedingungslos akzeptiert. Es gibt nur einen einzigen Menschen auf der Welt, der qualifiziert dazu ist, diese Position einzunehmen.

DIESER MENSCH SIND SIE.

Sie sind am besten dazu geeignet, diese Aufgabe zu übernehmen. Also übernehmen Sie sie.

Und fangen Sie damit an, sich die Verhaltensmuster von Gewinnern anzueignen. Stellen Sie sich vor, Sie seien Ihr eigenes liebendes Elternpaar, während Sie sich mit folgendem Problem herumschlagen: Sie haben sich vorgenommen, nicht mehr zu fluchen. Doch obwohl Sie schon ein Jahr lang mit dem Fluchen aufhören wollen, schaffen Sie es einfach nicht. Jedesmal, wenn Ihnen ein Schimpfwort entfährt, packt Sie die Wut, und Sie schimpfen vor sich hin: »Ich komme mir so lächerlich vor. Ich kann es einfach nicht glauben, daß ich schon wieder geflucht habe, obwohl ich mir schon zigmal geschworen habe, daß ich *endgültig* damit aufhöre! Ich komme mir wie ein Idiot vor, weil ich es einfach nicht fertigbringe, mit dieser verflixten Gewohnheit zu brechen!«

Denn es sind genau diese grausamen Formulierungen, die Sie daran hindern, das Fluchen endgültig aufzugeben. Versuchen Sie es statt dessen einmal anders. Lassen Sie sich lieber von einem Menschen, der Sie liebt – nämlich Sie selbst –, dafür loben, daß Sie sich vorgenommen haben, mit dem Fluchen aufzuhören. Und seien Sie nicht so ungeduldig mit sich selbst: Solch festgefahrenes Sprachverhalten zu verändern ist schwierig und erfordert Zeit.

Allein dafür, daß Sie sich selbst beim Fluchen ertappen und dafür, daß Sie es einstellen wollen, sollten Sie sich selbst auf die Schulter klopfen. Und anstatt sich einen Esel zu nennen, sollten Sie sich lieber folgendes sagen: »Sobald ich kann, werde ich damit aufhören, Schimpfwörter zu benutzen. Und dann werde ich das, was ich gerade gesagt habe, auf folgende Weise ausdrücken...«

Kurzum: Verschwenden Sie nicht Ihre Energie darauf, sich zu schelten. Sondern nutzen Sie Ihre Energie dazu, sich zu überlegen, wie Sie – in dem Satz, über den Sie sich geärgert haben – auch ohne Schimpfwörter auskommen können.

Wenn Sie mit einer alten Gewohnheit brechen, wird das Ihren Freunden und Ihrer Familie nicht verborgen bleiben. Höchstwahrscheinlich werden sie Sie heimlich dafür bewundern, daß Sie soviel Kraft aufbringen, aber ebenso höchstwahrscheinlich wird Ihnen niemand seine Bewunderung offen aussprechen. Und das nicht etwa, weil sie es nicht wollen, sondern ganz einfach deshalb, weil sie es nicht können. Weil ihnen die Geschicklichkeit, Sie verbal zu unterstützen, fehlt.

Folglich ist es wichtig, daß *Sie* sich wenigstens die Mühe machen, *sich selbst* zu loben. Sprechen Sie Ihr Eigenlob ruhig aus. Und wenn Sie sich selbst wieder beim Fluchen ertappen, korrigieren Sie sich selbst. Und dann klopfen Sie sich selbst auf die Schulter und sagen: »Weiter so! Gut, daß mir aufgefallen ist, daß ich wieder ein Schimpfwort benutzt habe. Ich werd's schon schaffen, mit der Flucherei aufzuhören, denn den Anfang dazu habe ich immerhin schon gemacht.«

Und noch einmal: Dadurch, daß Sie sich für Fehler, die Ihnen unterlaufen, selbst niedermachen, ändern Sie Ihr Verhalten nicht. Dadurch, daß Sie sich selbst positiv verstärken, ändern Sie es hingegen sehr wohl.

*»Ich habe eine Alltagsreligion, die mir wirklich hilft: Liebe dich selbst, und schon läuft auch alles andere. Man muß sich selbst lieben, wenn man irgend etwas in dieser Welt erreichen möchte.«*

LUCILLE BALL
*Los Angeles Herald Examiner*

Indem Sie sich meine Philosophie, die ich Ihnen soeben dargelegt habe, zu eigen machen, können Sie mit jeder Gewohnheit, mit der Sie brechen möchten, brechen. Sie können damit aufhören, zuviel zu essen, zuviel zu trinken ... wenn Sie sich nur immer dann, wenn Sie sich selbst bei einem »Rückfall« ertappen, ganz schnell dafür loben und auf die Schulter klopfen, *daß* Sie sich ertappt haben. Sie müssen das Wild erst SEHEN, bevor Sie es erlegen können, und Sie müssen Ihr Verhalten erst ERKENNEN, bevor Sie es verändern können.

Wenn Sie sich selbst freundlicher behandeln, hat das übrigens noch einen weiteren Vorteil: Auch andere werden freundlicher zu Ihnen sein. Nach und nach werden sie Ihr Verhalten imitieren und Ihnen ebenfalls positive Verstärker zukommen lassen. Dadurch, daß Sie nett zu sich selber sind, werden Ihre alten Gewohnheiten verschwunden sein, noch ehe Sie's recht bemerken.

### SCHENKEN SIE SICH MEHR SELBSTVERTRAUEN.

Dadurch, daß Sie sich selbst zu achten beginnen, wird es Ihnen leichter fallen, sich selbst zu lieben, und auch Ihr Selbstrespekt wird sich steigern. Dadurch, daß Sie sich selbst würdevoller behandeln, werden Sie automatisch auch anderen Menschen mehr Achtung entgegenbringen.

Damit Sie das, was Sie in diesem Kapitel gelernt haben, auch wirklich begreifen, sollen Sie sich folgende Sätze Tag für Tag ins Gedächtnis rufen:

LOBEN SIE SICH AUCH FÜR DIE KLEINSTE MÜHE, DIE SIE
SICH – UM IHR VERHALTEN ZU ÄNDERN – GEBEN.
NUTZEN SIE DIE KRAFT DES POSITIVEN!
ZEIGEN SIE SICH SELBST – UND ANDEREN GEGENÜBER –
POSITIV.
POSITIVES DENKEN UND HANDELN FÜHRT ZU ERFOLG!

## Sieger und Verlierer

In diesem Kapitel haben wir erforscht, wie Sie sich selbst
und andere positiv beeinflussen können. Hier finden Sie
noch einmal die Essenz des Ganzen.

| VERLIERER | SIEGER |
|---|---|
| 1. Verlierer ignorieren das positive Verhalten anderer und konzentrieren sich statt dessen auf die Dinge, die sie an anderen irritieren. Die Veränderungen, nach denen sie sich sehnen, haben kaum eine Chance stattzufinden, weil Verlierer jegliche positive Ansätze, die sich zeigen, wieder zunichte machen. | 1. Wenn jemand etwas gesagt oder getan hat, was ihren Zuspruch findet, sind Sieger spontan zu einem Lob bereit. Sobald sie merken, daß sich jemand auch nur die geringste Mühe gibt, bauen sie ihn positiv auf. Sie wissen, daß sie mit positiven Verstärkern, die sie anderen zukommen lassen, unendlich viel erreichen können. |

2. Selbst wenn Verlierer sich dazu hinreißen lassen, andere zu loben, schmälern sie dieses Lob wieder, indem sie einen negativen Nachsatz bringen. Folglich verärgert ihr Lob – anstatt aufzubauen und Freude zu bereiten.

2. Sieger motivieren ihre Mitmenschen, indem sie sie mit ehrlichem Lob – ohne jeden negativen Beigeschmack – bedenken. Kurzum: Sie reiben anderen nicht unter die Nase, worüber sie sich gestern geärgert haben, sondern sie leben im Heute und genießen es.

3. Verlierer ertragen es nicht, daß Lern- und Veränderungsprozesse ihre Zeit brauchen. Sie entmutigen sich selbst und töten jede Motivation, indem sie sich selbst Dinge wie »Du machst einen Narren aus dir« oder »Wie lange kannst du nur zu diesem oder jenem brauchen« vorwerfen.

3. Sieger erleichtern sich Lern- und Veränderungsprozesse, indem sie sich immer wieder selbst aufbauen. Sie loben sich für den kleinsten Erfolg oder auch nur für den Versuch, den sie gewagt haben, um das eine oder andere ihrer Ziele zu erreichen.

4. Verlierer stärken in anderen hauptsächlich das Verhalten, das sie an ihnen stört. Das tun sie, indem sie alles, was sie irritiert, besonders beachten und besagtes Verhalten mit Beschimpfungen, Klagen oder gar körperlicher Gewalt bestrafen.

4. Sieger neigen dazu, Verhaltensweisen, die sie nicht mögen, zu ignorieren. Sie bestrafen ein Kind beispielsweise nicht, sondern lenken ihre Aufmerksamkeit auf positive Dinge, die das Kind tut. Weiterhin ermutigen sie es zu positivem Verhalten und helfen ihm dabei, es zu erlangen. Wie das, was sie von dem Kind erwarten, aussieht, erklären sie ihm verständlich und liebevoll.

**5.** Verlierern fällt es schwer, sich zu verändern, weil sie sich allein dadurch, daß sie sich ihre Fehler immer wieder vorwerfen, blockieren. Sie suchen geradezu nach Fehlern, anstatt nach Positivem Ausschau zu halten. Irgendwann sind sie dann soweit, daß sie sich vor jedem Versuch, ihr Leben zu verändern, fürchten, weil sie damit rechnen, mal wieder – wie immer – alles falsch zu machen.

**5.** Wenn Siegern ein Fehler unterläuft, lassen sie sich nicht entmutigen, sondern klopfen sich dafür auf die Schulter, daß sie den *Versuch* gewagt haben. Dann *betrachten* sie, wie es zu diesem Fehler oder Mißerfolg kommen konnte, damit er ihnen nicht noch einmal unterläuft. Ansonsten freuen sie sich über jeden Fortschritt, den sie, bevor sich besagter Fehler eingeschlichen hat, gemacht haben. Auf diese Art und Weise sprechen sie sich selbst Mut zu, es erneut – oder weiter – zu versuchen.

# 9. KAPITEL

# Sind Sie ein Motivations-Killer?

*Wenn du ein Lied hörst, das dich ergreift, lobe, wer auch immer es gesungen hat. Laß den Sänger nicht zu lang auf den Applaus, den er verdient hat, warten. Weshalb sollte jemand, der dein Herz berührt, die Freude um dieses Wissen missen?*

DANIEL WEBSTER HOYT

Was ist ein Motivations-Killer, und woran erkennt man ihn, wenn man ihn trifft? Sind Sie vielleicht einer?

Sind Motivations-Killer sich dessen, was sie tun, bewußt? Planen sie schon beim Aufwachen, tagsüber aus ihren Kindern, Partnern, Familienangehörigen oder Arbeitnehmern emotionales Hackfleisch zu machen?

Natürlich nicht!

Motivations-Killer sind Menschen, die es gut mit anderen meinen. Ganz wie Sie und ich haben sie keine Ahnung davon, daß sie andere beleidigen oder ihnen gar weh tun. Im Gegenteil: genau das wollen sie nicht.

Aus ihrer Sicht versuchen sie lediglich, anderen zu helfen. Oft sind sie sogar überzeugt davon, daß sie denjenigen, dessen Ego sie demolieren, ermutigen und daß sie ihm sogar *helfen*. Es käme ihnen nicht in den Sinn, auch nur im Traum anzunehmen, daß sie andere niedermachen, anstatt sie aufzubauen. Mehr noch, daß sie das Verhalten, das sie eigentlich fördern wollen, schon im Keim ersticken.

Aus diesem Grund habe ich Motivations-Killer »die ewigen Verlierer« getauft. Weil sie den Konsequenzen ihres Verhaltens gegenüber völlig blind sind, kann ihnen einfach nicht geholfen werden.

Wenn Sie zu den Siegern zählen wollen, verwerfen Sie den Gedanken, es im »Alleingang« schaffen zu müssen. Ob es sich um private oder berufliche Ziele handelt, an irgendeinem Punkt werden Sie immer auf die Hilfe anderer angewiesen sein.

Im vorhergehenden Kapitel habe ich Ihnen aufgezeigt, daß positive Verstärker Wunder wirken können. Großzügig und ehrlich angewandt, dienen sie Ihnen dazu, in anderen das Verhalten, das Sie von ihnen erwarten, hervorzubringen. In diesem Kapitel betrachten wir Motivation von einer anderen Seite. Hier erfahren Sie, auf welche Art und Weise Sie die Motivation anderer, Ihnen zu helfen, oft unbewußt *untergraben*. Wie Sie, ohne es auch nur im geringsten zu wollen, in anderen das Gegenteil von dem erreichen, was Sie eigentlich erreichen wollen. Sobald Sie sich dessen *bewußt* sind, können Sie – falls Sie einer sind – damit aufhören, ein Motivations-Killer zu sein.

## Die Angelegenheit umdrehen

In dem Bestreben, andere dazu zu bekommen, das zu tun, was man von ihnen will, wenden viele Menschen negative Mittel wie pausenloses Drängeln, Quengeln und Strafe an. Meistens erzielen sie damit jedoch exakt das Gegenteil von dem, was sie eigentlich erzielen wollen. Kurzum: So gut und ehrenhaft ihre Vorsätze auch sein mögen, die Mittel, mit denen sie andere beeinflussen wollen, sind es nicht.

Wie ich schon sagte, war die größte Strafe, mit der ich je einen meiner psychotischen Patienten belegt habe, ihn ganz einfach zu ignorieren, wenn er etwas tat, was mir nicht paßte. Und wenn ich mich – was nur selten geschah — überhaupt zu einem Kommentar hinreißen ließ, so beschränkte er sich auf ein Wort, wie beispielsweise »langweilig« – wie in Herrn Sinclairs Fall.

Um es noch einmal ganz deutlich zu sagen: *Jede* Art von Bestrafung ist destruktiv – es sei denn, daß es sich um eine minimale Bestrafung, die in Unmengen von Lob und positiven Verstärkern eingebaut ist, handelt.

Als ich noch studierte, beobachtete ein Wissenschaftler der Rand Corporation meine Arbeit mit autistischen Kindern. Er zählte, wie oft ich mit positiven Verstärkern (Lächeln, Lob, Zuneigung) arbeitete und wie oft ich zu Bestrafung (mich von dem Kind abzuwenden und es zu ignorieren) griff. Das Ergebnis war, daß 150 positive Verstärker auf fünf »Bestrafungen« pro Stunde kamen... und daß das Kind sprechen lernte.

Auch bei meiner Arbeit mit straffällig gewordenen Teenagern habe ich beobachten können, daß die Eltern der Jugendlichen ihren Kindern gegenüber ein äußerst negatives Verhalten an den Tag gelegt hatten. Wenn man sie miteinander beobachtete, konnte man 150 negative Reaktionen auf fünf oder weniger positive Reaktionen feststellen. Dadurch, daß sie andauernd mit Kritik und Klagen konfrontiert wurden, war in den Jugendlichen das Gefühl entstanden, es so oder so nie »recht machen« zu können. Welch destruktive Resultate ein solches Verhalten erzielt, ist durch die Tatsache untermauert, daß jugendliche Straffällige zumeist in den Elternhäusern zu finden sind, wo emotionale (und/oder körperliche) Bestrafung an der Tagesordnung ist.

## Das Zerstören individueller Antriebskraft

Mit negativen Reaktionen, auf sich selbst oder auf andere, erreichen Sie das Gegenteil von dem, was Sie erreichen wollen. Im Gegenteil: Alles, was Sie damit bewirken, ist eine Unzahl neuer Probleme, wie beispielsweise Depressionen, Rebellion und im Extrem gar Kriminalität.

Ein Übermaß von Kritik kann denjenigen, der sie empfängt, in Depressionen verfallen lassen, die seine Aktivität voll und ganz zunichte machen. Negativität kann so entkräftend wirken, daß für die Vitalität eines Menschen und seine Antriebskraft zu leben und zu arbeiten kein Platz mehr ist. Ein Mensch, der seiner Motivation beraubt ist, wird sich sagen: »Es lohnt sich nicht, dieses oder jenes zu tun, ich werde ja doch nur beschimpft oder bestraft. Alles, was ich tue oder sage, ist falsch. Mal ist es zuviel, mal zuwenig – ich kann es niemandem recht machen. Also kann ich auch gleich gar nichts tun. Je weniger ich mich exponiere, desto geringer ist die Gefahr, von anderen eins auf die Nase zu kriegen.«

Andauerndes Bestrafen zieht sogar oft neben seelischen Problemen auch noch körperliche Beschwerden nach sich: Asthma, Colitis, Geschwüre, Kopfschmerzen, Rückenschmerzen, Akne, Hämorrhoiden, Virenerkrankungen und totale Erschöpfung.

In der Praxis ist es so, daß selbst eine normale Erkältung ihren Ursprung oft in seelischen Problemen beruflicher oder privater Natur hat. In einer Eltern-Kind-Beziehung beispielsweise, die auf Zwang, negativen Aktionen-Reaktionen, Schuldzuteilung und knallharter Disziplin beruht, lassen sich häufig körperliche Reaktionen feststellen. An irgendeinem Punkt weiß sich das verängstigte Kind keinen anderen Ausweg als den, sich in eine körperliche Krankheit zu flüchten, um damit der üblichen Be- oder Mißhandlung zu entkommen und Mitleid – das oft mit Zuneigung verwechselt wird – zu bekommen.

Zu viele Menschen ignorieren alte Sprichwörter wie »Mit Honig fängt man Fliegen« und flößen einander statt dessen emotionalen Essig ein.

### WIE STEHT'S MIT IHNEN?
### QUENGELN, KLAGEN, KRITISIEREN SIE GERN?

Und fühlen Sie sich dann und wann im Regen stehengelassen oder ungeliebt, weil Ihnen jemand, der Ihnen nahesteht, die Hilfe, um die Sie ihn bitten, verweigert? Wenn das so ist, sollten Sie sich einmal Gedanken darüber machen, wie Sie die Bitten, die Sie haben, äußern.

Wenn der Gefallen, um den Sie gebeten haben, Ihnen nicht sofort getan wird, quengeln und drängeln Sie dann? Glauben Sie wirklich, daß Sie dadurch, daß Sie andere nerven, zum Ziel kommen? Sie wissen es bereits... das Gegenteil ist der Fall:

### SIE *TÖTEN* JEDE MOTIVATION!

Reden zu schwingen und zu sticheln ist alles andere, als die Art und Weise, mit der Sie die Hilfe, um die Sie gebeten haben, erlangen. Anstatt die Kooperation zu fördern, fordern Sie höchstens einen Streit damit heraus. Beschimpfungen und Bestrafungen sind höchst selten dazu angetan, jemanden zu irgend etwas zu bewegen, geschweige denn, ihm die erwarteten Resultate abzuverlangen.

*»Nichts existiert, ohne daß es eine Wirkung zeigt.«*

SPINOZA

Wenn Sie sich negativ verhalten, werden andere Menschen kaum dazu bereit sein, Ihnen zu helfen. Wann immer Sie andere dazu motivieren wollen, Ihnen einen Gefallen zu tun, sollten Sie es auf positive Art und Weise versuchen. Hier ein Beispiel.

Wenn Sie jemanden um Hilfe bitten, und er widmet Ihnen murrend zehn Minuten Zeit, obwohl Sie *drei Stunden* seiner Zeit brauchen würden, seien Sie nicht sauer. Lassen sie ihn statt dessen lieber wissen, wie dankbar Sie ihm für die Zeit, die er Ihnen gegeben *hat*, sind. Sagen Sie z. B. so herzlich wie möglich: »Ich schätze Ihre Hilfe wirklich sehr.« Wenn Ihnen das gelingt, wird er sich gern an Sie erinnern und dazu bereit sein, Ihnen ein andermal wieder zu helfen. Mag sein, daß er Ihnen das nächste Mal sogar ein bißchen mehr Zeit schenkt; – vielleicht nur fünfzehn Minuten – aber immerhin *mehr* als zuvor. Wenn Sie ihn daraufhin wieder positiv verstärken, ist es durchaus drin, daß Sie ihn nach und nach tatsächlich dahingehend motivieren, Ihnen eines Tages die drei Stunden Zeit, die Sie brauchen, zu gewähren. Dazu kommt noch der Bonus, daß Sie dann jemanden um sich haben, der gerne mit Ihnen zusammenarbeitet.

Wenn Sie sich hingegen unzufrieden zeigen, werden Sie noch weniger Hilfe bekommen. Dazu kommt dann allerdings eine gehörige Portion Antipathie. Ergo: Seien Sie positiv. Nur so können Sie andere dazu anregen, Ihnen den einen oder anderen Gefallen zu tun.

NEGATIVE REAKTIONEN BRINGEN SIE NICHT WEITER.
POSITIVE REAKTIONEN SEHR WOHL.

Und doch: Jeder von uns ist ein Profi, wenn es darum geht, Motivationen zu töten. Da es sich dabei um einen unbewußten Prozeß handelt, ahnen wir nicht einmal, welch tödliche Auswirkungen unsere Worte auf andere haben können.

Nur wenn andere Menschen motivationstötende Worte von sich geben, sind wir in der Lage dazu, sie zu erkennen. Besonders dann, wenn sie an uns gerichtet sind, erreichen sie ihr Ziel – unseren Magen – mit absoluter Treffsicherheit. Dann wirken diese Worte so, als hätte uns jemand einen körperlichen Schlag versetzt.

Wenn *wir* hingegen solch verbale Schläge austeilen, kriegen wir gar nicht mit, was wir tun. Wir wundern uns nur darüber, weshalb wir auf so viel Widerstand stoßen. Prompt suchen wir die Schuld beim anderen – anstatt zu begreifen, daß unsere schneidende Kritik und unsere vernichtenden Worte die zerbrechlichen Egos der anderen zerstören.

Den meisten Eltern ist daran gelegen, ihre Kinder ordentlich großzuziehen und ihnen mit Rat und Tat beiseite zu stehen. Und es ist wahrlich eine schwierige Aufgabe, ihr quäkendes, seierndes Baby dahingehend zu verwandeln, daß es ihrem Traum vom Harvard-Business-School-Absolventen entspricht. Das Ziel der Eltern ist es, ihren Abkömmling so zu erziehen, daß er eine Stütze der Gesellschaft wird. Und vor lauter Eifer, nur ja keinen Fehler in der Erziehung zu machen, machen sie einen nach dem anderen... indem sie ihr Kind zu strikt erziehen und zu streng bestrafen. Anstatt ihrem Kind Selbstbewußtsein zu geben, erwecken sie in ihm den Eindruck, daß es häßlich und zu nichts nutze sei.

Dabei hat jeder von uns schon am eigenen Leib erlebt, wieviel wirksamer es ist, gelobt zu werden. Wir alle wissen, wieviel lieber wir das eine oder andere tun, wenn unsere Bemühungen anerkannt werden. Aber anstatt daraus zu lernen, tun wir das Gegenteil. Wir machen andere nieder, um sie zu motivieren.

# Jeder Hund wird besser behandelt

Den wenigsten Eltern ist klar, daß verbale und körperliche Bestrafungen einen Langzeiteffekt haben, der sich auf die Antriebskraft, die ihr Kind als Erwachsener hat, auswirkt. Über die Jahre habe ich auch einige meiner Patienten in Hypnose versetzt und dabei erfahren, welch traumatische Kindheitserlebnisse sie hinter sich hatten. Einige ihrer Erinnerungen waren so schmerzhaft, daß es mir sogar weh tat, sie nur zu hören.

Einer meiner Patienten namens Stuart weinte bitterlich, als er unter Hypnose Ereignisse aus seiner Kinderzeit erzählte:

»Sobald meine Mutter von der Arbeit kam, begann sie mich entweder zu schlagen, oder sie schrie mich – ihr Gesicht zu einer grauenhaften Grimasse verzogen – zusammen. Ich habe nie gewußt, was ich falsch gemacht hatte. Ich wußte nur, daß ich am ganzen Körper zitterte und daß mein Herz bis zum Hals schlug. Immer, wenn sie mich schlug, hatte ich Angst, daß sie eines Tages völlig durchdrehen und mich erschlagen würde.

Als ich fünf Jahre alt war, hat sie mich mal verprügelt, weil ich aus Versehen heiße Suppe über meine Hose gegossen hatte. Ich höre noch heute, wie sie mich anschrie, daß ich Lebensmittel verschwenden würde. Daß ich mich dabei verbrüht hatte, war ihr gleichgültig. Sie schimpfte mich so dumm, daß ich wie ein Hund behandelt gehörte, und ich mußte die Nacht draußen vor der Tür schlafen. Ich hatte solche Angst. Ich weiß noch, wie ich weinte und irgendwann glaubte, ich *sei* ein Hund.«

Mehr als zwanzig Jahre später noch schadete Stuart sich selbst, indem er sich so verhielt, daß er so behandelt wurde, wie seine Mutter ihm gesagt hatte, daß er es *verdiene*. Er hatte nur selten Arbeit, folglich konnte er sich nicht selbst erhalten. Im Alter von 29 Jahren lebte er immer noch bei seinen Eltern. Das wenige Geld, das er ab und zu verdiente, verspielte er sofort wieder. Freunde hatte er so gut wie keine, weil er seinen Eltern ähnlich geworden war. Nach und nach zerstörte er durch Alkohol und Fettleibigkeit auch noch seine Gesundheit.

Stuart wurde immer noch schlimmer als ein Hund behandelt, aber nun war *er* es, der mit Brutalität reagierte.

Schmerzliche Erfahrungen unserer frühesten Kindheit können sich dermaßen tief in unser Unterbewußtsein graben, daß wir sie, ohne es zu wissen, was wir tun, als Erwachsene weiterhin erleben wollen. Als Stuart noch sehr klein war, hatten seine Eltern ihn durch ihre extreme seelische Grausamkeit davon überzeugt, daß er ein »Taugenichts« sei. Nichts, was er tat, konnte er ihnen recht machen. Dadurch, daß er sich schließlich dazu entschloß, *gar nichts mehr zu tun*, riskierte er folglich kaum mehr Strafen.

Nun, da Stuart erwachsen war, nannten seine Eltern ihn immer noch »nutzlos«, und sein engster Freund bezeichnete ihn als »faulen Sack«. Stuart selbst sagte mir, daß er sich tagtäglich vorm Aufstehen fürchtete und daß er sich nur im Bett wie »im Himmel« fühlte. Lediglich wenn er schlief, wurde er nicht erniedrigt und gedemütigt.

Stuarts Fall illustriert das Töten von Motivationen im Extrem. Er hatte nie ein freundliches oder unterstützendes Wort gehört, als Kind nicht und als Erwachsener nicht. Die durchweg negativen Reaktionen seiner Eltern und die Versicherungen, wie nutzlos er sei, hatten ihn davon überzeugt, daß er tatsächlich nichts wert sei. Letztlich glaubte Stuart, daß es für ihn nur einen Weg gab – den Weg bergab.

# Der Killer-Boß

Sind *Sie* ein Motivations-Killer?

Gleichgültig, ob Sie Kinder erziehen, mit Freunden oder Geschäftspartnern verhandeln, achten Sie von jetzt an darauf, ob Ihnen negative Bemerkungen über die Lippen kommen. Sie werden nie zu den Erfolgsmenschen zählen, weder in Ihrem Privatbereich noch im Berufsleben, wenn Sie die Motivationen anderer zunichte machen. Die Liebe und das fürsorgliche Interesse Ihrer Familie sind notwendig dafür, daß Sie sich gefühlsmäßig wohl fühlen; die Loyalität, Zusammenarbeit und Hilfe Ihrer Kollegen und Mitarbeiter ermöglicht Ihren wirtschaftlichen Erfolg. Wenn Sie all das in den anderen zerstören, stehen Sie bald einsam und verlassen da... und sind dazu gezwungen, es »im Alleingang« zu schaffen. Das widerfuhr Dan, dem motivationstötenden Chef, mit Lana.

Lana war eine höchst verläßliche und arbeitsame Angestellte eines Lehrberatungsunternehmens in San Francisco. Lana besaß großen Ehrgeiz, sie arbeitete gern und zeigte immer ein fröhliches Gesicht. Bei allem, was sie tat, gab sie ihr Bestes, denn sie wollte vorwärtskommen. Außerdem freute es sie, wenn ihre Mühe belohnt wurde.

Normalerweise sprang Lana schon aus dem Bett, bevor der Wecker klingelte. Sie liebte ihre Tätigkeit so sehr, daß sie es kaum erwarten konnte, ins Büro zu kommen. So erschien sie dort als erste und ging als letzte, und auch unbezahlte Überstunden waren bei ihr an der Tagesordnung. Selbst an Wochenenden ging sie oft in die Firma, um neue Projekte für ihre Abteilung zu planen.

Kurz nachdem Dan Lanas neuer Abteilungsleiter geworden war, änderte sich das Bild. Von nun an kam Lana fast jeden Morgen zu spät und gewöhnte sich an, zwei Stunden Mittagspause zu machen. Um Punkt 17 Uhr packte sie ihre Sachen und verließ ihr Büro so schnell, als sei dort ein Feuer ausgebrochen. Diese grundlegende Veränderung in Lanas Verhalten trat ein, weil es Dan geschafft hatte, jegliche Motivation zu töten.

Sein zerstörendes Verhalten wurde überdeutlich, als Lana den Auftrag bekam, einen Klienten ihrer Firma, eine Regierungsagentur in Washington zu besuchen. Sechs Monate zuvor hatte dieser Klient seine Aufträge für die Firma, bei der Lana arbeitete, um die Hälfte gekürzt. Lanas Aufgabe war es nun, den Kontakt mit dem Management der Agentur wiederherzustellen.

Lanas Reise hatte sich gelohnt. Nicht nur war es ihr gelungen, die bereits gekündigten Verträge wiederzuerlangen – sie hatte es vielmehr noch geschafft, besagte Agentur dazu zu bringen, die Zahl der Aufträge für die kommende Saison zu verdreifachen! Mit anderen Worten: Lana hatte ein Wunder vollbracht!

Sie war so stolz auf ihren Erfolg, daß sie, als sie von ihrer Reise zurückgekehrt war, pünktlich in der Firma erschien.

Kaum war sie dort angekommen, stürzte sie in Dans Büro. »Ich hab's geschafft!« rief sie strahlend. »Ich habe *wundervolle* Neuigkeiten!«

Dan hob den Kopf und runzelte die Stirn. »Was soll diese Aufregung?« fragte er. »Sie sind ohne anzuklopfen in mein Zimmer gekommen! Sie haben mich erschreckt!«

»Ich habe *dreimal so viele* Aufträge mitgebracht, wie wir hatten!« sprudelte Lana begeistert hervor. »Ist das nicht sensationell?«

Dan antwortete verärgert: »Diese verdammten Idioten in Washington tun ganz recht daran, bei uns zu bestellen. Das beweist immerhin, daß sie gemerkt haben, wie dumm es von ihnen war, ihre Aufträge zu kündigen.«

Lana war, als hätte ihr Chef ihr mit einem Vorschlaghammer auf den Kopf geschlagen. Sie konnte es nicht fassen, daß er so wenig Einfühlungsvermögen zeigte und nicht in der Lage war, ihr den Erfolg, den sie errungen hatte, zu gönnen. Obwohl sie das hart getroffen hatte, versuchte sie ihre Enttäuschung zu verbergen und sagte: »Aber sie waren so *zufrieden* mit mir. Sie waren froh, von jemandem beraten zu werden, der so viel über die Bedürfnisse ihrer Firma wußte. Sie haben mich sogar zum Essen ausgeführt. Stellen Sie sich das vor! Ich war so selig, daß ich kaum glauben konnte, daß all das wirklich geschah!«

Dan schien immer noch herzlich wenig beeindruckt. »Es wird schwierig werden, mit Ihnen weiterzuarbeiten«, sagte er. »Die Reise nach Washington ist Ihnen wohl zu Kopf gestiegen. Merken Sie sich, meine Liebe, Sie haben nur das getan, wofür Sie angestellt sind und wofür wir Sie bezahlen: nämlich den Umsatz zu steigern.«

Als Lana das Zimmer ihres Chefs verließ, war sie den Tränen nahe. Beim Mittagessen klagte sie einer Freundin: »Ich verstehe diesen Mann nicht. Er schätzt rein gar nichts. Ich kann es nicht glauben, daß er sich nicht gefreut hat. Immerhin habe ich die Firma davor bewahrt, einen ihrer besten Kunden zu verlieren!«

Dan war ein perfekter Motivations-Killer.

Er hatte die ideale Gelegenheit gehabt, Lanas außergewöhnlichen Verkaufserfolg zu belohnen. Ein freundliches Wort, ein Lächeln oder das Geschenk eines freien Tages hatte Lana sicherlich verdient. Statt dessen aber hatte er – weil er mit Lob nicht umzugehen wußte – ihre Gefühle überhaupt nicht zur Kenntnis genommen und auch noch jeden Funken von Lanas Motivation und Loyalität der Firma gegenüber ausgelöscht.

Drei Wochen später reichte Lana ihre fristlose Kündigung ein. Weil Dan nicht fähig gewesen war, ihren beruflichen Einsatz zu schätzen, hatte seine Firma eine talentierte und ehrgeizige Kraft verloren.

## Undank statt Dank für den Helfer

Ehepartner sind ebenfalls oft Perfektionisten, wenn es darum geht, Motivation im anderen zu zerstören. Während beide oft erklären, daß der andere kein Verständnis für sie hat, sind sie sich nicht dessen bewußt, daß *sie selbst* den Partner dazu getrieben haben, sein Verständnis für den anderen zu verlieren.

Eine meiner Patientinnen namens Nancy ärgerte sich oft über ihren Ehemann. »Der Faulpelz kümmert sich weder um Haushaltsprobleme, noch hilft er mir bei der Erziehung unserer Kinder«, beklagte Nancy sich.

Nach allem, was sie so erzählte, bemitleidete ich Nancy – bis auch ihr Ehemann Mark zu mir in die Therapie kam. Da war mir bald sonnenklar, weshalb er seiner Frau kaum zur Hand ging.

Ich erlebte mit, wie unproduktiv die beiden Problemlösungen angingen, als ihre älteste Tochter Kelly eines Nachmittags ein Schreiben der Schulärztin mit nach Hause brachte. Eine Augenuntersuchung hatte ergeben, daß Kellys Sehvermögen getrübt war. Sie sollte schnellstens einen Augenspezialisten aufsuchen.

Höchst besorgt um ihre Tochter, wollte Nancy gleich am nächsten Tag mit ihr zu einem Spezialisten gehen. Aber sie steckte in ihrem Büro dermaßen in Arbeit, daß sie Mark bat, einen guten Augenarzt ausfindig zu machen. Mark war gerne dazu bereit.

Als er am Abend nach Hause kam, sah er zufrieden aus.

»Ich habe herausgefunden«, sagte er, »daß meine Gewerkschaft die Hälfte der Arztrechnung übernimmt!«

Nancy sah vom Spülbecken hoch und rief ärgerlich: »Ich habe dich nicht gebeten, die Finanzierung zu klären, sondern einen namhaften Spezialisten aufzutreiben. Was deine Gewerkschaft tut oder nicht tut, interessiert mich im Moment überhaupt nicht!«

Nancys Reaktion war die eines Menschen, *der keine Hilfe will*. Wer sich hingegen helfen lassen möchte, sucht – und findet – auch den kleinsten Anhaltspunkt für ein Lob. Hätte Nancy eine Erfolgstechnik angewandt, hätte sie Marks Eifer und Interesse belohnt. »Großartig!« hätte sie beispielsweise gesagt. »Wenn wir einen guten Arzt gefunden haben, ist es beruhigend zu wissen, daß wir nur 50 Prozent seiner Rechnung zahlen müssen.«

Marks Bemerkung, daß er einen Weg gefunden hatte, nicht die gesamte Arztrechnung allein bestreiten zu müssen, war immerhin ein Schritt in die richtige Richtung gewesen, und hatte sie ihrem Ziel, Kellys volles Sehvermögen wiederherstellen zu lassen, nähergebracht. Dessen war Nancy sich allerdings nicht bewußt. Anstatt ihren Mann nun noch zu motivieren, sich um einen Spezialisten zu kümmern, hatte sie es geschafft, Marks Interesse, ihr die Suche abzunehmen, auszulöschen.

## Etwas ist *mehr* als gar nichts

Menschen, die andere zu motivieren verstehen, nutzen jede Gelegenheit, um jeden noch so winzigen Schritt in die richtige Richtung anzuerkennen. Mehr noch: Sie schätzen selbst Versuche, die andere unternehmen.

Erinnern Sie sich noch an die Belohnung, die ich Charlie Blake für seine ersten Grunzlaute gab? Obwohl diese Geräusche noch lange nichts mit dem, was wir unter Sprechen verstehen, zu tun hatten, waren sie *sehr wohl* ein Versuch des Patienten, sich auszudrücken. Nachdem er 30 Jahre lang überhaupt nicht gesprochen hatte, war ich mehr als dankbar, *irgend etwas* aus seinem Mund zu hören. Ich war überzeugt davon, daß mein Lob ihn dazu motivieren würde, weiter an sich zu arbeiten ... und daß es ihn *auf den richtigen Weg hin zur Sprache führen könnte.*

In Ihrem Leben sollten Sie es auch so halten. Wann immer jemand etwas tut, das dem, was Sie von ihm wollen, nahekommt, sollten Sie ihn loben. Positive Verstärker sind die beste Anregung weiterzumachen. Nach und nach wird derjenige, der das eine oder andere für Sie tun soll, begreifen, was genau Sie wollen. Und dann wird er genau das tun.

Ihr Ziel auf diese Art und Weise zu erreichen, läßt sich mit Bergsteigen vergleichen. Viele, viele kleine Schritte bringen einen dahin, wo man sein möchte. Fortschritte sind manchmal nur im kleinen, Schritt für Schritt, möglich. Aber es sind Fortschritte.

Nehmen wir einmal an, Sie wollen einen tausend Meter hohen Berg erklimmen und jemand bietet Ihnen für ein paar hundert Meter seine Hilfe an. Das ist erfreulich, und es wird Ihnen helfen. Nehmen Sie seine Hilfe an und belohnen Sie sie. Vergessen Sie nicht: *etwas ist mehr als gar nichts*, und jede Art von Unterstützung bringt Sie dem Gipfel näher.

Hier ist eine grafische Darstellung davon, wie das Erklimmen Ihres Ziels aussehen kann:

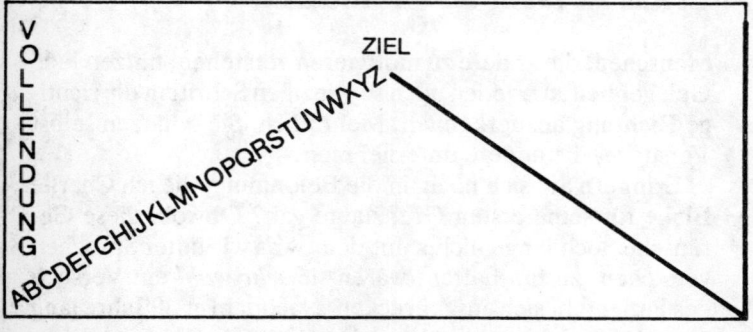

**Ihr Ziel erklimmen.**

Was Nancy und Mark anbetrifft, so wollte Nancy sich darum kümmern, das Problem, das Kelly mit ihrem Sehvermögen hatte, aus dem Weg zu schaffen (durch den Buchstaben »Z« auf der Bergspitze dargestellt). Auf dem Weg zu diesem Ziel waren verschiedene andere Schritte notwendig, von denen jeder durch einen Buchstaben des Alphabets vertreten ist. Schritt »A« beispielsweise hätte sein können, einen kompetenten Augenspezialisten zu finden. Schritt »B«, die Arbeitsweise dieses Arztes unter die Lupe zu nehmen. Schritt »C« hätte sein können, einen Termin bei diesem Arzt zu machen, und Schritt »M«, die Arztrechnung zu zahlen. Zahlreiche Schritte führen von »A« nach »Z«, vom Fuß des Berges zu seinem Gipfel, wo schließlich alle Probleme gelöst und aus dem Weg geschaffen sind.

Nancy hatte nicht verstanden, daß die Reihenfolge, in der ihr geholfen wurde, unwichtig war. Wenn man 26 Schritte braucht, um ein Problem zu lösen, ist es letztlich gleichgültig, ob Ihnen jemand bei Schritt »R« oder bei Schritt »T« hilft oder bei Schritt »B« oder »E«. Wichtig ist, daß Sie überhaupt Hilfe bekommen, weil jedes bißchen Hilfe Sie langsam, aber sicher Ihrem Ziel näher bringt.

Wenn Verlierer um Hilfe bitten, erwarten sie eine aus dem Stand »perfekte« Lösung. Alles, was weniger als perfekt ist, wird von ihnen verachtet. Weil derjenige, den sie um Hilfe bitten, aber nur ein Mensch ist – und folglich kaum mit einer perfekten Lösung aufwarten kann –, erntet er vom Verlierer Undank und Beschimpfungen. Das Resultat ist, daß er ein andermal kaum seine Hilfe anbieten wird.

Mark etwa war durch Nancys Wutausbruch so verletzt, daß er nicht mehr daran dachte, ihr zu sagen, daß er bereits auch einen Augenspezialisten empfohlen bekommen hatte. Statt dessen verließ er mit den Worten: »Du mußt einfach alles, was ich tue, miesmachen« das Zimmer. Dann brüllte er noch: »Ich hasse es, irgend etwas für dich zu tun, weil es sowieso immer nur in Streit endet. Kümmere dich um deine Angelegenheiten gefälligst selbst! Ich habe es satt, immer mein Bestes zu geben und dafür auch noch beschimpft zu werden.«

Dadurch, daß Nancy Marks Bemühungen mit Undank anstatt mit Dank belohnt hatte, war es ihr gelungen, sein

Interesse an der Angelegenheit auszutilgen. Von ihm hatte sie keine Hilfe mehr zu erwarten.

# Dem Sprecher das Wort abschneiden

In vielen Ehen trampeln die Partner auf dem Geist des anderen unbewußt so lange herum, bis einer von ihnen – oder beide – mit Depressionen oder – im übertragenen Sinne – Lähmung reagieren. Bei anderen wieder kann ein Übermaß an Negativität dazu führen, daß sie bestimmte Verhaltensweisen nur noch selten oder gar nicht mehr an den Tag legen. Das war in der Ehe von Judy und Alex der Fall.

Judy war sich nicht bewußt, daß sie ein Motivations-Killer war, und ihren Ehemann Alex damit praktisch zum Schweigen gebracht hatte. Beide waren Anfang Dreißig und seit sechs Jahren miteinander verheiratet. In den ersten drei Jahren waren sie sehr verliebt gewesen und hatten herrliche Zeiten miteinander erlebt. Danach wurde Alex immer unzufriedener und erwog sogar die Scheidung.

Bevor er sich in meine Behandlung begab, hatte Alex keine Ahnung davon, daß er sich in eine Frau verliebt hatte, die seiner Mutter sehr ähnlich war – und die pausenlos redete. Schon zu Anfang ihrer Ehe war Judy diejenige gewesen, die in ihren Gesprächen der dominante Partner gewesen war. Ob sie allein oder unter Freunden waren, Judy bestritt jedes Gespräch.

Alex beklagte sich darüber, daß er »nie zu Wort kam«.

»Jeder meiner Versuche, an einer Unterhaltung teilzunehmen, wird von Judy verhindert«, sagte er. »Sie hebt ihre Stimme und läßt meine Worte in ihrem Dampfwalzen-Konversationsstil einfach untergehen.«

Weiterhin erklärte Alex, daß Judy bereits seine Ansätze, sich an Gesprächen zu beteiligen, im Keim erstickte. Mal unterbrach sie ihn, dann korrigierte sie ihn. Dann wieder nahm sie für sich in Anspruch, die Witze, die er erzählte, besser wiedergeben zu können. Wenn er erklärte, die Richtung, in die man fahren solle, sei »Süden«, versicherte Judy ihm, »Norden« sei die einzig mögliche Richtung. Wenn er »rauf«-fahren wollte, entschied Judy, daß er »runter«-fahren solle. Ein typisches Gespräch der beiden lautete so:

Alex: »Pete möchte sich ein neues Auto kaufen, und ich habe ihm einen Kombi empfohlen, wie wir ihn haben.«

Judy: »Einen Kombi! Ein kleiner Wagen, der niedrig im Verbrauch ist, wäre bei der Finanzlage der beiden viel günstiger.«

Alex: »Pete meint, seine Eltern würden rund 4000 Dollar beisteuern, damit er sich den Kombi leisten kann.«

Judy: »Liebling, da irrst du dich. Pete sprach von etwa 3000 Dollar.« Dann pflegte Judy Alex freundschaftlich zu tätscheln, zu lächeln und zu sagen: »Kannst du nie etwas richtig zusammenkriegen?«

Kein Wunder, daß Alex schwieg!

Er war durch Judys Verhalten nicht nur verletzt, es verwirrte ihn auch. Wenn er ruhig dasaß, klagte sie: »Weshalb sagst du nicht öfter was? Du bist wie tot. Manchmal frage ich mich, ob du überhaupt hier bist oder nicht.«

Wenn abends Freunde zu Besuch gewesen waren, pflegte Judy Alex vor dem Zubettgehen zu fragen: »Warum hast du dich so hölzern benommen?« Aber wenn er tatsächlich mal den Mund aufgemacht hatte, um seine Gedanken zu irgendeinem Thema zu äußern, hatte Judy ihn entweder korrigiert oder ihm kurzerhand das Wort abgeschnitten.

Judy *betete Alex an*, und sie war sich einfach nicht klar darüber, daß sie ihn pausenlos ermahnte. Ihr war nicht bewußt, daß sie in allem, was Alex sagte, einen Fehler fand oder daß sie es ihm so gut wie unmöglich machte, einen Satz zu Ende zu führen, ohne daß sie ihn unterbrach. Am allerwenigsten begriff sie, daß sie ihn in aller Öffentlichkeit lächerlich machte, indem sie sich wie eine Mutter, die unablässig an ihrem kleinen Kind herumerzieht, aufführte.

Vom Partner immer wieder eines Besseren belehrt zu werden, ist schlimm genug. Aber wenn es vor anderen geschieht, kann es zudem schrecklich peinlich sein. Wenn Sie ihren Partner lieben und ihm vertrauen, neigen Sie höchstwahrscheinlich zu der Annahme, daß das, was er sagt, aller Wahrscheinlichkeit nach klüger und treffender ist als das, was Sie zu sagen haben. Wenn Ihr Partner Ihnen also pausenlos widerspricht, machen Sie sich wahrscheinlich Gedanken darüber, ob das, was Sie gesagt haben, albern oder dumm war. Ergo werden Sie verunsichert und sagen bald gar nichts mehr. Sie ziehen sich in sich zurück und verstummen.

Alex verzichtete bald darauf, seinen Kommentar abzugeben. Er ließ Judy allein reden, aus Angst, daß sie ihn sonst herausfordern oder einen Streit entfachen würde. Dadurch, daß er sich ruhig verhielt, konnte Judy ihn nicht mehr mit ihrer beißenden Kritik treffen. Aber der Preis für Alex' Schweigen war hoch: Es gelang ihm nicht, sich zu einer reifen Persönlichkeit zu entwickeln, die an Erwachsenengesprächen teilhaben konnte.

Diese Beispiele zeigen, wie Menschen unbewußt jegliche Motivation in anderen Menschen, die ihnen nahestehen, töten. Vielleicht können Sie anhand dieser Beispiele lernen, ein wenig auf das zu achten, was Sie zu anderen sagen. Und vielleicht sind diese Beispiele ein Anreiz dafür, *selbst* damit aufzuhören, an anderen herumzunörgeln und sie zu kritisieren. Wenn Sie begreifen, wie es dazu kommt, daß einer im anderen jegliche Motivation untergräbt, können Sie – falls Sie es bisher getan haben – dieses miese Spiel beenden.

Dazu kommt allerdings noch etwas. Und das ist die Antwort auf die Frage »Wie verhalte ich mich, wenn *ich das Opfer* eines Motivations-Killers bin?« Mit Hilfe der Verhaltensmuster, die Sie in diesem Buch erlernen, wird es Ihnen bald möglich sein, sich gegen Motivations-Killer zu wehren. Oder genauer: die Destruktivität, mit der Sie konfrontiert werden, in etwas Positives zu verwandeln. Denn die Opfer der Motivations-Killer, die ich gerade beschrieben habe, hätten sich anders verhalten, hätten sie den Spieß umdrehen und als Sieger aus der Situation hervorgehen können.

## Wie man mit einem »schwierigen Dan« zurechtkommt

Lassen Sie mich noch einmal auf Lana zurückkommen. Lana, die die Aufträge für ihre Firma verdreifachte und dafür lediglich ein Stirnrunzeln ihres Chefs Dan erntete. Ist es Ihnen schon einmal ähnlich ergangen wie Lana? Leben Sie mit einem Motivations-Killer wie Dan, oder arbeiten Sie für einen? Haben Sie das Gefühl, daß Ihre Arbeit nicht anerkannt oder geschätzt wird und daß Sie unterbewertet werden?

Wenn Sie an Ihrem Arbeitsplatz mit einem solchen Problem konfrontiert sind, haben Sie vielleicht nicht das Glück, einfach Ihre Sachen schnappen und gehen zu können. Wenn Sie nicht, wie Lana, anderweitig eine Arbeitsstelle finden, müssen Sie wohl oder übel lernen, wie Sie mit Ihrem »schwierigen Dan« zurechtkommen.

Wie hätte Lana sich verhalten sollen? Unabhängig davon, wie aufgeregt sie war, es *war* respektlos von ihr, ohne vorher anzuklopfen, in Dans Büro zu stürzen. Vielleicht hatte Lana ihn wirklich erschreckt, als sie so einfach in sein Zimmer platzte. Mehr noch: Lana ignorierte völlig, als Dan sagte, daß sie ihn erschreckt habe und redete einfach über sich selbst weiter. Hätte sie sich an dieser Stelle anders verhalten, hätte sich Dans negative Einstellung umkehren oder zumindest mildern können. Alles, was sie hätte tun müssen, wäre folgendes gewesen: sich freundlich zu entschuldigen. So etwa: »Stimmt, Dan. Ich *habe* fast die Tür eingerannt. Das war unhöflich von mir.«

In den meisten zwischenmenschlichen Beziehungen ist es wichtig, den anderen mit in die Konversation einzubeziehen. Wenn Sie nur über sich selbst reden und dem anderen keinerlei Interesse widmen, könnten Sie leicht Gefühle der Unzulänglichkeit und dadurch Feindseligkeit erwecken. Lanas einzige Mitteilung war »ich...ich...ich«. Kein Wunder, daß Dan sich dabei unwichtig und zur Seite gestellt fühlen mußte.

Meistens verhält sich ein Motivations-Killer darum so, weil er sich ausgeschlossen, übergangen und unwichtig vorkommt. Als frisch eingestellten Mitarbeiter einer riesigen Firma fehlte es Dan vielleicht noch an Selbstsicherheit. Möglicherweise hegte er noch Zweifel, ob er einen guten Manager abgeben würde, oder nicht. Hätte Lana sich also über Dans Gefühle ein paar Gedanken gemacht, wäre sie gewiß nicht so stark aufgetreten.

Als Lana nun merkte, daß Dan über ihr Verhalten verärgert war, hätte sie immer noch einlenken können. Sie hätte ihn lediglich mit Positiva, sprich Schmeicheleien, »füttern« müssen: »Danke, daß Sie mir vertraut haben (1. positive Bemerkung) und daß Sie bereit waren, eine so wichtige Angelegenheit in meine Hände zu legen (2. positive Bemerkung). Es ist mir gelungen, dreimal so viele Aufträge an Land zu ziehen, als wir bisher hatten! Die Tips, die Sie uns bei der letzten Verkaufskonferenz darüber gegeben haben, wie man mit unwilligen Kunden klarkommt, haben tatsächlich funktioniert (3. positive Bemerkung)!«

Selbst zu dem Zeitpunkt, als Dan sagte, der Erfolg sei ihr wohl zu Kopf gestiegen, hätte Lana das Gespräch noch umdrehen können. »Nun ja«, hätte sie sagen können, »wenn Sie uns in Ihren Seminaren so gute Tips geben und ich dadurch noch mehr Aufträge einheimse, ist es doch ganz verständlich, daß ich mich super fühle!«

Langer Rede kurzer Sinn: Hätte Lana Dan an ihrem Sieg teilhaben lassen, indem sie ihn aktiv miteinbezog, wäre aus dem Motivations-Killer ein hilfreicher Freund geworden. Damit hätte sie einen *riesigen Sieg* errungen.

## Eine besänftigende Antwort

Lassen Sie uns auch noch einmal auf Nancy und Mark, das Ehepaar, das um das Sehvermögen seiner Tochter besorgt war, zurückkommen. Dadurch, daß Nancy Mark scharf kritisiert hatte, hatte sie sich in die Situation gebracht, all ihre Angelegenheiten fortan selbst regeln zu müssen.

Aber nicht nur Nancy, sondern auch Mark hatte sich wie ein Verlierer verhalten! Es war ihm nicht gelungen, Nancy auf ihrer Wellenlänge zu begegnen. Damit, daß er zurückgeschrien und das Zimmer verlassen hatte, war keinem gedient gewesen. Beide führten sich wie Verlierer auf, die ihre Energien darauf verschwenden, einander zu verletzen und zu beschuldigen... anstatt sich miteinander zu verbünden, um ihrer Tochter zu helfen.

Wenn ich diese Szene noch einmal wiederhole, werden Sie feststellen, wie Mark mit Nancys Kommentaren hätte umgehen können. Gehen wir also zurück zu dem Abend, an dem Mark mit der Information nach Hause kam, seine Gewerkschaft werde die Hälfte der Arztrechnung übernehmen.

Kaum war Nancy aus der Haut gefahren und hatte ihn kritisiert, hätte Mark die Ursache ihrer Überreaktion darin sehen können, daß sie schlicht und ergreifend Angst hatte. In der Nacht zuvor hatten beide Ehepartner lange wachgelegen und das Arztproblem diskutiert. Am nächsten Morgen hatte Nancy Mark erklärt, daß sie auch den Rest der Nacht kein Auge zugetan hatte. Sie hatte sich Gedanken gemacht, ob Kellys getrübtes Sehvermögen vielleicht von einem Tumor oder einer ähnlich ernsthaften Erkrankung herrühren könne.

In meinen Gruppentherapien kommt es öfter vor, daß jemand in wütendes Gebrüll ausbricht, ohne erkennbaren triftigen Grund. Solche Ausbrüche scheinen völlig unmotiviert. Aber sie sind es nicht. Sie haben ihre Ursache vielmehr oft in einer aufgestauten Angst, die plötzlich frei wird. Nancys Wutausbruch war höchstwahrscheinlich ebenso das Resultat einer aufgestauten Angst. Hätte Mark sich daran erinnert, daß Nancy die gesamte Nacht über nicht geschlafen und sich Gedanken über einen möglichen Tumor gemacht hatte, wäre es ihm möglich gewesen, sie mit einer ruhigen Antwort zu besänftigen. Einer Antwort wie: »Liebling, ich verstehe, daß du Angst hast. Ich hab' sie auch. Aber vielleicht stellt sich die ganze Angelegenheit ja als harmlos heraus. Vielleicht braucht Kelly nur eine Brille. Aber was immer es auch sein mag, das Geld von der Gewerkschaft wird uns eine große Hilfe sein. Davon ganz abgesehen habe ich auch noch einen kompetenten Spezialisten gefunden.«

Hätte Marks Antwort so oder ähnlich gelautet, wären beide, Nancy und er, als Sieger hervorgegangen, denn sie hätten gemeinsam eine Lösung des Problems gefunden.

# Die Dampfwalze anhalten

Auch Alex und Judy hätten ihre Probleme lösen können. Schauen wir uns ihren Fall noch einmal an. Sie erinnern sich, daß Alex sich von Judy geschulmeistert vorkam und daß er es deshalb vorgezogen hatte, sich nur noch in Schweigen zu hüllen.

Judy hatte sich nicht klargemacht, daß sie es war, die ihren Ehemann unbewußt dazu gebracht hatte, immer passiver zu werden ... daß es *ihre* Kritik war, die ihn dazu getrieben hatte, sich mehr und mehr zurückzuziehen.

Aber wie steht's mit Alex? Er war letztlich der Verlierer, der den Mund nicht mehr aufzumachen wagte. Weshalb hatte er sich nicht gewehrt? Er war *kein* Kind mehr, und Judy war *nicht* seine Mutter. Es war nicht fair von ihm, Judy allein die Schuld für sein Schweigen in die Schuhe zu schieben.

Alex hätte zum Beispiel mit Judy allein reden und ihr sagen können, daß er ihr glaubte, daß sie ihn liebt – *so wie er sie* – und daß sie ihn gewiß nicht absichtlich in aller Öffentlichkeit blamieren wolle. Er hätte ihr sagen können, daß er ihre *guten* Absichten durchaus zu schätzen wisse, aber daß ihn ihre Kritik mehr und mehr verunsichere. Daß er oft Angst habe, irgend etwas zu sagen, weil er ihr Urteil fürchte. Er könnte Judy gebeten haben, das Problem mit ihm gemeinsam zu lösen: Er würde sich wieder dazu überwinden, sich an Unterhaltungen zu beteiligen, und sie sollte ihn nach Möglichkeit nicht mehr mitten im Satz unterbrechen oder alles, was er sagt, korrigieren. Würde sie es doch tun, würde Alex mit freundlichem Lächeln sagen: »Ich bin noch nicht fertig, Liebling.« Das würde sie daran erinnern, ihn in Ruhe aussprechen zu lassen.

Alex hätte auch aus anderen Situationen als Sieger hervorgehen können. Nehmen wir einmal das Gespräch über Petes Auto. Wie kam Alex überhaupt dazu, alles, was Judy sagte, als biblische Wahrheit zu akzeptieren? Er hätte über ihre Bemerkungen nicht verärgert sein müssen und auf freundliche Art und Weise seine eigene Meinung vertreten können. Beispielsweise so: »Liebling, du hast schon recht, was den niedrigeren Benzinverbrauch angeht. Aber andererseits braucht Pete mit zwei Hunden und drei Kindern auch nun mal viel Platz. Mit einem kleinen Kombi schlägt er zwei Fliegen mit einer Klappe: Das Auto ist günstig im Verbrauch, und es hat genügend Platz für alle.«

Als Judy ihn tätschelte und fragte: »Kannst du denn nie etwas richtig zusammenkriegen?« war sie sich nicht bewußt, daß sie sich herablassend und beleidigend verhielt. Alex hätte sie darauf hinweisen müssen. Eine lockere Bemerkung wäre z. B. gewesen: »Judy, ich weiß, daß du nett zu mir sein und den Irrtum, den ich mit der Zahl der Dollars begangen habe, richtigstellen willst. Das ist auch in Ordnung, Liebes. Aber wenn du mir jetzt unterstellst, daß ich immer alles falsch mache, komme ich mir doch ziemlich dumm und unzulänglich vor. Das hast du doch sicher nicht beabsichtigt, oder?«

Wenn Sie sich für sich selbst einsetzen, ist es von extremer Wichtigkeit, dem Menschen, der Sie gerade verletzt hat, mit Freundlichkeit zu begegnen. Meistens ahnt er nämlich nicht einmal, wie wenig taktvoll er sich verhalten und wie er Sie getroffen hat. Ironischerweise möchte der andere nämlich meistens *Ihre* Zustimmung dadurch finden, daß er sich klug und hilfreich zeigt. Hätte Alex das gewußt, hätte er Judy, wann immer sie ihn unterbrach, angelächelt, zärtlich am Arm berührt und zu Ende gesprochen.

Was Alex in der Therapie lernen mußte, war, daß es *seine* Sache ist, darauf zu achten, daß er zu Wort kommt. Er mußte etwas unternehmen. Judy als »Dampfwalze« zu bezeichnen, löste weder sein Problem, noch machte es ihn gesprächiger.

In unserer Zusammenarbeit übte er diverse Methoden, *aktiv* zu sein: seine Ideen, selbst wenn sie noch so entfernt von Judys Ideen waren, vorzutragen; Judy sanft darauf aufmerksam zu machen, wenn sie ihm das Wort abschneiden wollte, und sich bewußt zu sein, wie wenig er zu Gesprächen beisteuerte.

Bevor Alex in die Therapie kam, wollte er die Scheidung einreichen. Er war so unglücklich darüber, in seiner Ehe als »Mensch zweiter Klasse« eingestuft zu werden, daß er eine Trennung auf Probe vorgeschlagen hatte. Daß er sich zu einer Therapie entschloß, war ein letzter Versuch, die Ehe zu retten. Kaum war er sich darüber klargeworden, daß *50 Prozent der Verantwortung* für seine Eheprobleme er trug und daß es allein an ihm lag, ein Mensch erster Klasse zu sein, hörte er damit auf, Judy allein die Schuld an allem zu geben. Zudem arbeitete er an sich, um sich mehr und mehr an Gesprächen beteiligen zu können.

So nämlich betrachten Sieger ihre Ehe: Sie akzeptieren, daß sie die Hälfte der Verantwortung für alles tragen, was nicht so läuft, wie es laufen sollte. Ebenso akzeptieren sie, daß sie zur Hälfte zu den glücklichen Momenten des Ehelebens beitragen.

## Nur Verlierer wälzen jede Schuld auf andere ab

Sind Sie der Ansicht, daß es in Ihren tagtäglichen Gesprächen zu oft zu Streitigkeiten kommt und daß Sie Ihrem Partner die Schuldgefühle dafür einbleuen? Haben Sie festgestellt, daß Sie sich in zwischenmenschlichen Beziehungen zu oft mit dem Problem »wer hat recht und wer nicht« und »wer ist schuldig und wer nicht« befassen?

Schuldzuweisung ist eine ganz bestimmte Form der Negativität, die die Antriebskraft der anderen untergräbt. Sich damit zu befassen, wer an einer Sache schuld hat oder nicht, ist ein verlierertypisches Verhalten und ein Motivations-Killer.

Mag sein, daß ein Familienmitglied oder ein Angestellter versäumt hat zu tun, um was Sie ihn gebeten haben. Nehmen wir einmal an, daß sich zwischen Ihnen und Ihrer Sekretärin Lil ein solches Problem ergeben hat.

Sie kehren von einer Geschäftsreise zurück und bitten Lil, einen Brief an den Präsidenten einer Firma, den Sie im Flugzeug kennengelernt haben, zu schreiben. Als einige Wochen vergehen und Sie immer noch keine Antwort erhalten haben, werden Sie ungeduldig und machen sich so Ihre Gedanken.

Sie fragen Lil, wann sie den Brief abgeschickt hat. Überrascht und verärgert sagt sie: »Sie haben mir nie aufgetragen, an irgend jemanden zu schreiben! Sie waren lediglich bedacht darauf, die neuen Aufträge rechtzeitig hinauszuschicken. Von einem Brief an irgendeinen Mann im Flugzeug haben Sie nie auch nur ein Wort gesagt!«

An diesem Punkt beginnen Sie, wenn Sie sich wie ein Verlierer verhalten, mit Lil zu streiten und ihr bis ins Detail zu beweisen, weshalb Sie RECHT haben und sie UNRECHT. »Geht's Ihnen noch gut?« fragen Sie. »Sobald ich zurück war, habe ich deshalb ein Memo an Sie geschrieben. Erinnern Sie sich nicht? Ich habe diesen Brief auch erwähnt, als Sie an der Kaffeemaschine standen. Außerdem habe ich sogar einen Beweis dafür: Eine der anderen Sekretärinnen stand neben uns, als wir darüber gesprochen haben.«

DAS WÜRDE IHNEN *RECHT* GEBEN!

Sie führen sich auf wie ein Staatsanwalt, der alle Beweise für eine Anklage hat: schriftliche Notizen, Beweismaterial, den Ort des Verbrechens und Zeugen. Und während Sie den Staatsanwalt spielen, denkt Ihre Sekretärin darüber nach, wie sehr sie Sie haßt und wann sie kündigen kann.

Was haben Sie eigentlich davon zu beweisen, daß Lil unrecht hat und Sie recht? Alles, was Sie damit erreichen, ist, daß Sie Lil feindselig stimmen. Das Ende vom Lied ist, daß sie so verärgert sein wird, daß sie bald gar keine Motivation mehr hat, Ihnen zu helfen. So bekommen Sie Ihren Brief nie geschrieben!

# Wer war's?

Verlierer verstricken sich in endlose Diskussionen über »Wer war's?« Sie verschwenden ihre Energien darauf, Spürhund zu spielen und jeden Anhaltspunkt, der ihre Position in einem Streit festigt, zu verfolgen.

ALL DAS KOSTET VIEL ZUVIEL ZEIT.

Und es löst weder das Problem, noch beendet es die Arbeit.

Wenn Sie sich mit der Frage »Wer war's« aufhalten oder verschiedene Gründe für Schuldzuweisung suchen, werden andere kaum bereit sein, Ihnen zu helfen. Sobald sie näm-lich merken, daß sie ihre Energien darauf verwenden müs-sen, sich vor Ihren Beschuldigungen zu retten, bleibt ihnen keine Energie mehr für ihre Arbeit. Negative Gefühle funk-tionieren nach dem Schneeballsystem, ein mieses Gefühl baut auf dem anderen auf. Alles, was unter solchem Wider-willen zustande kommt, sind verwundete Egos, Angst und Bedrängnis.

Sieger hingegen entscheiden sich für eine kreative und vorteilhafte Alternative, wenn es darum geht, Probleme zu lösen. Anstatt ihre Zeit damit zu vertun, sich darüber aufzu-regen, was jemand *gestern* falsch gemacht hat, motivieren sie die anderen, das, was sie *heute* tun, richtig zu machen.

Wenn Sie in einem Konflikt stehen, ist es wichtig, daß Sie bereit sind, Verantwortung zu übernehmen. In dem Mo-ment etwa, in dem Lil erklärte, »Sie haben mir nichts davon gesagt«, hätten Sie sie aus der Defensive locken und ihr klarmachen können, daß sie sich nicht zu verteidigen braucht. Ein Erfolgsmensch hätte die Kontroverse mit fol-genden Worten beendet: »Ich fürchte, ich habe mich wohl nicht klar genug ausgedrückt, Lil. Eigentlich war mir daran gelegen, daß Sie den Brief sofort schreiben. Aber ich hab' das wohl nicht deutlich genug gesagt.« Danach hätten Sie ihr in aller Ruhe bis ins kleinste Detail erklären können, was sie *jetzt* für Sie tun sollte.

> SICH DARÜBER ZU STREITEN,
> WER RECHT HAT, KOSTET ZEIT.
> ZU BEWEISEN, WER RECHT HAT, EBENFALLS.

Wenn Ihnen daran liegt, Enthusiasmus und Aktivität her-vorzurufen, müssen Sie zuerst eine kameradschaftliche, ver-trauensvolle Atmosphäre schaffen. Damit werden Sie Ihre Mitarbeiter und Freunde zu Loyalität und Zuverlässigkeit anfeuern. In einer solchen Atmosphäre können sich Motiva-tionen und Kreativität frei entfalten.

MENSCHEN STEHEN GERNE MIT RAT UND TAT ZUR SEITE.

In einer freundlichen Umgebung läßt sich leichter arbeiten. Um die Harmonie zu wahren, scheuen Sieger sich nicht, sich bei Meinungsverschiedenheiten selbst den Schwarzen Peter zuzuschieben. Einmal, weil alle Beteiligten dadurch Nervenkraft sparen, und zweitens, weil in 50 Prozent der Fälle tatsächlich *Sie* es waren, der den Fehler gemacht hat.

## Das gefühlsmäßige »das Huhn oder das Ei«

Viele meiner Patienten kommen zu mir in die Therapie, um ihre Ehe zu retten. Einige von ihnen nennen mich gar »die Eheretterin« und geben mir damit einen Titel, den ich sehr zu schätzen weiß.

In den meisten dieser Fälle sehe ich immer wieder, daß jeder Partner davon überzeugt ist, recht zu haben und unschuldig zu sein. Jeder glaubt, daß die Ursache für seine Kümmernisse und Sorgen beim anderen zu finden sind.

LASSEN SIE DIE EWIGEN BESCHULDIGUNGEN!

Ich habe mit Tausenden von Paaren zusammengearbeitet. Glauben Sie mir: Wo immer Probleme auftauchen, sind *beide* Partner schuld. Jeder von ihnen trägt die Hälfte der Verantwortung für das Ehechaos. Den »guten« und den »schlechten« Partner habe ich nie ausmachen können.

In Ihrem Leben wird es nicht anders sein. Wenn Sie überzeugt davon sind, daß Ihr Partner, oder sonst jemand, der Ihnen nahesteht, pausenlos auf ihren Gefühlen herumtrampelt oder immer wieder gerade das tut, was er nach Ihren Vorstellungen unterlassen sollte... DANN IST DAS KEIN ZUFALL! Ob Sie mir glauben oder nicht, Sie sind aktiv daran beteiligt, dem anderen die Gelegenheit zu geben, Ihnen weh zu tun.

Sie können sich jahrelang darüber den Kopf zerbrechen, wer damit begonnen hat, und die gefühlsmäßige Version von »Was gab's zuerst, das Huhn oder das Ei?« durchdiskutieren. Sie können unablässig versuchen herauszubekommen, ob Sie es waren, die den Partner zuerst verletzt hat, oder ob er Salz in eine Ihrer Wunden gerieben hat.

Worin liegt der Unterschied? In ein paar Jahren, wenn die Tränen versiegt, die Anwälte bezahlt und die angeknacksten Egos Ihrer Kinder wieder gefestigt sind, erinnern Sie sich höchstwahrscheinlich gar nicht mehr daran, wer für das Scheitern Ihrer Beziehung verantwortlich war.

Aber jetzt möchte ich eigentlich gar nicht, daß Sie an einen »Ex«- oder derzeitigen Partner denken. Alles, woran ich momentan interessiert bin, ist, daß ich *Ihnen* dabei helfen kann, sich der Hälfte der Verantwortung, die Sie in *all* Ihren zwischenmenschlichen Beziehungen tragen, bewußt zu werden und dadurch Ihr Leben besser in den Griff zu bekommen.

### KONZENTRIEREN SIE SICH NICHT WEITER AUF ANSCHULDIGUNGEN!

Wichtig ist, daß Sie mehr über sich selbst und Ihr *eigenes* Verhalten, mit dem Sie sich selber schaden, lernen. Wenn Sie erst einmal begriffen haben, daß Sie aktiv zu Ihrem persönlichen Unglück beitragen, sind Sie, was Ihre persönliche Reife anbelangt, schon ein großes Stück weiter.

Sie sind höchstwahrscheinlich ein guter und ernsthafter Mensch mit den besten aller Absichten. Aber darum geht es hier gar nicht. Viel interessanter ist, daß gerade die guten Menschen oft mit Blindheit geschlagen sind und anderen die Schuld an diesem und jenem geben.

Wenn Sie akzeptieren, daß Sie einen Teil einer jeden Schuld tragen, dann sind Sie schon auf dem besten Weg zum Erfolg.

# Übung 8
## Lassen Sie die ewigen Beschuldigungen

Angenommen, Sie haben sich mit jemandem, der Ihnen am Herzen liegt, gestritten. Ehe Sie sich versahen, verwandelte sich eine ganz normale Diskussion in eine heiße Auseinandersetzung. Wütend haben Sie sich getrennt. Wütend und entsetzt über das *erschreckende Betragen* des anderen und überzeugt von *Ihrer eigenen Unschuld.*

Als Sieger würden Sie zu 50 Prozent der Verantwortung für alles, was sich zwischen Ihnen beiden ereignet hat, tragen... für den Teil der Diskussion, der glatt lief, und für den

Teil der Diskussion, der ausartete. Um die Beziehung wieder zu kitten, sollten Sie »Verlierer«-Phrasen wie diese vermeiden:

»Der Streit war allein *deine Schuld*!«
»*Du hast* mit dem Streit *angefangen*!«
»*Du bist derjenige,* der die Schuld trägt!«
»Ich hatte recht, und wenn du ehrlich bist, mußt du zugeben, *daß du dich geirrt hast*.«

So zu denken hilft natürlich, sich besser zu fühlen. Aber es trägt auch dazu bei, ein chronischer Verlierer zu sein. Wenn Sie andere für schuldig erklären, halten Sie sich mit Verlierer-Taktiken auf – aber so lösen Sie keine Probleme. Und auf diese Weise werden Sie auch Ihre Beziehungen nicht verbessern.

Sobald Sie sich also selbst dabei ertappen, andere zu beschuldigen, sollten Sie sich darüber klarwerden, daß Sie destruktiv handeln. Hören Sie auf damit! Versuchen Sie lieber etwas Neues. Denken und sprechen Sie wie ein Erfolgsmensch:

»Was habe *ich* getan, um diesen Streit in Gang zu setzen?«
»Womit habe *ich* diese Wut provoziert?«
»Womit habe *ich* ihn verärgert, enttäuscht, frustriert?«
»Wo bin *ich* blind und leugne *meine* Rolle in diesem Streit?«

Aus einem Streit geht keiner als Sieger hervor... *jeder* verliert. Setzen Sie Ihre Energien dazu ein, die Beziehung wieder in Ordnung zu bringen, nicht dazu, Schuld zu verteilen. Gehen Sie zu dem Menschen, mit dem Sie den Streit hatten, und sprechen Sie ihn direkt an. Denken Sie daran, die Angelegenheit so *positiv* wie möglich anzugehen. Ihr Gegenüber wird weniger defensiv reagieren, wenn Sie klarstellen, wie sehr Sie es zu schätzen wissen. Die Gewißheit, anerkannt zu werden, wird es Ihrem Gegenüber ermöglichen, sich zu entspannen und dem, was Sie zu sagen haben, zuzuhören.

Schauen Sie Ihrem Gegenüber ins Gesicht, wenn Sie mit ihm sprechen. Und dann machen Sie sich ruhig verletzlich, etwa: »Ich bin mir nicht ganz klar darüber, womit ich zu unserer Auseinandersetzung beigetragen habe. Ich weiß nur, daß ich an dem Streit mitschuldig bin. Vielleicht kannst du mir sagen, was ich falsch gemacht habe. Ich würde die ganze Angelegenheit gern einmal aus *deiner* Sicht sehen und erfahren, wieso ich ins Fettnäpfchen getreten bin. Ich mag dich nämlich gern und möchte eine gute Beziehung zu dir haben.«

Je großzügiger Sie mit positiven Bemerkungen sind, desto weniger wird Ihr Gegenüber den Wunsch verspüren, Sie anzugreifen.

»Ich kenne dich nun seit vielen Jahren (Monaten, Tagen), und ich weiß, was für ein phantastischer Mensch du bist – fürsorglich, ehrlich, fair. Aus irgendwelchen unerfindlichen Gründen habe ich einen Fehler begangen und dich falsch eingeschätzt und damit beleidigt. Ich würde das gern wiedergutmachen. Ich hoffe, du sagst mir, wie ich das tun kann.«

Sobald der andere nun seine Gefühle mit Ihnen teilt, wird *er* wahrscheinlich mit *seinen* »Versager«-Techniken der Schuldzuweisung beginnen. Versuchen Sie ihm zuzuhören. Das, was er zu sagen hat, enthält für Sie wertvolle Informationen.

VERTEIDIGEN SIE SICH NICHT.
ARGUMENTIEREN SIE NICHT.
ERKLÄREN SIE NICHT.

Hören Sie gut zu, bis Sie seinen Standpunkt kennen. Es wird nicht der gleiche sein wie Ihrer, aber für den anderen stellt er *seine* Wahrheit dar. Lernen Sie aus dem Unterschied Ihrer Standpunkte – sehen Sie den seinen nicht nur als Ursache für Konflikte an. Und während Sie dem anderen zuhören, vergessen Sie eines nicht: Auch Sie sind ein phantastischer Mensch, dem daran gelegen ist, die freundschaftliche Atmosphäre, die Sie beide vor dem Streit umgeben hat, wieder aufleben zu lassen.

Wenn Sie mit anderen Menschen zurechtkommen wollen, ist es hilfreich für Sie zu erfahren, was Sie als Motivations-Killer bei anderen anrichten: Versager reagieren mit Feindseligkeit, wenn sie Kritik zu hören bekommen. Erfolgsmenschen sind dankbar für jeden Einblick, den sie in ihr negatives »Versager-Verhalten« bekommen, weil sie es dann, wenn sie es erkennen, auch ändern können.

✳

Diese letzte Übung war geeignet, Sie *Ihre* Rolle in zwischenmenschlichen Problemsituationen erkennen zu lassen und Ihnen dabei zu helfen, Ihre Beziehungen erfolgreicher zu gestalten und zwischenmenschliche Konflikte so weit wie möglich auszuschalten. Die folgende Übung hat zum Zweck, daß Sie lernen, Ihrem Zorn und Ihrem Groll anderen gegenüber Ausdruck zu verleihen, ohne dabei Ihre Beziehungen zu zerstören. Diese Übung kann weiterhin dazu beitragen, den Motivations-Killer in *Ihrem* Leben dazu zu bringen, 50 Prozent der Verantwortung für entstandene Konflikte zu übernehmen und seinen Anschuldigungen, Nörgeleien und seiner Kritik an Ihnen ein Ende zu machen.

## Ihr Staudamm purer Wut

Wie gehen Sie mit Motivations-Killern um? Bringen sie Sie zur Weißglut, wenn Sie mit ihnen zu tun haben? Unterdrücken Sie Ihre Emotionen und Ihre Wut? Und lassen Sie Ihrem Ärger irgendwann, wenn Sie oft genug gereizt wurden, ganz plötzlich und unkontrolliert freien Lauf?

Nehmen wir einmal an, Sie verhalten sich so. Wenn Sie den Staudamm ihrer Wut niederreißen und sie an jemandem, der Ihnen nahesteht, auslassen, können Sie ihn damit fertigmachen. Weil der Motivations-Killer, über den Sie sich ärgern – wie wir bereits besprochen haben – normalerweise gute Absichten hegt, könnte er von Ihrem Wutanfall völlig geschockt und verwirrt sein. Weil er sich nämlich nicht klar darüber ist, daß er *Ihre* Gefühle verletzt hat, nimmt er an, daß *Sie* ihn zu Unrecht angreifen und daß *Sie* ein Motivations-Killer sind! In einem solchen Fall kann viel Zeit vergehen, bis der Schaden, den Ihre Beziehung dadurch genommen hat, wieder behoben ist.

Obwohl es auf der einen Seite natürlich von großer Bedeutung ist, daß Sie Ihren Gefühlen freien Lauf lassen, ist es das »Wie«, das Sieger von Verlierern unterscheidet. Ein Sieger erinnert sich rechtzeitig:

**EINEN MENSCHEN MIT EINEM WUTAUSBRUCH ZU KONFRONTIEREN BEDEUTET, IHM WEH ZU TUN.**

Niemand ist gefühlsmäßig »reif genug«, einen orkanartigen Wutausbruch zu tolerieren. Nicht einmal dann, wenn er es verdient hat! Wenn Sie Ihre Feindseligkeit gegenüber dem Motivations-Killer in Ihrem Leben Ausdruck verleihen möchten, sollten Sie darauf achten, daß dieser Mann auch dafür empfänglich ist. Wenn Sie ihm unerwartet Angst und Schrecken einjagen, können Sie nicht von Ihm erwarten, daß er Ihnen in Ruhe zuhört. Wenn Ihnen tatsächlich daran liegt, daß er sich verändert, sollten Sie ihm, was immer Sie ihm zu sagen haben, sanft beibringen. Und Sie sollten ihn wissen lassen, daß er Ihnen etwas bedeutet. Ich weiß, daß das leichter gesagt ist als getan. Denn wenn Sie endlich den Mut aufbringen, es ihrem Motivations-Killer heimzuzahlen, werden Sie sich höchstwahrscheinlich sagen: »Wer kann schon freundlich und positiv zu einem beleidigenden und negativen Idioten sein?« Weil aber Ihr Ziel darin besteht, den Motivations-Killer zum Schweigen zu bringen und Sie zu respektieren, um sich letztlich mit Ihnen auf einer positiven Ebene zu treffen, sollten Sie eine neue Methode, mit ihm und Ihrer Wut umzugehen, lernen.

# Übung 9
## Positives Schwimmen

Eine gute Art und Weise, Ihre Wut zu zügeln, wenn Sie jemandem die Leviten lesen wollen, ist es, an Positives zu denken... und sich dabei vorzustellen, zu schwimmen. Stellen Sie sich einen Augenblick lang vor, wie Sie durch das Wasser gleiten... wie Sie erst den einen, dann den anderen Arm vorwärtsbewegen. Die Bewegungen, die Sie dabei machen, sind rhythmisch: linker Arm ... rechter Arm ... linker Arm ... rechter Arm.

Es wäre dumm von einem Schwimmer, sich mit einem Arm durchs Wasser zu quälen, wenn ihm zwei Arme zur Fortbewegung zur Verfügung stehen. Ähnlich dumm ist es, sich mit einer ungemütlichen, negativen Situation herumzuquälen, die immer nur noch unerträglicher wird. Weshalb nutzen Sie nur die Hälfte Ihrer kommunikativen Fähigkeiten? Weshalb schöpfen Sie nicht die gesamte Kraft aus, die in Ihren beiden emotionalen Armen liegt, wenn Sie mit jemandem reden?

Lassen Sie mich Ihnen dabei helfen, sich die ganze Angelegenheit physiologisch vorzustellen: Ihr linker Arm repräsentiert Ihre Wut, und Ihr rechter Arm stellt all die positiven Gefühle dar, die Sie für denjenigen hegen, mit dem Sie sich streiten. Beginnen Sie, positive Dinge über diesen Menschen aufzuzählen, und lassen Sie Ihre Stimme dabei weich und freundlich klingen. Angenommen, der Mensch, um den es geht, ist Ihr Partner. Dann würden die Worte, die Sie sagen, etwa so lauten:

**Rechte Hand (positiv):**
»Liebling, du weißt, wie wichtig du mir bist. Ich liebe und brauche dich wirklich.«

**Linke Hand (negativ):**
»Weil deine Zustimmung mir so viel bedeutet, habe ich Angst, dir meinen Ärger zu zeigen.«

**Rechte Hand (positiv):**
»Ich unterhalte mich so gern mit dir. Mit dir bin ich lieber zusammen als mit irgendeinem anderen Menschen.«

**Linke Hand (Wut):**
»Gestern abend war ich wütend auf dich, weil du mich vor unseren Freunden blamiert hast. Aber ich hatte Angst, es dir zu sagen.«

**Rechte Hand (positiv):**
»Dein Lob bedeutet mir so viel, daß ich deine Worte zu schätzen weiß, wenn du mir sagst, daß ich etwas gut gemacht habe.«

**Linke Hand (Wut):**

»Aber als du unseren Freunden wieder und wieder erzählt hast, daß ich schlampig sei und daß das Haus, immer wenn ich es verlasse, ein Chaos sei, da hast du gemogelt und mir damit sehr weh getan.«

**Rechte Hand (positiv):**

»Du hast einen solch ausgezeichneten Geschmack, und ich erfreue mich an all den teuren Dingen, die wir uns leisten können, weil du so hart arbeitest.«

**Linke Hand (Wut):**

»Aber als du dich darüber lustig gemacht hast, daß ich sorglos damit umginge und sie nicht zu schätzen wüßte, war ich wirklich peinlich berührt und verärgert.«

**Rechte Hand (positiv):**

»Du bist so großzügig, und ich liebe all die schönen Dinge, die du mit mir geteilt hast und teilst.«

**Linke Hand (Wut):**

»Aber vor unseren Freunden gerade die Tage zu erwähnen, an denen ich in Eile bin und nicht mehr zum Aufräumen komme, läßt mich tatsächlich als *ewige* Schlampe erscheinen... und das stimmt einfach *nicht*.«

**Rechte Hand (positiv):**

»Ich mache dir gerne Komplimente, weil du sie wirklich verdienst. *Und ich verdiene sie auch.* Ich würde mir wünschen, daß *Du* mir vor unseren Freunden auch einmal schmeichelst.«

Sollte Ihr Partner ein Motivations-Killer sein, wird er nicht wissen können, daß er einer ist, wenn Sie es ihm nicht sagen. Aber sagen Sie es ihm auf nette Art und Weise. So, wie Sie es an dem Schwimmbeispiel gesehen haben. Vergessen Sie nicht, ihm zu sagen, was alles Sie an ihm mögen. Sonst sind am Ende *Sie* der Motivations-Killer für ihn.

Achten Sie vor allem darauf, daß die positiven Dinge, die sie ihm sagen, die negativen in ihrer Anzahl weit übertreffen. Wenn Sie die Schwimmethode anwenden, wird nichts von der Zuneigung und der Vertrautheit, die Sie und Ihren

Partner miteinander verbindet, verlorengehen. Dennoch haben Sie es geschafft, Ihre negativen Gefühle zu verbalisieren und sie damit loszuwerden.

Wenn Sie Erfolg haben wollen, sind Sie auf die Hilfe Ihres Partners, Ihrer Freunde angewiesen. Und Sie dürfen nie vergessen, daß der Mensch neben Ihnen ein zerbrechliches, kindliches Ego hat. Und daß Sie ihn sanft behandeln müssen.

Achten Sie einmal auf die Anzahl positiver und die Anzahl negativer Bemerkungen, die Sie tagtäglich von sich geben. Versuchen Sie, sich selbst dabei zu ertappen, wenn Ihnen Sätze wie etwa folgende entfahren:

»Warum kannst du nie...«
»Du glaubst wirklich, dieses Durcheinander sei dazu angetan, dein Ziel zu erreichen?«
»Mit der Geschwindigkeit, die du drauf hast, wirst du nie imstande sein...«
»Wieso brauchst du so lange?«
»Bevor du nichts Besseres zustande bringst, fällt es mir schwer... zu respektieren.«
»Ich fürchte, du versaust die Angelegenheit.«
»So wie du dich anstellst, wirst du nie fertig werden!«

Merken Sie sich: All das sind beleidigende Bemerkungen, wie Verlierer sie machen. Sie zerstören jeglichen Kontakt, jede Selbstachtung und jede Motivation. Sie verhindern jedes gute Gefühl und dämmen jede Hilfsbereitschaft ein.

Hören Sie auf, die Mitwirkung anderer abzuwürgen. Selbst die geringste Hilfestellung kann oft von Nutzen sein. Wenn es Ihnen gelingt, sie zu belohnen und zu akzeptieren, werden Sie ein Fundament schaffen, auf das Sie bauen können. Mehr noch: Sie werden die Quantität und die Qualität dessen, was Sie sich zu schaffen vorgenommen haben, erhöhen.

Wenn Sie Wert darauf legen, daß Ihre Mitmenschen Sie lieben, unterstützen, sich Gedanken um Sie machen und/ oder Ihnen helfen, sollten Sie auf Ihre Sprache achten. Wenn Sie sich bei negativen Bemerkungen, wie Motivations-Killer sie machen, ertappen, klopfen Sie sich dafür auf die Schulter, daß Sie es gemerkt haben... und HÖREN SIE AUF DAMIT! Achten Sie gleichzeitig darauf, daß sich Ihre positiven Bemerkungen HÄUFEN.

Wenn Ihnen das gelungen ist, wird sich die Motivation der Menschen um Sie herum entsprechend erhöht haben.

DIE MOTIVATION ANDERER ERHÖHT SICH
IN DEM MASSE, IN DEM SIE DIE ANZAHL IHRER
POSITIVEN BEMERKUNGEN ERHÖHEN.

## Sieger und Verlierer

Können Sie auf die Hilfe anderer zählen, wenn Sie sie brauchen? Wissen Sie, wie Sie anderen, die Ihnen nahestehen, gute Gefühle vermitteln und sie dadurch von ganz allein auftauchen, wenn Sie sie brauchen? Oder sind Sie darauf angewiesen, alles im »Alleingang« zu schaffen, weil niemand gewillt ist, Ihnen zur Hand zu gehen?

Selbst wenn Sie bislang zu den Motivations-Killern gehört haben – noch ist es nicht zu spät für Sie, Ihr Verhalten zu ändern. Arbeiten Sie die Zusammenfassung dieses Kapitels noch einmal gründlich durch.

| VERLIERER | SIEGER |
|---|---|
| 1. Verlierer machen nur selten, wenn überhaupt, eine positive Bemerkung. Sie wollen die Hilfe anderer durch Schuldgefühle, auffordernde Blicke, verärgerte Seufzer, harte Worte und sogar körperliche Züchtigung erzwingen. Dadurch schaffen sie unzählige neue Probleme, wie z. B. Depressionen, Rebellion und gar Kriminalität. | 1. Erfolgsmenschen bekommen jede Hilfe, die sie brauchen oder möchten. Sie belohnen die Hilfe anderer, indem sie sie schätzen. Sie gehen großzügig mit positiven Gesten und Bemerkungen wie einem Lächeln, Lob und Zuneigung um. Sie verwenden viele positive Redewendungen und kaum negative. |

| VERLIERER | SIEGER |
|---|---|
| 2. Sobald ein Mißverständnis auftaucht, versuchen Verlierer zu beweisen, daß sie recht haben und die andere Person unrecht. Sie verstricken sich in die Frage »Wer war's« und verpuffen ihre Energien damit, Spürhund zu spielen und jeden Anhaltspunkt zu verfolgen, der ihre Position stärkt. Damit zerstören sie in anderen die Bereitschaft, ihnen zu helfen. | 2. Sieger achten darauf, um sich herum eine Atmosphäre von Fürsorglichkeit und Kameradschaft zu gestalten und zu erhalten. Sie nehmen aus einem Streit die Luft heraus, indem sie die Schuld auf sich nehmen. Dadurch holen sie die andere Person aus ihrer Defensive und können sie dahingehend motivieren, nun zu tun, was zu tun ist. |
| 3. Verlierer machen den anderen für die Schwierigkeiten, die sie mit ihrer Beziehung haben, verantwortlich. Sie selbst halten sich für völlig unschuldig an dem Konflikt. Sie sagen: »Mich trifft keine Schuld. Du bist derjenige, der Fehler gemacht hat.« | 3. Sieger akzeptieren, daß sie die Hälfte der Verantwortung für Probleme in ihrer Beziehung tragen. Sie sagen: »Was habe ich getan, um diese Reaktion herauszufordern? Wie habe ich den anderen Menschen verärgert?« |
| 4. Wenn Verlierer mit Kritik konfrontiert sind, werden sie feindlich gestimmt und streitsüchtig. Es gelingt ihnen nicht, von dem, was vom anderen kommt, zu lernen und zu profitieren, geschweige denn das Problem auszudiskutieren und aus der Welt zu schaffen. | 4. Wenn Sieger sich dabei ertappen, anderen bei einem Argument die Schuld zuzuweisen, bemühen sie sich augenblicklich, mit dem anderen zu sprechen. Dabei vergessen sie nie, positiv zu sein. Sie sagen: »Erklär' mir *deinen* Standpunkt.« Wenn der andere spricht, hören sie ihm zu, ohne Gegenargumente zu liefern oder sich zu verteidigen. |

5. Verlierer machen die Motivation anderer zunichte, indem sie ihnen so lange kein Lob aussprechen, bis sie die »perfekte« Lösung gefunden haben. Jede Hilfe, die nicht haargenau ihrer Vorstellung entspricht, lehnen sie ab oder beschimpfen sie.

5. Sieger schenken schon der geringsten Hilfeleistung, die ihnen entgegengebracht wird, ihre Wertschätzung. Dadurch motivieren sie die anderen, ihnen weiterzuhelfen – so lange, bis deren Hilfe genau dem entspricht, was der Sieger sich von vornherein darunter vorgestellt hatte.

6. Verlierer töten jede Motivation in anderen ab, weil sie die Hilfe anderer ausschließen und jedes Problem allein lösen möchten. Dadurch fühlen sich die anderen unwichtig oder ignoriert.

6. Sieger erkennen das Mitwirken anderer mit großzügig verteilten positiven Bemerkungen an. Dadurch, daß sie die Mühe anderer belohnen, ermutigen sie sie, ihnen noch mehr zu helfen.

7. Verlierer schaffen es nicht, den Motivations-Killern ihres Lebens wirkungsvoll entgegenzutreten. Sie versuchen stets, den Angriff mit selbstzerstörerischen Schuldgefühlen, Anschuldigungen, Sarkasmus, Wut, Schweigen oder völligem Rückzug in sich selbst abzuwehren. Damit erreichen sie jedoch nur eines: Sie sorgen für mehr Verwirrung, mehr Schmerz und mehr Abstand in ihrer Beziehung. Verlierern gelingt es nicht, den Motivations-Killern Einhalt zu gebieten.

7. Sieger wissen, daß Wutausbrüche oder Kritik eines Menschen oft auf Angst basieren. Sie erkennen, daß der andere Sorgen haben könnte, und sprechen mit ihm darüber. Sie nehmen den negativen Bemerkungen, die gegen sie gerichtet sind, den Stachel. Letzteres tun sie, indem sie ihrem Gegenüber klarmachen, was sie alles schon erreicht haben – und daß sie somit keinen Grund haben, auf andere loszugehen. Sie schließen Motivations-Killer in ihre Erfolgserlebnisse mit ein.

| VERLIERER | SIEGER |
|---|---|
| 8. Verlierer verstummen, wenn sie von einem Motivations-Killer unterbrochen werden, und schaffen es nicht mehr, einen Gedanken zu Ende zu denken oder einen Satz zu Ende zu sprechen. Letztlich verstummen sie ganz, weil sie die Kritik anderer in der Öffentlichkeit fürchten. | 8. Sieger lassen es nicht zu, daß andere sie zum Schweigen bringen. Sie führen ihre Ideen und Sätze freundlich, aber bestimmt zu Ende. Wenn jemand drauf und dran ist, sie zu unterbrechen oder zu korrigieren, zeigen sie dem anderen mit einem Lächeln seine Grenzen und sagen: »Ich bin noch nicht fertig.« Dann reden sie weiter. |
| 9. Wenn Verlierer versuchen, mit einem Motivations-Killer klarzukommen, unterdrücken sie ihre Wut für eine geraume Zeit, um sie ihm dann eines Tages entgegenzuschleudern. Damit zerstören sie den anderen und die Beziehung oft so sehr, daß kein neuer Anfang einer Freundschaft möglich ist. | 9. Wenn Sieger sich über einen Motivations-Killer ärgern, sagen sie es ihm. Dabei vergessen sie allerdings nicht, den anderen zwischendurch immer wieder wissen zu lassen, wie sehr sie ihn achten und mögen. Damit schlagen sie zwei Fliegen mit einer Klappe: erstens reden sie sich ihren Ärger von der Seele und zweitens riskieren sie nicht, daß ihre Freundschaft zerbricht. |

# 10. KAPITEL

# Ihre verborgene innere Kraft: Ehrlichkeit

*Ich bin... bestrebt, in jedem Fall die Wahrheit zu sagen; niemandem Hoffnungen zu machen, die ich nicht erfüllen kann. Ich bemühe mich in jedem meiner Worte und jeder meiner Taten um Aufrichtigkeit – was die liebenswürdigste Leistung eines rationalen Wesens darstellt.*

BENJAMIN FRANKLIN

Ich möchte Ihnen noch eine »Waffe« in die Hand geben, mit der Sie zum Erfolg gelangen können. Diese »Waffe« heißt Ehrlichkeit.

Mag sein, daß Sie Ehrlichkeit bislang nicht als Waffe betrachtet haben, aber sie ist eine. Meiner Ansicht nach ist Ehrlichkeit ein Zeichen von Stärke. Sie steht für ein hohes Maß an Selbstachtung, das Gefühl innerer Selbstsicherheit und Würde. Ehrlichkeit ist mit einem Zauber behaftet, der andere Menschen wie ein Magnet an Sie zieht. Sie wissen zwar nicht, was sie an Ihnen so fesselt, aber sie werden Sie mögen, weil Ehrlichkeit eine äußerst einnehmende Eigenschaft ist.

## Man wird Ihnen vertrauen

Wenn Sie ein ehrlicher Mensch sind, werden andere Menschen lernen, Ihnen zu vertrauen. Gleichgültig, um was für eine Situation es sich auch handelt, die anderen werden wissen, daß Sie nichts zu verbergen haben, daß Sie nicht mit Entschuldigungen aufwarten oder Ihr Verhalten anderen gegenüber verteidigen. Sie werden wissen, daß Sie die Wahrheit sagen.

In meinen Therapien habe ich Firmenvorsitzende und Industrielle behandelt. Es ist interessant zu beobachten, wie viele Erfolgscharakteristika diese Führungspersonen miteinander verbinden. Ehrlichkeit ist ausnahmslos eine von ihnen. Sie beschreibt auch einen meiner Patienten, George, einen erfolgreichen, international anerkannten Grundstücks- und Häusermakler. Ich habe ihn liebevoll »meinen Grundbesitz-Mogul« getauft. Als er mir von seiner Vergangenheit erzählte, berichtete er auch über ein Haus, das er einem potentiellen Käufer in Lake Forest, Illinois, gezeigt hatte, als er seine berufliche Laufbahn begann. Der Besitzer des Anwesens hatte George im Vertrauen wissen lassen, daß zwar das Haus selbst in gutem Zustand war, daß aber das Dach so alt war, daß es eigentlich sofort erneuert werden müsse.

Die ersten Klienten, denen George das Haus zeigte, waren ein junges Paar, das ihn über seine äußerst begrenzten finanziellen Mittel unterrichtet hatte. Das Paar befürchtete, sich bis über beide Ohren zu verschulden, und suchte darum nach einem Haus, das so wenig wie möglich renoviert werden mußte.

Als sie das Haus in Lake Forest sahen, gefiel es ihnen auf den ersten Blick. Sie waren so begeistert davon, daß sie am liebsten sofort eingezogen wären – bis George ihnen von dem Haken an der Sache berichtete: Das Haus brauchte ein neues Dach, das etwa 8000 Dollar kosten würde.

George wußte, daß er damit seinen Geschäftsabschluß riskierte.

Und genau das geschah! Nachdem das Paar gehört hatte, wieviel Geld allein für Reparaturen in dieses Haus gesteckt werden mußte, verzichtete es. Eine Woche später erfuhr George, daß die beiden zu einem anderen Makler gegangen waren und dort ein ähnliches Haus für weniger Geld erworben hatten.

Als sein Chef davon Wind bekam, daß er ein Geschäft an

einen anderen Makler verloren hatte, wurde er weiß vor Wut. Er rief George in sein Büro und verlangte eine Erklärung dafür, warum er den Abschluß nicht zustande gebracht hatte.

Georges Bericht über die finanziellen Probleme des Paares befriedigten seinen Chef nicht. »Die haben Sie nicht nach dem Dach gefragt!« schrie er. »Sie hatten keinerlei Veranlassung dazu, ihnen davon zu erzählen. Es war dumm von Ihnen, den beiden diese Information freiwillig zu geben. Das Ganze ging Sie überhaupt nichts an! Jetzt haben Sie alles verloren!«

Und damit war George gefeuert.

Wäre George ein Verlierer gewesen, hätte er sich nun Vorwürfe gemacht und gedacht: »Es war idiotisch von mir, den beiden die Wahrheit zu sagen. Was gehen mich die Probleme anderer Leute an? Gar nichts. Ich werde meinen Mund nie mehr aufmachen und so eine Provision verlieren. Das war dumm von mir!«

Aber George *wollte ehrlich sein*. Er war dazu erzogen worden, die Wahrheit zu sagen. Sein Vater hatte ihm beigebracht: »Wenn du jemandem die Hand auf etwas gibst, ist das so gut wie ein Vertrag. Dein Wort hat zu gelten. Wenn du geschäftlich erfolgreich sein willst, mußt du den Leuten *faire* Angebote machen.« Damit war Georges Integrität zu seiner Priorität geworden... nicht das Geld. Und so gern er das Haus verkauft hätte, es war ihm nicht wichtig genug gewesen, seine eigenen Werte dafür aufs Spiel zu setzen. Selbst nachdem er seine Stellung verloren hatte, war er noch überzeugt davon, richtig gehandelt zu haben.

George lieh sich von einem Verwandten, dem er Jahre zuvor einmal geholfen hatte, Geld und zog nach Kalifornien. Dort gründete er eine kleine Maklerfirma. Innerhalb weniger Jahre wurde er bekannt dafür, daß er niemanden übers Ohr haute und daß man ihm vertrauen konnte. Das kostete ihn zwar einige Abschlüsse, aber die Leute wußten, daß sie sich auf George verlassen konnten. Somit hatte er dann einen Ruf bekommen, der sich bezahlt machte: Sein Geschäft erweiterte sich und blühte. Bald hatte er Filialen im ganzen Land.

In Ihrem Privatleben oder in Ihrem Beruf kann es Ihnen

auch passieren, daß Sie dann und wann einmal etwas verlieren, weil Sie ehrlich sind. Aber auf lange Sicht gesehen können Sie solche Verluste verschmerzen. Wichtig ist, daß Sie den Ruf, glaubwürdig und redlich zu sein, erlangen. Man muß sich auf Ihr Wort verlassen und es respektieren können. Die Menschen müssen wissen, daß Sie Ihnen vertrauen können.

## Sie brauchen keine Kristallkugel

Ehrliche Menschen sind von einer Aura der Sicherheit und Gediegenheit umgeben, an der Sie sie sofort erkennen. Wenn Sie es mit einem ehrlichen Menschen zu tun haben, brauchen Sie keine Kristallkugel. Sie müssen nicht zu erraten versuchen, was er denkt oder was er will – er wird es Ihnen sagen.

Ich wähle meine Freunde danach aus, wie wahrheitsliebend und wie offen sie mir gegenüber sind. Wenn ich mich mit jemandem anfreunde oder eine neue Kraft einstelle, ist das Hauptkriterium, nach dem ich diesen Menschen beurteile, seine Direktheit. Meine Tage sind angefüllt mit Patientenbesuchen, meinen Rundfunk- und Fernsehprogrammen, öffentlichen Auftritten, Lesungen und Bücherschreiben. Manchmal folgt alles so schnell aufeinander, daß ich unbeabsichtigt anderen gegenüber wenig einfühlsam bin. Darum brauche ich Freunde und Mitarbeiter, die mir ehrlich sagen, was mein Verhalten ihnen gegenüber bewirkt. Ich möchte es wissen, denn ich mag sie. Darum können und sollen sie ehrlich zu mir sein.

Oft behandle ich Patienten, die absichtlich eine Information zurückhalten, von der sie fürchten, daß sie andere damit verletzen. Sie fürchten sich davor, ärgerlich zu werden, direkt zu sein oder das, was sie wahrzunehmen glauben, auszusprechen. Sie fürchten sich davor, daß andere sie – wenn sie all das täten – ablehnen oder nicht mehr mögen könnten. Mit solchen Leuten befreundet zu sein und zu bleiben, ist äußerst schwierig. Es kostet zu viel Nerven. Es ist wesentlich weniger anstrengend, mit Leuten, die offen und direkt mit anderen sprechen, zusammen zu sein. Bei ihnen weiß man wenigstens immer, woran man ist.

Ehrliche Freunde sagen, was sie denken; sie fällen ihre eigenen Urteile und haben eine eigene Meinung – sie beziehen Position. Bei ihnen muß man sich keine Gedanken darüber machen, ob sie verärgert sind, ob sie hinterrücks tratschen oder gar hinterlistig sind. Sie werden nicht hinter Ihrem Rücken über Sie reden. Wenn sie irgendeine Meinungsverschiedenheit mit Ihnen haben, werden sie Sie freundlich, aber bestimmt ihren Standpunkt wissen lassen. Weil die Verständigung offen und ehrlich ist, haben Sie somit die Gelegenheit, auftauchende Probleme direkt anzugehen und zu lösen.

## Das Gedächtnis überbelasten

Ist Ihr Gedächtnis gut genug, daß Sie sich all der Lügen, die Sie über die Jahre erfunden haben, entsinnen können? Die meisten Menschen kommen schon ins Schleudern, wenn sie sich daran erinnern sollen, was *tatsächlich* geschehen ist.

WIE STEHT'S MIT IHNEN?

Wenn Sie lügen, so tun als ob und verschweigen, sind Sie so sehr damit beschäftigt, sich bloß alles zu merken, daß Sie kaum noch Zeit dafür übrig haben, das Heute zu genießen und kreativ zu gestalten.

## Es ist einfacher, man selbst zu sein

Haben Sie schon einmal auf einer Cocktail-Party jemanden getroffen, den Sie auf Anhieb nicht mochten? Wenn man neue Leute trifft, weiß man oft innerhalb weniger Minuten, ob man bleiben und mehr über sie herausfinden oder ob man sie stehenlassen möchte, weil sie irgend etwas »Unwirkliches« an sich haben. Wenn Sie sich nicht in acht nehmen, kann es Ihnen passieren, daß die Leute, die *Sie* treffen, ganz schnell wieder aus Ihrer Reichweite verschwinden möchten. Wenn Sie jemanden – beruflich oder privat – zum ersten Mal treffen, ist es wichtig, daß Sie ihm sofort die *wahre Essenz* dessen, was und wer Sie wirklich sind, zu erkennen geben. Geben Sie dem anderen Menschen die Gelegenheit, Ihre Glaubwürdigkeit und Ihre Direktheit auf Anhieb zu erkennen. »Die Wahrheit besitzt die größte Stärke von all dem, was Menschen sagen«, sagte der berühmte griechische Dichter Sophokles.

Ehrlich und aufrichtig zu sein ist der beste Weg dazu, neue Bekanntschaften zu ermutigen, Sie zu mögen und näher kennenlernen zu wollen. Es ist die »größte Stärke«, die Sie zu bieten haben.

Das heißt allerdings nicht, daß ich Sie nun dazu auffordere, anderen Leuten sofort Ihre Seele zu entblößen und ihnen Ihr Herz samt allem Kummer auszuschütten. Das würde den anderen nicht nur erdrücken, sondern es wäre auch äußerst geschmacklos. Sie sollen sich lediglich dem anderen gegenüber ehrlich verhalten. Und daß Sie ehrlich mit sich selbst sein sollen.

Dieser Rat ist auch kein Freibrief dafür, negative Bemerkungen über andere zu machen oder sie unbarmherzig zu beurteilen. Wenn derjenige, den Sie neu kennenlernen, eine übergroße Nase hat, sollen Sie ihn selbstverständlich nicht »Großnase« nennen. Ehrlichkeit hat mit Kritik an der Person des anderen nichts gemein. Ebensowenig hat Ehrlichkeit damit zu tun, die Gefühle eines anderen zu verletzen, grausam zu sein oder ihn auf irgendeine Art und Weise zu bestrafen.

Die Ehrlichkeit, die ich meine, ist in *Ihnen selbst*. Das Licht der Wahrheit muß auf Sie gerichtet sein. Ich wünsche mir, daß Sie erhobenen Hauptes und mit einem Lächeln im Gesicht stolz darauf sind, den Menschen, der Sie wirklich sind, zu präsentieren. Einen Menschen mit all seinen Fehlern, die er in der Vergangenheit gemacht hat, mit all den Umwegen, die ihn von seinem eigentlichen Kurs abgebracht haben, mit all dem, was er in seinem Leben versäumt hat. Das ist normal ... das ist wirklich.

Sich selbst gegenüber ehrlich und aufrichtig zu sein, ist im gesellschaftlichen Bereich nicht selten ein schwieriges Unterfangen. Aber wo immer Sie auch sind, wenn Sie sich Ihren Selbstrespekt verdienen wollen, müssen Sie den Ehrlichkeitstest bestehen. Und der sieht etwa so aus: Nehmen wir einmal an, Sie führen gerade auf einer Cocktail-Party eine freundliche Unterhaltung, als einer der Anwesenden Sie plötzlich von oben herab anschaut und sagt: »Heißt das, Sie mögen keine klassische Musik?« Daß er Sie mit dieser Bemerkung für einen Kunstbanausen hält, versteht sich von selbst.

Und was tun Sie? Wenn Sie klassische Musik wirklich nicht mögen, strahlen Sie ihn freundlich an und sagen sanft: »Sie haben recht. Ich mag klassische Musik nicht.« Wenn Sie besonders freundlich sein wollen, können Sie noch hinzufügen: »Sie scheinen klassische Musik zu lieben und zu verstehen. Ich würde gerne einiges über Ihre Lieblingskompositionen wissen.«

Meine Patienten gestehen mir oft, daß sie sich immer dann, wenn sie neue Leute kennenlernen, so geben, wie es der andere vermutlich erwartet. Es ist eine Sache von Sekunden, bis sie herausgefunden haben, was dem anderen wohl an ihnen gefallen könnte. Um von dem anderen gemocht zu werden, nehmen sie dann diese Rolle an. Das falsche Image, das sie sich so verschafft haben, verhilft ihnen dann dazu, vom anderen akzeptiert zu werden.

Machen Sie das auch so?

Nun – die Chance, haargenau zu erraten, was ein Mensch an anderen bevorzugt und was er sich von ihnen wünscht, ist äußerst gering. Was ist, wenn Sie *völlig* falsch geraten haben und der andere eine gänzlich andere Persönlichkeit als die, die Sie sich vorgestellt haben, mag? Dann stecken Sie fest. Weshalb wollen Sie so eine Panne riskieren, wenn es doch viel einfacher, viel bequemer und viel liebenswerter ist, sich so zu geben, wie Sie sind?

Betrachten wir auch ruhig einmal die andere Seite. Angenommen, Sie *sind* Gedankenleser und *sind in der Lage*, genau herauszufinden, was der andere erwartet. Mehr noch: Dank Ihrer übersinnlichen Fähigkeiten *gelingt* es Ihnen auch noch, genau den Menschen darzustellen, den Ihre neue Bekanntschaft anbetet. Was dann? Dann errichten Sie ein Kartenhaus, das früher oder später, wenn Ihr neuer Bekannter Sie besser kennengelernt hat, zusammenfällt. Dann wird Ihr Partner so enttäuscht darüber sein, daß Sie ganz anders sind, als Sie zu sein vorgaben – und Sie werden seine Freundschaft erst recht verlieren!

## Ich möchte so sehr, daß du mich magst

Eine meiner Patientinnen namens Sally hatte ein »blind date« mit einem jungen Rechtsanwalt; er war der Sohn einer Freundin ihrer Mutter. Greg, ein Harvard-Absolvent, war kürzlich einer respektablen Kanzlei beigetreten. Sally war von seiner Bildung so beeindruckt, daß sie fürchtete, er könne kein Interesse an ihr haben, da sie keine Universität besucht hatte.

Als Greg sie zu der Verabredung – die Sallys Mutter arrangiert hatte – abholte, mochte sie ihn sofort und hoffte, daß sich die Bekanntschaft zu einer festen Beziehung entwickeln würde.

Wegen seiner akademischen Ausbildung nahm Sally an, Greg bevorzuge eine intellektuelle Partnerin. Folglich gab sie sich, wie ihre Mutter es zu nennen pflegte, »hochnäsig und besserwisserisch«. Sie erzählte ihm, wie sehr sie die Oper liebte (obwohl sie nie eine besucht hatte), sie erklärte, wie groß ihr Interesse an Shakespeare und anderen Klassikern sei (obwohl sie in ihrem ganzen Leben nur Filmmagazine und Kochbücher gelesen hatte), und sie plauderte über ihre häufigen Museumsbesuche (wovon der letzte an der Hand ihrer Eltern stattgefunden hatte, als sie vier Jahre alt gewesen war).

Weil Sally so sehr darum bemüht war, Greg zu beeindrukken, wirkte sie steif und ungelenk. Greg fühlte sich in ihrer Gesellschaft so unwohl, daß er sie nicht noch einmal anrief. Sally war am Boden zerstört.

Einige Monate später erfuhr Sally von einer Freundin, daß Greg nun eine feste Freundin namens Jennifer habe. Die Ironie der Angelegenheit war, daß auch Jennifer keine Universität besucht hatte. Sie arbeitete in einer Boutique als Verkäuferin. Die Leute mochten sie, weil sie »direkt, begeisterungsfähig und eine gute Gesellschafterin« war. Jennifer kochte ausgezeichnet, und Greg liebte, was sie auf den Eßtisch zauberte. Sie liebte es, mit dem Rucksack durch die Lande zu ziehen und Berge zu besteigen. Greg, seit langem Mitglied des Sierra Clubs, teilte ihre Liebe zur Wildnis. Bei Jennifer und Greg hatte es sofort gefunkt. Intellektuelle Gespräche führten sie nie. Was Greg an Jennifer gefallen hatte, war, daß sie sich ihm so gezeigt hatte, *wie sie war*. Nicht so, wie sie glaubte, daß er sie mögen würde.

Es ist bei weitem besser, ehrlich zu sein und damit gegebenenfalls zu riskieren, einen Menschen schon beim ersten Treffen zu »verlieren«. So ist's nun mal. Nicht jeder wird Sie mögen. Aber verschwenden Sie deshalb Ihre Zeit nicht mit Lügen oder gar damit, sich unzulänglich zu fühlen. Wenn Sie anderen etwas vorheucheln, kommt es eines Tages doch heraus, und dann haben Sie die Menschen, die Sie für sich gewinnen wollten, erst recht enttäuscht. Weshalb wollen Sie so viel Zeit investieren, wenn Sie schon nach ein, zwei Treffen feststellen können, ob Sie zu dem anderen passen oder nicht und ob eine Beziehung eine echte Chance hat.

Benjamin Franklin, der als einer der weisesten Männer seines Zeitalters galt, sagte über Ehrlichkeit:

*»Das große Geheimnis, in Gesprächen erfolgreich zu sein, ist, viel zu hören und nie vorzugeben, geistreich zu sein.«*[25]


## Die Experten wußten es nicht

Als ich Doktorandin in London war, hatte ich mehr als genug Gelegenheit, die »professionelle Glaubwürdigkeit« genauestens unter die Lupe zu nehmen. Sie war z. B. während einer Konferenz in Belgien, an der ich teilnahm, zu beobachten. Als ich mich in einem mit international anerkannten Verhaltenswissenschaftlern gefüllten Raum befand, fiel mir auf, daß eine der meistgebrauchten Redewendungen »Ich weiß es nicht« lautete. Dann und wann wurde allerdings auch das wissenschaftliche Äquivalent gebraucht, das da lautet: »In diesem Stadium unserer Forschung haben wir noch nicht genügend Beweise, um daraus endgültige Schlußfolgerungen ziehen zu können.«

Kluge Menschen haben genügend Selbstvertrauen, um akzeptieren zu können, daß niemand alles »weiß«. Sie geben häufig zu, daß sie etwas nicht wissen, und versuchen die Informationen, die ihnen noch fehlen, später zu bekommen. Durch dieses Zugeständnis leidet das Ego dieser Erfolgsmenschen keinesfalls. Etwas nicht zu wissen, ist für sie ein Ansporn weiterzusuchen und sich so mehr Wissen zu verschaffen.

### SELBST EXPERTEN SIND NICHT IN ALLEM PERFEKT.

Viele meiner Patienten sind weltberühmte Fachleute und Unternehmer. Auf ihrem Gebiet sind sie Leuchten, aber in der Zusammenarbeit mit ihnen mußte ich oft feststellen, wie unterentwickelt sie in bezug auf andere Lebensgebiete sind. Sie verbringen so viel Zeit damit, ihre Talente und ihr Fachwissen zu vervollkommnen, daß sie andere Gebiete häufig verkümmern lassen. Manchmal bereitet es ihnen sogar Schwierigkeiten, selbst die einfachsten Fragen, die nichts mit ihrem Fachgebiet zu tun haben, zu beantworten.

Gewinner wissen, daß es weder möglich noch notwendig ist, ein Gesamtwissen aller nur erdenklichen Informationen zu haben. Anstatt sich also in vielen Dingen zu verzetteln, ziehen sie es vor, ihre Energien auf ein Spezialgebiet zu konzentrieren. Sie wissen, daß jemand, der »auf allen Hochzeiten tanzt«, ein Verlierer ist... und daß der Sieger *ein* Gebiet voll und ganz beherrscht.

### AUCH SIE KÖNNEN NICHT ALLES KÖNNEN.
### UND SIE MÜSSEN AUCH NICHT IN
### ALLEN DINGEN PERFEKT SEIN.

Niemand kann allen Menschen jederzeit alles sein. Das ist auch gar nicht notwendig. Wenn Sie also nächstens an sich selbst zweifeln, dann erinnern Sie sich daran, daß auch den Experten Grenzen gesetzt sind und daß sich ihre Fähigkeiten normalerweise auf ein kleines Fachgebiet beschränken.

Daß Sie Ihre eigenen Grenzen und die Grenzen anderer erkennen, ist auf vielen Gebieten von Wichtigkeit. Als Arbeitgeber beispielsweise weiß ich, daß ich niemanden finden kann, den ich an jeder Stelle meines Unternehmens gleichermaßen erfolgreich einsetzen kann. Ich habe Menschen eingestellt, die auf einem Gebiet äußerst befähigt waren, die sich aber für andere Aufgaben kaum eigneten. Solange sie sich darüber, was sie können und was sie nicht können, nicht selber etwas vormachen, sind diese Menschen für mich dort, wo sie hervorragende Leistungen bringen, von großem Wert. Wenn ich das Glück habe, loyale und arbeitsame Angestellte zu finden, deren Ego nicht gleich einen Knacks bekommt, wenn sie einen Fehler machen, bin ich zufrieden. Um die Dinge in den Griff zu bekommen, die diese Angestellten nicht beherrschen, kann ich jemand anderen einstellen. Wenn die Leute ihre Grenzen kennen, können wir gemeinsam eine Möglichkeit für sie finden. Wenn sie vorgeben, Fertigkeiten zu besitzen, die sie nicht haben, kann ich ihnen weder vertrauen, noch kann ich mich auf sie verlassen. Und am allerwenigsten kann ich sie als meine Angestellten behalten.

## Die anderen werden es verstehen

Vor einigen Jahren war ein berühmter Schauspieler bei mir in Behandlung. Er hatte die Hauptrolle in einem riesigen Film. Doch seine Leistung wurde in jeder Zeitung verrissen.

Als er mir während der Therapie eine niederschmetternde Kritik nach der anderen vorlas, wurde er mehr und mehr verstört. »Ich bin so deprimiert«, weinte er wie ein Kind. »Ich kann mich nirgendwo mehr blicken lassen. Ich habe Angst, auf die Straße zu gehen. Ich weiß, daß die Reporter nur darauf warten, mich abzufangen und mir eine Reihe von Fragen zu stellen. Was soll ich ihnen dann sagen: ›Ja, ich hab' Mist gebaut? Ja, ich habe meine Rolle schlecht gespielt . . . ich wußte nicht, was ich tat?‹ Die Presse wird mich ruinieren. Ich geb's ja zu, daß ich durchgefallen bin. Wie soll ich diesen Alptraum nur überstehen?«

»Sie sind *kein* lausiger Schauspieler«, entgegnete ich und

erinnerte ihn an vorhergehende großartige Leistungen. »Sie sind ein *guter* Schauspieler. Aber diesmal waren Sie nun mal eben nicht in Hochform, und der Film war ein Reinfall.«

»Sie dürfen nicht vergessen, daß Sie, als Sie diesen Film drehten, in Schwierigkeiten waren«, sagte ich weiter. »Immerhin steckten Sie damals mitten in der Scheidung, und Sie und Ihre Exfrau stritten sich pausenlos. Dazu kam, daß eines Ihrer Kinder ernsthafte Schulprobleme hatte und daß Ihr anderes Kind durch die Trennung seiner Eltern so aufgelöst war, daß es monatelang kein Wort mit Ihnen sprach! Ihr Leben war ein Chaos, kein Wunder, daß Ihre Arbeit darunter leiden mußte.« Er sah mich an und hörte mir aufmerksam zu. Ich sprach weiter. »Das ist normal. Sie sind auch nur ein Mensch und dazu noch ein höchst sensibler Mann. Sie waren einfach ›zu fertig‹... Ihre Sorgen hatten Sie völlig niedergedrückt. Wie sollten Sie da berufliche Glanzleistungen erbringen?

Jetzt geht's Ihnen wieder besser. Sie bekommen Ihr Leben wieder in den Griff. Denken Sie also weniger an Ihren letzten Mißerfolg, sondern orientieren Sie sich lieber an den außergewöhnlichen Erfolgen, die Sie erwiesenermaßen hatten. Sie sind nämlich ein brillanter Schauspieler.«

Ich erklärte ihm, daß es Menschen leichter fällt, schöpferisch zu arbeiten, wenn sie ehrlich sind. Versteckspielen und Lügen würden ihn nur damit aufhalten, sich Tag und Nacht zu überlegen, wie er anderen aus dem Weg gehen könnte. Dadurch würde er seinen Mißerfolg immer vor Augen behalten und sich noch mehr Lügen ausdenken müssen. Es würde sehr anstrengend werden, sie sich alle zu merken. Davon ganz abgesehen war er nicht der einzige gute Schauspieler, der einen Reinfall erlebt und einen schlechten Film gemacht hatte.

Mein Patient entschloß sich dazu, sich der Presse zu stellen. Wir erarbeiteten einen Plan, der all die Themen, die mein Patient sich zuvor gefürchtet hatte anzuschneiden, beinhaltete. Ich überzeugte ihn davon, daß das der beste Weg sei, wieder zu sich selbst zu finden. Er würde sich allen gegenüber ehrlich zeigen... der Öffentlichkeit, seinen Freunden und seinen Fans.

Mit zitternden Knien ging er in die Pressekonferenz. Dort

erklärte er, daß er mit dem Streß, den die Trennung von seiner Frau und seinen Kindern mit sich gebracht hatte, ganz einfach nicht fertig geworden war. Daß er zu deprimiert gewesen war, um einen guten Film zu machen. Zwanzig Minuten nach Beginn der Konferenz konnte er bereits über sich selber lachen und erzählte einige komische Begebenheiten vom Drehort und welche Schnitzer er sich geleistet hatte.

Die Reporter waren von der Offenheit des Superstars so beeindruckt, daß sie mit ihm fühlten. Weil er es gewagt hatte, ehrlich zu sein und die Wahrheit zu sagen, kam er bei der Öffentlichkeit noch besser an als je zuvor.

*

Vor etwa 400 Jahren formulierte William Shakespeare eine tiefgründige und immergültige Aussage über Ehrlichkeit:

*»Sei dir selber treu,
Und daraus folgt, so wie die Nacht dem Tage,
Du kannst nicht falsch sein gegen irgendwen.«*

HAMLET, 1. AKT, SZENE III

Es ist ein Kinderspiel, ehrlich zu sein, wenn Sie anderen Informationen über sich geben wollen, in denen Sie gut dastehen. Ihre Selbstachtung erhöht sich und Ihre Selbstkritik verstummt.

Schwierig wird es mit der Aufrichtigkeit erst, wenn eine innere Stimme Sie warnt: »Sei kein Depp. Nur ein Blödmann würde andere wissen lassen, wie dumm und kindisch er ist!«

Tatsächlich aber irrt sich Ihre innere Stimme. Die Menschen reagieren sehr liebevoll, wenn Sie ehrlich sind und sich ihnen offen mitteilen. Sie werden erstaunt sein zu merken, daß andere Ihrem Beispiel folgen werden und Ihnen in ihre Privatsphäre Einlaß gewähren.

Sieger sprechen in einer lockeren und direkten Art über die Fehler, die sie gemacht haben. Dazu geben sie Kommentare wie diese ab.

216

»Ich glaube, ich habe übereilt gehandelt.«

»Ich habe aus Wut etwas gesagt, das wirklich nicht klug war.«

»Ich habe die Situation falsch eingeschätzt.«

»Ich war nicht gut genug vorbereitet und habe einen Fehler gemacht.«

»Ich weiß nicht, wie ich mich in diesem Fall verhalten soll.«

»ICH HABE MICH GEIRRT.«

Wenn Sie Erfolg haben wollen, sollten Sie die Wahrheit stolz und schlicht aussprechen. Vergessen Sie nicht, daß auch Sie nur ein Mensch sind... keine Maschine, ein wandelndes Lexikon oder eine Bibel. Es geschieht nun einmal, daß Ihnen Fehler unterlaufen, daß Sie verwirrt sind, daß Sie Dinge sagen, die Sie später bereuen, und daß Sie sich in einem Urteil, das Sie fällen, grundlegend irren. So ergeht es allen klugen normalen Menschen, die mitten im Leben stecken.

Die meisten von uns haben Demütigungen und peinliche Situationen erlebt, weil sie nicht weise genug waren und etwas Dummes getan haben. Jeder von uns atmet auf, wenn er hört, daß andere sich auch mal idiotisch verhalten. Ehrlich und offen zuzugeben, daß Sie die eine oder andere Situation nicht bewältigt haben, kann Ihnen nur Sympathien einbringen.

EHRLICHKEIT IST IHRE VERBORGENE
INNERLICHE KRAFT... NUTZEN SIE SIE!

Sie wird die Menschen wie ein helles, warmes Licht, das Sicherheit und Verläßlichkeit symbolisiert, zu Ihnen führen. Ich glaube an Ehrlichkeit – ich vertraue ehrlichen Menschen – einem ehrlichen Freund werde ich folgen.

SEIEN SIE EIN GEWINNER.
BENUTZEN SIE DIE KRAFT, DIE SIE HABEN.
UMARMEN SIE IHR EHRLICHES,
AUTHENTISCHES SELBST.

# Sieger und Verlierer

Wissen Sie, wie Sie Ihre innere Kraft der Ehrlichkeit anwenden können, um Menschen schon bei der ersten Begegnung von sich zu begeistern? Haben Sie diese Kraft genutzt, um eine Aura von Glaubwürdigkeit zu erlangen und sich zu einem geschätzten Freund für andere zu machen? Sie besitzen diese Qualität, die Ihr Leben noch lebenswerter gestalten kann. Machen Sie etwas daraus!

### VERLIERER

1. Verlierer verbergen die Wahrheit um eines augenblicklichen Vorteils willen. Wie kleine Kinder kümmern sie sich nicht um das Wohlergehen anderer, sondern sind lediglich an ihrem eigenen Gewinn interessiert.

2. Verlierer geben ihre Gefühle nicht preis, folglich ist man darauf angewiesen zu erraten, was in ihrem Hirn und ihrem Herzen vorgeht. Mit ihnen zusammen zu sein kostet Nerven.

### SIEGER

1. Ein Sieger wird nicht von seinen Wertvorstellungen abweichen und unehrlich sein. Die Menschen lernen, auf seine Integrität zu bauen, und so festigt er mehr und mehr seinen Ruf, zuverlässig und verläßlich zu sein.

2. Ehrliche Menschen sagen Ihnen, was sie denken und was sie brauchen. Sobald ein Mißverständnis auftaucht, sprechen sie den anderen Beteiligten freundlich, aber direkt darauf an. Weil sie mit offenen Karten spielen, lassen sich zwischenmenschliche Probleme schnell aus der Welt schaffen.

3. Verlierer überladen ihr Gedächtnis, indem sie sich all der Lügen, Halbwahrheiten und für sich behaltenen Informationen aus ihrer Vergangenheit erinnern müssen. Das beschäftigt sie so sehr, daß sie sich nicht auf das, was sie heute tun, konzentrieren können.

4. Da man sich in der Gesellschaft von Verlierern nicht wohl fühlt, sucht jeder, der sie kennenlernt, schnell wieder das Weite. Kein Wunder: Denn Verlierer sind von einer Aura der Unehrlichkeit und des »Unwirklichen« umgeben.

5. Verlierer verwechseln Ehrlichkeit mit einem Freibrief, anderen Leuten Grausamkeiten oder negative Bemerkungen ins Gesicht zu schleudern. Mit ihrer unbarmherzigen Kritik und ihrem Mangel an Feingefühl verletzen sie die Gefühle anderer.

3. Sieger wissen, daß es weniger Kraftaufwand kostet, ehrlich zu sein, als zu lügen und zu täuschen. Weil sie ehrlich sind, sind sie durch nichts aus ihrer Vergangenheit belastet und können sich in aller Ruhe dem, was sie heute zu erledigen haben, widmen.

4. Wenn Sieger jemanden kennenlernen, versuchen sie nicht anders zu erscheinen, als sie sind. Dadurch, daß sie direkt sind, vertrauen andere Menschen ihnen und haben den Wunsch, sie näher kennenzulernen.

5. Wenn jemand anderer Meinung ist als sie, bieten Sieger freundlich an, ihren Standpunkt darzulegen. Wenn ihnen der andere wiederum seinen Standpunkt erklärt, enthalten sich Sieger der Kritik. Sie hören ihm vielmehr interessiert zu.

6. Verlierer geben sich anders, als sie sind, weil sie fürchten, daß man sie sonst nicht mögen könnte. Sie schlüpfen in die Rolle, von der sie annehmen, daß sie dem anderen zusagt. Dadurch bauen sie ein »Kartenhaus«, das früher oder später, wenn ihre neue Bekanntschaft sie besser kennengelernt hat, zusammenstürzen muß.

6. Erfolgsmenschen geben sich auch Fremden gegenüber so, wie sie wirklich sind und verstellen sich nicht. Sie wissen, daß es unmöglich ist, haargenau herauszufinden, was einem anderen an ihnen gefallen könnte. Mehr noch: Sieger vertrauen darauf, daß sie so, wie sie sind, geliebt werden können.

7. Verlierer geben vor, alles, was ein anderer sagt, zu verstehen, selbst wenn es sie total verwirrt. Sie befürchten, sich lächerlich zu machen, wenn sie durchblicken lassen, daß sie das eine oder andere nicht verstehen.

7. Ein Gewinner scheut sich nicht, um Hilfe zu bitten und Fragen zu stellen, wenn er Informationen haben möchte, die er noch nicht hat. Er weiß, daß nach Antworten suchen damit zusammenhängt, daß man diverse Tatsachen nicht kennt. Er weiß, daß es sein Ansehen keinesfalls schmälert, wenn er zugibt: »Ich weiß (es) nicht.«

8. Ein Verlierer ist überzeugt davon, daß man ihn lieber mögen würde, wenn er gewisse Charakteristika, die er nicht hat, besäße. Da er sich unzulänglich und unerwünscht fühlt, täuscht er vor, die ihm fehlenden Fertigkeiten und das ihm fehlende Wissen zu haben... um akzeptiert zu werden.

8. Ein Erfolgsmensch kennt seine Grenzen und ist stolz auf seine Stärken. Er kennt die Gebiete, auf denen er nicht bewandert ist. Ein Erfolgsmensch spezialisiert sich, er muß nicht »auf allen Hochzeiten tanzen«.

9. Verlierer vertuschen ihre Fehler, indem sie Ausreden liefern oder sie wegrationalisieren. Wenn man sie nach ihrem Verhalten befragt, gehen sie zur Verteidigung über und rechtfertigen ihre Taten, indem sie andere kritisieren.

10. Verlierer haben Angst zuzugeben, daß sie eine schlechte Leistung erbracht haben. Sie entkommen ihrer Kritik, indem sie lügen, sich verstecken und alles ableugnen. Sie sind der Ansicht, daß ein wahrhaft intelligenter Mensch selbst unter größtem Streß und in tiefster Trauer dazu fähig ist, Höchstleistungen zu erbringen.

9. Erfolgsmenschen sind die ersten, die die Fehler, die sie gemacht haben, zugeben. Sie sprechen locker und direkt darüber. Mit ihrer Ehrlichkeit beweisen sie, daß sie ein hohes Maß an Selbstachtung und Selbstrespekt besitzen.

10. Sieger können zugeben, daß sie etwas mal nicht so gut gemacht haben. Sie wissen, daß auch sie nur Menschen sind, die unter persönlichen Konflikten und widrigen Familiensituationen leiden. Für ihre Offenheit ernten sie Bewunderung und echte Sympathie.

# 11. KAPITEL

# Die geheime Kraft der Verletzlichkeit

*Halte mich fern von der Weisheit, die nicht weint; von der Philosophie, die nicht lacht, und von dem Stolz, der sich vor einem Kind nicht beugen kann.*

KAHLIL GIBRAN

Von der verborgenen Kraft der Wahrheit Gebrauch zu machen ermöglicht Ihnen, sich wohler zu fühlen, stärkt Ihre Beziehungen zu anderen und erhöht Ihr Selbstwertgefühl. Eine weitere verborgene Kraft ist die Verletzlichkeit, die Bereitschaft und die Fähigkeit, Ihre tieferen Gefühle, seien sie Liebe oder Angst, auszudrücken und mit anderen zu teilen. Verletzlichkeit wird aus der Ehrlichkeit heraus geboren und besitzt viele ihrer Eigenschaften. Gemeinsam bewirken Ehrlichsein und Verletzlichsein eine wahrhaft magische Erfolgsstrategie, nämlich *echt* sein.

Die meisten von uns haben so viel Angst, zurückgewiesen zu werden, daß sie es nicht riskieren, sich verletzlich zu machen. Nur selten stellen wir offene Forderungen oder sprechen über unsere Gefühle, ohne ein Blatt vor den Mund zu nehmen. Unsere Angst, abgelehnt zu werden, hält uns davon ab, den Leuten, die wir lieben, zu sagen, *wieviel sie uns wirklich bedeuten*.

Dabei können Sie es gar nicht übertreiben, anderen wissen zu lassen, wie wichtig sie Ihnen sind. Sie können mit Ihrem Lob gar nicht großzügig genug sein oder zu verschwenderisch damit, anderen zu zeigen, wie sehr Sie sie mögen und lieben.

Viele der Menschen, mit denen ich gearbeitet habe, zeigten Besorgnis darüber, zu sehr abhängig von der Aufmerksamkeit und Liebe ihres Partners zu sein. Sie befürchteten, daß ihre Abhängigkeit sie verzweifelt oder lächerlich erscheinen ließe. Das ist Unsinn.

Es ist gesund, von der Aufmerksamkeit und dem Interesse der Menschen, die Sie innig lieben, abhängig zu sein. Es hat nichts Verzweifeltes an sich, wenn Sie Ihren Partner wissen lassen, daß er oder sie der Mittelpunkt Ihres Leben ist.

Wenn Sie sich verletzlich machen und über Ihre Gefühle sprechen, werden sich die Menschen, die Ihnen wichtig sind, Ihnen gegenüber besonders loyal und liebevoll verhalten. Sie werden sich mehr Gedanken über Ihre Bedürfnisse machen und darauf achten, daß sie Sie nicht dort, wo Sie am verletzlichsten sind, versehentlich treffen.


## Haben Sie keine Angst

Wir alle fürchten, daß man uns, wenn wir unsere Verletzlichkeit offenbaren, nicht mehr schätzt. In stummen Selbstgesprächen formulieren wir unsere Zweifel etwa so: »Werden sie auf mich losgehen? Werden meine Geheimnisse, die ich ihnen anvertraue, eines Tages die Munition sein, mit der sie mich treffen?«

Dadurch, daß wir unsere Verletzlichkeit gegenüber jemandem bekennen, der uns tatsächlich deshalb verspottet oder verurteilt, fühlen wir uns zu sehr bloßgestellt und verängstigt, um es noch einmal zu wagen, uns offen darzustellen. Wir sind sicher, daß »der Mensch von nebenan« glücklicher, klüger und erfüllter ist als wir. Folglich fassen wir den Entschluß, unsere wahren Gefühle nicht mehr zu enthüllen.

Wir können es nicht riskieren, bei einem Vergleich schlecht wegzukommen. Unsere wahre Persönlichkeit zu zeigen, erscheint uns einfach als zu gefährlich.

# Das zweijährige Kind, das in jedem von uns steckt

Ich glaube, daß die meisten Erwachsenen tief in ihrem gefühlsmäßigen Inneren kleine Kinder sind. In jedem von uns steckt eine zarte und verletzliche Stelle, die nie erwachsen wird... ein zweijähriges Kind, das in unserem Unterbewußtsein begraben liegt.

Wir können Banktresore voller Gold besitzen, wir können mit körperlicher Schönheit imponieren oder gar Völker regieren – dennoch fühlen sich die meisten von uns tief in ihrem Inneren klein und hilflos. Wir haben Angst vor Mißbilligung und davor, im Stich gelassen zu werden und allein dazustehen.

Bei meiner Behandlung von Tausenden Patienten... armen und reichen, erfolgreichen und sich gerade so durchs Leben schlagenden, habe ich herausgefunden, daß sich *jeder* Mensch zum einen oder anderen Zeitpunkt wie ein verängstigtes Kind, das sich verlaufen hat, vorkommt. Wir alle wissen, was es heißt, weiterzustolpern und dabei zu beten, daß wir uns nicht zu dumm anstellen und hoffen, daß wir den richtigen Weg einschlagen.

Unser Zweijährigendenken durchdringt alle unsere Beziehungen. In unseren kindlichen Egos steckt die Furcht, »daß du mich, wenn du alles von mir wüßtest, nicht mehr mögen würdest. Wenn du meine dunkelsten Geheimnisse, meine Schwächen, meine Geschichte kennen würdest... würdest du mich für hassenswert und unerwünscht halten.«

# Für Sicherheit optieren

Den meisten Menschen macht schon der Gedanke, sie könnten Informationen über ihre Ängste und Gefühle preisgeben, so viel Angst, daß sie die Sicherheit wählen und ihre Gefühle für sich behalten. Diese Wahl macht eine gesunde Verständigung unmöglich und schafft eine Kluft in ihrer Beziehung, die schrecklich einsam macht. Da die unbewußte Angst, im Stich gelassen zu werden, allgegenwärtig ist, richten wir uns darauf ein, zurückgestoßen zu werden und ungeliebt zu sein.

Die wirkliche Natur unseres wahren Selbsts, der Teil, den wir vor anderen verbergen, stellt jedoch genau den Reichtum dar, der andere Menschen anspricht. Wir ersticken und töten die Eigenschaften in uns, die uns so liebenswert machen. Hier ist eine Zeichnung des unglückseligen und schmerzvollen Teufelskreises, den wir so schaffen:

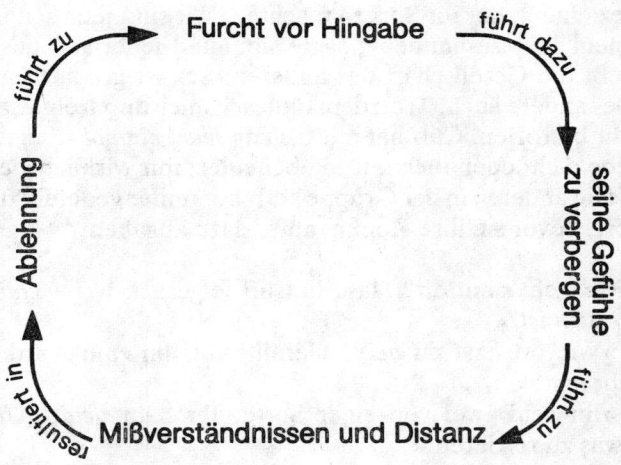

Wenn wir Jahre um Jahre nach diesem schwächenden Muster leben, kommen wir letztlich zu dem Schluß, daß unsere Furcht vor Hingabe gerechtfertigt ist, weil wir tatsächlich so viel Ablehnung erfahren haben. Diesen gefühlsmäßigen Teufelskreis zu unterbrechen, halten wir uns zu schwach.

## Zu furchtsam, es auszusprechen

Wohl mit am schwierigsten und beängstigendsten ist es, unsere Gefühle dann zum Ausdruck zu bringen, wenn wir verlieben sind. Das trifft auf Verheiratete ebenso zu wie auf Ledige. Viele meiner ledigen Patienten klagen darüber, daß die Partner, mit denen sie befreundet sind, nur selten über das Ausmaß ihrer Gefühle Auskunft geben.

Jennifer etwa, die zu meiner Dienstagabend-Gruppe gehörte, war mit einem Mann namens Cliff bereits seit einem guten Jahr zusammen. An jedem Dienstag unterrichtete sie uns über den neuesten Stand ihrer Romanze und darüber, welche Fortschritte sie gemacht hat.

Eines Abends sprach Jennifer über einen Aspekt ihrer Beziehung, der ihr Sorgen machte. »Wir sind jetzt seit über einem Jahr zusammen«, sagte sie, »und jeder von uns genießt die Gesellschaft des anderen. Sex ist großartig, und alles andere auch. Trotzdem fühle ich mich durch eine Sache sehr betroffen. Cliff hat mir bislang *nicht einmal gesagt* ›ich liebe dich‹ oder auch nur ›du bedeutest mir wirklich viel‹.«

Die anderen in der Gruppe hatten Jennifer geduldig zugehört, bevor sie ihre Kommentare dazu abgaben:

»Wie steht's mit dir? Hast du Cliff je gesagt, *wie wichtig er für dich ist?*«

»Wie oft hast du *deine* Gefühle für ihn zum Ausdruck gebracht?«

»Ihr seid zwei von einer Sorte. Ihr habt *beide* Angst, etwas zu riskieren.«

»Weshalb sollte er seine Gefühle für dich preisgeben, wenn du nicht deine Gefühle für ihn preisgibst? *Ihr tretet beide auf der Stelle!*«

Eine Minute lang starrte Jennifer die Gruppe an. Dann erwiderte sie: »Aber ich bin der Meinung, *er* sollte den ersten Schritt tun. Schließlich bin ich eine Frau, und es ist *Männersache*, den Anfang zu machen.«

Einer aus der Gruppe, Herb, wurde ärgerlich. »Du bist wohl nicht ganz sauber, Jennifer«, rief er. »Der Quatsch mit der Rollenverteilung ist mit der *Emanzipation* der Frauen gestorben! Cliff hat genausoviel Angst davor, daß der Schuß nach hinten losgeht, wie du! Er möchte auch nicht als gebranntes Kind dastehen.«

Jennifer begann zu weinen. »Ich hab' ganz einfach Angst,

damit anzufangen, von Liebe zu reden«, schluchzte sie. »Was ist, wenn ich ihm sage, daß ich ihn liebe, und er sagt mir nicht, daß er mich liebt? Oder aber wenn er sagt, er liebt mich, nur weil ich es zuerst gesagt habe? Davon hätte ich dann auch nichts. Ich möchte ihn nicht dazu *zwingen*, mich zu lieben.«

Ich unterbrach sie. »Jennifer«, sagte ich, »wie kommen Sie nur auf die Idee, daß Sie ihn damit zu etwas zwingen würden? Ihr beiden Angsthasen liebt euch seit über einem Jahr! Einer muß den Anfang machen und sich verletzlich zeigen. Sonst seid ihr alt und grau, bis ihr euch darüber klargeworden seid, daß ihr euch liebt! Ich habe Patienten behandelt, deren Beziehung nur deshalb *auseinanderging*, weil einer der beiden sich ungeliebt fühlte ... und den anderen verließ. Der Gruppe erzählen Sie nun seit Monaten, wie sehr Sie Cliff lieben. *Erzählen Sie es ihm doch auch einmal!*«

Jennifer schüttelte weiter den Kopf und weinte. »Ich kann es nicht. Ich habe zu viel Angst.«

»Können Sie es ihm vielleicht schreiben und ihm dann den Brief schicken?« fragte ich. »Wie wär's, wenn Sie eine dieser lustigen Karten für Verliebte kaufen und sie Cliff schicken würden? Damit hätten Sie zumindest das Wort ›Liebe‹ ins Spiel gebracht, ohne es selbst auszusprechen oder niederzuschreiben. Wenn Sie solche Angst davor haben, Ihre Gefühle zu offenbaren, könnte das doch schon ein kleiner Schritt in die richtige Richtung sein. Ein wenig später könnten Sie ihn dann z. B. einen Zettel in seiner Jackett-tasche finden lassen, auf dem ›Du bist einfach wunderbar!‹ oder etwas Ähnliches steht. So können Sie damit beginnen, ihm langsam, aber sicher einen Fingerzeig nach dem anderen zu geben. Wenn es Ihnen zu schwerfällt, sofort ›ich liebe dich‹ zu sagen, sagen Sie wenigstens etwas, was dem nahe-kommt. Nichts wie ran an den Mann! Dadurch, daß Sie es wagen, Ihre Gefühle zu entblößen, kommen Sie sich beide ein Stückchen näher.«

In der darauffolgenden Woche erschien Jennifer als erste zur Gruppentherapie. Sie legte auf jeden Platz eine Praline und einen Zettel, auf dem stand: »Ich habe Cliff gesagt, wie sehr ich ihn liebe. Haltet euch den 18. August frei – ihr seid zu unserer Hochzeit eingeladen!«

Viele meiner Therapiestunden verbringe ich damit, Paare zu beraten. Einige von ihnen haben eine gute Beziehung zueinander und wollen in der Therapie lediglich lernen, noch intensiver aufeinander einzugehen und zukünftige Schwierigkeiten, die zu einem Bruch führen könnten, von vornherein auszuschalten. Andere unterziehen sich der Therapie, weil sie die Hoffnung hegen, dadurch ihre erlahmten Ehen zu retten und wieder ein glückliches gemeinsames Leben zu führen. Wenn man die Eigendynamik, die ihre Verhaltensweisen entwickelt haben, betrachtet, sieht man ganz deutlich, daß gerade die Angst vor Ablehnung, die sie daran hindert, dem Partner ihre Gefühle zu zeigen, sie haargenau zu dem Punkt führt, den sie unter allen Umständen vermeiden wollen: den totalen Bruch ihrer Beziehung.

## Ein Mann ist ein Mann

Den Männern in unserer Gesellschaft fällt es besonders schwer, Gefühle zu zeigen, weil sie von allen möglichen und unmöglichen Ängsten, die auf ihrer Rolle als Mann beruhen, heimgesucht werden. Sie glauben, daß es unmännlich sei, seine Schwäche zuzugeben. Diese Furcht basiert auf der Erziehung, die sie als Kind genossen haben, und natürlich auch darauf, daß man auch später von ihnen erwartet, daß sie sich »wie ein Mann« verhalten.

Und ein »richtiger« Mann verrät nun einmal nicht, daß er sich unzulänglich, besorgt oder vielleicht gar einsam fühlt. Ein Mann hat immer so zu tun, als könne ihn absolut nichts aus der Bahn werfen.

Mein Beruf hat es mir ermöglicht, die normalerweise höchst seltene Gelegenheit zu haben, einen Blick in die männliche Seele werfen zu dürfen. Mir als Therapeutin haben sie ihre sorgsam gehüteten Geheimnisse, die Tränen, die sie geweint haben, die privaten Demütigungen, die sie erlebt haben, anvertraut. Die meisten Männer, die ich behandle, erklären mir gleich zu Beginn der Therapie: »Ich habe mich nie gegenüber irgendeinem Menschen schwach gezeigt. Ich habe nie ein weinerliches Wort über die Lippen gebracht.«

Wenn sie dann Dinge wie »Haben Sie Angst?« gefragt werden, antworten sie standhaft: »Ich und Angst? Nie und nimmer. Ich habe *nie* Angst!« Das Fatale an der Angelegenheit ist, daß viele dieser Männer tatsächlich innerlich so tot sind, daß sie diese Frage, ohne dabei lügen zu müssen, mit »nie« beantworten können.

Natürlich erfahren gesunde Männer hingegen dann und wann Furcht. Bevor sie sich zu einer Therapie entschließen, ist es leider den meisten von ihnen unmöglich, mit sich selbst und ihren Gefühlen in Berührung zu kommen. Das schaffen sie erst, wenn sie jemandem gegenübersitzen, von dem sie wissen, daß sie ihm absolut vertrauen können und sich nicht weiter vor sich selbst verstecken müssen.

## Keine Zeit zu weinen

Viele Eltern sind so sehr darauf bedacht, ihre Jungen um Himmels willen nicht »weibisch« zu erziehen, daß sie sich im Umgang mit ihnen oft nicht einmal die kleinsten Zärtlichkeiten erlauben. Schon im zarten Kindesalter also werden Knaben dahingehend erzogen, Gefühle zu unterdrücken. Manche Eltern gehen sogar so weit, daß sie ihre sieben- oder achtjährigen Buben, wenn die mit ihnen schmusen wollen, dafür bestrafen. Sie halten die Sehnsucht nach Hautkontakt für Schwäche und nennen einen solchen Zug »verboten und feminin«. Historisch betrachtet wurde diese unsinnige These von ganzen Kulturen und gar deren kreativen Genies unterstützt:

*»Schwachheit, dein Nam' ist Weib!«*
HAMLET, 1. AKT, SZENE II

Ein Patient namens Henry gestand mir einmal, wie schwer es ihm falle, der sogenannten Männerrolle voll und ganz zu genügen. »Heutzutage ist es hart, ein Mann zu sein«, sagte er. »Man muß sich an so vielen ›man(n) soll‹ und ›man(n) muß‹ orientieren. Idealerweise müßte man eine Mischung aus Supermann und Jehova sein. Ich habe es mir schon so sehr angewöhnt, so zu tun, als sei ich unbesiegbar, daß ich mich schon gar nicht mehr anders verhalten kann. Um Gefühle zu zeigen, oder gar zu weinen, bleibt mir da einfach nicht mehr die Zeit.«

Henry war 45 Jahre alt, einen Meter neunzig groß, ein ehemaliger Basketballstar. Er klang sehr traurig, als wir über die Probleme sprachen, die er damit hatte, seine Ängste zu erfahren und sie auszudrücken.

»In meiner Familie«, sagte Henry, »durften Männer nicht weinen. Ich hatte nie die Chance, auch nur *irgend etwas* fühlen zu können. Ich war zu sehr damit beschäftigt, so zu tun, als sei ich ein ›Macho‹. Ich versuche immer noch, alles ›richtig zu machen und herauszukriegen, wie sich ein Mann zu verhalten hat‹, damit mein Vater mich nicht zusammenbrüllt. Ich komme mir immer noch wie ein kleines Kind vor, das darauf wartet, daß sein Vater es zusammenstaucht und sagt: ›Was ist los mit dir!? Jungen sind *immer stark*. Hör auf, dich wie ein Mädchen aufzuführen. Nur Mädchen reden über ihre Schwächen oder weinen.‹«

✱

Dann und wann gelingt es einem Mann, aus seiner unglückseligen frühen Konditionierung auszubrechen. Und wenn es einer schafft, dann findet man in ihm eine gesunde und herzerfrischende Mischung aus Männlichkeit und Einfühlungsvermögen. Wenn ein Mann sich seiner Maskulinität sicher ist, dann hört sich das, was er sagt, etwa so an, wie das, was mein Freund Steve Garvey, ein Baseballstar, 1981 in einem Interview von sich gab.

»Kommt es auch mal vor, daß Sie weinen?« wurde er gefragt.

»Ja«, war Steves Antwort. »Im Kino oder bei anderen gefühlsgeladenen Ereignissen habe ich schon geweint. Ich bin der Ansicht, daß ein Mann, der in bestimmten Situationen weinen kann, nur *gewinnt*, weil er dazu fähig ist, seine Gefühle zu zeigen. Machos tun dies natürlich alles nicht.

Aber ich glaube trotzdem, daß Tränen einem Mann nicht schaden können, weil sie zeigen, daß er ein Mensch ist und daß er die Fähigkeit besitzt zu lieben.«[26]


## Von anderen Kulturen lernen

Die Art, in der Jungen erzogen werden, ist eine der Tragödien unserer Gesellschaft.

Als ich in Europa studierte, hatte ich die Gelegenheit, »akzeptables« männliches Verhalten anderer Kulturen zu beobachten. Mir fiel ein Stein vom Herzen, als ich beispielsweise sah, daß es in Mittelmeerländern für Männer gang und gäbe ist, einander zu umarmen und zu küssen und somit seine Zuneigung zum anderen öffentlich zu bekunden. Auf die Idee, dadurch als »weibisch« abgestempelt zu werden, kommen diese Männer nicht. Im Gegenteil: Sie können gar nicht »zu gefühlsbetont« sein.

Während meiner Arbeit im Fernen und Mittleren Osten und in Südamerika erlebte ich ähnliches. Die Männer dort fühlten sich wohl dabei, sich so zu benehmen, was man in den Vereinigten Staaten »feminines« Verhalten nennt. Auch an diesen Orten war es unter Männern Sitte, einander zu umarmen, zu küssen und zu streicheln. Sobald jedoch ein amerikanischer Mann es wagen würde, sich zu solchen Gesten hinreißen zu lassen, würde er sofort als homosexuell verschrien. Wenn amerikanische Männer einander umarmen, fühlen sie sich dazu verpflichtet, einander auf den Rücken zu klopfen. Sobald sie einander körperlich nahe kommen, müssen sie unbedingt unmißverständlich klarstellen, daß ihre Berührungen keinesfalls sinnlicher Natur sind.

Wie kommt's, daß Männer in anderen Kulturen die Freiheit haben, Hand in Hand spazierenzugehen, einander zu umarmen und zu küssen und liebevoll miteinander umzugehen, ohne deshalb fürchten zu müssen, als »anders« oder gar pervers zu gelten? Wie kommt's, daß wir in diesem Land auf Nähe und Freundlichkeit so überreagieren? Weshalb sollte uns so viel Freude versagt bleiben?

UNTERSTÜTZEN SIE DAS IDIOTISCHE MASKULINE
ROLLENVERHALTEN NICHT LÄNGER.
MÄNNER KÖNNEN HERZLICH, LIEBEVOLL
UND VERLETZLICH SEIN.

## Männer, auf, auf!

Männer, ihr könntet neue Regeln aufstellen. Ein neues
Modell für das, was ein Mann sein »sollte«!

Fangen Sie damit an, indem Sie Ihren Sohn, Ihren Vater,
Ihren Freund umarmen und küssen. Wann haben Sie einem
engen Freund oder Verwandten zum letzten Mal gesagt, wie
sehr Sie ihn mögen und lieben? Wann haben Sie das letzte
Mal Ihren Arm um ihn gelegt oder seine Hand in die Ihre
genommen?

Wozu all diese Vorsicht? Vergessen Sie, was man Ihnen in
Ihrer Kindheit und Jugend eingehämmert hat. Werden Sie
zu einem Menschen, der es sich leisten kann, das Risiko,
mehr Glück und Liebe zu erleben, einzugehen. Gefühle zu
begrenzen und einzuengen ist ungesund. Gesund hingegen
ist es, wenn Sie Ihre Verletzlichkeit offen an den Tag legen,
denn es wird Ihr Selbstwertgefühl erhöhen.

Bislang habe ich an dieser Stelle nur von Männern geredet. Ebenso erschreckend ist es allerdings, daß auch Frauen
nicht den Mut aufbringen, ihre Verletzlichkeit zu zeigen. Sie
haben zwar nicht die kulturelle Last zu tragen, Gefühle nicht
zeigen zu dürfen. Dennoch sehen sie sich außerstande, ihre
zerbrechlichen Gefühle zu zeigen. Sie haben Angst, Intimität zu offenbaren und eine Abhängigkeit vom anderen zuzugeben.

Wie dem auch sei, ob Mann oder Frau, die Bandbreite
erlaubter Gesten, die Zuneigung demonstrieren, ist in Amerika sehr beschränkt. Liebevolles Verhalten wird mit äußer-
ster Vorsicht genossen. Mehr noch: Obwohl es Frauen gestattet ist, einander in der Öffentlichkeit zu umarmen und zu
küssen, unterliegt das tolerierte Ausmaß solchen Verhaltens
strikten, unausgesprochenen Regeln. Seite an Seite eng ne-
beneinander zu gehen ist für eine kurze Zeit erlaubt. Umar-

men sich zwei Frauen jedoch, wenn sie einander gegenüberstehen, darf dies nur für einen Augenblick geschehen. Einander auf die Lippen zu küssen ist undenkbar, während Küßchen auf die Wange annehmbar sind.

### HÖREN SIE AUF DAMIT, DIESEN RITUELLEN UNSINN ZU FÖRDERN!

Es ist höchste Zeit, daß Männer *und* Frauen damit Schluß machen, einander ein bestimmtes Rollenverhalten zuzuschreiben (geschweige denn, die Rollen zu tauschen!), und endlich sie selbst werden. Bringen Sie sich auch nicht selbst um das Er- und Ausleben schöner Gefühle. Genießen Sie lieber die Nähe eines anderen, und verwöhnen Sie dadurch Ihre Seele!

## Nahrhafte Wärme

Ein Wissenschaftler namens Harry F. Harlow experimentierte mit einem Rhesusaffen, wie sich Körperkontakt im Säuglings- und Kleinkindalter auswirkt. Seine Studien ließen vermuten, daß die Affen, denen während ihrer Entwicklungsjahre jeglicher Körperkontakt versagt worden war, als erwachsene Affen Auswirkungen auf diesen Verzicht zeigten. Die Probleme, mit denen sie zu kämpfen hatten, waren ganz besonderer Natur. Eines von ihnen war sexuelle Sterilität. Ein anderes Symptom war, daß einige der Affen sich stundenlang in der Isolation ihrer Käfige rhythmisch hin und her wiegten.

Doch nicht nur Affen, auch Menschen leiden unter Einsamkeit. Abgeschirmt von ihrer Umwelt, hocken sie in ihren Wohnungen entweder vor dem Fernsehschirm, oder sie sitzen stumm und starr in ihrem Schaukelstuhl und warten darauf, daß die Zeit verstreicht. Selbst wenn sie bei ihren Familien sind, in einer Umgebung also, in der sie Nähe und Verletzlichkeit am wenigsten bedrohlich empfinden müßten, bringen sie keine Verständigung zustande.

Eigenartigerweise verteidigen wir uns ausgerechnet gegen die Menschen, die uns am meisten nahestehen, am vehementesten. Wir sind bei ihnen besonders bedacht darauf, sie auf Distanz zu halten, weil es uns nicht ganz geheuer vorkommt, die Barrieren zwischen ihnen und uns niederzureißen und uns wie Menschen, die aufeinander angewiesen sind, zu verhalten.

## Der rundum perfekte Mensch

Ob es in unserem Privat- oder unserem Berufsleben ist, wir lieben es einfach, zwischen uns und anderen immer eine Kluft zu schaffen. Meistens erreichen wir dieses Ziel dadurch, daß wir unseren Mitmenschen gegenüber vorgeben, perfekt zu sein. Wir zeigen nicht ein Jota an Schwäche... wir sind die Perfektion in Person! Doch während wir damit die Achtung anderer erlangen möchten, tritt das genaue Gegenteil ein... die anderen meiden uns und können uns nicht leiden.

Die jugendlichen Straffälligen, mit denen ich während meiner Zeit als Doktorandin an der Universität von London zusammengearbeitet habe, sprachen ausnahmslos davon, »perfekte« Eltern zu haben. Sie haßten diese Eltern, die darauf bestanden, daß alles, was sie taten, *immer* richtig und daß alles, was ihre Kinder taten, *immer* falsch war.

Aus der Beziehung straffällig gewordener Kinder zu ihren Eltern läßt sich eine starke Parallele zu Ehepaaren ziehen, von denen sich der eine wie ein rechthaberischer Elternteil und der andere wie ein unerzogenes Kind aufführt.

Partner, die die Rolle des strengen Elternteils annehmen, neigen dazu, wiederholt zu betonen, daß sie diejenigen seien, die verantwortlich, korrekt und umsichtig handeln und die dazu hart arbeiten. Sie sind *immer* rücksichtsvoll und machen sich zuerst über die Bedürfnisse ihres Partners Gedanken.

Sie können einfach nicht begreifen, weshalb ihre Rücksichtnahme und ihre Besorgnis nicht erwidert werden. Unsinn. Es ist weder gesund noch möglich, so perfekt zu sein, wie diese Leute es – aus ihrer Sicht gesehen – sind.

Der einzige, der ihnen ihre angebliche Perfektion tatsächlich abnimmt, ist ihr leichtgläubiger Partner. Und der würde es nicht wagen, seinem perfekten Gegenüber nachzueifern. Wer schafft das – außer ihm oder ihr – schon, so perfekt zu sein? Ein Normalsterblicher jedenfalls nicht. Folglich bleibt in Ehen, in denen der eine sich ständig mit einer Aura der Perfektion umgibt, dem anderen gar nichts anderes übrig, als die entgegengesetzte Rolle zu spielen: unverantwortlich und rebellisch zu sein. Dadurch, daß sie beispielsweise das Geld zum Fenster hinauswerfen, ihren Partner eifersüchtig machen oder sich sonst etwas in dieser Richtung einfallen lassen, übernehmen sie die Rolle des schwer oder gar nicht erziehbaren Kindes.

Selbst wenn solchen Ehepartnern ihre Rollen aber schon so weit in Fleisch und Blut übergegangen sind, daß sie sich gar nicht mehr anders verhalten wollen oder können – arm dran sind sie beide.

Derjenige, der sich selbst und andere davon zu überzeugen versucht, daß alles, was er tut, perfekt ist, strebt ein Image an, das er unmöglicherweise aufrechterhalten kann. Nur Verlierer setzen sich die Perfektion zum Ziel. Und diejenigen, die als dankbares und leichtgläubiges Publikum des Perfektionisten herhalten, die deren Worte für Gesetz halten, sind noch größere Verlierer. In einer gesunden Beziehung nämlich sind beide Partner Gleichberechtigte, die das gesamte Spektrum ihrer Verletzlichkeit miteinander teilen.

# Jeder von uns hat seine Macken

Vor vielen Jahren, als ich Jack Lemmon das erste Mal traf, war ich berührt von seiner Verletzlichkeit und von seiner Bereitschaft, einem Menschen, den er noch nie zuvor gesehen hatte, so viel von sich mitzuteilen. Mich mit ihm privat zu unterhalten half mir, seine Größe und seine unfaßbaren Fähigkeiten, die seine Filmcharaktere so denkwürdig machen, zu verstehen.

Seit seinem ersten Film im Jahr 1954 hat Jack Lemmon 39

Filme gemacht und wurde siebenmal für den Academy Award nominiert. Zweimal bekam er 1955 den Oscar; als bester Nebendarsteller für seine Rolle des Ensign Pulver in »Mr. Roberts« und 1973 als bester Hauptdarsteller in »Save the Tiger«.

Lemmon besitzt die einzigartige Fähigkeit, als Komiker und als Liebhaber gleichermaßen glaubwürdig zu sein. Ein Grund dafür ist die Leichtigkeit, mit der er – als Schauspieler und als Mensch – offen über seine Verletzlichkeit und seine Angst, zurückgewiesen zu werden, spricht.

»Wenn man wirklich ein Schauspieler sein möchte, der sich selbst und das Publikum zufriedenstellt, dann kommt es, so glaube ich, zu guter Letzt darauf an, daß man verletzlich ist«, erklärte mir Lemmon. »Dafür muß man fähig sein, vor dem Publikum seine Seele zu entblößen. Ob man das mit oder ohne Angst tut, ist dabei unwichtig. Wichtig ist nur, daß man es tut.

Man muß nach dem Mond greifen. Und wenn man ihn um einen halben Zentimeter verpaßt, so weiß man zumindest, daß man ihm beim zweiten Versuch 250 000 Meilen näher ist als beim ersten.

Und wenn man ihn trifft, den Mond – schlägt's ein wie der Blitz. Marlon Brando kann das. Er hat es schon oft geschafft. Wenn er schlecht ist, dann kann er sehr, sehr schlecht sein. Aber wenn er gut spielt, dann kann ihm keiner das Wasser reichen.«

Lemmon schätzt den Rat, den die inzwischen verstorbene Rosalind Russell einst einer Gruppe von Mädchen in ihrem Schauspielunterricht gegeben hat. Sie sagte: »Ihr müßt dazu fähig sein, euch völlig zu entblößen – nackt vor dem Publikum zu stehen und euch dann ganz langsam herumzudrehen.«

Diese Vorstellung hat es mir angetan. Es ist ein herrliches Bild. Man muß eine Ebene erreichen, auf der man nicht ständig nach Möglichkeiten sucht, eine Rolle so zu spielen, wie sie einem für sich selbst am sichersten erscheint.

Lemmon ist der Ansicht, daß ein Schauspieler »bei seinem Leisten bleiben«, daß er seinen Prinzipien und seinem Geschmack treu bleiben soll. »Dabei werden dir sicherlich einige Fehler unterlaufen«, sagte er, »aber darauf muß man eben gefaßt sein. Dann muß man tief Luft holen und weitermachen. Es geht überall mal bergauf und mal bergab.«

Lemmon nennt sich selbst einen Spätentwickler. »Ich hatte früher so einige Befürchtungen, was mich betrifft«, sagt er. »Heute weiß ich nicht einmal mehr, warum das so war. Ich hatte Ängste und Enttäuschungen, die ich einfach übertünchte. Ich war voll und ganz *face*, wie Camus sagt, das Gesicht, das man zeigt, ohne seine wahre Persönlichkeit zu offenbaren.

Wo ich jetzt stehe, weiß ich auch noch nicht so ganz genau. Aber ich weiß sehr wohl, daß ich zu mir als Mensch heute ein wesentlich besseres Verhältnis habe als früher. Ich mache mir keine Sorgen mehr über meine Unzulänglichkeiten, welche es auch immer sein mögen. Sie sind zwar noch mengenweise vorhanden – ich kann sie nicht einmal zählen –, aber sie berühren mich nicht mehr so sehr. Die Menschen respektieren Verletzlichkeit und können sie nachempfinden, weil wir alle verletzlich und frustriert sind.

Aber Verletzlichkeit«, so Lemmon weiter, »kann nicht schaden, wenn man ehrlich ist. Man sollte nicht versuchen, sich wie ein Macho zu gebärden, wenn man kein Macho ist. Versuche nie etwas anderes zu sein als das, was du wirklich bist. Wo immer deine Qualitäten liegen, laß sie frei. Ich glaube, daß es eine Art angeborenen Respekt gibt, den man von anderen gewinnt, wenn man verletzlich ist.

Was mich am meisten freut, ist, daß ich respektiert werde. Das ist mir wichtiger als alles andere. Das ist mein Applaus. Als Schauspieler und als Mensch lege ich großen Wert darauf, so viel Respekt wie möglich entgegengebracht zu bekommen.«

Lemmon macht darauf aufmerksam, daß er immer Menschen, die eine »Macke« haben, darstellt. »Sie faszinieren mich. Ich habe auch Macken – wir alle haben Macken. Es ist viel interessanter, einen multidimensionalen Charakter zu betrachten als einen Supermann oder den Kerl in Weiß, der scheinbar makellos ist. An solchen Helden habe ich kein Interesse, weil sie nicht so verletzlich und folglich nicht so farbig sind.

Ich habe mich immer als Charakterschauspieler und nicht als ersten Liebhaber betrachtet. Die Rollen, die ich normalerweise spiele, sind Hauptrollen als Charakterdarsteller. Gott sei Dank – weil sie solch ergiebige Rollen sind.«

*

Auch Sie können sich zu einem multidimensionalen Charakter und einer farbigeren Persönlichkeit entwickeln. Verbergen Sie Ihre Macken nicht – sie sind Ihre Medaillen, die Sie sich durch die Wunden und Schrammen, die Sie sich auf dem Kampfplatz des Lebens zugezogen haben, verdient haben.

Denken Sie einmal eine Minute lang an all die Menschen, die Sie bewundern und deren Gesellschaft Sie mögen. Sie sind alle keine Superwesen oder makellose Charaktere. Sie irren sich, sie weinen, sie empfinden Schmerzen, sie verzweifeln... und sind wirklich, menschlich und verletzlich.

## Weit weg, steif und unhöflich

Jede Gesellschaft fördert bestimmte Verhaltensweisen und bestraft andere. Im Entwicklungsprozeß eines Kindes werden einige der Charakterzüge, die seine Persönlichkeit ausmachen, je nach dem Kulturkreis, in dem es aufwächst, geformt und genormt. Noch wichtiger für das spätere Verhalten dieses Kindes ist jedoch die Erziehung, die es von seinen Eltern erhält. Kinder nehmen die Gewohnheiten, Werte, Urteile und den Lebensstil ihrer Eltern an.

Albert, ein Patient in mittleren Jahren, den ich in England behandelte, war als Kind davon überzeugt, nicht geliebt zu werden. Das stimmte zwar überhaupt nicht, weil seine Eltern ihn sehr wohl liebten. Da sie jedoch unfähig waren, ihrem Sohn ihre Liebe zu zeigen, war er zu der Ansicht gelangt, sie haßten ihn.

Nachdem Albert schon ein Jahr lang zu mir in die Therapie gekommen war, hatte er genügend Vertrauen gefaßt, sich von mir hypnotisieren zu lassen. Ich führte ihn zurück in seine Kindheit. Als er sich in tiefer Trance befand, weinte er, daß seine frühe Kindheit so einsam gewesen war.

Schluchzend erinnerte er sich an das Gefühl, weder Mutter noch Vater liebten ihn: Sie hatten ihn, als er erst fünf Jahre alt war, in ein Internat gesteckt. Er war besonders traurig, als er sich erinnerte: »Ich weiß, mein Vater haßte mich. Er küßte oder berührte mich nie. Ich kam mir vor wie aussätzig. Er war so weit weg, so steif und unfreundlich.«

In der Hypnose erlebte Albert eine dramatische Persönlichkeitsveränderung. Da er entspannt war und Vertrauen zu mir hatte, erlaubte er seinen zerbrechlichen und verletzlichen Gefühlen, zum Vorschein zu kommen. Während er sprach, verwandelte er sich in ein liebenswertes und reizvolles menschliches Wesen. Während ich seiner erschütternden Geschichte zuhörte, wischte ich die Tränen von seinen Wangen. Ich empfand ein zärtliches Gefühl für ihn.

Kaum aber erwachte Albert aus seinem Trancezustand, ging augenblicklich eine Verwandlung mit ihm vor. Er wurde sofort wieder unnahbar... der kalte, reservierte und unfreundliche Mann, der er gewesen war, als er mein Büro zum ersten Mal betreten hatte.

Als ich ihn darauf hinwies und seine starre Haltung und die steifen Bewegungen seiner Hände und Lippen nachahmte, schien er einen echten Schock zu erleiden. »Mir läuft es kalt den Rücken herunter«, sagte er. »Sie haben gerade genauso ausgesehen, wie mein Vater immer aussah, wenn er mir zeigte, was ich zu tun hatte. Ich kann es gar nicht fassen, daß ich mich haargenau so benehme wie er. Sie müssen übertreiben! Ich weiß, daß ich nie so hart und lieblos sein könnte, wie er es war.«

»Aber Sie sind es«, unterbrach ich ihn. »Sie sind genauso wie Ihr Vater! Schauen Sie doch nur, wie weit Sie immer von mir weg sitzen. Sie befinden sich ja fast am anderen Ende des Zimmers! Mir scheint, Sie haben eine solche Angst davor, einem anderen Menschen nahe zu kommen, daß Sie am liebsten eine ganze Straße weiter weg sitzen würden.

Und ganz wie Ihr Vater können Sie auch keine Zuneigung zeigen. Normalerweise fühlen sich meine Patienten, wenn sie mich ein Jahr lang kennen, mir vertraut genug, um mir ein Küßchen auf die Wange zu geben oder mich zu umarmen, wenn sie Hallo und auf Wiedersehen sagen. Weil wir so vieles miteinander teilen, entwickeln wir uns zu guten

Freunden. Aber Sie sind heute noch so weit weg von mir und so unfreundlich, wie Sie es bei Ihrem ersten Besuch waren.

Das heißt gewiß nicht, daß Sie mich hassen oder daß Ihr Vater Sie haßte. Er haßte Sie *nicht*. Ihr Vater wußte nur ganz einfach nicht, wie er Ihnen oder anderen gegenüber die Zuneigung, die er empfand, offenbaren sollte. Er hatte Angst, andere an seinen Gefühlen teilhaben zu lassen. Er wußte nicht, wie er es anstellen sollte, und drum konnte er Ihnen nie bewußt machen, wie gern er Sie hatte.

Kalt und distanziert zu sein haben Sie von Ihren Eltern *gelernt*. Sie haben es Ihnen ebenso beigebracht, wie Ihre Eltern wiederum es ihren Eltern vorgelebt haben. Jede Generation ist unschuldig. Sie sind es auch. Aber es ist trotzdem Zeit, daß Sie sich ändern.«

Als Teil der Therapie schlug ich Albert vor, während jeder wöchentlichen Sitzung seinen Stuhl anderthalb Zentimeter mehr in meine Richtung zu schieben. Zögernd kam er meiner Aufforderung nach, bis er mir eines schönen Tages endlich direkt gegenübersaß. Bald darauf begann dieser gesetzte Engländer mir zur Begrüßung und zum Abschied einen Kuß zu geben. Dieses Verhalten zeigte er auch bei neuen Freundschaften, die er schloß.

In der Therapie gehen wir in kleinen, zögernden Schritten vor. Wir wissen, daß jeder noch so kleine Fortschritt bedeutungsvoll ist und uns unserem Ziel ein Stückchen näherbringt. Während meiner weiteren Zusammenarbeit mit Albert gelang es mir, ihn dazu zu bringen, mir, selbst wenn er sich *nicht* in Hypnose befand, mehr über seine Ängste zu erzählen. Das wirkte sich langsam, aber sicher auch auf sein Verhalten am Arbeitsplatz aus. Im gesellschaftlichen Kreis wandte er die neuen Verhaltensweisen ebenfalls an. »Sie würden sehr zufrieden mit mir sein«, erklärte Albert stolz. »Mittlerweile habe ich mich zu einem ziemlich freundlichen und gar ein wenig verletzlichen Menschen entwickelt. Wenn Sie es genau wissen wollen, einige meiner neuen Bekanntschaften halten mich sogar für recht liebenswert!«

Nach und nach lernte Albert schließlich, immer mehr von sich zu offenbaren und ein herzliches, fürsorgliches und manchmal auch verängstigtes menschliches Wesen zu sein.

# Die Menschen sind liebenswert

Sind Sie bereit dazu, liebenswert zu werden? Sie können sofort damit anfangen! Riskieren Sie's. Beginnen Sie damit, Ihre Gefühle nicht mehr für sich zu behalten. Geben Sie sich offener, und Sie werden merken, daß sich auch die anderen Ihnen gegenüber mehr und mehr offenbaren. So entwickeln sich bedeutungsvolle Beziehungen.

Als Therapeutin, die »alles hört«, weiß ich, daß man über Menschen, wenn sie erst einmal begonnen haben, ihr wahres Ich zu zeigen, mehr und mehr erfährt... und sie mehr und mehr liebgewinnt. Oft verwandelt sich dieses Liebgewinnen in Liebe. Wenn Sie das Leben anderer Menschen kennenlernen, wenn Sie ihre Tränen sehen und ihr Versagen, ihre Enttäuschungen und Frustrationen verstehen, dann haben Sie sie schon gewonnen!

Schütteln Sie gerade verneinend Ihren Kopf? Haben Sie es bislang so gehalten, alles zu verheimlichen, indem Sie Ihre wahren Gefühle mit Hilfe von Anspielungen, Sarkasmus oder Scherzen verborgen haben? Müssen andere Ihre Gedanken lesen, um dahinterzukommen, was Sie wirklich wollen? Haben Sie es sich zur Gewohnheit gemacht, andere Ihre Bedürfnisse erraten zu lassen und zu hoffen, daß sie richtig raten? Wenn dem so ist, wird niemand wirklich wissen, wer Sie sind. Es kostet zu viel Rätselraten, mit Ihnen zusammen zu sein und herauszufinden, was läuft.

Versuchen Sie's mal damit, ein wenig verletzlicher zu werden, indem Sie anderen wertvolle Informationen über sich selbst geben. Sie werden merken, daß jeder Sie bald wesentlich liebenswerter finden wird.

Verletzlich zu sein ist ansteckend. Wenn Sie mit gutem Beispiel vorangehen, werden die anderen Ihnen bald nacheifern. Und je mehr *die anderen ihr wahres Ich offenbaren*, desto einfühlsamer werden Sie den vielen Facetten der Persönlichkeiten *der anderen gegenüber* sein. Es wird sein, als würden Sie eine dreidimensionale Brille tragen. Sobald Sie die auf Ihrer Nase haben, wird diese Brille Ihnen Einsicht in die Menschlichkeit, die Unschuld und das Gute in anderen vermitteln. Das versieht Sie mit einer weiteren unsichtbaren Kraft.

*»Sanftmut und Freundlichkeit sind nicht Zeichen von Schwä-
che und Verzweiflung, sondern Offenbarungen von Stärke
und Entschlossenheit. Stärke und Toleranz sind ein Paar.«*[37]

Erfolgreiche Menschen, die die Philosophie, Verletzlichkeit
und Toleranz miteinander zu verbinden, praktizieren, motivieren andere dazu, sich ihnen hinzugeben. In der Biographie, die Margaret Truman über ihren Vater, den Präsidenten Harry S. Truman, geschrieben hat, kommt sein Interesse, das er an anderen Menschen hatte, wieder und wieder
zum Ausdruck.

*»Mein Vater haßte es, den Summer auf seinem Schreibtisch
zu benutzen, um jemanden auf diese Weise in sein Büro zu
zitieren. In neun von zehn Fällen zog er es vor, selbst in das
Büro seines Helfers zu gehen. Und wenn er tatsächlich mal
jemanden zu sich bestellte, begrüßte er ihn normalerweise an
der Tür des Büros...*
*Seine ständige Rücksichtnahme auf andere, das völlige
Fehlen von Egoismus, mit dem Vater die tagtäglichen Angelegenheiten im Weißen Haus dirigierte, waren der Ursprung
einer enormen Loyalität, die er in den Menschen, die um ihn
herum waren, erweckte.«*[28]

Verletzlichkeit besitzt eine Schönheit, die so überraschend
und bezaubernd ist, daß sie selbst die Nacht erhellt. Aus
meiner Sicht gesehen macht Verletzlichkeit Sie zu den größten, stärksten und klügsten Menschen, die es gibt.
Um Erfolg zu haben, müssen Sie sich so zeigen, wie Sie
wirklich sind. Wenn Sie das tun, werden die Menschen, die
Ihnen nahestehen, mit so viel Herzlichkeit auf Sie reagieren,
daß Sie sich einer größeren Liebe und Anerkennung erfreu-
en können, als Sie je für möglich gehalten hätten. Wenn Sie
sich selbst verletzlich machen, ist es so, als würden Sie in
einen Spiegel sehen. Was Ihnen dort plötzlich entgegen-
blickt, sind Anerkennung und Verständnis der anderen
Menschen.

# Sieger und Verlierer

Sind Sie bereit, das Risiko einzugehen und Ihre Gefühle mit anderen zu teilen? Sind Sie bereit, Ihre Liebe und Abhängigkeit, Ihre Ängste und Selbstzweifel zu zeigen? Sieger gehen dieses Risiko ein – und ernten dafür den Respekt und das Interesse der Menschen, die ihnen wichtig sind.

| VERLIERER | SIEGER |
|---|---|
| 1. Verlierer stellen ungern eine direkte Bitte, weil sie ein »Nein« damit gleichsetzen, nicht geliebt zu werden. Sie glauben, daß sie, wenn sie sie *wirklich* lieben, ihre Gedanken erraten und somit von allein auf ihre Bedürfnisse eingehen können. | 1. Sieger sprechen über ihre zerbrechlichen Gefühle und scheuen sich nicht, direkt um etwas zu bitten. Folglich ist es anderen möglich, sie besser kennenzulernen, zu verstehen und achtzugeben, daß sie sie nicht verletzen. Da Sieger ihre Gefühle offenbaren, fällt es anderen leicht, auf sie einzugehen. |
| 2. Verlierer lassen diejenigen, die sie lieben, nur selten wissen, wieviel sie ihnen bedeuten. | 2. Sieger gehen nicht nur mit Lob großzügig um, sondern sie teilen anderen auch ihre Liebe für sie und ihr Interesse an ihnen gern, offen und bei jeder Gelegenheit mit. |
| 3. Aus Angst, im Stich gelassen zu werden, wagen Verlierer es nicht, anderen ihre Gefühle mitzuteilen. Ihr wahres Selbst, das andere wirklich mögen könnten, geben sie nicht preis. Dadurch fordern sie andere geradezu auf, sie nicht zu lieben und allein zu lassen. | 3. Sieger gewinnen die Liebe und Anerkennung anderer, indem sie die gesamte Bandbreite ihrer Gefühle offenbaren. Anstatt auf Nummer Sicher zu gehen, zeigen sie ihr wahres Ich und ziehen damit andere Menschen in ihren Bann. |

4. Was die Liebesbeziehungen von Verlierern betrifft, so ist es ihnen nahezu unmöglich, ihre Verletzlichkeit zu zeigen oder ihre Gefühle voll und ganz zum Ausdruck zu bringen.

5. Verlierer fügen sich in kulturelle Zwänge ein, die es ihnen verbieten, ihre Verletzlichkeit und ihre Zuneigung zum Ausdruck zu bringen. Männliche Verlierer verbergen ihre Sorgen, sie zeigen nicht, daß sie sich einsam fühlen oder verängstigt sind, und denken nicht im Traum daran, andere Männer wissen zu lassen, daß sie Zuneigung für sie empfinden.

6. Verlierer fürchten Berührungen und körperliche Nähe. Sie kritisieren ihre Eltern für genau das Verhalten, das sie selbst von früh bis spät an den Tag legen.

4. Was die Liebesbeziehungen von Siegern angeht, so wagen sie es, den ersten Schritt zu tun und damit zu riskieren, abgelehnt zu werden. Sie geben offen zu, wie sehr sie einen Menschen mögen und brauchen.

5. Sieger überprüfen das Rollenverhalten, das die Gesellschaft ihnen aufgedrängt hat, für sich selbst. Dabei ist es gleichgültig, ob es sich bei diesen Siegern um Männer oder Frauen handelt. Sie konzentrieren sich allein darauf, Mensch zu sein. Männliche Sieger scheuen sich weder, ihre Verletzlichkeit zu zeigen, noch fürchten sie sich davor, anderen Männern gegenüber – sei es verbal oder körperlich – die Zuneigung, die sie für sie hegen, zu zeigen.

6. Sieger wissen, wie gut es ihrer Seele tut, nahe bei einem Freund zu sitzen, einander zu umarmen oder einander an der Hand zu halten. Streicheleinheiten von jemandem, der ihnen nahesteht, sind ihnen wichtig, weil sie ihnen das Gefühl von Geborgenheit und Sicherheit vermitteln.

7. In Verlierer-Beziehungen verbirgt einer der beiden Partner seine Probleme und zeigt nie auch nur das geringste Anzeichen einer Schwäche. Obwohl er dadurch die Achtung des anderen gewinnen will, tritt genau das Gegenteil ein: Der andere meidet ihn und mag ihn nicht.

8. »Perfekte« Verlierer geben vor, allwissend zu sein und erreichen eine Fassade der Unbesiegbarkeit. Sie betonen, daß immer sie es sind, die verantwortlich zeichnen, die einfühlsam und vernünftig handeln und die dazu noch hart arbeiten. Dadurch erreichen sie oft, daß ihr Partner sich wie ein ungezogenes Kind verhält, weil er nicht weiß, wie er sonst gegen so viel »Perfektion« ankommen soll. Er spielt nun *seine* Rolle, die ihm niemand streitig machen kann.

7. Sieger streben in ihren Beziehungen nach Gleichberechtigung, in der weder der eine noch der andere »alles richtig« oder »alles falsch« macht. In einer solchen Beziehung verhalten sich beide ganz einfach menschlich, machen Fehler, teilen Schwächen – und behandeln einander respekt- und liebevoll.

8. Sieger geben sich Mühe, sich immer so zu zeigen, wie sie wirklich sind, und all die vielseitigen Aspekte ihrer Persönlichkeit zu offenbaren. Sie verbergen anderen gegenüber weder ihre Mängel noch die Eigenschaften, die sie zu Siegern machen.

9. Verlierer, die von der Perfektion ihrer Eltern oder ihres Ehepartners überzeugt sind, flüchten sich gern in die Rolle des Unverantwortlichen und des Rebellen. Indem sie Geld zum Fenster hinauswerfen, ihren Partner eifersüchtig machen oder sonst etwas in dieser Richtung erfinden, spielen sie die Position des Verlierers bis zur »Perfektion« aus.

9. Sieger wissen, daß Perfektion eine Illusion ist. Weil sie begriffen haben, daß Perfektion unmöglich zu erreichen ist, halten sie es nicht für erstrebenswert, perfekt zu sein. Also vergeuden sie ihre Zeit nicht damit, einem Trugbild nachzujagen.

10. Verlierer kümmern sich nicht um die Gefühle anderer Menschen. Da sie sich so sehr mit ihren eigenen Unzulänglichkeiten herumschlagen, um sie vor ihren Mitmenschen zu verbergen, behandeln sie alle, die ihnen untergeben sind, schroff und stauchen sie fürchterlich zusammen, wenn sie mal einen Fehler machen.

10. Sieger gehen freundlich und rücksichtsvoll mit Menschen, über die sie das Sagen haben, um. Sie achten darauf, die Gefühle anderer nicht zu verletzen. Dadurch, daß sie einerseits Stärke zeigen und andererseits die Schwächen anderer teilen, motivieren sie die anderen dazu, ihnen Hingabe und Loyalität entgegenzubringen.

# 12. KAPITEL

# »Sesam öffne dich« und andere Zauberworte

*Sprache ist die Zivilisation selbst. Das Wort erhält den Kontakt – es ist die Stille, die einsam macht.*

THOMAS MANN

Ihre Fähigkeit, sich wirkungsvoll mit anderen zu verständigen, kann eines Ihrer wertvollsten Güter sein. Eine gehobene und verfeinerte Verständigung ist von enormer Wichtigkeit, wenn es beispielsweise darum geht, Ihre persönlichen Beziehungen und Ihre beruflichen Leistungen zu verbessern.

Sie besitzen das Talent, sich wie ein Erfolgsmensch auszudrücken. Anderen Ihre Gedanken so klar und überzeugend verständlich zu machen, daß sie Ihnen einfach glauben müssen, ist erlernbar. Um dieses Talent in Ihnen zu wecken, werden wir nun miteinander verschiedene Aspekte der Verständigung betrachten, die Sie *davon abhalten*, das zu erreichen, was zu erreichen Sie sich vorgenommen haben.

Was die zwischenmenschliche Verständigung betrifft, so dürfen Sie mich getrost für eine Expertin halten. Als Therapeutin ist es mir gelungen, meinen Patienten sprachliche Fertigkeiten beizubringen, die es ihnen ermöglicht haben, ihr Einkommen zu verdoppeln und zu verdreifachen und zudem auch noch ein befriedigenderes Familienleben zu führen als je zuvor. Meine Erfolge, Paaren dabei behilflich zu sein, ihre Beziehungen zu erhalten und zu festigen, beruhen zum großen Teil darauf, daß ich ihnen beigebracht habe, *offener* als zuvor miteinander über ihre Probleme und

Gefühle zu reden. Durch diese Aussprachen gewannen ihre Beziehungen an Bedeutung: Sie halfen den Ehepartnern, einander näherzukommen.

ES IST HÖCHSTE ZEIT, DASS AUCH *SIE*
*IHRE* VERBALEN FÄHIGKEITEN
VOLL UND GANZ AUSZUSCHÖPFEN LERNEN.

Jeder von uns hat die Art und Weise, in der er sich mit anderen verständigt, *gelernt*. Ab heute können Sie etwas Neues lernen: wie Sie sich Schritt für Schritt zum Erfolg reden können.

Worte sind Bausteine. Sie können Ihre Beziehungen verbessern, oder sie können dazu beitragen, daß Sie sich anderen entfremden. In Ihrem Bestreben, sich fortan so wirkungsvoll wie möglich auszudrücken, müssen Sie genau feststellen, welcher Worte Sie sich bislang bedienen und wie Sie sie verwenden. Wenn Ihnen das gelingt, ist es nur mehr eine Frage der Zeit, bis Sie die neuen Techniken, die Ihnen dazu verhelfen, sich präzise zu verständigen, im Schlaf beherrschen.

Sollten Sie während Ihrer »Lehrzeit« dann und wann das Gefühl haben, daß Ihre neuen Verständigungstechniken in der einen oder anderen Situation wenig oder gar nichts bewirken, lassen Sie sich davon nicht unterkriegen! Üben Sie sie statt dessen so lange weiter, bis sie Ihnen in Fleisch und Blut übergegangen sind.

Im Berufsleben hängt der Erfolg vieler Geschäftsabschlüsse von Erwägungen ab, die den Preis, die Qualität eines Produktes, die Dienstleistungen und die Verfügbarkeit bestimmter Quellen und Arbeitskräfte betreffen. Wenn jedoch zwei Angebote ziemlich gleich sind, ist es ein menschlicher Faktor, der entscheidet, welche Anbieter oder welche Firma das Rennen macht.

Geschäfte, ob klein oder groß, kommen dadurch zustande, daß Menschen mit anderen Menschen reden, daß sie Gefallen an ihnen finden und daß sie sich für sie interessieren. Anderen Leuten zu vermitteln, was für ein guter und liebenswerter Mensch Sie sind, wird Ihnen von großem Nutzen sein, wenn es darum geht, geschäftlich und privat die Kontakte anzuknüpfen, auf die Sie Wert legen.

Meine Arbeit auf dem Gebiet der Kommunikation begann eigentlich schon 1962 an der Universität, bevor ich irgendwelche Titel hatte. Mein erster Patient war ein Kind namens Betty. Obwohl die Kleine bereits neun Jahre alt war, reichten ihre Verständigungsmöglichkeiten nicht weiter als die eines Kleinkindes, das versucht, einen Papagei zu imitieren. Wenn ich sie etwa fragte: »Betty, möchtest du ein Plätzchen haben?« wiederholte sie unaufhörlich: »Betty, möchtest du ein Plätzchen haben? Betty, möchtest du ein Plätzchen haben?«

Der Diagnose nach galt Betty als »autistisch« – Schizophrenie im Kindesalter. Ihr Sprachverhalten, alles wieder und wieder zu wiederholen, wurde als »psychotisch« eingestuft. Dennoch neigen auch viele »normale« Leute dazu, ein ähnliches Sprachverhalten wie Betty an den Tag zu legen. Der Unterschied ist nur, daß sie es nicht so verstärkt und nicht so offensichtlich tun. Aber auch sie sind nicht in der Lage dazu, sich selbst vernünftig auszudrücken und das, was sie sagen wollen, direkt zu formulieren.

In diesem Kapitel widmen wir uns zuerst den verschiedenen Schwächen, die in der Kommunikation gang und gäbe sind, und die auch Sie vielleicht schon des öfteren daran gehindert haben, ein Ziel zu erreichen. Denn nur dadurch, daß Sie sich dieser Fehler bewußt werden, können Sie sie abstellen.

Zunächst einmal wenden wir uns einer Verständigungsform zu, die besonders ineffektiv ist: dem Aufmerksamkeit erregenden Sprachverhalten eines ungeduldigen Schreihalses, der alles lang und breit und vor allem laut zu erklären versucht.

# Mit dem Schreihals fertig werden

Viele Menschen sind unfähig dazu, Schmerz, Enttäuschung und Angst zum Ausdruck zu bringen. Um damit zurechtzukommen, suchen sie nach einem Weg, der es ihnen erlaubt, ihre wahren Gefühle zu verbergen. Sobald sie in eine angespannte und explosiv geladene Situation geraten, überspielen sie ihre Gefühle dadurch, daß sie schreien und brüllen.

Sind Sie ein Schreihals, oder befinden sich in Ihrem Umkreis Menschen, auf die diese Beschreibung zutrifft? Haben Sie sich schon oft gefragt, worin die Ursache für ihre scheinbar grundlose Wut und ihr scheinbar grundloses Gebrüll liegt? Ich kann Ihnen versichern, daß sich hinter all der Wut und all dem Getobe eines solchen Schreihalses nichts anderes als ein kleines verängstigtes Kind verbirgt.

Mag sein, daß Sie sich jetzt sagen: »Mich überzeugen Sie nicht davon, daß mein Partner, wenn er sich wie ein Irrer aufführt, im Grunde seines Herzens klein und verunsichert ist. Der einzige, der verunsichert und verängstigt ist, wenn er seine verrückten fünf Minuten hat, bin *ich*!«

Glauben Sie's mir trotzdem: Alles, was der Schreihals tut, ist, sich hinter der Heftigkeit seiner wutschnaubenden Herausforderung an Sie zu verstecken. Er ist so sehr mit seinem Wutausbruch beschäftigt, weil ihn nur dieser davon ablenken kann, sich seine eigene Angst eingestehen zu müssen. Oder seine Enttäuschung, oder was immer es ist, worüber er sich so erhitzt. Er leugnet seine Gefühle und flüchtet sich in Ausdrucksformen, die zu benutzen er erzogen wurde.

Als der Schreihals selbst noch ein Kind war, haben seine Eltern sich aller Wahrscheinlichkeit nach unfähig gefühlt, auf seine Probleme einzugehen... weil sie selbst vielleicht schon genug Schwierigkeiten hatten. Dadurch, daß er sich schließlich dazu entschloß zu brüllen, anstatt seinen Schmerz oder sonstige Gefühle zu zeigen, gelangten seine Eltern zu der irrigen Annahme, sein lauter Hilferuf wäre ein Zeichen von Stärke. Mit seinem Gebrüll wurden sie fertig, denn es war für sie Rückversicherung und Anzeichen dafür, daß ihr Kind sich durchsetzen konnte. Durch die Fehlinterpretation des kindlichen Schreiens erlöst, wandten die Eltern sich nunmehr ihren eigenen Problemen zu.

Hätte das Kind ihnen seine Traurigkeit und seine Frustrationen offenbart, hätte es seinen Eltern damit vielleicht zu verstehen gegeben, daß es ihre Aufmerksamkeit und ihre Unterstützung brauchte. Doch die Hilfe, die ihr Kind gebraucht hätte, konnten sie ihm nicht geben – sie steckten schließlich selbst bis über beide Ohren in Problemen...

Als der Schreihals erwachsen ist, werden seine Schimpf-
tiraden so furchteinflößend, daß andere vor lauter Schreck
ihre Ohren verschließen. Die Menschen, an die sein Ge-
schimpfe gerichtet ist, sind selten stark genug, seinen plötzlichen Wutausbrüchen standzuhalten. Keiner weiß, daß er in
Schwierigkeiten ist. So könnte der Schreihals ebenso gut
ruhig sein, denn sein eigentliches Anliegen – der Ruf um
Hilfe – wird kaum gehört.

## Der Stumme

Ein anderes Extrem der herzlich unergiebigen Kommunikation finden wir in »dem Stummen«, dem exakten Gegenteil
des Schreihalses. Er ist derjenige, der sich plötzlich in
Schweigen hüllt. Sobald die Atmosphäre geladen ist, er-
starrt er. Wenn er sich getroffen fühlt, weil irgend jemand
sich ihm gegenüber rücksichtslos verhalten oder ihn verwirrt
hat, macht er dicht. Er ist genauso verängstigt wie der
Schreihals, aber anstatt zu brüllen und zu toben, reagiert er
auf Enttäuschung, Feindseligkeit und Ärger damit, daß er
wie gelähmt scheint.

Der Stumme kommt bei der Angelegenheit nicht besser
weg als der Schreihals. Keine der beiden Kommunikations-
arten funktioniert. Was den Stummen betrifft, so kann man
ihn von Anfang an nicht hören, weil er seinen Mund hält.
Wenn er sich schutzsuchend in seine eigene Welt zurückzieht, kann verständlicherweise niemand seine Gefühle erraten und ihm auch nicht helfen.

In jungen Jahren wurde der Stumme häufig dazu erzogen,
es »allen Menschen rechtzumachen«, sich in Konfliktsituationen ruhig und nett zu verhalten. Selbst wenn er drauf und
dran ist, vor Wut zu platzen, gelingt es ihm nur selten, seiner
Wut auch Ausdruck zu verleihen. Langsam, aber sicher wird
der Druck immer stärker, sein Unwille und seine innere
Anspannung immer größer. Er ist wie ein Ballon, der aufge-
blasen wird, bis er platzt: Seine aufgestaute Wut erfüllt ihn
bis zu dem Punkt, an dem er schließlich explodiert und sie
aus sich herausbrüllt. Derjenige, der mit diesem Wutaus-

bruch konfrontiert wird, versteht die Welt nicht mehr: Wie kann ein sonst so ruhiger Mensch auf einmal dermaßen überreagieren?

Heftige Gefühle so lange wie möglich für sich zu behalten ist ein Verhaltensmuster, das »Stumme« in ihrer Kindheit erlernen. In einigen Fällen hat sich ihr aufgestauter Ärger in psychosomatischen Symptomen einen Weg an die Oberfläche geschaffen: Die Wartezimmer der Ärzte und Psychologen sind angefüllt mit Menschen, die unter einer unendlichen Vielfalt verschiedener (psychosomatisch bedingter) Schmerzen leiden. Andere »Stumme« wiederum haben zu Hause gelernt, ihre verbalen Attacken in Sarkasmus, Kritik, Gerüchteverbreiten oder Langeweile zu kleiden.

Die selbstzerstörerischen Ersatzhandlungen, die Menschen begehen, um ihre Gefühle für sich behalten zu können, sind von fast unbegrenzter Vielzahl. Sie können sich in Depression, Freßsucht, Spielsucht, Alkoholismus, Langeweile, Faulheit, sexueller Impotenz und Frigidität ausdrükken. Aber welche Form ein Mensch auch wählt, das Ergebnis ist immer dasselbe: Da alles, was er unternimmt, um seine Gefühle zu verbergen, die Menschen um ihn herum irreführt, ist keinerlei Verständigung mit ihm möglich. Da er sich anderen gegenüber nicht verständlich machen möchte, können die anderen sich nie auf seine Wellenlänge einstellen und zu ihm vordringen.


## Wenn ich du wäre, würde ich gehen

Carl und Maxine, ein Paar aus meiner Dienstagabend-Gruppe, litt unter schweren Verständigungsschwierigkeiten. Während einer der Therapiestunden erzählten sie, daß sie sich kürzlich auf dem Weg nach Hause von einer Party fürchterlich zerstritten hätten.

Maxine sagte, sie sei von Carl dadurch gedemütigt worden, daß er »den gesamten Abend über mit einer anderen geflirtet habe«. Daß sie sich von ihm verraten fühlte, hatte sie ihm dadurch mitgeteilt, daß sie ihn angeschrien, kritisiert und beschimpft hatte.

»Wie konntest du dich nur so *dumm* aufführen!« hatte sie wütend gebrüllt. »Du hast dich wie ein *Idiot* benommen! Alle haben über dich geredet! Und dann sind sie auch noch zu mir gekommen und haben mir gesagt: ›Dein Mann macht sich hier selbst zum *Deppen*. Ich würde mir das nicht gefallen lassen. Wenn ich du wäre, *würde ich ihn verlassen!*‹«

Maxines Redeschwall war so angefüllt mit An- und Beschuldigungen, daß ihre wahren Gefühle, »Ich liebe dich, und ich habe solche Angst, *daß du mich verläßt*«, nicht zum Vorschein kamen.

Ehepartner lassen sich nur allzuoft dazu hinreißen, einander verbal niederzumachen. In solchen Fällen ist sich keiner der beiden darüber bewußt, daß er ein wertvoller und wichtiger Mensch ist, noch ist ihm in solchen Momenten klar, daß er dem anderen etwas bedeutet. Das einzige, was bei solchen Streitigkeiten zu hören ist, sind Worte wie »dumm«, »Idiot«, »Depp« und Drohungen wie »ich verlasse dich«. Keiner der beiden ist hellhörig oder stark genug, in solchen Augenblicken die verborgene Botschaft »ich liebe und brauche dich« herauszuhören.

In den längst festgefahrenen Verhaltensmustern ihrer Ehe hatte Maxine es einmal geschafft, Carl wissen zu lassen, daß sie bereit war, die Atmosphäre wieder zu normalisieren. Aber da war Carl nicht bereit dazu. Denn jetzt war er dran: Jetzt konnte er Maxine durch sein Schweigen quälen. Sollte sie sich ruhig den Kopf darüber zerbrechen, was sie alles falsch gemacht hatte.

Maxine begriff Carls Reaktion nicht. Nachdem sie während der Autofahrt ihren Ärger an Carl ausgelassen hatte, war ihre Wut verpufft, und sie fühlte sich wieder wohl. Alles, was sie jetzt noch wollte, war, den Streit zu vergessen und sich wieder mit ihrem Mann zu verstehen. Daß Carl allerdings noch unter ihren Beschimpfungen leiden konnte, kam ihr nicht in den Sinn. Deshalb registrierte sie auch nicht, daß Carls Schweigen das direkte Resultat ihres Streites war.

Hätten Maxine und Carl *nicht* gerade eine Therapie hinter sich gehabt, hätte er wahrscheinlich seine Energien noch zwei Wochen lang darauf verschwendet, *nicht mit ihr zu reden*, und sie hätte ihre Energie damit vergeudet, *sich wegen der Schimpfworte, die sie ihm an den Kopf geschleudert hatte, schuldig zu fühlen.*

So aber konnten wir glücklicherweise gemeinsam daran arbeiten, daß Carl und Maxine einander ihre wahren Gefühle zeigen konnten. Maxine gab zu, welche Angst sie ausgestanden hatte, als Carl sich auf der Party mit einer anderen Frau beschäftigt hatte. Maxine hatte solche Angst gehabt, daß Carl sie nicht mehr lieben würde. Carl wiederum erklärte, daß es ihm ähnlich erginge... Maxine bereite ihm oft Angst!

Ihm wurde bewußt, daß er sich ihrer Liebe nur dann sicher fühlte, wenn er Maxine eifersüchtig machte. Ihre Wut darüber, daß er sich den ganzen Abend über einer anderen Frau gewidmet hatte, verlieh ihm die Gewißheit, daß Maxine *ihn tatsächlich liebte*. Sie zur Eifersucht anzustacheln, bedeutete für Carl einen Gewinn. Tat er das nämlich nicht, war Maxine nur höchst selten dazu zu bewegen, ihn wissen zu lassen, wieviel er ihr bedeutet. Dadurch, daß Carl nach dem Streit schwieg, hatte er sogar noch mehr gewonnen: Nun war Maxine so bedacht darauf, sich mit ihm auszusöhnen, daß sie besonders lieb und nett zu ihm war.

In der Therapie lernten Carl und Maxine ihrer Zuneigung, die sie füreinander empfanden, Ausdruck zu verleihen und auch mit Worten liebevoller miteinander umzugehen. Schließlich kam dann auch der Tag, an dem sie ihre Eifersuchtsdramen einstellen konnten, weil sich jeder der beiden nun auch so innerhalb der Ehe sicher und geborgen fühlte.

＊

Wenn Eifersucht unter Liebenden zur Taktik wird, so basiert sie meistens auf einer Aggression. Sie hat ihre Ursache darin, daß derjenige, der durch Eifersucht gepeinigt werden soll, demjenigen, der den Anlaß zur Eifersucht gibt, vorher weh getan hat. Wenn Ihr Partner Sie also nächstens eifersüchtig machen will: Seien Sie nicht böse zu ihm. Denken Sie statt dessen lieber einen Augenblick lang darüber nach: »Womit habe *ich* ihn zu dieser Handlung provoziert?«

Schenken Sie ihm nur wenig Aufmerksamkeit und Liebe, geben Sie ihm statt dessen vielleicht um so mehr Gelegenheit, ihn an Ihrer Zugehörigkeit zu ihm zweifeln zu lassen? Haben Sie damit aufgehört, ihm Komplimente zu machen oder nette Dinge zu sagen, die ihn erfreuen würden, weil Sie denken: »Er weiß doch sowieso, wie und was ich für ihn empfinde!«

Er weiß es *nicht*. Selbst wenn Sie ihm gestern erst gesagt haben, daß Sie ihn lieben – sagen Sie es ihm getrost heute wieder. Vergessen Sie nicht, daß der langbeinige Erwachsene, den Sie lieben, im Grunde seines Herzens nur ein Zweijähriger ist, der immer wieder versichert bekommen muß, wieviel er Ihnen bedeutet.

Wenn Ihr Partner darauf vertrauen kann, daß Sie ihn schätzen, wird er Sie durch sein Gefühl und seine Taten, die er Ihnen entgegenbringt, belohnen. Wenn ein Mensch weiß, daß er sehr geliebt wird, entwickelt er von sich aus das Verantwortungsgefühl, den Partner ebenfalls besonders liebevoll zu behandeln.

Die meisten Menschen geben ihrem Partner genau das wieder, was sie selbst von ihm empfangen. Je mehr Liebe Sie ausströmen, desto mehr Liebe werden Sie bekommen – *eine Hand wäscht die andere*.

Andersherum funktioniert die Geschichte natürlich auch. Wenn Ihnen beispielsweise viel Feindseligkeit entgegengebracht wird: WACHEN SIE AUF, und prüfen Sie *Ihr eigenes* Verhalten. Sehen Sie der Tatsache ins Auge, daß mindestens das halbe Problem darin liegt, wie Sie anderen gegenübertreten.

# Übung 10
## Benutzen Sie Ihre »Reich-mir-die-Butter«-Stimme

Diese Übung wurde dazu erdacht, Paaren, die Verständigungsschwierigkeiten haben, zu helfen. Diese Übung kann als Richtlinie gelten, nach der sich alle möglichen Konflikte und Unstimmigkeiten lösen lassen. Die Übung baut auf Übung 9, die ich die »Schwimmübung« genannt habe, auf.

Noch einmal:

Die Art und Weise, in der Sie sich verständlich machen, ist *erlernt*. Und was immer Sie in dieser Richtung gelernt haben, können Sie hier erweitern oder auch umlernen, falls die Notwendigkeit dafür gegeben ist. Das Ziel, das Sie vor Augen haben, heißt: Gespräche fortan so zu führen, daß sie nicht mehr unergiebig, sondern *ergiebig* sind.

Ob Sie am »Konferenztisch« einer Multi-Millionen-Dollar-Gesellschaft oder an Ihrem Frühstückstisch sitzen, wichtig ist, daß Sie sich überall und jederzeit präzise ausdrücken. Vergessen Sie nicht: So fähig oder gar brillant die Leute, die Sie beeinflussen möchten, auf vielen Gebieten auch sein mögen – im Grunde ihres Herzens sind sie alle kleine, verwundbare Kinder.

Beginnen Sie Ihre Gespräche also immer mit herzlichen, freundlichen Worten, um in Ihren Zuhörern Aufmerksamkeit zu erwecken. Und seien Sie in allem, was Sie danach sagen, ehrlich.

Mit dieser Übung verrate ich Ihnen einen simplen Trick, den Sie auch in kritischen Situationen, denen Sie normalerweise wortlos gegenüberstehen, anwenden können. Alles, was Sie sich merken müssen, ist folgendes:

Beginnen Sie jedes Gespräch mit einem positiven Einstieg (+++).
Kommen Sie dann kurz auf das Problem zu sprechen (–).
Sagen Sie als nächstes wieder etwas Positives (+).


Den Tonfall, den Sie dabei anschlagen sollten, ist in etwa der, in dem Sie bei einem Essen »Bitte, reichen Sie mir die Butter« sagen würden. Diesem Tonfall fehlt jeder Sarkasmus und jede Anspielung. Es ist ein freundlicher Tonfall, den man als angenehm empfindet.

Sie könnten Ihr Gespräch so beginnen:

POSITIV (1): »Liebling, du bist mir sehr wichtig.«
POSITIV (2): »Du bist der Mittelpunkt meines Lebens.«
POSITIV (3): »Alles, was du tust, bedeutet mir etwas, weil ich dich liebe.«

PROBLEM: »Es hat mir weh getan, daß du die gesamte Party über mit dieser anderen Frau gesprochen hast. Vor lauter Angst sind mir ganz fürchterliche Gedanken durch den Kopf geschossen: Könnte ich dich verlieren? Würdest du mich je verlassen? Du bedeutest mir wirklich so viel!«

Bevor Sie dieses Gespräch beenden, sollten Sie noch einmal etwas Positives sagen:

POSITIV (4): »Schatz, ich liebe und brauche dich.«

## Sagen, was man auf dem Herzen hat

Hier lernen Sie zu sagen, was Sie auf dem Herzen haben. Wie wichtig das ist, werden Sie nicht nur in Ihren Liebesbeziehungen, sondern auch in anderen Beziehungen, zu Geschäftsfreunden oder Freunden feststellen.

Menschen, die nicht zu sagen wagen, was sie auf dem Herzen haben, erklären oft, daß sie von vornherein die Befürchtung hegen, die Situation sowieso nicht verändern zu können. Wozu also sollen sie den Mund aufmachen? Sieger hingegen wissen, *daß sie verpflichtet dazu sind, einen Standpunkt einzunehmen* – und zwar auch dann, wenn das, was sie zu sagen haben, aller Voraussicht nach nichts an dem ändert, was sie gern geändert sehen würden. Unabhängig davon, wie erfolgreich oder erfolglos sie ihre Meinung präsentieren, unternehmen sie zumindest den Versuch, den Lauf der Dinge in eine andere Richtung zu lenken.

SIEGER SAGEN AUCH DANN IHRE MEINUNG,
WENN DIE CHANCE,
DEN LAUF DER DINGE DADURCH ZU VERÄNDERN,
NUR GERING IST!

Einer meiner Patientinnen namens Doree half ich beispielsweise, mit ihrem Rechtsanwalt eine Unstimmigkeit, die sie mit ihm hatte, durchzusprechen. Doree hatte sich über eine Rechnung geärgert: Er hatte ohne vorherige Mitteilung seine Honorarforderung erhöht und ihr ihre letzten drei Besuche mit seinem neuen, höheren Satz angerechnet.

Als sie seine Telefonnummer wählte, dachte sie: »Mag sein, daß ich mit meinem Anruf nichts ändere, aber ich will es wenigstens versuchen.« Als Doree ihren Anwalt an der Strippe hatte, hielt sie sich genau an den Plan, den wir miteinander ausgearbeitet hatten. Sie begann das Gespräch positiv:

POSITIV (1): »Ich bewundere Ihre Fähigkeiten und vertraue Ihnen.«

POSITIV (2): »Es würde mir nicht im Traum einfallen, jemanden anders zu konsultieren.«

POSITIV (3): »Ihre Arbeit ist ausgezeichnet!«

PROBLEM: »Ich war allerdings verärgert, daß Sie mir, ohne mich vorzuwarnen, 25 Prozent mehr Geld abknöpfen, als Sie in den vergangenen drei Jahren verlangt haben. Als ich Sie letzte Woche aufsuchte, nahm ich an, daß Ihre alten Sätze noch gelten. Es ist nicht fair von Ihnen, mir plötzlich eine so viel höhere Rechnung zu schicken. Ich möchte Sie doch sehr darum bitten, mir für meine letzten drei Besuche eine neue Rechnung nach Ihren bisherigen Sätzen zu schicken.«

POSITIV (4): »Ich lege Wert darauf, die gute Beziehung, die wir zueinander haben, keinesfalls zu trüben. Als meinen Anwalt schätze ich Sie sehr ... Sie sind der Beste!«

Während dieses Gesprächs hatte Doree ihre »Reichen-Sie-mir-die-Butter«-Stimme benutzt, und ihr Anwalt hatte positiv darauf reagiert. Er gab zu, daß sein Buchhalter einen Schnitzer gemacht hatte, und erklärte sich dazu bereit, Doree eine Rechnung – nach seinen alten Sätzen – ausstellen zu lassen.

## Geben Sie Ihren Wunsch in den Computer der anderen ein

Wenn Sie über irgend etwas bekümmert sind und es schaffen, sich damit direkt an die Person, die in Ihr Problem verwickelt ist, zu wenden, werden Ihre Bemühungen *immer* erfolgreich sein. Selbst wenn Sie nicht bekommen, was Sie wollen, so haben Sie doch eines gewonnen: *sich selbst*. Allein, daß Sie den Versuch unternommen haben, wird Sie einen größeren Selbstrespekt empfinden lassen.

Dazu kommt noch etwas: Wenn Sie einen direkten Wunsch äußern, dann wirkt sich das so aus, als hätten Sie das Gehirn des anderen mit einer Computerkarte gefüttert. Selbst wenn er Ihnen die Erfüllung Ihres Wunsches verweigert – dadurch, daß Sie ihm Ihre Bedürfnisse mitgeteilt haben, hat er sie in einer Schublade seines Gehirns gespeichert. Das könnte sich in Zukunft zu Ihrem Vorteil auswirken. Ihre ehrliche, offene und positive Art hat höchstwahrscheinlich einen guten Eindruck hinterlassen. Mag sein, daß er seine Meinung doch noch ändert und Ihren Wunsch erfüllt.

»Programmieren« Sie seinen Computer jedoch von vornherein nicht, gibt es auch nichts, was diesen Menschen überhaupt auf die Idee bringen könnte, daß Sie mit diesem oder jenem nicht einverstanden sind. Mehr noch: Wenn Sie nicht sagen, was Sie auf dem Herzen haben, kann er die Angelegenheit auch nicht zu Ihrem Vorteil verändern.

## Ihre Energie und Kreativität freisetzen

Es gibt noch einen weiteren sehr wichtigen Grund zu sagen, was Ihnen nicht paßt: Unterdrückte Emotionen können sich zu einem »Knoten« in Ihrem Gehirn entwickeln. Das ist ein Preis, der viel zu hoch ist, als daß Sie ihn je zahlen sollten.

Ärger, den Sie beispielsweise empfinden, ruht nur selten in Ihrem Hirn. Meistens schleicht er sich in jede andere Ihrer Überlegungen ein. Mit anderen Worten: Er macht es Ihnen unmöglich, noch einen »klaren« Gedanken zu fassen. Je mehr Sie sich aber mit besagtem Ärger in Selbstgesprächen beschäftigen, desto größer und allumfassender wird das Problem, das Sie wälzen. Es wächst von Tag zu Tag. Schon beim Aufwachen kommt es Ihnen in den Sinn. Ob Sie essen, Auto fahren, Gymnastikübungen machen oder arbeiten... das ungelöste Problem läßt Sie nicht mehr los.

Wenn Probleme aber ein Eigenleben bekommen und zu einer fixen Idee werden, bleibt kaum noch Lebenskraft dafür, kreativ, energievoll oder glücklich zu sein. Problemewälzen beraubt Sie jeglicher Vitalität.

Manchmal neigen Menschen, die ihren Ärger nicht direkt zum Ausdruck bringen können, dazu, einen Groll gegen andere zu hegen. Dazu merken sie sich alles, was ihnen an dem anderen nicht paßt, und halten an jedem noch so kleinen Ärgernis auf ewig fest. Ihr Gehirn wird zu einem Lagerraum für Unstimmigkeiten, die, je länger sie dort aufbewahrt sind, immer größer werden. Auch sie entwickeln eine Eigendynamik. Menschen, denen es nicht gelingt, anderen ihre Gefühle mitzuteilen und ihrem Ärger Luft zu machen, stecken in einem Teufelskreis. Sie sind die ewigen Opfer, die sich andauernd darüber beklagen, wie sehr sie »immer« von anderen mißbraucht und mißhandelt werden.

Wenn *Sie sagen können, was Sie auf dem Herzen haben* und folglich niemandem grollen müssen, wird die Atmosphäre, in der Sie leben, freundlich und angenehm sein. Da Sie nicht damit ausgelastet sind, mit sich und mit anderen auf Kriegsfuß zu stehen, können Sie Ihre Energie darauf verwenden, schöpferisch zu sein. Damit wiederum haben Ihre Möglichkeiten, zum Erfolg zu kommen, automatisch zugenommen.

# Übung 11
## Den Groll auf andere abbauen

Wenn Sie über Jahre hinweg damit beschäftigt waren, einen Groll auf andere aufzubauen, so ist es höchste Zeit, daß Sie sich davon befreien. Hören Sie auf, all die Situationen zu zählen, in denen Sie geringschätzig behandelt, gedemütigt oder sonstigen Ungerechtigkeiten ausgesetzt wurden. Werden Sie sich statt dessen lieber bewußt, daß derjenige, der Ungerechtigkeiten an Ihnen herausfordert... Sie selbst sind.

# GEBEN SIE IHRE SELBSTZERSTÖRERISCHEN GEDANKEN AUF!

Wann immer Sie ab heute das Gefühl haben, unfair behandelt, mißbraucht oder zurückgewiesen zu werden, lesen Sie sich die folgenden Ratschläge gut durch:

*Gebieten Sie dem, was in Ihrem Kopf vorgeht, Einhalt!*

Befehlen Sie sich selbst, mit Ihrem Klagen aufzuhören. Stellen Sie sich vor, daß der Mensch, auf den Sie wütend sind, Sie selbst sind. Erforschen Sie das Innere seiner Gefühle, und denken Sie einmal darüber nach, ob Sie *seine* Partei ergreifen könnten. Zwingen Sie sich dazu, sich in ihn hineinzudenken. Das wird Ihnen helfen, seinen Standpunkt, dem Sie bislang nichts abgewinnen konnten, zu verstehen.

*Erkennen Sie, daß auch Menschen, die anders sind als Sie, gute Menschen sein können!*

Erwarten Sie nicht von jedem, daß er sich so verhält oder denkt, wie Sie es tun, und daß er Situationen nach Ihren Maßstäben beurteilt. Seien Sie sich darüber klar, daß Sie geradezu enttäuscht werden müssen, wenn Sie erwarten, daß andere Menschen für Sie das gleiche tun, was Sie für die anderen getan haben. Niemand – außer Ihnen selbst – sieht die Wirklichkeit durch Ihre Augen. Niemand wurde haargenau so erzogen wie Sie, und niemand hat haargenau dieselben Lebenserfahrungen hinter sich, die Sie aufweisen können.

*Behaupten Sie sich!*

Ohne feindselig oder aufdringlich zu sein können Sie sich am geschicktesten behaupten. Angenommen, Sie fühlen sich geringschätzig behandelt, erinnern Sie sich bitte daran, daß Ihnen niemand absichtlich weh tun wollte. Zu vielen Menschen fällt es leichter, einen Groll gegen andere zu hegen und zu pflegen, anstatt direkt kundzutun, was sie von anderen erwarten. Gewöhnen Sie es sich an, Ihre Wünsche zu äußern. So könnten Sie beispielsweise, ohne lange um den heißen Brei herumzureden, sagen, »Ich würde gerne auch auf dieser Gästeliste stehen«. Mag sein, daß Sie manchmal mit der Erfüllung Ihres Wunsches kein Glück haben; aber es ist trotzdem in den meisten Fällen klüger, die anderen wissen zu lassen, was man gern möchte. Aber seien Sie dabei immer herzlich und freundlich.

*Prüfen Sie, ob Sie unmäßige Forderungen an andere stellen.*

Sich um jeden Preis zu behaupten, ist dann und wann alles andere als angemessen. Sie selbst müssen entscheiden, was wann und wo angebracht ist und was nicht. So wäre es zum Beispiel höchst blauäugig von Ihnen anzunehmen, daß Ihre Freunde und Verwandten Sie zu jeder Einladung, die Sie geben, bitten. Auch Sie laden nicht *immer jeden* ein, und so sollten Sie spüren, wann Sie sich *nicht* darüber aufregen sollten, wenn Sie mal nicht mit von der Partie sind. So sehr man Sie auch mögen und bewundern mag – es kann trotzdem vorkommen, daß Sie zu einem Fest nicht eingeladen werden. Überwinden Sie Ihre Enttäuschung dadurch, daß Sie sich klarmachen: Keine Wohnung oder kein Restaurant ist groß genug, als daß der oder die Gastgeber immer alle ihre Freunde, Bekannten und Verwandten zu einer Party einladen könnten.

*Vergessen Sie nicht, daß niemand darauf aus ist, Ihnen Böses zu tun.*

Menschen sind nur in den seltensten Fällen absichtlich zu anderen grausam. Viel öfter ist es der Fall, daß sie sich unwissentlich rücksichtslos verhalten oder einen anderen links liegenlassen. Wenn andere mit eigenen Problemen beschäftigt sind, kann es schon mal vorkommen, daß sie nicht dazu in der Lage sind, auf Sie einzugehen. Das bedeutet aber nicht, daß sie Sie verletzen wollen – im Gegenteil: Sie ahnen oft gar nicht, was sie anrichten oder angerichtet haben. Anstatt also anderen bösen Willen zu unterstellen, sollten Sie lieber von der Annahme ausgehen, daß sie es gut mit Ihnen meinen. Bevor Sie also wild auf sie losgehen, sollten Sie sich daran erinnern, daß die anderen ursprünglich höchstwahrscheinlich keine schlechten, sondern vielmehr gute Absichten hatten.

*Beschenken Sie sich selbst, indem Sie andere beschenken.*

Erweitern Sie Ihre Liebesbekenntnisse dadurch, daß Sie Menschen, denen Sie nahestehen oder die Sie mögen – weil es Ihnen selbst Freude macht! – beschenken. Rechnen Sie dabei die Geschenke, die Sie von anderen erhalten, nicht hoch. Und erwarten Sie nicht, daß Sie von denen, die Sie beschenken, ebenfalls mit Präsenten bedacht werden.

# Der gute Zuhörer

Ein ergiebiges Gespräch, in dem Sie das Interesse desjenigen, mit dem Sie sich unterhalten, aufrechterhalten, ist ein Gespräch, das zwischen IHNEN BEIDEN stattfindet! Um zu einer guten Unterhaltung beizutragen, haben Sie nämlich zweierlei Verantwortung. Einmal sollten Sie sagen, was Sie zu sagen haben – und den Partner somit wissen lassen, wer Sie sind. Zweitens ist es ebenso wichtig, Ihrem Gesprächspartner ZUZUHÖREN.

Sie müssen lernen, wie sie Ihrem Gesprächspartner Ihre volle Aufmerksamkeit widmen, um ihm dann, wenn er seine Ausführungen beendet hat, direkt darauf antworten zu können. Mit anderen Worten: Das Gesprächsthema zu wechseln, ohne vorher auf das, was Ihr Gegenüber gesagt hat einzugehen, ist in keinem Fall angebracht.

Dann und wann wird es Ihnen auch passieren, daß Sie an einen Gesprächspartner geraten, der alles, was Sie von sich geben, gar nicht zu hören scheint. Ich nenne solche Leute »sprechende D-Züge«. Sie sind miserable Zuhörer, eigentlich ohne Kommunikationsfähigkeit. Wenn Sie sich mit solch einem Menschen unterhalten, haben Sie immer das Gefühl, als müßten Sie einen vorbeidonnernden D-Zug einholen. Was immer Sie auch sagen, der sprechende D-Zug rattert seine Sätze herunter, die nicht den geringsten Bezug zu dem, was Sie sagen, haben. Kurzum: Ein gutes Gespräch ist mit solchen Menschen von vornherein nicht möglich, weil er nur Monologe hält und Ihre Beiträge zur Unterhaltung ignoriert.

Untersuchungen haben ergeben, daß »sprechende D-Züge« nicht sonderlich beliebt sind. Eine Studie von Dr. Chris Kleinke am Edith-N.-Rogers-Memorial-Veterans-Hospital in Bedford, Massachusetts, hat ergeben, daß der Eindruck, den Sie auf Ihren Gesprächspartner machen, von der Zeit abhängt, die Sie ihm zuhören. Dr. Kleinkes Experimente schlüsselten auf, daß Leute, die 80 Prozent einer Unterhaltung selbst bestreiten und nur 20 Prozent der Zeit damit verbringen, dem anderen zuzuhören, wesentlich unbeliebter sind als Menschen, die nur 50 Prozent eines Gesprächs selbst reden und ihre Aufmerksamkeit für den Rest der Zeit dem widmen, was der andere zu sagen hat.

## Tania, der sprechende D-Zug

Eine meiner Patientinnen namens Tania suchte mich mit ihrem neunjährigen Sohn Judd auf. Bei ihrem ersten Besuch beklagte sie sich darüber, daß er sich im Familienkreis nur selten an einer Unterhaltung beteiligte und daß er die meiste Zeit allein in seinem Zimmer verbrachte. Sobald man die beiden allerdings beobachtete, begriff man, daß die Ursache für Judds Schweigsamkeit bei seiner Mutter zu suchen war.

Was nun folgt, ist ein typisches Beispiel für eine Unterhaltung, wie sie die beiden in der Therapie miteinander führten. Kaum waren sie bei mir eingetroffen, erzählte Tania sofort, daß sie gerade essen gewesen waren.

TANIA: »Das entzückende Restaurant, in dem wir gerade waren, serviert den besten gekochten Lachs, den ich je gegessen habe! Er war so frisch und saftig und so hervorragend zubereitet, daß ich zwei Portionen hätte essen können!«

JUDD: »Mami, wie war der komische französische Name von dem Apfel-Dessert, das wir gegessen haben?«

TANIA: »Und die Fischsauce! Welch kulinarischer Traum! Ich habe noch nie ein köstlicheres Mittagessen gegessen als dieses. Stimmst du mir da nicht zu, mein Liebling?« (Damit wandte sie sich an ihren Sohn.)

JUDD: »Mami, was ist Tarte Tartan?«

TANIA: »Wir haben gegessen wie die Scheunendrescher, stimmt's, mein Schatz?« (Der Junge senkte seinen Kopf und starrte, ohne seiner Mutter zu antworten, auf seinen Schoß.)

TANIA: »Sehen Sie, was ich meine, Frau Dr. Kassorla? Der Junge spricht so gut wie nie mit mir.«

Tania war sich überhaupt nicht klar darüber, daß sie während dieses kurzen Gesprächs *beide* Fragen ihres Kindes ignoriert hatte. Sobald der Junge etwas über das Dessert, das ihn offensichtlich begeistert hatte, wissen wollte, hatte Tania so getan, als sei ihr Sohn gar nicht vorhanden und einfach weiter über den Lachs geredet.

Kein Wunder, daß Judd kaum sprach! Wenn ein Kind von früh bis spät dazu gezwungen ist, gegen einen sprechenden D-Zug anzureden, ist es nur eine Frage der Zeit, bis es seine Versuche aufgibt und sich in einen »Stummen« verwandelt. Weil Tania ihren Sohn behandelt hatte, als sähe sie ihn gar nicht, war es eine ganz normale Reaktion von ihm, auch ihre Fragen nicht mehr zu beantworten und sich, wenn die beiden nach Hause kamen, in sein Zimmer zu flüchten. In seinem Reich allein zu sein erschien ihm immer noch angenehmer, als neben seiner Mutter zu sitzen und sich bei ihr einsam und unbeachtet zu fühlen.

Schlimmer noch: Judd lernte von seiner Mutter, sich ganz genauso zu verhalten, wie sie es tat. Während ihres Gesprächs über das Restaurant war Judd auf ihr »Stimmst du mir da nicht zu, mein Liebling?« ebenfalls nicht eingegangen. Was Tania über die Fischsauce und das Mittagessen gesagt hatte, war bei Judd zum einen Ohr hinein und zum anderen hinausgegangen. Vermutlich hatte er ihr von vornherein erst gar nicht zugehört. Alles, was ihn interessiert hatte, war das Dessert gewesen!

Während der Therapie enthüllte Judd, daß er sich extrem

unzulänglich vorkam. Er war davon überzeugt, daß seine Mutter ihm deshalb nicht zuhörte, weil sie alles, was er sagte, ganz automatisch unwichtig fand.

Nach geraumer Zeit war es mir dann gelungen, Judd und Tania verständlich zu machen, weshalb sie immer aneinander vorbeiredeten – wenn Judd überhaupt etwas sagte. Anfangs war es Tania schwergefallen einzusehen, daß sie diejenige war, die ihren Sohn davon abhielt, sich an Gesprächen im Familienkreis zu beteiligen. Aber dann hatte sie es doch irgendwann eingesehen.

Das Verhalten dieser beiden ist übrigens ein weiteres Beispiel dafür, wie neurotische Verhaltensmuster innerhalb einer Familie von der einen Generation zur nächsten übertragen werden. Tania, deren Eltern bereits »sprechende D-Züge« gewesen waren, zog nun ihrerseits ein Kind groß, das – wenn die beiden sich nicht einer Therapie unterzogen hätten – ebenfalls ein »sprechender D-Zug« geworden wäre. Und eines Tages, wie könnte es anders sein, seine Kinder zu »sprechenden D-Zügen« gemacht hätte.

## Hüten Sie sich davor, von sich auf andere zu schließen

Eine andere, höchst unergiebige Art der Kommunikation ist, in Unterhaltungen von sich auf andere zu schließen. Wir haben es alle schon erlebt: Wenn wir Kummer haben, sehen die Menschen, die um uns herum sind, ebenfalls traurig aus; wenn wir erschöpft sind, machen auch die anderen um uns herum einen müden Eindruck.

Ich kann mich noch gut daran erinnern, daß ich, als ich noch klein war, immer dann einen Pullover anziehen mußte, wenn meine Mutter fror! Eltern fragen nur selten danach, welche Bedürfnisse ihre Kinder haben. Sie glauben vielmehr, Gedanken lesen zu können und die Bedürfnisse ihrer Kinder auf diese Art und Weise genau zu kennen. Dabei merken sie dann gar nicht, daß sie nichts anderes tun, als von sich auf ihre Kinder zu schließen. Wir sind so daran gewöhnt, gesagt zu bekommen, wie und was wir fühlen, daß es uns oft schwerfällt, mit den Gedanken, die *wir* haben, und mit der Wirklichkeit, wie *wir* sie sehen, in Berührung zu gelangen. Als Erwachsene laufen wir dann Gefahr, die Verhaltensweisen unserer Eltern zu übernehmen und ebenfalls jederzeit und überall von uns auf andere zu schließen.

Eine Art, Ihre Gedanken auf andere zu projizieren, ist es, wenn Sie Ihrem Partner nur ein begrenztes Gesprächsthema offerieren und ihm kaum Freiheit in der Wahl seiner Antwort lassen. So fragen Sie Ihr Gegenüber z. B.: »Fühlen Sie sich müde oder schlaff?«, ohne sich darüber klar zu sein, daß es zu »müde« und »schlaff« noch unzählige andere Alternativen gibt! Eine wesentlich ergiebigere Frage würde lauten: »Wie fühlen Sie sich?« Damit wäre es dem anderen automatisch gestattet, Ihnen die Antwort, die tatsächlich zutrifft, zu geben.


## Bist du verärgert, Mami?

Vor Jahren fuhr ich einmal mit meiner Tochter Jackie, die damals erst zwei Jahre alt war, zum Supermarkt. Da ich an diesem Tag ungewöhnlich ruhig war, schaute meine kleine Tochter mich besorgt an. Dann zupfte sie mich am Ärmel und fragte: »Bist du verärgert, Mami?«

Das überraschte mich, denn alles, was ich gerade gedacht hatte, war etwas wie »Soll ich Lammkoteletts oder ein Hähnchen kaufen? Ach nein, ich glaube, heute hab' ich Appetit auf Kalbfleisch.«

Ich war also nicht verärgert, sondern lediglich in Gedanken versunken. Aber kaum hatte Jackie mir diese Frage gestellt, wurde mir bewußt, daß mein »Nachdenkgesicht« sie beunruhigt hatte. Und sie hatte recht. Ich hatte verärgert ausgesehen und ihr den Eindruck vermittelt, irgend etwas über Jackie zu denken, wie »Du bist das ungezogenste kleine Mädchen, das es gibt. Ich bin böse auf dich!«

Glücklicherweise hatte Jackie gefragt und sich nicht darauf verlassen, daß das, was sie von meinem Gesicht *abzulesen geglaubt hatte*, auch tatsächlich stimmte. Hätte sie sich nämlich nicht vergewissert und statt dessen auf mich reagiert, als sei ich böse auf sie, wäre ich sicherlich sehr verwirrt gewesen. Mehr noch: In meiner Verwirrung hätte ich mich vielleicht wirklich dazu hinreißen lassen, mich über sie zu ärgern und einen Streit mit ihr anzufangen.

So aber hatte sich alles geklärt, und Jackie hatte mir dazu noch etwas beigebracht. Dadurch, daß sie herausgefunden hatte, womit ich in Gedanken beschäftigt war, hatte sie mir zu verstehen gegeben, daß ich ein bißchen besser aufpassen mußte, wie ich mich ihr gegenüber verhielt. Und nicht nur ihr, sondern auch anderen Menschen gegenüber war ich fortan vorsichtiger mit dem, was ich auf sie ausstrahlte.

Mittlerweile ist meine Tochter eine junge Frau, aber die Angelegenheit mit dem »Nachdenkgesicht« läßt mir *immer noch* keine Ruhe. Seitdem achte ich jedesmal darauf, nicht verärgert auszusehen... wenn ich in Wirklichkeit über Lammkoteletts nachdenke!

Um sich mit anderen so wirkungsvoll wie möglich zu verständigen, achten Erfolgsmenschen auf jede Kleinigkeit, die ihnen einen Hinweis darauf gibt, wie sie ihr Gegenüber zu nehmen haben. Der Erfolgsmensch achtet auf *jede* Nuance im Verhalten des anderen – auf seinen Gesichtsausdruck, auf seine Körpersprache, auf die Geschwindigkeit und auf den Tonfall, in dem er spricht, auf Veränderungen in seiner Stimmlage, kurzum, auf einfach alles, was ihm der andere (unbewußt) über sich selbst verrät. Aber damit nicht genug. Wenn Sie wirklich wissen wollen, wen Sie vor sich haben, müssen Sie nachfragen, ob die Eindrücke, die Sie vom anderen gewonnen haben, zutreffen oder nicht.

SIEGER VERLASSEN SICH NICHT DARAUF,
DIE GEDANKEN DES ANDEREN ZU ERRATEN –
SIE FRAGEN NACH.

Verlierer tun, wie könnte es anders sein, das Gegenteil. Sie beurteilen ihre Gesprächspartner fast augenblicklich nach seiner Mimik und nach seinen Gesten. Allein dadurch bilden sie sich ein zu wissen, was der andere denkt und fühlt, und behandeln ihn entsprechend. Daß sie, wenn sie sich so verhalten, die Gedanken und Gefühle anderer gleich aus einer Kristallkugel oder dem Kaffeesatz lesen könnten, ist ihnen nicht bewußt.

Stellen Sie Fragen! Vergewissern Sie sich, ob Sie den anderen richtig eingeschätzt haben oder nicht! Nur wenn Sie sich direkt an ihn wenden, werden die Informationen, die Sie bekommen, verläßlich sein.

## Sechzig verschiedene Interpretationen

Wie wertlos die Beurteilung anderer, wenn sie auf wenigen rein visuellen Eindrücken beruht, sein kann, wurde mir in einem Psychologieseminar, dem ich als Studentin beiwohnte, klargemacht. Der Raum, in dem das Seminar abgehalten wurde, erinnerte von seiner Konstruktion her an ein kleines Theater. Dort saß ich also mit etwa sechzig anderen Studenten im hinteren Teil des Saales.

Eines Tages, so etwa dreißig Minuten, nachdem der Unterrricht begonnen hatte, flog die Tür auf und ein Mann stürzte herein. Er schrie: »Du bist verrückt! Du weißt nicht, was du tust! Ich bin unschuldig!«

Es geschah alles in Sekundenschnelle. Der Mann war wie ein Blitz in den Saal hineingerannt und hatte ihn ebenso schnell wieder verlassen. Dicht hinter ihm war ein anderer Mann gefolgt, der geschrien hatte: »Ich hasse dich! So kommst du mir nicht davon!« Der zweite Mann hatte eine Pistole in der Hand, die er zweimal abfeuerte.

Das gesamte Schauspiel war innerhalb von etwa acht Sekunden vorüber. Nachdem die Schüsse abgefeuert worden waren, sagte der Professor: »Was Sie gerade mitbekommen haben, war eine geplante Vorstellung. Bitte greifen Sie jetzt zu Papier und Bleistift, und schreiben Sie einen Bericht über das, was hier soeben vorgefallen ist.«

Am Ende der Stunde mußten wir unsere Berichte abgeben. Eine Woche später erklärte uns der Professor, daß jeder von uns, die wir alle *dasselbe* gesehen hatten, *völlig verschiedene* Beobachtungen niedergeschrieben hatte. Wenn man unsere Berichte miteinander verglich, so erklärte der Professor, könne man leicht den Eindruck gewinnen, daß es sich bei unseren Beschreibungen um völlig verschiedene Vorfälle handele.

In der darauffolgenden Unterrichtsstunde verteilte unser Lehrer an jeden von uns eine Anzahl Fotos und einen Fragebogen, auf dem zu jeder Frage mehrere Möglichkeiten als Antwort geboten wurden. Unsere Aufgabe war es, zu jeder Frage die Antwort anzukreuzen, die unserem Eindruck von der Person auf dem Foto am nächsten kam. Wir mußten entscheiden, ob der Mensch, den wir auf der Fotografie vor uns hatten, traurig, glücklich, enttäuscht, verärgert, eifersüchtig – oder sonstwie, was wir ankreuzen konnten – auf uns wirkte. Zu jedem Foto gab es fünf Antworten, von denen wir eine wählen mußten.

In der nächsten Stunde erfuhren wir das Resultat. Auch bei diesem Experiment waren wir uns über die Eindrücke herzlich wenig einig gewesen. Der Professor erzählte uns dann, daß der Fotograf sein Modell gebeten hatte, jeweils eine bestimmte Emotion auszudrücken, die er ihm durch Zurufen mitteilte. Und doch hatte jeder von uns bei *ein und demselben* Foto verschiedene Stimmungen herausgelesen – oder hineininterpretiert. Als wir schließlich erfuhren, welche Stimmung das Objekt tatsächlich auf den jeweiligen Fotos vermitteln wollte, waren nur wenige von uns mit der sogenannten »richtigen« Antwort einverstanden.

＊

Derartige Studien lassen mit großer Wahrscheinlichkeit darauf schließen, daß wir auch im »richtigen Leben« oft danebenhauen, wenn es darum geht, die Gedanken anderer zu erraten. Vom Gesicht eines Menschen ablesen zu wollen, wie Sie sich ihm gegenüber zu verhalten haben, ist schlicht und ergreifend schwachsinnig.

Wenn Patienten zu mir sagen: »Ich *weiß*, was mein Partner (mein Kind, mein Freund) fühlt«, bitte ich sie, mit dem, was sie noch sagen wollen, nicht fortzufahren.

»Sie wissen *nichts*«, kläre ich sie auf. »Sie raten lediglich. Und die Wahrscheinlichkeit, daß Sie richtig raten, ist so gering, daß die gesamte Raterei nicht der Mühe wert ist.

Weshalb wollen Sie Rätsel raten? Solange der Mensch, um den es geht, noch unter den Lebenden weilt und für sich selbst antworten kann, sollten Sie ihn *fragen*, anstatt sich auf den Eindruck, den er auf Sie macht, zu verlassen. Nur so ist eine Verständigung zwischen zwei Menschen möglich. Und wenn Sie auf Ihre Frage eine Antwort bekommen, GLAUBEN... UND AKZEPTIEREN SIE SIE!«

## Informationen, die Sie erhalten haben, benutzen

Sobald Sie den Menschen, mit dem Sie sich verständigen wollen, darum gebeten haben, Ihnen seine Gedanken mitzuteilen, ist es wichtig, daß sie *glauben*, was Sie zu hören bekommen.

Nehmen wir an, Sie reden mit einem Geschäftspartner. Während Sie ihm von einer Spekulation, die Sie vorhaben, erzählen, glauben Sie in seinem Gesicht Verärgerung zu erkennen. Da Sie ein ergiebiges Gespräch mit ihm führen wollen, fragen Sie ihn auf Ihre Beobachtung hin ohne zu zögern freundlich: »Was denken Sie?«

Wenn er Ihnen antwortet, hören Sie zu! Interpretieren Sie nichts in ihn hinein, widersprechen Sie ihm nicht – und korrigieren Sie ihn nicht.

HÖREN SIE NUR ZU, UND GLAUBEN SIE, WAS SIE HÖREN.

Über die Tatsache, daß Verlierer »alles selbst machen wollen«, haben wir bereits gesprochen. Sie wissen also bereits, daß Verlierer sich einzig und allein auf ihr eigenes Urteil und auf ihre eigenen Schätzungen verlassen. Sieger tun das nicht. Sie möchten von den Menschen, mit denen sie sprechen, nicht nur eine Antwort, ein Feedback bekommen, sondern sie wollen dieses Feedback auch *benutzen*. Wenn Sie die Standpunkte anderer Menschen kennenlernen, ist es so, als würden Sie eine Bücherei mit lauter neuen Büchern betreten. Es gibt so viele neue Denkweisen zu erforschen und so viele neue Ideen, die man in sich aufnehmen kann.

Die meisten von uns setzen sich ihre Grenzen selbst, indem sie nur ihre eigene Wahrnehmung, ihre eigenen Gefühle und ihre eigenen Gedanken verwerten. Auf die Idee, das, was andere zu sagen haben, nutzen zu können, kommen wir nicht.

## VERHALTEN SIE SICH RUHIG, UND HÖREN SIE ZU!

Versuchen Sie nicht, Ihren Standpunkt zu vertreten oder andere gar von Ihrem Standpunkt zu überzeugen. Wenn Sie dazulernen wollen, hören Sie erst einmal zu. Mag sein, daß der andere eine Tatsache erwähnt, die Sie, als Sie Ihr Urteil fällten, vergessen haben zu beobachten. Lassen Sie sich die Gelegenheit, vom anderen darüber aufgeklärt zu werden, nicht entgehen.

Erfolgsmenschen leben in einer Welt mit anderen Menschen zusammen. Sie auch. Im privaten Bereich und auch im Beruf sind Sie von Menschen umgeben, denen Sie Ihre Gefühle und Ihre Bedürfnisse mitteilen sollten. Die Zeit, die Mühe und die Energie, die Sie dafür aufwenden, sich anderen Menschen besser verständlich zu machen – und auch die anderen besser zu verstehen –, wird Ihnen vielfach belohnt werden.

Die Vorteile, die Sie davon haben, sind erheblich. Sie werden:

in Konfliktsituationen Ihre Gefühle äußern;
sich von der Last aufgestauten und unterdrückten Ärgers befreien;
damit beginnen, Situationen, die Sie unglücklich machen, zu verändern;
ihre Beziehungen zu anderen erhalten und verbessern;
lernen zuzuhören;
liebenswerter werden;
sich selbst neue Informationsquellen erschließen;
sich dabei unterstützen, Ihrem Ziel näherzukommen.

All das wird der Lohn für Ihre Mühe sein. Gleichgültig, wie ausgeprägt oder unausgeprägt Ihre verbale Geschicklichkeit derzeit sein mag, Sie können schon heute damit beginnen, Ihr Sprachverhalten wirkungsvoller zu gestalten. Zögern Sie nicht, die neuen Kommunikationstechniken, die Sie in diesem Kapitel gelernt haben, ab sofort anzuwenden. Sie wissen ja, Übung macht den Meister!

LERNEN SIE,
EIN BESSERER GESPRÄCHSPARTNER ZU SEIN!

## Sieger und Verlierer

Sind Sie bei Gesprächen nicht in der Lage, das zu erreichen, was Sie eigentlich mit dem Gespräch erreichen wollen? Sind Sie bereit zu lernen, sich so auszudrücken, daß Sie einerseits Ihren persönlichen Zielen näherkommen und andererseits Ihre Beziehungen zu anderen verbessern?

Prima! Dann merken Sie sich folgendes:

### VERLIERER

1. In spannungsgeladenen Situationen ist es Verlierern unmöglich, ihren aufgestauten Gefühlen freien Lauf zu lassen, es sei denn, sie beginnen zu schreien und zu toben. Die einzige Art eines Verlierers, seinen Gefühlen Ausdruck zu verleihen, ist es, wütend und laut zu werden – so wurde er konditioniert. Er glaubt, daß er sich durchgesetzt hat, sobald es ihm gelungen ist, alle anderen zum Schweigen zu bringen.

### SIEGER

1. Sieger verleugnen ihre Gefühle nicht, sondern sie teilen sie vielmehr anderen mit. Da es sich bei Siegern um selbstsichere Menschen handelt, macht es ihnen nichts aus, was sie denken und fühlen, auch auszusprechen.

**2.** Ein Verlierer kann auf Ärger, Frustrationen oder Feindseligkeit dadurch reagieren, daß er sich in sich selbst zurückzieht und total verstummt. Dadurch stauen sich diese Gefühle in ihm auf. Eines Tages kann er dann vor Wut explodieren oder seinen Gefühlen auf eine andere, selbstzerstörerische Art Luft machen.

**3.** Wenn Verlierer sich verärgert oder verletzt fühlen, neigen sie dazu, andere zu beschimpfen und zu beschuldigen. Dadurch verbergen sie die wahre Mitteilung, die sie ihrem Partner eigentlich machen wollen. Alles, was letzterer registriert, sind haßerfüllte Worte.

**2.** Gewinner sagen, was sie auf dem Herzen haben, wenn sie verärgert oder frustriert sind. Um mit Situationen, die sie irritieren, fertig zu werden, wenden sie sich an denjenigen, der für das spezielle Problem zuständig ist, und sprechen ihn direkt darauf an. Ein Sieger sorgt dafür, daß sich in ihm keine negativen Gefühle aufstauen. Die, die auftauchen, baut er sofort wieder ab.

**3.** Sieger lösen Konflikte, indem sie die Beschwerde, die sie vorzutragen haben, freundlich formulieren. So schlagen sie zwei Fliegen mit einer Klappe: einmal gibt ihnen ihr Verhalten die Chance, Situationen zu ihren Gunsten zu verändern, und zweitens setzen sie so nicht ihre Beziehungen zu Menschen, die ihnen wichtig sind, aufs Spiel.

4. Verlierer sagen nicht, was ihnen gegen den Strich geht, weil sie der festen Ansicht sind, doch nichts ändern zu können. Aus Furcht vor Ablehnung versuchen sie es nicht einmal. Folglich können sie nie auch nur eine Situation zu ihren Gunsten wenden.

4. Sieger erbitten, was sie wollen, selbst wenn die Chance, ihren Wunsch erfüllt zu bekommen, nur sehr gering ist. Sie wissen, daß sie mit ihrer Bitte das Gehirn des anderen wie einen Computer programmieren. Selbst wenn die ursprüngliche Reaktion auf ihre Bitte ein »Nein« sein sollte, geben sie damit dem anderen die Gelegenheit, seine Meinung doch noch zu ändern.

5. Verlierer lassen es zu, daß unterdrückte Gefühle in ihrem Hirn einen »Knoten« schaffen. Dadurch, daß sie ein Problem von früh bis spät wälzen, wird das Problem immer größer. Bald erfüllt es sie dermaßen, daß ihnen die Kraft fehlt, kreativ oder glücklich zu sein.

5. Erfolgsmenschen schlucken ihren Ärger nicht hinunter, sondern sie sprechen ihn aus. Letzteres tun sie, indem sie ihre »Reichen-Sie-mir-die-Butter«-Stimme benutzen. Dadurch können sie, ohne einen anderen zu verärgern, ihren eigenen Ärger loswerden.

6. Unfähig, ihren Ärger direkt auszudrücken, tendieren Verlierer dazu, einen Groll gegen andere aufzubauen. Das tun sie, indem sie jede Kleinigkeit, die ihnen an dem anderen nicht paßt, registrieren und in ihr Gedächtnis ritzen. Bald bedauern sie nur noch sich selber als das ewige Opfer anderer, das immer nur mißbraucht und verletzt wird.

6. Wenn Mißverständnisse oder Meinungsverschiedenheiten aufkommen, sind Sieger bereit dazu, sie auszudiskutieren. Sie wissen, daß niemand ihnen absichtlich weh tun wollte. Sie wissen sogar noch mehr, und das ist, daß sie selbst höchstwahrscheinlich zur Entstehung des Konflikts beigetragen haben.

7. Verlierer denken nicht daran, sich konstruktiv an einer Unterhaltung zu beteiligen. Statt dessen halten sie Monologe, in denen sie nie auf das eingehen, was ihre Gesprächspartner zu sagen hatten. Sie erwecken gar den Eindruck, als hätten sie dem anderen gar nicht zugehört.

7. Sieger konzentrieren ihre Aufmerksamkeit auf das, was ihre Gesprächspartner zu sagen haben, und unterbrechen sie nicht. Erst wenn die anderen mit ihren Ausführungen zu Ende sind, gehen Sieger auf das, was von den anderen gesagt wurde, ein.

8. Verlierer projizieren ihre Gefühle auf andere. Wenn sie selbst traurig sind, erscheinen ihnen auch alle anderen traurig, und wenn sie müde sind, meinen sie, die anderen seien ebenfalls erschöpft. Sie lenken jede Unterhaltung in eine bestimmte Richtung, indem sie ihrem Gegenüber nur begrenzt die Möglichkeit zur Wahl des Gesprächsthemas lassen.

8. Sieger vermeiden es, von sich selbst auf andere zu schließen. Ihre Fragestellung in einer Unterhaltung läßt eine Vielfalt von Antworten zu. Dadurch, daß sie nicht nur selber reden, sondern auch den anderen zu Wort kommen lassen, können sie aus den Gesprächen, die sie führen, lernen.

9. Verlierer beurteilen andere ohne zu zögern allein nach ihrer Mimik und ihren Gesten. Allein daraus glauben sie zu *wissen*, was andere fühlen und denken. Entsprechend ihrem Eindruck, den sie so vom anderen erlangt haben, verhalten sie sich ihm gegenüber.

9. Ein Gewinner achtet auf jede Information, die er von seinem Gesprächspartner erhalten kann. Er achtet auf dessen Gesichtsausdruck, dessen Körpersprache und auf die Geschwindigkeit und den Tonfall, mit denen er spricht. Um sich zu vergewissern, daß er den anderen so richtig eingeschätzt hat, fragt er nach.

| VERLIERER | SIEGER |
|---|---|

10. Verlierer sind der festen Überzeugung, daß sie sich nur auf ihre eigenen Urteile verlassen können. Mehr noch: Sie versuchen anderen das, was diese denken und fühlen, auszureden. Da Verlierer nur ihre eigenen Standpunkte gelten lassen, versuchen sie alles, um andere von ihrer Meinung zu überzeugen.

10. Sieger fragen danach, was andere denken. Sie hören den Ausführungen anderer zu, ohne sie zu unterbrechen oder zu kritisieren. Sie wollen wissen, wie der andere zu dem Standpunkt kam, den er vertritt. Sie können verschiedene Meinungen tolerieren, weil sie wissen, daß es verschiedene Blickwinkel gibt, aus denen man die Dinge betrachten kann.

# 13. KAPITEL

# Konflikten entgegen-
# treten und ihnen (verbal)
# den Garaus machen

*Ich war verärgert über meinen Freund;*
*Ich teilte ihm meinen Zorn mit, worauf mein Zorn erstarb.*
*Ich war verärgert über meinen Feind;*
*Ich sagte es ihm nicht, und mein Zorn wuchs.*

WILLIAM BLAKE

Zu keiner Zeit ist die Fähigkeit, sich anderen gegenüber verständlich zu machen, wichtiger als dann, wenn Sie sich geärgert haben oder mitten in einem Konflikt stecken. Dennoch fällt es den meisten Menschen gerade unter diesen Umständen besonders schwer, sich mit anderen zu verständigen. Wenn man »nein« zu einem Menschen sagen muß, wenn man dem Ärger eines anderen ausgesetzt ist oder einen anderen auf seine Fehler aufmerksam machen muß, geraten viele Menschen derart in Panik, daß sie wie gelähmt sind. In diesem Kapitel werden wir weiter daran arbeiten, Sie verbal zu schulen und Ihnen noch mehr neue Techniken verraten, die Ihnen dabei helfen, sich auch in schwierigen Situationen zu artikulieren.

## Nein sagen, ohne Adieu zu sagen

Um Erfolg zu haben ist es von absoluter Notwendigkeit, daß Sie auch »nein« zu sagen lernen.

Ohne »nein« sagen zu können, sind Sie kein vollständiger Mensch. Sie sind vielmehr nur ein Sklave, der sich immer nur den Wünschen anderer unterwirft.

Wie oft sagen Sie »ja«, wenn Sie eigentlich »nein« sagen wollen? Fürchten Sie sich davor, die Gefühle des anderen verletzen zu können? Sagen Sie schnell und fast automatisch »ja« und ärgern sich hinterher darüber grün und blau?

Wenn Sie nicht »nein« sagen können, gehören sie zu den unfreiwilligen »Opfern«, die immer »ja« sagen, anderen alles geben und es ihnen hinterher aufs Butterbrot schmieren? Oder gehören Sie zu denjenigen, die sich nicht um sich selbst kümmern können und nie »nein« sagen? Wenn dem so ist, dann laufen Sie Gefahr, anderen bald eine Last zu werden, weil sie sich von Ihren Schuldgefühlen und Ihrem Unwillen erdrückt fühlen. Anstatt Ihnen von früh bis spät dankbar zu sein, wird ihre Liebe für Sie langsam, aber sicher sterben.

Ob es sich bei einer Bitte an Sie um eine Schnapsidee oder ein ernstes Anliegen eines Ihnen wichtigen Menschen handelt, wichtig ist, *daß Sie Ihre eigenen Bedürfnisse in Betracht ziehen!*

Es geschieht nur allzu häufig, daß Menschen, die »ja« sagen, weil sie nicht »nein« sagen können, in letzter Sekunde doch noch einen Rückzieher machen, weil sie der Bitte des anderen eigentlich von vornherein nicht nachkommen wollten. Damit lassen sie Sie dann im letzten Augenblick, in dem es für Sie zu spät ist, andere Pläne zu machen, hängen.

*»Die ältesten und kürzesten Worte, ›ja‹ und ›nein‹, sind die, die das meiste Nachdenken erfordern.«* PYTHAGORAS

»Nein« zu sagen, wenn man »nein« meint, ist gar nicht so einfach. Viele von uns haben schmerzvolle frühe Erinnerungen an Gelegenheiten, bei denen sie anderen eine Bitte abschlagen mußten. Mehr noch: Seit unserer Kindheit bringen wir das Wort »nein« mit Zurückweisung und Strafe, langen Zeiträumen des Schweigens, Unwohlfühlen und Zurückziehen in Verbindung. In manchen Fällen bedeutete ein

»Nein« sogar das Ende einer Freundschaft. All die unguten Gefühle, die wir mit dem Wörtchen »nein« verbinden, trügen uns nicht: Meistens nämlich wurde besagtes »Nein« aus Wut heraus gesprochen und führte so zu mehr oder minder katastrophalen Ergebnissen.

Aber wo steht geschrieben, daß jedes »Nein« aus Wut heraus gesprochen werden muß? Wo steht es geschrieben, daß man, um »nein« zu sagen, ein böses Gesicht ziehen muß? Sie können lernen, mit freundlichem Gesichtsausdruck »nein« zu sagen. Und der Tonfall, in dem Sie es hervorbringen, kann dem ähnlich klingen, den Sie benutzen, wenn Sie »ja« sagen.

Das extreme Gegenteil des »Opferlamms«, das niemals »nein« sagt, ist ein Mensch, der nicht nur zu oft, sondern zudem auch noch mit Verärgerung in seiner Stimme »nein« sagt. Könnte es sein, daß Sie ein solcher Mensch sind? Wenn dem so ist, dann spielen Sie mit Gefühlen Bumerang. Jedes wütende »Nein«, das Sie einem anderen entgegenschleudern, kommt auf irgendeine Weise wieder auf Sie zurück.

Verlierer artikulieren ihr »Nein« schroff und abrupt. Die Art und Weise, in der sie es sagen, ist nicht nur beleidigend und von einer Endgültigkeit, die den Bittsteller befremdet, sondern sie ist auch dazu angetan, eine feindselige Atmosphäre zu schaffen. Derjenige, gegen den das »Nein« gerichtet ist, sinnt auf Rache. Das Ganze sieht dann so aus: Wenn Sie jemandem ein schroffes »Nein« entgegengeschleudert haben, können Sie Gift darauf nehmen, daß besagter anderer Ihnen das »heimzahlt«.

## Dieses Energiebündel weiß, wie man »nein« sagt

Sherry Lansing, die erste Frau, die an der Spitze eines riesigen Hollywood-Filmstudios stand, war bereits mit Anfang Dreißig Präsidentin der 20th Century Fox. Da sie schnell in den Ruf kam, von dynamischer Entschlußkraft zu sein, galt ihr Wort, so wie vor Jahren ein mündlicher Vertrag per Handschlag besiegelt wurde.

Der Agent Irving Paul Lazar erzählte über Sherry, daß sie von den Leuten, mit denen sie zusammenarbeitete, sehr geschätzt und respektiert wurde. Er sagte einem Reporter: »Wenn ich Sherry darum bitte, ein Drehbuch oder ein Buch zu lesen, dann tut sie das sofort und *ruft mich an*. Haben Sie eine Ahnung, wie viele Feiglinge es in dieser Stadt gibt, die nicht zurückrufen und Sie ganz einfach in der Luft hängenlassen, wenn sie etwas nicht mögen? Schweigen ist die einzige Antwort, die jemand in meinem Beruf zu 90 Prozent zu erwarten hat. Aber Sherry liest die Stoffe, die ich ihr gebe, und sagt mir ihre Meinung dazu. Sie sagt ›ja‹ oder ›nein‹. Aber selbst wenn sie ›nein‹ sagt, bleibt sie Ihr Freund. Jeder Autor in der Stadt wird Ihnen das bestätigen. Sie ist seit Jahren das Beste, was den Autoren passieren konnte — eine Brise frische Luft.«[29]

# Übung 12
## Freundlich, aber bestimmt »nein« sagen

Wie immer Sie derzeit Ihr »Nein« aussprechen, Sie können lernen, es noch wesentlich wirkungsvoller und zugleich herzlicher als zuvor zu sagen. So nämlich, daß ein »Nein« Sie keine Freundschaft kostet. Wann immer Sie Schwierigkeiten haben, ein freundliches, aber bestimmtes »Nein« auszusprechen, rufen Sie sich die folgenden Richtlinien ins Gedächtnis:

### Erster Schritt: Hören Sie auf, das ewige Kind zu spielen

*Nicht jeder*, der etwas von Ihnen verlangt, *ist* Ihre Mutter! Sie müssen heute nicht mehr gesagt bekommen, was Sie zu tun und was Sie zu lassen haben. Sie sind erwachsen und unabhängig. Sie sind nicht mehr darauf angewiesen, daß ihnen Autoritätspersonen den Kopf streicheln oder mit allem, was Sie tun, einverstanden sind. Heute können Sie »nein« sagen, ohne dafür bestraft zu werden und ohne den Respekt anderer zu verlieren.

## Zweiter Schritt:
## Lassen Sie sich nicht auf Diskussionen ein

Indem Sie freundlich, aber bestimmt »nein« sagen, geben Sie anderen damit ohne weitere Erklärungen zu verstehen: »Ich habe gesprochen. Damit gibt es zu diesem Thema keine Diskussionen mehr.« Ihre Freundlichkeit beweist Ihre Selbstsicherheit, und Ihre Bestimmtheit und Tapferkeit signalisieren, daß das Thema nun endgültig für Sie abgeschlossen ist.

## Dritter Schritt:
## Schauen Sie dem anderen direkt ins Gesicht

Achten Sie auf Ihre Körpersprache, wenn Sie »nein« sagen. Ihre Haltung könnte das Gegenteil von dem ausdrücken, was sie eigentlich sagen wollen. Korrigieren Sie das, indem Sie der Person, mit der Sie reden, direkt in die Augen sehen. Dadurch machen Sie ihr ohne Worte klar, daß Sie sich dessen, was Sie sagen, sicher sind. Sollte Ihre Gestik hingegen verraten, daß Sie sich unwohl fühlen oder daß es Ihnen an Selbstvertrauen mangelt, wird der andere sofort erahnen, daß etwas nicht stimmt, und Ihren Worten keinen Glauben schenken.

## Vierter Schritt: Geben Sie keine Erklärungen ab

Wenn Sie Ihre Entscheidung begründen, erwecken Sie den Eindruck, daß Sie sie aus einer Laune heraus getroffen hätten und sie deshalb jetzt rechtfertigen müßten. Lange Erklärungen erwecken falsche Hoffnungen und lassen den Schluß zu, daß Sie Schuldgefühle haben und umgestimmt werden können. Ein »Nein« stundenlang zu erklären und zu entschuldigen würde bedeuten, daß Sie keinen Selbstrespekt besitzen. Sie sind ein verantwortungsvoller und kluger Mensch, der seine Entschlüsse weder begründen noch sich selbst verteidigen muß.

## Fünfter Schritt: Nehmen Sie sich Zeit zum Nachdenken

Selbst wenn Sie sich einer großen Entschlußkraft erfreuen, gibt es immer wieder Angelegenheiten, die Sie nicht von einem auf den anderen Tag entscheiden können. Strahlen Sie Vertrauen aus, wenn Sie sich ein paar Tage Bedenkzeit erbitten. Sagen Sie beispielsweise mit einem freundlichen Lächeln: »Ich möchte die Angelegenheit in Ruhe überdenken, aber ich melde mich bald wieder bei Ihnen.«

1. *Lassen Sie sich nicht* zu einem sofortigen »Ja« oder »Nein« *drängen,* bevor Sie bereit sind, eine Entscheidung zu fällen.

2. Nehmen Sie sich die Zeit, die Sie brauchen, um zu einem Entschluß zu kommen, *mit dem Sie leben können.*

### Sechster Schritt: Betten Sie Ihr »Nein« in Positives ein

Nutzen Sie den Trick, den sie in Übung 10 gelernt haben: Sprechen Sie mit Ihrer »Reichen-Sie-mir-die-Butter«-Stimme. Mehr noch: Betten Sie Ihr »Nein«, wie Sie es mit Beschwerden zu tun gelernt haben, in positive Bemerkungen ein.

Angenommen, ein Freund bittet Sie, ihm Geld zu borgen, das Sie ihm nicht leihen wollen. Beginnen Sie Ihre Antwort mit etwas Positivem, bevor Sie ihm ein kurzes »Nein« geben, dem Sie wiederum eine positive Bemerkung folgen lassen.

POSITIV (1): »Es freut mich, daß du mir vertraust und mir von deinen Geldproblemen erzählst.

POSITIV (2): Unsere Freundschaft ist mir ebenso wichtig wie dir ...

POSITIV (3): und ich weiß, daß ich dir mein Leben lang Freundschaft entgegenbringen werde.

IHR ›NEIN‹: Ich möchte unsere so harmonische Beziehung nicht mit Geldangelegenheiten belasten.

POSITIV (4): Ich schätze dich so sehr, daß ich nicht riskieren möchte, daß sich auch nur das geringste zwischen dich und mich stellen könnte.«

Unterstreichen Sie Ihre positive Einstellung, indem Sie Ihren Arm um Ihren Freund legen und ihm, falls Sie dazu in der Lage sind, einen Alternativ-Vorschlag machen. Dann wechseln Sie das Thema.

# Übung 13
# Die Fehler anderer korrigieren

Noch schwieriger als »nein« zu sagen, kann es sein, einen anderen Menschen so freundlich und wirkungsvoll wie möglich auf einen Fehler, den er begangen hat, aufmerksam zu machen. In unserer Kindheit haben wir von unseren Eltern nämlich nur gelernt, wie man ein solches Unterfangen unergiebig gestaltet: durch viele negative Bemerkungen und Schimpfen.

So sehr diese Methode Sie von Ihrem aufgestauten Ärger befreien mag, im Grunde bewirkt sie nur eines: daß der Mensch, um den es sich dreht, davonläuft oder aber, daß er bleibt und Ihnen in den Rücken fällt. Benehmen Sie sich also nicht so, wie Sie es in Ihrer Kindheit gelernt haben, sondern lernen Sie eine neue Art und Weise, anderen »die Leviten zu lesen«:

## Beginnen Sie mit einer positiven Aussage

So sehr Sie sich auch über die Leistungen oder den Fehler des anderen geärgert haben mögen, wichtig ist vor allem, daß er Ihnen zuhört, wenn Sie ihm Ihre Meinung sagen wollen. Also beginnen Sie Ihr Gespräch zunächst mit einer positiven Aussage.

Nehmen wir an, ein von Ihnen geschätzter Mitarbeiter bereitet Ihnen Probleme, weil er mit einem Projekt, das er fertigstellen soll, ziemlich spät dran ist. Einerseits wollen Sie ihm wissen lassen, wieviel er Ihnen bedeutet, andererseits aber wollen Sie Ihrem Ärger Luft machen, ohne ihn dabei so zu verärgern, daß er nun gar nichts mehr tut oder unglücklich ist.

POSITIV (1): »Was Sie alles schon geleistet haben, ist beachtlich.«

POSITIV (2): »Ihre Projekte sind so gut durchorganisiert und bis ins kleinste Detail ausgearbeitet, daß ich sie unseren neuen Mitarbeitern als gutes Beispiel vorstelle.«

POSITIV (3): »Sie sind eine wertvolle Stütze des Teams.«

(Nun, nachdem Sie seine Stärke erwähnt haben, ist es Zeit fortzufahren.)

DAS PROBLEM: »Das Projekt, an dem Sie derzeit arbeiten, ist der erste Auftrag, mit dem Sie mich hängenlassen, seit wir uns kennen. Das beunruhigt mich.«

POSITIV (4): »Wenn Sie wollen, greife ich Ihnen bei diesem Projekt gerne unter die Arme. Ich weiß ja, wie verläßlich und fähig Sie sonst immer sind.«

Nach dieser sanften »Standpauke« ist es am geschicktesten, wieder ein Thema anzuschlagen, das für Sie beide erfreulich ist.

Diese Übung, die ich Ihnen soeben gezeigt habe, können Sie selbstverständlich nicht nur in Ihrem Berufsleben, sondern auch in Ihrem Privatleben anwenden. Achten Sie lediglich darauf, Ihre Kritik und Beschwerden so mild wie möglich zu formulieren und Ihre Achtung für den anderen so deutlich wie möglich. Das wird Ihnen dann dazu verhelfen, die anderen auf genau den Weg zu bringen, auf dem Sie sie sehen möchten.

# Ich habe es nicht bemerkt

Manchmal entdecken Sie sehr zu Ihrer Überraschung, daß Sie einen anderen Menschen mit einer Bemerkung, die Sie für völlig harmlos hielten, voll und ganz aus der Fassung gebracht haben. Sie hatten gar nicht bemerkt, daß Sie ihn beleidigten. Wie Sie mit einem Konflikt, der sich aus einer solchen Situation ergibt, fertig werden, das erkläre ich Ihnen jetzt.

Zu oft passiert es uns, daß wir gerade die Menschen, die wir lieben, mit irgendeinem Satz unabsichtlich und unwissentlich verletzen. Wir haben uns nicht einfühlsam genug verhalten, indem wir uns etwa überlegt hätten, wie *wir selbst* auf das, was wir da gerade von uns gegeben haben, reagieren würden. Manchmal klingen unsere Gedanken, wenn sie ausgesprochen sind, eben ziemlich anders als das, was wir eigentlich sagen wollten.

Wir glauben, daß das, was wir sagen, harmlos ist. Wir wollten schließlich nur einen kleinen Scherz machen, weiter nichts. Oder wir haben das, womit wir ins Fettnäpfchen getreten sind, sogar ehrlich gemeint. Wie dem auch sei, wir sind entsetzt darüber, daß unser Gegenüber unsere Worte so ganz anders auffaßt, als sie eigentlich gemeint waren. Wie kann ein Mensch nur so dünnhäutig sein und einer so harmlosen Bemerkung, wie wir sie von uns gegeben haben, so viel Bedeutung beimessen! Wir sind uns nicht darüber klar, daß das, was wir gesagt haben, überkritisch oder gar demütigend klang.

Nehmen wir an, Sie unterhalten sich mit jemandem, der Ihnen sehr nahesteht. Aus Ihrer Sicht betrachtet führen Sie ein lockeres, leichtes Gespräch. Folglich trifft es Sie wie ein Blitz, daß Ihr Gesprächspartner Sie plötzlich verärgert anschreit.

Versuchen Sie ruhig zu bleiben und sich anzuhören, was er zu sagen hat. Schließlich ist derjenige, mit dem Sie sich gerade unterhalten, auch der, der Ihnen am besten sagen kann, wie er Ihre Äußerungen auffaßt. Die Dinge von seiner Warte aus zu sehen wird Ihnen helfen, den Grund dafür, daß das Gespräch plötzlich eine andere Wende genommen hat, zu verstehen oder zumindest zu erkennen, warum eine solche Reaktion erfolgte.

Beginnen Sie zu begreifen, daß Sie den anderen verletzt haben *könnten*. Daß Sie nicht vorhatten, ihm weh zu tun, befreit Sie nicht von Ihrer Schuld. Vergessen Sie, welch gute Absichten Sie ursprünglich hatten. Anstatt sich von dem Wutausbruch des anderen verwirren zu lassen, machen Sie etwas aus der Information, die er Ihnen durch seine Verärgerung vermittelt.

Sagen sie sich: »Ich dachte, ich hätte nur ganz normal meine Meinung geäußert. Ich wüßte eigentlich nicht, was ich so Schreckliches gesagt haben könnte. Aber da er so wütend auf mich geworden ist, muß ich wohl in irgendein Fettnäpfchen getreten sein.«

Greifen Sie Ihren Gesprächspartner nicht an, und verteidigen Sie sich auch nicht, indem Sie etwa sagen: »Du hast mich mißverstanden! Du bist aber auch eine Mimose! Ich hab' doch gar nichts Böses gesagt. Kannst du keinen Scherz verstehen?«

Bleiben Sie statt dessen vielmehr ruhig, hören dem anderen zu und sagen dann: »Es ist mir wirklich wichtig, dich nicht zu verletzen, und ich merke jetzt, daß mir etwas Unüberlegtes über die Lippen gekommen ist. Ich hoffe, daß mir so etwas nie mehr passiert!«

Erklären Sie dem anderen, daß Sie wirklich keine bösen Absichten hatten und daß es Ihnen leid tut, etwas gesagt zu haben, was so völlig anders ankam, als es gemeint war. Je selbstsicherer Sie sind, desto leichter wird es Ihnen fallen, Fehler, die Sie gemacht haben, einzugestehen und aus der Welt zu schaffen.

Wenn Sie zugeben können, daß Sie ihn – wenngleich unabsichtlich – zu seiner negativen Reaktion provoziert haben, wird er sich wieder beruhigen. Er wird begreifen, daß Sie ihm nichts Böses wollten, sondern daß Sie sich der Wirkung Ihrer Worte nicht bewußt waren.

Werden Sie ein ergiebiger Gesprächspartner und begrüßen Sie es, wenn andere Reaktionen auf das, was Sie sagen, zeigen. Selbst dann, wenn es negative Reaktionen sind, weil Sie sich – unbewußt – einen Schnitzer geleistet haben. Bringen Sie die anderen dazu, Ihnen durch ihre Kommentare zu helfen, sie zu verstehen und somit eine wirklich effektive Kommunikation möglich zu machen.


# Dem Feind den Giftstachel ziehen

Stellen Sie sich vor, ein Freund habe Ihnen gerade erzählt, daß Barry, ein alter Geschäftspartner von Ihnen, schlecht über Sie spricht. Barry verbreitet, daß man sich nicht auf Sie verlassen könne, weil Sie irgend etwas, was er Ihnen im Vertrauen erzählt habe, weitererzählt hätten. Er sei stocksauer auf Sie, da ihm ein wichtiger Geschäftsabschluß zu platzen drohe, weil Sie nicht dichtgehalten hätten.

Als Sie das hören, dreht sich Ihnen der Magen um, und Ihr Puls beginnt zu rasen. »Worüber regt sich Barry nur so auf?« fragen Sie sich. »Alles, was ich im Vorübergehen erzählt habe, ist, daß er einen großen Auftrag gelandet hat. Was ist daran so schrecklich? Wenn ich er wäre, und *er* hätte so etwas weitererzählt, würde ich stolz sein. Ich hab' nicht seine Mutter ermordet, sondern ich habe nur etwas voreilig meinen Mund aufgemacht.«

Um sich vor sich selbst zu rechtfertigen, suchen Sie nach Gründen, weshalb Barry so überreagiert haben könnte, und stellen eine Überlegung nach der anderen an, die alle zu dem Schluß führen, daß sie gewiß nichts falsch gemacht haben.

Um sich einerseits reinzuwaschen und andererseits Ihre Wut auf Barry loszuwerden, beginnen Sie nun Ihrerseits, Gerüchte über ihn zu verbreiten. Jedem, der Ihnen über den Weg läuft, erzählen Sie alles Negative, was Ihnen zu Barry so einfällt. Dadurch fühlen Sie sich erleichtert, denn Sie haben nun »Gleiches mit Gleichem vergolten«.

Sie können nicht mehr vernünftig schlafen, weil Sie nächtelang wach liegen, um neue Möglichkeiten zu ersinnen, mit denen Sie sich an Barry rächen können. Es fängt damit an, daß Sie ihn in aller Öffentlichkeit verprügeln wollen, und endet damit, daß Sie sich ausmalen, wie Sie seine Frau beleidigen.

Tief in Ihrem Innersten wissen Sie, daß das, was Sie tun, Verlierer-Taktiken sind. Dennoch machen Sie damit weiter. In einer Ihrer schlaflosen Nächte stellen Sie sich vor, daß Barry Sie anruft. Er ist die Freundlichkeit in Person und bittet Sie, die freundschaftlichen Beziehungen, die Sie zu ihm hatten, wieder aufzunehmen. In Ihrem Wachtraum erzählt er Ihnen, was für ein Genie und was für ein Menschenfreund Sie sind. Er entschuldigt sich bis zum Gehtnichtmehr dafür, daß er so dumm sein und so mies über Sie reden konnte. Sie entwickeln sogar noch mehr Vorstellungskraft und sehen plötzlich vor Ihrem geistigen Auge, wie Barry in »The Tonight Show« sämtlichen Fernsehzuschauern des ganzen Landes erzählt, was für ein toller Kerl Sie sind!

Nachdem Sie einen Monat lang Ihre gesamten Energien darauf verschwendet haben, Barry bei anderen anzuschwärzen und immer neue Rachepläne zu ersinnen, entschließen Sie sich plötzlich dazu, das Problem ein wenig realistischer anzugehen: Sie greifen zum Telefonhörer und rufen Barry an.

## Übung 14
## Zum Telefonhörer greifen

Gibt es irgend jemanden in Ihrem Leben, gegen den Sie die eine oder andere aufgestaute Wut empfinden? Gibt es irgend jemanden, mit dem Sie ein ungelöster Konflikt verbindet? Unterhalten Sie sich nachts, wenn Sie nicht schlafen können, mit einer dieser Personen in Ihrer Phantasie? Hören Sie auf damit, Ihre Energien auf diese Art und Weise zu verschwenden! Es ist höchste Zeit, daß Sie derlei Mißverständnisse aus dem Weg schaffen und sich mit dem Menschen, zu dem Sie immerhin einmal eine gute Beziehung hatten, aussöhnen.

Tun Sie etwas! Rufen Sie den anderen an – je eher, desto besser! Erinnern Sie sich: Sieger korrigieren Fehler, die sie gemacht haben, so schnell wie möglich –, ohne sich lange selbst zu geißeln oder Schuldgefühle zu entwickeln.

Wenn Sie zum Telefonhörer greifen, so haben Sie sich zum Ziel gesetzt, Reife, Herzlichkeit und »Größe« genug zu zeigen, um zugeben zu können, daß Sie sich in dem vorausgehenden Konflikt nicht gerade sonderlich klug aufgeführt haben. Um noch einmal auf das Beispiel mit Barry zurückzukommen: Obwohl Sie keinerlei böse Absichten gehabt haben, ist und bleibt es nun einmal eine *Tatsache*, daß Sie etwas, was er Ihnen im Vertrauen erzählt hatte, ausgeplaudert und ihm somit geschadet haben.

Um ein Telefonat, mit dem Sie ein Problem lösen wollen, so erfolgreich wie möglich zu führen, habe ich Ihnen einige Punkte zusammengestellt, die Sie sich für einen solchen Fall merken sollten. So, wie sie hier auf Ihren imaginären Konflikt mit Barry angewandt sind, können Sie sie selbstverständlich auf alle nur erdenklichen ähnlichen Probleme übertragen.

### Erster Schritt : Versuchen Sie nicht, sich zu schützen

Sagen Sie in dem Moment, in dem sie Barrys Stimme hören: »Ich habe einen Fehler gemacht, als ich das, was du mir erzählt hast, weitergegeben habe. Ich komme mir jetzt dafür sehr dumm vor. Aber in dem Moment, in dem ich es erzählte, war ich dermaßen freudig erregt über die gute Neuigkeit, daß ich völlig außer acht gelassen habe, wie unverantwortlich es von mir war, deine Bitte, die Angelegenheit vertraulich zu behandeln, nicht zu respektieren.«

### Zweiter Schritt:
### Sagen Sie Positives über Ihren Gesprächspartner

Wenn es darum geht, dem anderen Nettes über ihn zu sagen, können Sie gar nicht großzügig genug sein. Machen Sie Barry drei oder vier Komplimente, mit denen Sie ihn wissen lassen, wie sehr Sie seine Qualitäten zu schätzen wissen: »Du hast einen ausgezeichneten Ruf in unserer Branche, und ich respektiere dich ebensosehr, wie alle anderen es tun. Wenn wir miteinander zu tun hatten, warst du immer ehrlich und offen. Ich schätze unsere Beziehung sehr.«

### Dritter Schritt: Arrangieren Sie ein Treffen!

Springen Sie über Ihren eigenen Schatten und sagen Sie: »Ich habe im letzten Monat viel an dich gedacht. Ich vermisse deine Freundschaft sehr und würde dich gerne zum Mittagessen einladen.«

### Vierter Schritt: Wiederholen Sie sich!

Wiederholen Sie Schritt 1 bis 3 so oft, bis Barry einem Treffen mit Ihnen zustimmt.

### Fünfter Schritt:
### Begrüßen Sie ihn herzlich, und zeigen Sie ihm Ihre Gefühle

Wenn Barry zu Ihrer Verabredung erscheint, begrüßen Sie

ihn mit aller Herzlichkeit, die Sie aufbringen können: »Ich bin so froh, daß du gekommen bist.« Sagen Sie ihm, wie besorgt Sie waren, daß Ihre Freundschaft beendet sein könnte. Beschreiben Sie, wie sehr Sie seine ursprüngliche Reaktion getroffen und geschmerzt hat.

Wenn Sie es fertigbringen, ihn von der Ehrlichkeit dessen, was Sie sagen, zu überzeugen, werden Sie Ihre Beziehung in Null Komma nichts wieder kitten können. Mehr noch: Es besteht sogar die Chance, daß Ihre Beziehung fortan enger sein wird als je zuvor.

Wer im Endeffekt am meisten davon profitiert, daß Sie Konflikte gesprächsweise klären lernen, sind *Sie*. Dabei ist es völlig gleichgültig, ob es sich bei demjenigen, mit dem Sie ein Problem haben, um Ihr kleines Kind oder eine Reihe von Geschäftspartnern handelt.

Lernen, Schwierigkeiten aller Art gesprächsweise zu lösen, verhilft Ihnen dazu, all das, was Sie sich vorstellen, zu erreichen. Sie machen sich Ihr Leben einfach leichter, wenn Sie Probleme aus der Welt schaffen, anstatt sich damit zu belasten und wertvolle Energien zu vergeuden. Mehr noch: Sie werden auch bald nicht mehr wissen, wie es ist, Schuldgefühle zu haben.

Sie wissen nun, wie man Probleme anpackt. Wenn Sie sich meinen Rat zu Herzen nehmen und die Vorschläge, die ich Ihnen gemacht habe, so bald wie möglich in die Tat umsetzen, reduzieren Sie die Anzahl Ihrer Probleme im Handumdrehen und sind somit auf dem besten Weg zum Erfolg.

## Sieger und Verlierer

Sieger wagen es, Konflikten und Meinungsverschiedenheiten ins Auge zu sehen. Sie benutzen geschickte Formulierungen, um Probleme, mit denen sie konfrontiert sind, im Gespräch zu lösen. Auch Sie können lernen, Ärgernisse auf diese Art und Weise aus der Welt zu schaffen. Merken Sie sich dazu die folgenden Regeln.

1. Verlierer schaffen es nicht, »nein« zu sagen. Dadurch machen sie sich pausenlos zu Opfern, die sich den Wünschen anderer beugen. Weil sie oft bis zur letzten Minute warten, um »nein« zu sagen, enttäuschen sie andere nicht nur, sondern bringen sie auch in Schwierigkeiten. Dann nämlich, wenn sie so spät »nein« sagen, daß den anderen keine Zeit mehr bleibt, ihre ursprünglichen Pläne, in die sie die Verlierer miteinbezogen hatten, zu ändern.

1. Sieger orientieren sich an ihren eigenen Bedürfnissen und sagen »nein«, wenn eine Situation es erfordert. Das »Nein«, das andere von einem Sieger zu hören bekommen, ist vom Tonfall her ebenso freundlich, als wäre die Antwort »ja« gewesen. Denn Sieger wissen: Man kann eine Bitte auch freundlich und liebenswürdig abschlagen.

2. Wenn ein Verlierer »nein« sagt, so tut er das schroff und abrupt. Meistens brüllt er dem anderen sein »Nein« entgegen. Damit erweckt er in dem anderen oft den Eindruck, es würde ihm nicht nur eine Bitte abgelehnt, sondern es sei ganz generell etwas mit ihm nicht in Ordnung.

2. Sieger kleiden ihr »Nein« in eine ganz bestimmte Formel: Zunächst sagen sie dem anderen drei positive Dinge über ihn, dann werden sie ihr »Nein« los und lassen ihm automatisch eine weitere positive Bemerkung über den abgeblitzten Bittsteller folgen. Bei all dem sehen sie Ihrem Gegenüber in die Augen und liefern ihm keine Entschuldigung für ihre Entscheidung. Sie wissen, daß sie durch lange Erklärungen im anderen die falsche Hoffnung wecken, vielleicht doch noch umstimmbar zu sein.

3. Wenn Verlierer andere dazu bringen wollen, ihre Leistungen zu steigern, bringen sie diese in Verlegenheit oder beschimpfen sie sie. Daß die anderen sich dann erst recht zu nichts motiviert fühlen, ist Verlierern unbegreiflich.

3. Wenn Sieger einen anderen auf einen Irrtum, der ihm unterlaufen ist, hinweisen wollen, so preisen sie zuerst seine Stärken. Erst wenn sie dem anderen klargemacht haben, wie sehr sie ihn schätzen, kommen sie zum eigentlichen Grund ihres Gesprächs. Sobald sie den anderen auf seinen Fehler angesprochen haben, wechseln sie auf ein für beide gleichermaßen erfreuliches Gesprächsthema über.

4. Ein Verlierer reagiert mit Verwunderung, wenn sich ein anderer über das, was er gesagt hat, verärgert zeigt. Ein Verlierer *weiß*, daß er keine bösen Absichten hatte, und kommt zu dem Schluß, daß mit seinem Gesprächspartner etwas nicht in Ordnung sein muß. Folglich tut ein Verlierer nun alles, um den anderen anzugreifen und sich selbst reinzuwaschen.

4. Ein Sieger weiß, daß er einen anderen, der auf einen seiner Sätze verärgert reagiert, unabsichtlich und unbewußt zu besagter Reaktion provoziert haben muß. Anstatt den Wutausbruch des anderen übelzunehmen, ist ein Sieger dankbar dafür, daß der andere ihn wissen läßt, daß er ins Fettnäpfchen getreten ist. Somit fällt es ihm beim nächsten Mal leichter, darauf zu achten, den anderen nicht versehentlich wieder zu verletzen.

# 14. KAPITEL

# Wie man einen guten Eindruck macht

*Es gibt Situationen im Leben eines Menschen, in denen es nicht übertrieben ist zu sagen, daß sein Schicksal davon abhängt, was für einen Eindruck er macht. Um solche Situationen handelt es sich, wenn es darum geht, einen Partner oder einen Job zu finden. In solchen Situationen legt man keinen Wert darauf, zweiter zu sein.*

BARBARA WALTERS

Erster sein zu wollen ist ein normales und gesundes Streben. Daß man auf diesen Rang hinarbeitet, ist nur recht und billig, und ob man es schafft, hängt davon ab, wie erfolgreich man ist. Daß es Ihnen gelingt, sich der Welt in der einnehmendsten Weise zu präsentieren – das ist es, was ich Ihnen in diesem Kapitel beibringen möchte.

Wußten Sie, daß Erfolgsmenschen ihr Licht nie unter den Scheffel stellen, sondern Gott und die Welt wissen lassen, wie außergewöhnlich gut sie sind? Jeder Erfolgsmensch, auf den Sie stoßen, wird sich Ihnen gegenüber so zeigen, wie es für ihn beruflich und privat am schmeichelhaftesten ist.

Ich entsinne mich noch an meine erste Begegnung mit Armand Hammer, dem illustren Finanzier, Kunstsammler und Philanthropen. Ich lernte Hammer auf einer Party kennen, die ich zu Ehren seines Freundes und Rechtsberaters Sir John Foster gab. Schon vom ersten Moment an war ich von Hammers Vitalität und von seiner dynamischen Persönlichkeit fasziniert. Er stellte sich als anregender Gesprächspartner dar, dessen herzliche, jungenhafte Spontaneität mich voll und ganz gefangennahm.

Hammer erzählte mir herrliche Schwänke aus seinem Leben, und der Enthusiasmus, mit dem er sprach, war ansteckend. Besonders fesselte mich die Geschichte, wie er es vom Medizinstudenten zum Öl-Magnaten gebracht hatte. Aus jeder Episode, die er zum besten gab, wurden seine brillanten Strategien und sein zupackendes Wahrnehmen von Gelegenheiten deutlich. Während Hammer über sein Leben plauderte, wurde deutlich, daß sein Verdienst nicht allein an den Leistungen, die ihn auszeichneten, sondern auch an seinen Umgangsformen lag. Ihm zuzuhören, wie er sein Leben vor mir ausbreitete, war wie einen Dokumentarfilm zu sehen. Ich war sehr berührt davon, einen solchen Menschenfreund wie Hammer kennenzulernen.

Ein normaler Zuhörer hätte die Art und Weise, in der Hammer mit mir sprach, vielleicht als ichbezogen und voller Eigenlob beschrieben. Ich hingegen empfand etwas ganz anderes: Ich fühlte mich privilegiert, einige Einzelheiten aus dem aufregenden Leben dieses einzigartigen, unvergeßlichen Mannes erzählt zu bekommen. Ich genoß es, war neugierig und voll und ganz bei der Sache, als ich ihm zuhörte.

Hammer verstand es, sich darzustellen. Er hatte sich nicht zur Spitze der internationalen Öl- und Finanzpyramide hochgearbeitet, indem er seine Fähigkeiten verschwieg. Er wußte, wie er den Leuten, die er vor sich hatte, seine außergewöhnlichen Referenzen und Talente verdeutlichen konnte.

## Zeigen Sie Ihre Stärken

Eine Möglichkeit, das was Sie geleistet haben, an die Öffentlichkeit zu bringen, ist die, positive Bemerkungen über sich selbst zu machen. Keine Angst, es ist nicht nur recht und billig, sondern auch angebracht, wenn Sie das tun. Ich glaube an positive Verstärker – unabhängig davon, ob Sie anderen Menschen oder sich selbst damit weiterhelfen. Und überhaupt: wenn Sie anderen die Arbeit und das Leben mit positiven Verstärkern erleichtern, warum dann nicht auch sich selbst?

Viele meiner engen Freunde sind Erfolgsmenschen; besondere Leute, die viel erreichen und die ihre Arbeit und ihre oft ungewöhnlichen aufregenden Aktivitäten häufig mit mir besprechen. Es macht mir Spaß, ihren Geschichten, die oft mit informierenden und unterhaltenden Episoden darüber, wie sie zu Erfolg gekommen sind, angereichert sind, zuzuhören.

Ihre Lebensläufe sind wie neuzeitliche Romane, die Seite für Seite das »Wie« ihrer Erfolge aufschlüsseln. Ich möchte jedes Wort, das sie sagen, aufsaugen und aus ihren Erfahrungen lernen. Ich bin dankbar für die Einblicke, die sie mir in ihr Leben gewähren, und respektiere ihre Bemühungen, erfolgreich zu sein, ebenso wie ihre Erfolge selber.

Auch Sie können andere wissen lassen, wie klug, dynamisch und arbeitsam Sie sind. Machen Sie ruhig Reklame für sich, indem Sie über Ihre hervorragenden Leistungen sprechen. Es ist wichtig, daß Sie Ihre Stärken zeigen. Wenn Sie Erfolg haben wollen, müssen auch Sie lernen, wie man sich anderen gegenüber in seinem besten Licht präsentiert.

Mag sein, daß Sie sich bei diesem Ratschlag, den ich Ihnen hier gebe, ein wenig unwohl fühlen. Befürchten Sie, daß Sie, wenn Sie meinem Rat folgen, von anderen als egozentrisch und aufschneiderisch verschrien werden? Wie unwohl Sie sich fühlen, wenn Sie mit dem Gedanken spielen, sich so positiv wie möglich darzustellen, steht in direktem Verhältnis zu dem Grad von Mittelmäßigkeit, mit dem Ihre Eltern Sie erzogen haben.

## Sarahs bemerkenswerte Entdeckung

In früher Kindheit lernen die meisten von uns, daß Menschen, die sich selbst rühmen und oft gar Menschen, die anderen, die von sich prahlen, zuhören, verachtet werden. Damit erziehen uns unsere liebenden Eltern, ohne zu wissen, was sie tun, zu Verlierern. Wie wir uns anderen gegenüber als Verlierer darstellen können, lernen wir nämlich schon in jungen Jahren. Wieder und wieder füttern sie unsere kleinen Gehirne mit Redensarten wie »Die, die etwas wissen, reden nicht darüber, und die, die reden, wissen nichts« und »Leute mit großen Köpfen haben kleine Gehirne«.

Unsere Mütter und Väter entmutigen uns, alles, was auch nur den geringsten Anflug von Überlegenheit hat, zu zeigen. Nicht einmal auf gute Noten oder gute Taten dürfen wir stolz sein. Die Devise unserer Eltern lautet: Bescheidenheit um jeden Preis! Jedes Eigenlob wird durch sarkastische Bemerkungen wie »Der Alleswisser wird ein bißchen zu groß für seine Schuhgröße« schon im Keim abgewürgt.

Viele Eltern, die verhindern wollen, daß ihren Kindern irgend etwas »zu Kopf steigt«, begreifen nicht, daß sie ihren Kleinen damit das Lob und die positive Bestätigung verwehren, die sie brauchen, um sich normal entwickeln zu können.

Genau das war meiner Patientin Sarah, 23 Jahre alt, passiert. Sie litt unter ernsthaften Minderwertigkeitskomplexen, die sich häufig einstellen, wenn ein Kind weder für seine Bemühungen noch für seinen Scharfsinn oder seine Talente gelobt wird.

Als Sarah mit ihrer Therapie bei mir begann, kam sie sich mittelmäßig und ziemlich uninteressant vor. Sie hoffte, daß ich ihr dazu verhelfen könnte, »ihr Leben in den Griff zu kriegen«.

Einige Wochen nach ihrer ersten Therapiestunde machte Sarah eine bemerkenswerte Entdeckung. Als sie sich um einen neuen Arbeitsplatz bewarb, wurde sie gebeten, sich einem Intelligenztest zu unterziehen. Als sie die Testergebnisse erfuhr, war sie verblüfft, daß sie einen ungewöhnlich hohen Intelligenzquotienten zu haben schien. Mehr noch, den Testergebnissen nach zu urteilen war sie geradezu ein Genie!

Lachend erzählte Sarah ihrer Familie davon. Sie war überzeugt, daß wer immer den Test ausgewertet hatte, einen Fehler begangen haben mußte. Aber Sarahs Mutter versicherte ihrer Tochter, das Resultat sei kein Irrtum. Als Sarah acht Jahre alt war, hatte man ihren Eltern die außergewöhnlich hohe Intelligenz ihrer Tochter bereits bescheinigt.

Sarah war skeptisch. Sie sollte ein Genie sein? Warum hatten ihre Eltern ihr das all die Jahre über verheimlicht?

Die Antwort, die Sarah auf diese Frage von ihrer Mutter bekam, lautete: »Wir wollten verhindern, daß du dir darauf etwas einbildest oder dich für etwas Besseres hältst als die anderen Kinder. Ich hatte Angst, daß die anderen Kinder nicht mehr mit dir spielen würden, wenn sie wüßten, daß du anders bist als sie. Mir war wichtig, daß du ganz normal aufwachsen konntest.«

Später in meiner Praxis weinte Sarah bitterlich, als sie mir gestand, daß sie ihr Leben lang mit Selbsthaß erfüllt war, weil sie sich für so gewöhnlich hielt. Ihre Eltern hatten sie während ihrer ganzen Kindheit und Jugend so oft kritisiert, daß sie nie auf die Idee gekommen sei, daß sie anderen auf irgendeine Art und Weise überlegen sein könnte. Tatsache war, daß sie genau das Gegenteil geglaubt hatte. Erst nachdem sie die Ergebnisse ihres Intelligenztestes gesehen hatte, wurde sie sich langsam, aber sicher ihrer verblüffenden Begabung bewußt.

Dadurch, daß Sarahs Eltern ihr nie über ihre außergewöhnlich hohe Intelligenz berichteten, hatten sie ihre Tochter davon abgehalten, das Selbstvertrauen zu bekommen, das sie gebraucht hätte, um sich zu einem reifen Erwachsenen zu entwickeln.

\*

Wann immer Ihnen auffällt, daß ein Mensch, den Sie treffen, auf irgendeine Weise besonders begabt ist oder daß er dieses oder jenes mit Bravour in Angriff genommen hat – SAGEN SIE ES IHM! Wenn sich jemand hilfsbereit, rücksichtsvoll oder außergewöhnlich verhält, ist es wichtig für ihn, daß Sie es ihn wissen lassen.

SAGEN SIE ES IHM WIEDER UND WIEDER.

Lassen Sie die Menschen, die Ihnen am Herzen liegen, Ihre Familie, Ihre Freunde, Ihre Kollegen wissen, daß Sie ihre besonderen Talente schätzen. Halten Sie Ihre Anerkennung nicht zurück.

Ich haßte die Situation, in die ich mich begeben hatte, aber ich war dennoch entschlossen, das Beste daraus zu machen. Schließlich glaubte ich an meine Arbeit, an mich und an mein Buch.

Wir betraten ein riesiges Büro, und Herr Hancock begrüßte uns herzlich. Ich war geschmeichelt, als er mir erzählte, daß mein erstes Buch, *Putting It All Together*, bei seiner Ehefrau auf dem Nachttisch liege.

Er lud uns ein, Platz zu nehmen und bot uns Kaffee an. Dann war es plötzlich still. Mir war nicht gerade wohl dabei, das Schweigen zu brechen und den ersten Satz zu sagen. Aber ich tat es. Ich wollte, daß dieser Mann meinen Hintergrund kennenlernte, und daß er mein ehrliches Bemühen um andere Menschen verstand. So begann ich damit, ihm aus den frühesten Tagen meiner Studentenzeit und meiner Arbeit mit autistischen Kindern zu erzählen. Ich erklärte ihm die Methoden, die ich erarbeitet hatte, um stumme Kinder zum Sprechen zu bewegen. Ich beschrieb ihm die Reaktionen der Mütter dieser Kinder, als die Kleinen ihr erstes »M-a-m-a« über die Lippen brachten.

Herr Hancock war freundlich und schien an meinen Erzählungen ehrlich interessiert zu sein. Er stellte Fragen über Fragen. Ich erzählte ihm von der völlig stummen Zwölfjährigen namens Rachel, die mit ihren Eltern extra aus London zu mir gereist und drei Monate später mit einem Vokabular von 300 Wörtern wieder nach England zurückgekehrt war. Ich beschrieb Milori, ein anderes stummes Kind, das mit seiner Mutter aus dem Iran gekommen und das bei seiner Rückkehr in die Heimat in der Lage war, fast völlig normal zu sprechen. Ich erzählte von geisteskranken Patienten, die ich in den verschiedensten Ländern behandelt hatte und die zu einem normalen Leben zurückkehren konnten. Ich berichtete über meine Vorlesungen über Schizophrenie, die ich weltweit gehalten hatte, und ich erzählte ihm von den kleinen Gruppen von Amateuren und Fachleuten, die ich in den verschiedenen Kontinenten gelehrt hatte, nach meinen Methoden zu verfahren. Ich sprach über die Dokumentarsendungen, die das BBC über meine Experimente gedreht hatte.

Dann erklärte ich ihm, daß sich 1967 das Interesse meiner

Ihren Kommentar zu dem Gesagten abzugeben, sind Sie wie gelähmt und kommen sich dumm und albern vor.

Anstatt zu sagen, was Ihnen eingefallen ist, sagen Sie lieber nichts. Sie behalten Ihre Gedanken für sich selbst, weil Sie diese für unangebracht halten. Sie sind davon überzeugt, daß die anderen Sie, wenn Sie Ihre Gedanken aussprechen, auslachen oder dumm nennen könnten. Sie schauen sich um und sehen, daß sich alle anderen in der Runde offensichtlich gut unterhalten und das Gesagte amüsant finden.

In dem Moment sprudelt ein anderer heraus, was Sie gerade gedacht haben und wird von der Runde für seine geistreiche Bemerkung gelobt. Weil Sie es nicht gewagt hatten, die Chance zu ergreifen, ist es nun ein anderer, dem die Gruppe in diesem Moment ihre gesamte Aufmerksamkeit widmet. Sie sagen ihm, wie intelligent, humorvoll und klug er sei... während Sie, von niemanden beachtet, danebenstehen.

Schlimmer noch: Anstatt sich selbst heimlich Beifall dafür zu klatschen, daß Sie den spritzigen Einfall zuerst oder zumindest auch hatten, ärgern Sie sich nun darüber, daß Sie den Mund nicht aufgemacht haben.

Mittlerweile fühlen Sie sich so mies und sind so wütend auf sich selbst, daß Ihnen der Rest der Unterhaltung entgeht. Dazu kommt, daß Ihnen so heiß geworden ist, daß Sie nur beten können, daß niemand bemerkt, wie Sie schwitzen.

Währenddessen geht die Unterhaltung weiter, und die anderen amüsieren sich prächtig. Jeder von ihnen scheint sich ausgesprochen wohl zu fühlen. Der einzige, der dem Ganzen gar nichts abgewinnen kann, sind Sie. Sie kriegen nicht mehr mit, worüber die anderen lachen, weil Sie voll und ganz damit beschäftigt sind, sich immer noch darüber zu ärgern, daß Sie sich um die Chance eines großartigen Auftritts gebracht haben.

Diese »Selbstgeißelung« kann Ihnen den ganzen Spaß an einer Party verderben. Sie haben einen negativen Kreislauf in Gang gebracht, in dem Sie sich mehr und mehr verfangen. Sie schauen so deprimiert drein, daß die anderen es nicht wagen, Sie anzusprechen und Sie bald ganz links liegenlassen. Das deprimiert Sie natürlich noch mehr, weil es Ihnen beweist, daß es auch den anderen nicht verborgen geblieben ist, wie uninteressant und minderwertig Sie sind. Ihre Laune verschlechtert sich von Minute zu Minute.

Erfolgsmenschen haben auch Angst, daß man sie zurückstoßen oder als unzulänglich erachten könnte. Trotzdem ergreifen sie die Gelegenheit zu sagen, was sie sagen wollen... und korrigieren sich *hinterher*. Wenn sie mit ihren Worten nicht ganz ins Schwarze getroffen haben oder wenn das, was sie von sich gegeben haben, unbedeutend war, verbessern sie, was sie gesagt haben, hinterher so gut wie möglich. Sie vertrauen ihrem Instinkt und sagen, was ihnen in den Kopf kommt. Auf lange Sicht gesehen fahren sie mit dieser Einstellung, die sie an den Tag legen, am besten.

# Übung 15
## Sprechen Sie es aus

Einer der Schlüssel dazu, spontan und frei von der Leber weg reden zu können, ist der, nicht immer alles von vornherein abzuwerten, was man sagen will. Um freier sprechen zu können, sollten Sie sich die folgenden Punkte gut durchlesen. Sie werden Ihnen dabei helfen, sich in Ihrer Haut wohler zu fühlen und sich aktiv an Unterhaltungen zu beteiligen.

### Sagen Sie's

Wenn Ihnen ein Gedanke in den Sinn kommt, sprechen Sie ihn aus! Überlegen Sie nicht erst lange, ob das, was Sie sagen wollen, auch hundertprozentig treffend ist, sonst ist das Gespräch schon längst wieder woanders, bis Sie sich endlich dazu durchringen können. Und dann? Dann stehen Sie mit Ihrer geistreichen Bemerkung allein auf weiter Flur.

Sprechen Sie die Gedanken aus, die Ihnen in den Sinn kommen!

## Hören Sie auf zu analysieren

Hören Sie auf, Ihre Reaktionen zu analysieren. Ignorieren Sie, daß Ihr Puls rast, Ihre Knie weich und Ihre Hände feucht sind und daß Sie einen Kloß in der Kehle sitzen haben.

Hören Sie damit auf, sich abzuurteilen. Seien Sie sich vielmehr bewußt, daß das, was Sie zu sagen haben, in Ordnung, vernünftig und geistreich ist ... und sagen Sie es!

## Zeigen Sie Spontaneität

Vergessen Sie nicht, daß Sie es sich zum Ziel gesetzt haben, spontan zu sein. Sprechen Sie die Sätze, mit denen Sie sich darstellen, in vollem Selbstvertrauen aus. Je selbstsicherer Sie sind, desto mehr werden Ihnen Ihre Zuhörer glauben und das, was Sie sagen, akzeptieren.

Die meisten Menschen verschwenden ihre Zeit darauf, sich selbst und alles, was sie denken und tun, pausenlos zu kritisieren. Sie sind so unsicher, daß sie dem, was Sie zu sagen haben, kaum Beachtung schenken, weil ihre Gedanken nur um sich selbst kreisen – und darum, was sie jetzt schon wieder alles falsch machen.

## Korrigieren Sie sich hinterher

Wenn Sie etwas ausgesprochen haben, was sich als doch nicht ganz zutreffend herausstellt, ist hinterher immer noch Zeit genug dafür, sich selbst zu korrigieren. Wenn Sie es als notwendig erachten, können Sie immer noch Bemerkungen wie »Das kam jetzt nicht ganz richtig rüber, was ich sagen *wollte*, ist ...« oder »Was ich eigentlich sagen wollte, ist ...« oder »Das hört sich jetzt komisch an. Was ich tatsächlich meinte, ist ...« in die Unterhaltung einfließen lassen.

Sie *haben* eine zweite Chance! Sie können, was Sie einmal gesagt haben, jederzeit berichtigen und klarstellen.

## Irren ist menschlich

Vergessen Sie nicht, daß Irren menschlich ist. Mal was Falsches zu sagen, ist lediglich ein Zeichen dafür, daß Sie ein

Mensch und kein perfekt programmierter Computer sind. Gut so!

**Die anderen sind auch nicht besser als Sie**

Begehen Sie nicht den Fehler, andere Menschen zu glorifizieren. Die meisten Menschen sind überzeugt davon, daß jeder andere klüger, sexuell attraktiver, besser, stärker und geistreicher ist, als sie selbst ist. Dieses Denken stammt aus unserer Kindheit, in der wir die Überlegenheit von Autoritätspersonen eingebleut bekamen. Mehr noch: Aus unserer Sicht gesehen waren besagte Autoritäten tatsächlich größer, fähiger, älter und weiser. Aber das war damals. Als Erwachsene können wir damit aufhören, die Schwächen der anderen zu tolerieren, während wir unsere eigenen Schwächen verdammen.

**Mischen Sie mit**

Ob richtig oder falsch, stürzen Sie sich mitten hinein ins Leben! Seien Sie stolz auf sich, und behandeln Sie sich nett, wenn Sie die Bereitschaft dazu zeigen, hie und da mitzumischen. Machen Sie sich keine Sorgen über eventuelle Konsequenzen. Vertrauen Sie auf sich selbst und denken Sie daran zu sagen, *was Sie sagen wollen*.

# Treten Sie selbstsicher auf

Wenn Sie einen Raum betreten, ist dann das erste, was Sie tun, sich ein Armutszeugnis auszustellen? Neigen Sie dazu, sich bei den anderen erst einmal dafür zu entschuldigen, daß es Sie überhaupt gibt? Oder führen Sie sich bei der Begrüßung mit irgendeiner abwertenden Bemerkung über sich selbst ein? Tendieren Sie dazu, anstatt mit einem fröhlichen »Hallo« aufzutreten, einen besorgten und abgehetzten Eindruck zu machen? Sagen Sie als erstes Dinge wie: »Ich bin ein solcher Idiot! Ich haben meinen Wecker auf die falsche Uhrzeit gestellt und bin nur durch Zufall wach geworden. Tut mir leid, daß ich zu spät dran bin. Wie dumm von mir!«?

Andere können Sie nur nach dem Eindruck einschätzen, den Sie vermitteln. Wenn Sie sich selbst im Laufe der einen oder anderen Unterhaltung niedermachen, geben Sie den anderen negative Informationen über sich selbst. Wenn Sie sich selbst abwerten, weshalb sollten es dann die anderen – denen Sie ja keinerlei positive Informationen über sich geben – nicht auch tun? Schon haben Sie einen Teufelskreis in Gang gesetzt. Das Negative, was Sie über sich verbreiten, kommt bei den anderen an – und folglich von den anderen wieder auf Sie zurück.

Wenn Sie sich, sobald Sie einen Raum betreten, selbst einen Idioten schimpfen und Fehler, die Sie gemacht haben mögen, vor allen anderen breittreten, programmieren Sie die dahingehend, daß sie denken: »Ist das ein Idiot. Er stellt einen Wecker auf die falsche Uhrzeit und kommt immer zu spät.«

Wenn Sie Ihre Mitmenschen hingegen wissen lassen, daß Sie ein intelligentes, humorvolles, einfühlsames und kluges Wesen sind, werden Sie die anderen dahingehend programmieren, daß sie positiv über Sie denken. Und wann immer sich ein anderer bei ihnen über Sie erkundigt, werden sie die Informationen, die sie in ihrem Hirn über Sie gespeichert haben, entsprechend weitergeben: Sie werden sagen, daß sie Sie für einen intelligenten, humorvollen, einfühlsamen und klugen Menschen halten.

Erfolgsmenschen konfrontieren andere mit ihren Talenten und damit, was sie alles schon geleistet haben. Sie erzählen anderen von ihren früheren Erfolgen, von Unternehmungen, die sie derzeit voll und ganz im Griff haben, und von den Angelegenheiten, die sie für die Zukunft planen.

## GEBEN SIE DEN ANDEREN DIE GELEGENHEIT, IHRE QUALITÄTEN *ZU ERKENNEN*!

Vergewissern Sie sich immer und überall, anderen so viel Positives wie nur möglich über sich selbst zu erzählen. Der erste Eindruck, den andere von Ihnen gewinnen, ist der, nach dem sie sich in Ihrer Beurteilung richten. Der Klang Ihrer Stimme, die Art, wie Sie Ihre Gedanken formulieren, Ihre Haltung und die Energie, die Sie verströmen – jede Geste, die Sie machen, wird haften bleiben.

## *SIE* SIND ES, DER BESTIMMT, WIE ANDERE SIE EINSCHÄTZEN WERDEN. *SIE* SIND ES, DER SICH ANDEREN SO ZEIGT, WIE ER IST UND WIE ER SEIN MÖCHTE.

Der gute oder schlechte Eindruck, den Sie machen, entscheidet sich innerhalb von Minuten. Wenn Sie sich z. B. bei einem Bewerbungsgespräch wie ein Verlierer aufführen, wird man schon mit Ihnen fertig sein, bevor Sie noch zu Ende geredet haben. Diejenigen, die das Einstellungsgespräch führen, werden Sie ganz genau beobachten. Allein Ihre Körpersprache, die Art, in der Sie sich bewegen, kann ihnen bereits zeigen, ob Sie die richtige Besetzung für die freie Stelle sind oder nicht.

Wenn Sie sich – vielleicht mit einer Mordsangst im Bauch, weil Sie dringend eine Stelle brauchen – vorstellen, spüren die anderen, daß etwas nicht stimmt. Mehr noch: Ehe Sie sich versehen, hat Ihr Gegenüber die Angst, die Sie ausstrahlen, falsch interpretiert und Ihr eigenartiges Verhalten auf sich bezogen. Mag sein, daß er denkt, Sie könnten ihn nicht leiden. Um sich Ihrer Negativität zu erwehren, dreht er den Spieß um und entschließt sich dazu, Sie nicht zu mögen. »Wenn diese Person mich nicht mag«, könnte er sich denken, »dann zum Teufel mit ihr! Ich kann sie auch nicht leiden.« Was Ihnen dann aber wirklich weh täte, wäre sein nächster Gedanke: »Dieser Bewerber erweckt den Eindruck, als würde er den kommenden Tag nicht überstehen. Ihm möchte ich den Posten, um den es geht, bestimmt nicht anvertrauen. Wie kann ich diesen Menschen nur so schnell und geschickt wie möglich wieder loswerden?«

Für Ihre nächste Bewerbung oder ein ähnlich wichtiges Treffen merken Sie sich also: Denken Sie, bevor Sie die Tür öffnen, daran, daß sich derjenige, auf den Sie gleich treffen, ebenfalls unzulänglich und verängstigt fühlen könnte. Zaubern Sie ein Lächeln auf Ihr Gesicht und seien Sie freundlich zu Ihrem Gesprächspartner.

Zeigen Sie Begeisterung! Erinnern Sie sich, bevor Sie sich zu dem Gespräch begeben, all der positiven Ereignisse in Ihrem Leben. Bauen Sie sich selbst auf.

Sagen Sie zu sich selbst laut und voller Überzeugung: »Ich

bin es wert, daß man mich nimmt. Ich könnte die Leistungen, die an diesem Arbeitsplatz verlangt werden, hervorragend mit links erledigen. Ich werde sie schon wissen lassen, wie gut ich mich für diese Stelle eigne. Ich werde mich schon richtig verkaufen.«

Da der erste Eindruck, den die anderen gewinnen, in Sekundenschnelle entsteht und lange haltbar ist, müssen Sie sich unbedingt darauf vorbereiten, sich so positiv wie möglich darzustellen. Es sind *Ihre* Haltung, *Ihr* Gesichtsausdruck und *Ihre* Worte, von denen es abhängt, ob Ihre Bewerbung erfolgreich ist oder nicht.

## Jeremy war ein Verlierer

Nachdem er monatelang vergeblich eine Anstellung gesucht hatte, fühlte sich Jeremy, ein frischer Hochschulabsolvent, höchst deprimiert und entmutigt. Er schob seinen Mißerfolg auf die ökonomische Lage, die Unmengen von Schulabgängern, die alle eine Stelle suchten, die Vetternwirtschaft in den Firmen, die seine Bewerbung abgelehnt hatten, und eine absolute Pechsträhne.

Eines Tages beschloß Jeremy schließlich, mich aufzusuchen und sein Problem mit mir zu besprechen. Bald war klar, weshalb er die Schwierigkeiten hatte.

Was seine Fähigkeiten als Bewerber anging, war Jeremy ein Verlierer. Er stellte sich seinen zukünftigen Arbeitgebern auf eine so unvorteilhafte Art und Weise vor, daß es niemanden – außer Jeremy – verwunderte, daß er keine Anstellung fand.

In den meisten seiner Bewerbungsgespräche gab er, ohne daß ihn etwa irgend jemand direkt gefragt hätte, augenblicklich seine negative Einstellung zu diesem und jenem Thema preis. »Heutzutage«, sagte er beispielsweise, »kann man niemandem trauen. In großen Firmen gibt es dermaßen viele Intrigen und Hinterlist, daß man keinem Menschen den Rücken zuwenden darf.« Ein anderer seiner Lieblingssätze war: »Mit den Qualifikationen, die ich mitbringe, werde ich hoffentlich nicht an eine Frau als Chef geraten.«

Damit nicht genug, tratschte er auch noch über seine früheren Arbeitgeber. Von einem erzählte er, daß er unehrlich sei, vom nächsten, daß er Versprechungen mache und nicht halte, vom dritten schließlich, daß er eine Affäre mit seiner Sekretärin habe. Wer Jeremy bei seinen beleidigenden Äußerungen über seine früheren Arbeitgeber zuhörte, mußte eigentlich annehmen, daß er alles unternahm, um die Stelle, um die er sich bewarb, *nicht* zu bekommen.

Jeremy selbst hielt seine Äußerungen hingegen für angetan, anderen den Eindruck zu vermitteln, wie intelligent, aufmerksam und allwissend er sei und daß er dazu noch über eine gehörige Portion Humor verfüge. Tatsächlich aber wirkte er als ein potentieller Unruhestifter, der höchstwahrscheinlich unter Arbeitern und Angestellten für Konflikte sorgen und sich mit sämtlichen Vorgesetzten anlegen würde.

*

Ein Erfolgsmensch hütet sich davor, bei einem Bewerbungsgespräch Negatives über sich selbst oder über andere zu äußern. Er bemüht sich vielmehr, herzlich zu sein und sich darauf zu konzentrieren, seinem möglichen neuen Arbeitgeber all das zu unterbreiten, was ihn für die Stelle, um die er sich beworben hat, qualifiziert.

## Johanna wird ein Star

In Britannien behandelte ich eine junge Schauspielerin namens Johanna. Sie war noch kaum bekannt und hatte große Mühe, die Anfangsschwierigkeiten, die ihr Beruf mit sich brachte, zu überwinden. So oft sie auch für Fernsehrollen und Werbespots vorsprach, sie wurde nur selten engagiert. Nur dann und wann, vier- oder fünfmal im Jahr, gelang es ihr, die eine oder andere kleine Rolle zu ergattern.

In meiner Therapie konzentrierte Johanna ihre Energie darauf, sich als Schauspielerin besser »verkaufen« zu lernen.

Ich ermutigte sie, ihre beruflichen Fähigkeiten mehr herauszustreichen, indem sie sich in jeder noch so kleinen Rolle, die sie spielte, fotografieren ließ. Von nun an sorgte Johanna dafür, daß immer ein Fotograf zur Stelle war, wenn sie irgendwo auftrat. Die Aufnahmen ließ sie auf 24 x 30 Zentimeter vergrößern und versah sie mit Unterschriften, aus denen der Titel der Show, der Star, der Fernsehsender sowie Datum und Uhrzeit der Ausstrahlung erkenntlich waren. Ihr Name stand natürlich ebenfalls in großen Buchstaben da: »JOHANNA STEVENSON ALS GENEVIEVE«. Ich riet ihr, diese Fotos an Studios, Besetzungsbüros und Produzenten, die auf der Suche nach neuen Talenten waren, zu schicken.

Obwohl Johanna selbst nur ein paarmal im Jahr kleine Nebenrollen spielte, so tat sie das jedoch immer neben einer berühmten Persönlichkeit, die mit von der Partie war. Johanna gemeinsam mit diesem jeweiligen Star auf einem Foto zu sehen, war schon sehr beeindruckend.

Wenn Sie sich selbst als Erfolgsmenschen darstellen wollen, ist es unbedingt notwendig, sich darüber Gedanken zu machen, von welcher Art Menschen Sie bei einem für Sie wichtigen Unternehmen beurteilt und eingeschätzt werden. Meistens stehen sie selbst unter Druck. Mag sein, daß sie ihren Job los sind, wenn sie eine falsche Entscheidung treffen. Folglich sind sie besonders vorsichtig bei der Wahl, die sie treffen müssen. Für Johanna war es wichtig, diesen Leuten Vertrauen in ihre Fähigkeiten zu vermitteln.

Obwohl die ersten Fotos sie lediglich in fünf winzigen Nebenrollen zeigten, war die Bildserie so gut aufgemacht, daß man denken konnte: »Diese Frau muß eine namhafte Schauspielerin sein. In wichtigen Produktionen war sie mit dabei.«

Johanna hütete sich jedoch, ihre Werbebroschüren mit falschen oder übertriebenen Informationen über sich selbst zu versehen. Weder log sie, noch gab sie vor, eine Hauptrolle in der einen oder anderen Show gespielt zu haben. Wäre sie gefragt worden, hätte sie mit der Wahrheit geantwortet.

Um Johannas Erfolgschancen zu vergrößern, half ich ihr dabei, sich über jede Show, für die sie sich bewarb, zu informieren. Bevor sie zum Vorsprechen gehen mußte, suchten wir gemeinsam nach Artikeln oder Meldungen, die ihr einiges über den Regisseur, den Produzenten, den Star oder den Autor der Show verrieten. Sie las, was immer sie über diese Leute finden konnte, um sich mit ihnen so vertraut wie möglich zu machen. Dadurch war Johanna in der Lage, Gesprächsthemen anbieten zu können, die auf besagte Leute zugeschnitten waren. So schlug sie zwei Fliegen mit einer Klappe: einmal war sie den anderen Bewerberinnen durch ihr Wissen meilenweit voraus, und zweitens war sie dadurch, daß sie sich gut vorbereitet hatte, selbstsicherer. Ziel des Unternehmens war es schließlich, daß Johanna bei denen, die über das Engagement entschieden, so gut wie möglich ankam.

Ich erklärte Johanna, daß Erfolgsmenschen an ihren Bewegungsabläufen und ihrer Sprechweise zu erkennen sind. Selbst ihr Gang verrät Zielstrebigkeit und Kraft. Wenn Sie Erfolgsmenschen begegnen, können Sie die Dynamik, die diese Persönlichkeiten ausstrahlen, förmlich *fühlen*.

Johanna übte stundenlang ihre Fähigkeit, sich anderen mitzuteilen; kontrollierte immer wieder ihr Make-up, ihre Frisur, ihre Kleidung, Haltung und Erscheinung. Weiterhin probten wir gemeinsam, was sie sagen sollte. Wenn sie sich mit dem Direktor eines Besetzungsbüros unterhielt, mußte sie Freundlichkeit, Enthusiasmus und Selbstvertrauen ausstrahlen. Um diese Wirkung zu erzielen, mußte sie das Büro forsch, aber nicht zu forsch, und mit einem Lächeln im Gesicht betreten. Dann mußte sie ihrem Gesprächspartner die Hand entgegenstrecken, so daß er sie ergreifen und drücken konnte. Während des Gesprächs mußte sie sich immer wieder ins Gedächtnis rufen, daß sie keinen Deut weniger wert ist als andere und daß derjenige, in dessen Macht es stand, sie zu engagieren oder abzulehnen, selbst ein unsicherer und verwundbarer Mensch war.

Nach dem Ende unseres ersten gemeinsamen Jahres konnte Johanna achtzehn zusätzliche Engagements auf ihr Konto verbuchen. Nun enthielt ihr Portfolio bereits Fotografien von 23 verschiedenen Vorstellungen, die sie dem Besetzungsdirektor zeigen konnte. Mit der Zeit wurde sie von Leuten, die Rollen zu vergeben hatten, immer häufiger angerufen. Während unseres zweiten gemeinsamen Jahres gab Johanna 32 Gastvorstellungen. Am Ende des dritten Jahres hatte sie eine feste Rolle in einer Fernsehserie.

Bevor Johanna zu mir in die Therapie gekommen war, hatte sie mit ihrer Schauspielerei nur wenig mehr als fünftausend Dollar pro Jahr verdient. Heute ist sie eine glückliche, vielbeschäftigte Schauspielerin – mit einem Vielfachen ihres vorherigen Einkommens.

## Es stand viel auf dem Spiel

Je erfolgreicher Sie werden, desto öfter werden Sie feststellen, daß die Notwendigkeit, sich anderen gegenüber positiv und erfolgreich darzustellen, immer bestehen bleibt. Selbst wenn Sie berühmt werden und international geehrt und anerkannt werden, sehen Sie sich doch tagtäglich mit neuen Herausforderungen konfrontiert, die es notwendig machen, sich immer wieder um Erfolg zu bemühen.

Mit dieser Realität hatte ich es zu tun, als mich der Verkaufsdirektor meines (amerikanischen!) Taschenbuchverlages in völliger Panik anrief. »Ich fürchte«, sagte er, »daß eine der wichtigsten Supermarktketten in den Vereinigten Staaten zögert, *Nette Frauen tun es* zu bestellen.« Damit bezog er sich auf mein letztes Buch. Weiter sagte er: »Diese Kette besteht aus über zweitausend Filialen, und wir sind auf diese Art von Vertrieb angewiesen, um Ihr Buch an die Öffentlichkeit zu bringen. Bitte kommen Sie mit mir nächste Woche zu Robert Hancock, dem Marketing-Direktor, denn es steht einiges auf dem Spiel!«

Eine Woche später betrat ich in Begleitung von vier Repräsentanten des Taschenbuchverlages das Hauptbüro besagter Supermarktkette. Als wir auf Herrn Hancocks Büro zugingen, war mir plötzlich gar nicht wohl in meiner Haut.

»Was tue ich hier eigentlich?« fragte ich mich selbst. »Ich bin Psychologin und nicht Vertreterin. Was passiert, wenn er mich nicht mag? Ich hätte mich nicht dazu überreden lassen sollen, meine Familie allein zu lassen und hierher zu fliegen. Ich muß mich nirgendwo mehr vorstellen. Mein Buch spricht für sich selbst.«

Ich haßte die Situation, in die ich mich begeben hatte, aber ich war dennoch entschlossen, das Beste daraus zu machen. Schließlich glaubte ich an meine Arbeit, an mich und an mein Buch.

Wir betraten ein riesiges Büro, und Herr Hancock begrüßte uns herzlich. Ich war geschmeichelt, als er mir erzählte, daß mein erstes Buch, *Putting It All Together*, bei seiner Ehefrau auf dem Nachttisch liege.

Er lud uns ein, Platz zu nehmen und bot uns Kaffee an. Dann war es plötzlich still. Mir war nicht gerade wohl dabei, das Schweigen zu brechen und den ersten Satz zu sagen. Aber ich tat es. Ich wollte, daß dieser Mann meinen Hintergrund kennenlernte, und daß er mein ehrliches Bemühen um andere Menschen verstand. So begann ich damit, ihm aus den frühesten Tagen meiner Studentenzeit und meiner Arbeit mit autistischen Kindern zu erzählen. Ich erklärte ihm die Methoden, die ich erarbeitet hatte, um stumme Kinder zum Sprechen zu bewegen. Ich beschrieb ihm die Reaktionen der Mütter dieser Kinder, als die Kleinen ihr erstes »M-a-m-a« über die Lippen brachten.

Herr Hancock war freundlich und schien an meinen Erzählungen ehrlich interessiert zu sein. Er stellte Fragen über Fragen. Ich erzählte ihm von der völlig stummen Zwölfjährigen namens Rachel, die mit ihren Eltern extra aus London zu mir gereist und drei Monate später mit einem Vokabular von 300 Wörtern wieder nach England zurückgekehrt war. Ich beschrieb Milori, ein anderes stummes Kind, das mit seiner Mutter aus dem Iran gekommen und das bei seiner Rückkehr in die Heimat in der Lage war, fast völlig normal zu sprechen. Ich erzählte von geisteskranken Patienten, die ich in den verschiedensten Ländern behandelt hatte und die zu einem normalen Leben zurückkehren konnten. Ich berichtete über meine Vorlesungen über Schizophrenie, die ich weltweit gehalten hatte, und ich erzählte ihm von den kleinen Gruppen von Amateuren und Fachleuten, die ich in den verschiedenen Kontinenten gelehrt hatte, nach meinen Methoden zu verfahren. Ich sprach über die Dokumentarsendungen, die das BBC über meine Experimente gedreht hatte.

Dann erklärte ich ihm, daß sich 1967 das Interesse meiner

Forschungsarbeiten von Schizophrenie auf Familientherapie verlagert hatte, und daß seitdem viele Tausende normaler Patienten in meiner Behandlung gewesen waren. Ich sagte ihm, daß mein Spezialgebiet die Behandlung von Paaren war und daß es mich stolz machte, so in den Ruf einer »Ehe-Retterin« gelangt zu sein. Mir war wichtig, Herrn Hancock verständlich zu machen, was mein Buch zum Ziel hatte: es sollte Ehepartnern helfen, einander näherzukommen und sich mit ihrer Angst vor Intimität und sexueller Verpflichtung auseinanderzusetzen. Das ist das Kernthema von *Nette Frauen tun es – und ich sage Ihnen, wie.*

Es war mir wichtig, ihm begreiflich zu machen, wer ich bin und wo meine Überzeugungen liegen. Jede Minute meines Gesprächs mit Herrn Hancock stellte ich mich ehrlich und positiv dar: nämlich als hingebungsvolle Wissenschaftlerin, arbeitsame Therapeutin und guter Mensch.

Nach unserer Besprechung lud Herr Hancock uns alle in ein elegantes Restaurant zum Mittagessen ein. Wir genossen ein herrliches Mahl und ich fühlte mich wohl in seiner Gesellschaft. Ich spürte, daß ich respektiert und anerkannt wurde.

Bevor ich zurückflog sagte Herr Hancock, daß er mein Buch in *vier Schaufenstern* in *jedem* seiner Läden in den USA und Kanada ausstellen wollte!

Auf dem Heimflug sann ich darüber nach, was für einen bedeutungsvollen Nachmittag ich mit diesem ernsthaften und fürsorglichen Mann erlebt hatte. Ich mochte Robert Hancock sehr und hatte mich in seiner Gesellschaft sehr wohl gefühlt. Dafür, daß ich ihm meine positiven Seiten gezeigt und mit ihm über meine Arbeit gesprochen hatte, war ich belohnt worden.

## Lassen Sie es alle Welt wissen

Wie weit Sie auch immer aufsteigen, eines können Sie nie voraussetzen: Daß die anderen ganz genau wissen, was Ihnen wirklich wichtig ist oder was Sie bisher alles erreicht haben. Folglich ist es keine Zeitverschwendung, wenn Sie das Ihren Mitmenschen mitteilen.

Um Ihrem Ziel wieder ein Stück näher zu kommen, sollten Sie sich ab heute genauestens selbst beobachten. Geben Sie einmal acht darauf, wie Sie sich in den verschiedensten Umgebungen und Situationen selbst darstellen – im Beruf, zu Hause, bei Geselligkeiten und bei Telefonaten.

HÖREN SIE AUF, SICH ZU ENTSCHULDIGEN UND ABZUWERTEN. FÜRCHTEN SIE NICHT, DASS SIE ALS EGOISTISCH ODER EITEL GELTEN KÖNNTEN. BEGRABEN SIE DIE MITTELMÄSSIGKEIT, NACH DER MAN SIE ALS KIND ERZOGEN HAT.

Wenn Sie anfangen, über die guten und glücklichen Ereignisse Ihres Lebens und über das, was Sie erreicht haben, zu reden, werden sich andere zu Ihnen hingezogen fühlen. Sie werden fasziniert von Ihnen sein und mit Ihnen zu tun haben wollen. Sie können sich zu einer positiven magischen Kraft entwickeln. Merken Sie sich:

SIE ALLEIN SIND VERANTWORTLICH DAFÜR, WIE SIE IN DEN AUGEN DER ANDEREN DASTEHEN!
WENN SIE ETWAS ERWÄHNENSWERTES TUN, LASSEN SIE ES DIE GANZE WELT WISSEN!


## Sieger und Verlierer

Wie präsentieren Sie sich anderen? Wenn Sie sich mit anderen Menschen unterhalten, was erzählen Sie ihnen von sich? Wenn Sie die Gelegenheit haben, den Eindruck, den Sie gemacht haben, wiederzugeben, nennen die anderen Sie einen Sieger, oder erklären sie Sie zum Verlierer?

| VERLIERER | SIEGER |
|---|---|

1. Verlierer haben gelernt, daß es verwerflich ist, stolz auf sich selber zu sein oder gar einem anderen, der sich seiner rühmt, zuzuhören. Sie benutzen Redensarten wie: »Die, die etwas wissen, reden nicht darüber, und die, die reden, wissen nichts.«

1. Sieger teilen allen Leuten voller Stolz mit, wie gut sie sind. Sie interessieren sich für ihre Mitmenschen und kümmern sich um sie, aber wenn es darum geht, sich selbst darzustellen, achten sie darauf, den bestmöglichen Eindruck zu machen.

2. Verlierer erkennen die Talente und Qualitäten der Menschen, mit denen sie in Kontakt kommen, nicht an. Dadurch nehmen sie anderen die Möglichkeit, ihr Selbstvertrauen aufzubauen.

2. Sieger sparen nicht an positiven Bemerkungen ihrer Familie, ihren Freunden und ihren Kollegen gegenüber. Wann immer sie auch nur den kleinsten Grund finden, einen anderen zu loben, oder dem, was er getan hat, Anerkennung zu schenken, tun sie es. Sieger geizen nicht mit Komplimenten.

3. Verlierer fürchten zu sagen, was sie denken. In Unterhaltungen sind sie manchmal wie gelähmt, weil sie sich dumm und albern vorkommen. Bevor sie etwas sagen, verwerfen sie es wieder, weil sie ihren Kommentar als unwichtig einstufen. So bleiben sie stumm.

3. Obwohl Sieger sich auch vor Ablehnung und Mißbilligung fürchten, ergreifen sie die Gelegenheit beim Schopf zu sagen, was ihnen in den Sinn kommt. Sie machen sich keine Sorgen darüber, wie das, was sie sagen, bei den anderen ankommt. Falls sie sich beim erstenmal nicht genau genug ausgedrückt haben oder ihr Kommentar weniger wichtig war, als sie erhofft hatten, verbessern sie sich hinterher, indem sie neu formulieren.

**VERLIERER**

4. Verlierer sind in ihrer Selbstdarstellung negativ. Schon bei der ersten Begegnung erzählen sie anderen von ihren Fehlern. Dadurch programmieren sie die Gehirne ihrer Zuhörer dahingehend, daß sie sich Dinge merken wie: »Diesen Menschen kann man vergessen. Er ist ein Trottel, der einen Fehler nach dem anderen macht.«

5. Verlierer glauben nicht, daß das Auftreten eines Menschen von Bedeutung ist. Sie wollen so akzeptiert werden, »wie sie sind«. Sie halten sich nicht an Kleidungsvorschriften oder Benimmregeln, die ihnen eine »gute Kinderstube« bestätigen würden. Sie wollen sich nicht verändern und den Eindruck, den andere von ihnen bekommen, verbessern.

**SIEGER**

4. Sieger wissen, daß andere genau den Eindruck bekommen, den sie selbst auf sie machen. Folglich füttern sie die anderen mit positiven Informationen über sich. Sie zeigen sich intelligent, einfühlsam und warmherzig. Werden andere nun gebeten, ihre Eindrücke über einen Sieger weiterzugeben, so erinnern sie sich all der positiven Dinge, die sie über ihn wissen.

5. Sieger achten auf alles, was mit ihrem Auftreten zu tun hat: ihre Umgangsformen, ihr Haar, ihre Kleidung, Haltung, ihre generelle und intellektuelle Erscheinung. Sieger benutzen die Gelegenheit, sich dahingehend zu verändern, daß sie mehr Stolz und Würde zeigen. Sie wissen, daß sie dafür mit Anerkennung und Lob ihrer Mitmenschen belohnt werden.

6. Verlierer zögern häufig und erwecken fast immer den Eindruck, als wollten sie sich gerade für etwas entschuldigen. »Ich bin mir (meiner) nicht sicher, ich möchte den Versuch nicht wagen.« Sie neigen dazu, schüchtern zu sein und auf den Boden zu schauen, wenn andere sie ansprechen. Auch in ihrem eigenen Sprachverhalten zeigen sie Unsicherheit.

6. Sieger sind von einer Aura der Selbstsicherheit umgeben, die aus ihren Bewegungen und ihrer betonten Sprache zu erfühlen ist. Selbst ihr Gang ist zielstrebig und dynamisch. Wenn Sie mit einem solchen Menschen zusammen sind, können Sie die Energie, die er ausstrahlt, förmlich spüren.

7. Wenn sie sich nicht wohl in ihrer Haut fühlen oder Angst haben, geben Verlierer sofort auf. Sie versuchen erst gar nicht, die Umstände, die zu einer Entscheidung gegen sie geführt haben, zu verändern. Selbst wenn ein Geschäft, bei dem viel für sie auf dem Spiel steht, zu platzen droht, unternehmen sie nichts. Sie können oder wollen die Energie, die Dinge in eine andere Richtung zu lenken, ganz einfach nicht aufbringen.

7. Selbst in spannungsgeladenen oder demütigenden Situationen, in denen viel für sie auf dem Spiel steht, setzen Sieger alles daran, am Ball zu bleiben und ihr Bestes zu geben. Sie präsentieren sich so vorteilhaft wie möglich und unternehmen alles, was in ihrer Macht steht, um das Leben so in den Griff zu kriegen, wie es ihnen vorschwebt.

# 15. KAPITEL

# Keine Angst vor der Angst: Nutzen Sie sie!

*Wenn alles gegen dich zu sein scheint, erinnere dich, daß das Flugzeug gegen den Wind abhebt, nicht mit dem Wind.*

HENRY FORD

Haben Sie je an Ihren Fähigkeiten, mit dem einen oder anderen fertig zu werden, gezweifelt? Wenn Sie etwas Neues in Angriff nehmen oder ein wichtiges Problem lösen, leiden Sie dann unter körperlichen Symptomen, die das, was Sie vorhaben, vereiteln? Haben Sie je mit Schweißausbrüchen, erhöhter Spannung oder einem schnellen Puls zu tun gehabt? Fürchten Sie, daß Sie nicht aus dem richtigen Holz geschnitzt sind, um mit der einen oder anderen Situation klarzukommen?

Wenn Sie diese Fragen bejahen können, dann sind Sie ganz normal!

Alle diese Symptome gehen auf Angst zurück und werden von manchen Leuten sogar mit Regelmäßigkeit erlebt. Erfolgsmenschen sind diesen Symptomen gar noch häufiger ausgesetzt als andere, weil Erfolgsmenschen immer wieder neue Herausforderungen annehmen. Aber: Erfolgsmenschen neigen dazu, ihre Ängste zu ignorieren und ihre Energie vielmehr darauf zu konzentrieren, das, was immer sie vorhaben, zu Ende zu bringen. Obwohl sie oft Angst haben, denken Erfolgsmenschen nicht im Traum daran, ihre Angst mit Beruhigungstabletten zu unterdrücken. Im Gegenteil: Sie *nutzen* ihre Angst als Treibstoff, als »Antriebskraft«.

Auch Sie können lernen, Ihre Angst dahingehend zu nutzen, daß Sie diese Ihrem Ziel entgegentreibt:

»Angst ist ein Katalysator. Menschen, die vor nichts Angst haben, kommen nirgendwohin. Angst ist die einzige große Antriebskraft in unserem Leben. Was immer Sie also tun, versuchen Sie nicht, Ihre Ängste ruhigzustellen. Fördern Sie sie... Je größer Ihre Angst, desto größer sind Ihre Chancen, zum Erfolg zu kommen.«[30]

## Wie Sie Ihre Superkräfte freisetzen

Angst hat die erstaunliche Kraft, aufzubauen und zu zerstören. Manchmal ist sie von »atomarer« Wirkung... und kann Menschen kurzfristig dazu befähigen, normalerweise verborgene Kräfte freizusetzen und sich in Supermänner und Superfrauen zu verwandeln:

»Ein teilgelähmter 80jähriger schlug mit seiner Krücke einen kräftig gebauten, mit einer Pistole bewaffneten Mann nieder, der seine Enkeltochter angegriffen hatte.«

»Als er seinen Wagen in der Einfahrt zu seinem Haus zurücksetzen wollte, überfuhr ein Vater seinen kleinen Sohn. Der Vater hob das Auto mit nur einer Hand an, um seinen Jungen zu befreien.«

»Eine Frau, die schreckliche Angst vor Hunden hatte, kämpfte erfolgreich gleich gegen einige von ihnen, als eine Meute Hunde ihr Baby angreifen wollte.«

Unter normalen Umständen stehen uns solche Kraftreserven nicht zur Verfügung. Aber gerade Angst und Furcht können uns übermenschliche Kräfte verleihen, die uns wahre Wunder vollbringen lassen.

Eine Menge der Antriebskraft, die wir in Gefahrensituationen freisetzen, kann auch im Alltag nutzbar gemacht werden. Allein das Wissen um die Kraft, die in uns steckt, kann uns zu größerer Aktivität anspornen.

Unglücklicherweise gibt es nur zu viele Erwachsene, die sich in Gefahrensituationen nicht zu helfen wissen. Mehr noch: Sie lassen sich von ihrer Angst lähmen und wälzen die Verantwortung, etwas zu unternehmen und ihr Leben zu erhalten, auf andere ab. Es gibt Berichte über Menschen, die wie angewurzelt dastanden und einem Wagen, der direkt auf sie zufuhr, entgegenstarrten. Diese Art von tragischer Ergebenheit ist ein Verhalten, das solche Leute in ihren Entwicklungsjahren gelernt haben.

Um ihre Kinder vor jedem nur möglichen Schaden zu bewahren, bestehen manche Eltern darauf, ihnen Schwierigkeiten abzunehmen, anstatt sie zur Selbständigkeit zu erziehen. Anstatt ihrem Nachwuchs seinem Alter entsprechende kleine und größere Pflichten aufzuerlegen oder hie und da seine Mithilfe zu erbitten, trauen sie ihren Kindern gar nichts zu. Folglich lernen die Kleinen, alles, was sie wollen, durch Bitten und Betteln und Forderungen zu erhalten. Dagegen lernen sie nicht, ein selbständiges Verhalten zu entwickeln und Probleme selber zu lösen. Aus diesen Kindern werden dann Erwachsene, die sich in Krisensituationen steif und starr verhalten. Mehr noch: Solche Kinder werden Leute, die sich immer dann, wenn sie nicht weiterwissen, zurücklehnen und auf Hilfe von irgendeiner Seite warten, um nicht selbst etwas zu riskieren, wobei sie versagen könnten.

## Der gefürchtete Feind

Verlierern wurde gelehrt, daß Furcht ein Feind ist, den es unter allen Umständen zu meiden gilt! Furcht muß gefürchtet und zerstört werden. Über die Jahre lernen Verlierer, sich der verschiedensten Methoden zu bedienen, um Angst, die sie empfinden, auszuradieren. Innerhalb dieser Methoden greifen sie zu Waffen wie Alkohol, Drogen, Schlafsucht, Freßsucht, Dauerreden, exzessivem Streiten oder Prügeleien, Zigarettenrauchen und zwanghaftem Sexualverhalten.

Solche Angst-Eindämmer haben eine selbstzerstörerische Wirkung. Sie zu benutzen bedeutet, seine eigenen Energien zu zerschmettern, weil man seine Antriebskraft abtötet.

Sieger bemühen sich darum, ihre Ängste zu ertragen. Sie akzeptieren sie und gewöhnen sich an das ihre Angst begleitende Unwohlsein. Wenn Sie etwas Neues versuchen und die Angst in ihnen hochkommt, denken sie: »Da ist sie wieder. Ich kann sie fast schmecken... aber ich werde durchhalten! Ich möchte mein Leben verändern, und ich werde dieser Angst entgegentreten, selbst wenn sie mich noch so sehr verunsichern sollte!«

Wenn Verlierer Veränderungen vornehmen wollen und Angst verspüren, erfinden sie für sich selbst – und auch für andere – eine Ausrede nach der anderen. Ich habe das die »mañana«(morgen, morgen, nur nicht heute)-Ausflucht genannt:

Ich werde müde. Ich glaube, ich verschiebe das neue Projekt, das ich in Angriff nehmen will, auf *morgen*.
Mir ist nicht ganz gut. Ich glaube, ich warte lieber, bis es mir wieder besser geht. Vielleicht geht's ja *morgen*.
Ich kann mich jetzt nicht konzentrieren, hier ist zuviel Ablenkung. Ich mache *morgen* weiter.
Ich habe so viele wichtige Dinge zu tun. Das hier sollte ich lieber bis *morgen* warten lassen.

Hören Sie auf, nach Ausflüchten zu suchen! Sie schaden Ihnen, und Sie brauchen sie nicht. Riskieren Sie es statt dessen lieber, Ihre Ängste kennenzulernen, und fangen Sie *heute* damit an!


## Schicken Sie die Geister aus Ihrer Kindheit schlafen

Viele der Ängste, die Sie als Erwachsener in sich tragen, haben ihren Ursprung in Ihrer Kindheit. Folglich kann es Ihnen passieren, daß Sie, wenn Sie auch nur das geringste Anzeichen einer Kindheitsangst entdecken, heute noch mit Furcht und Schrecken darauf reagieren. Furcht, die ihren Ursprung in Ihrer Kindheit hat, kann Ihnen heute noch den Hals zuschnüren. Dabei handelt es sich zumeist um Furcht, die scheinbar unbegründet ist und die »generelle Angst« genannt wird.

Nehmen wir einmal an, daß Sie als Kind von einem bellenden Hund erschreckt wurden, als Sie auf einer gelben Decke saßen. Aus Angst vor dem Lärm begannen Sie zu weinen. Dieses unangenehme Ereignis hat sich tief in Ihr Un(ter)bewußtsein eingegraben.

Heute, als Erwachsener, sind Ihnen fellbespannte Dinge, Tierlaute und gelbfarbene Sachen immer noch nicht ganz geheuer. Mehr noch: Sie lösen in Ihnen Unbehagen und Angst aus. Wann immer Sie in die Nähe solcher Dinge geraten, wollen Sie von ihnen weg... und zwar schnell!

So reif Sie auch an Jahren sein mögen, in Ihrem Innersten unterliegen Sie Ihren Kindheitsängsten immer noch und lassen sich von ihnen verkrüppeln. Da dieser gesamte Prozeß jedoch unbewußt in Ihnen abläuft, haben Sie es nie in Erwägung gezogen, sich dem Unbehagen, das sich bei der Farbe Gelb bei Ihnen einschleicht, zu stellen. Statt dessen greifen Sie zur nächsten Zigarette oder genehmigen sich einen Drink, um Ihr Unbehagen zu betäuben. Damit stirbt diese Angst in Ihnen erst, wenn Sie selbst sterben.

Wenn Sie versuchen, Ihre Ängste durch Pillenschlucken, Essen und Alkohol einzudämmen oder ihr Aufsteigen gar ganz zu vermeiden, mag Ihnen das kurzfristig sogar gelingen. Aber wozu das alles? Die meiste Furcht, die wir empfinden, basiert auf »Geistern«, die uns nie tatsächlich gefährlich werden können! Sie gelangten zu einer Zeit in unser Un(ter)bewußtsein, als wir kleine Kinder waren und an die *Existenz dieser Geister glaubten!* Dabei waren sie in Wirklichkeit nie etwas anderes als ein Zerrbild irgendeiner harmlosen Realität.

Diese alten Geister haben heute nicht mehr die Macht, Ihnen weh zu tun. Der Buhmann ist heute, da Sie älter und klüger sind, Geschichte. Tun Sie sich einen Gefallen und schicken Sie auch alle anderen Geister aus Ihrer Kindheit schlafen.

# Nur Mut, nur Mut, nur Mut!

Packen Sie die Gelegenheit beim Schopf, und verändern Sie Ihr Leben. Die Horrorgestalten Ihrer Kindheit sind verschwunden, die Gefahren sind gebannt, und der bellende Hund schweigt. Zwingen Sie sich dazu, sich in die gelben Decken Ihres Lebens zu kuscheln, und gehen Sie das Risiko ein, sich mit Ihren Ängsten vertraut zu machen. Furcht, die Sie kennen, hat ihre Macht über Sie verloren und kann Ihnen keinen Schrecken mehr einjagen.

George Patton, der Vier-Sterne-General, der im Zweiten Weltkrieg maßgeblich am Sieg von Bulge beteiligt war, klärte seine Soldaten darüber auf, wie sie mit ihrer Angst umgehen konnten. Seiner Überzeugung nach war »Angst, die eine Minute länger dauerte«, der Schlüssel dazu, diese Angst zu überwinden.

Ich lehre meine Patienten, sich ihren Ängsten zu stellen. Keine Angst vor der Angst zu haben, sondern sie zu nutzen. Lassen Sie es mich Ihnen erklären. Nehmen wir einmal an, Sie sind an einem geistigen Scheideweg angelangt. Vor Ihnen stehen zwei Wegweiser. Auf dem einen lesen Sie: »Gemütliche, angstfreie Straße«. Dieser Wegweiser führt Sie auf einen *vertrauten* Weg, den Sie schon häufig gegangen sind (z. B. zu viel essen, rauchen, streiten, sich scheuen, »nein« zu sagen usw.). Obwohl Sie diesen Weg hassen und sich selbst vielleicht sogar dafür verachten, ihn zu gehen, gehen Sie ihn schon so lange, daß Sie ihn in- und auswendig kennen. Er ist Ihnen zu Ihrer zweiten Haut geworden.

Auf dem anderen Wegweiser lesen Sie: »Ungemütliche, angsterfüllte Straße«. Dieser Wegweiser zeigt auf einen Ihnen *unvertrauten* Weg... und ein neues Verhalten (schlank zu werden, ruhig zu sein, seine Meinung zu sagen, auf sich selbst aufzupassen usw.). Diesen Weg einzuschlagen ist gesünder und ergiebiger, weil er mit mehr Herausforderungen verbunden ist als der andere.

Wenn Sie dem Wegweiser in Richtung »Unvertraute Straße« folgen, wird sich Ihre Furcht zunächst einmal steigern. Mag sein, daß Sie sich dabei extrem unwohl fühlen. Dafür aber können Sie, wenn Sie Ihr Leben auf einen neuen Weg führen, Einsichten gewinnen, die Sie nie auch nur erahnt hätten, wenn Sie auf dem alten Weg geblieben wären. Auf dem sicheren, vertrauten.

Robert Frost schrieb über die positive Wirkung, die es auf das Leben eines Menschen haben kann, einen weniger ausgetretenen Weg gehen zu wählen:

*»In einem gelben Wald teilte sich der Weg*
*Und bedauernd, daß ich sie nicht beide wählen*
*Und ein Reisender sein konnte, stand ich lange da*
*Und schaute einem von ihnen nach so weit es ging*
*Und er in einer Biegung im Unterholz verschwand;*

*Dann wählte ich, wer sollt' es mir verdenken, den anderen Weg*
*Und hatte so vielleicht den besseren zu meinem Eigentum erkoren,*
*Denn er war grasbedeckt und lud zum Wandern ein...*
*In einem gelben Wald teilte sich der Weg und ich –*
*Ich wählte den, der weniger begangen war,*
*Und das war alles, was den ganzen Unterschied ausgemacht hatte.«*[32]

Sobald Sie das Wagnis eingehen, den unvertrauten Weg zu wählen, werden Sie sich Ihrer Besorgnis und Unsicherheit wesentlich mehr bewußt werden. Ihre Angst könnte dadurch zum Ausdruck kommen, daß eine innere Stimme Ihnen laut zuruft: »Der kann gefährlich werden!« Dazu haben Sie vielleicht ein flaues Gefühl im Magen, erhöhten Herzschlag und feuchte Hände. Lassen Sie sich von diesen Empfindungen leiten und vorantreiben. Denn diese Empfindungen sagen in Wirklichkeit: »Geh weiter! Wir wissen, daß es schwierig für dich ist und daß du Angst hast. Aber bleib nicht stehen! Du hast es schon fast geschafft. Es dauert nicht mehr lange, und du wirst diese Angst für immer los-sein... für den Rest deines Lebens bist du dann von ihr *befreit*!«

UM IHRE ÄNGSTE ZU VERTREIBEN, MÜSSEN SIE SIE ZU-
ERST DURCHLEBEN!

Bleiben Sie bei Ihren Ängsten, auch wenn es ungewohnt für Sie ist. Es ist besser, einer Angst ins Auge zu blicken und sie zu durchleben, weil Sie sich damit die Möglichkeit geben, neue, gesunde Verhaltensweisen zu entwickeln, von denen Sie im Endeffekt mehr haben, als wenn Sie Ihr Leben lang den bequemen Weg wählen.

Die Bereitschaft, Risiken einzugehen, ist oft der Schlüssel dazu, Qualitäten in sich selbst zu entdecken, die einem letztlich dazu verhelfen, eine in sich ruhende Persönlichkeit zu werden.

*»Zu wagen heißt, Angst zu riskieren, aber nicht zu wagen bedeutet, sich selbst zu verlieren.«*          KIERKEGAARD

Sobald Sie entschlossen sind, sich Ihren Ängsten zu stellen und sie als Antriebskraft zu nutzen, werden Sie unendlich viele Möglichkeiten entdecken, Ihr wahres Ich zu erkennen. Niemand kennt seine äußersten Grenzen. Talente sind nicht beschränkt, Kreativität ist nicht eingezäunt und auch die Leistungen, die ein Mensch erbringen kann, sind nicht limitiert. Unabhängig davon, ob Ihr Ziel ein kleines oder ein Ziel von olympischer Größe ist: Auch Sie können mehr riskieren als bisher und damit dem Erfolg, nach dem Sie sich sehnen, wieder einen Schritt näher kommen.

## Ein Kampf um Gold

Am 30. Juli 1976 errang Bruce Jenner den Titel »Weltbester Athlet«. Er hatte im Zehnkampf die Weltrekordzahl von 8618 Punkten geschafft und damit zugleich die olympische Goldmedaille gewonnen.

Jenners langer »Kampf um das Gold« begann in Ossining, New York, wo er am 28. Oktober 1949 geboren worden war. Die Schulzeit war höchst schwierig für ihn, weil er an Dyslexie, einer Lernstörung, litt. Da er nicht gut lesen konnte, wurde Jenner stets den Klassen für langsamlernende Schüler zugeteilt.

»Ich glaube nicht, daß ich auf intellektueller oder auch nur auf rein menschlicher Ebene je ein ausgeprägtes Selbstbewußtsein besaß«, sagt Jenner heute. »Einer der Hauptgründe dafür, daß ich mich dem Sport zu widmen begann, war, daß ich mich wenigstens auf diesem Gebiet beweisen konnte, nachdem man mich in der Schule nicht besonders ernst genommen hatte. So schwer von Begriff ich im Unterricht gewesen sein mochte, beim Basketball war ich von niemandem zu schlagen.«

Nach dem Schulabschluß nahm Jenner ein Teilstipendium des Graceland College in Iowa ein. Dort erkannte der Trainer L. D. Weldon ihn als vielversprechenden Athleten und überzeugte ihn, daß er für den olympischen Zehnkampf trainieren solle.

»Von 1973 bis Juli 1975 war ich unbesiegbar gewesen«, erinnert Jenner sich. »Für die 1975er Saison hatte ich ebenfalls hart trainiert, aber ich war nicht einmal in die Nähe von 8500 Punkten gekommen. Obwohl ich Siegeschancen hatte, stimmte irgend etwas nicht, fehlte etwas. Ich nahm am internationalen Wettbewerb an der Universität in Santa Barbara teil, aber auch da war etwas mit mir nicht in Ordnung.«

In Santa Barbara versagte Jenner beim Stabhochsprung völlig. Alles, was er in den Jahren zuvor gelernt hatte, war wie weggeblasen. »Wenn man den Sprung nicht hoch genug ansetzt, verliert man«, sagt er, »und das kann beim Stabhochsprung einen Verlust von bis zu 1000 Punkten bedeuten. Aber wie gesagt, ich hab' den Sprung an diesem Tag nicht geschafft. Das hat mich ziemlich aus der Fassung gebracht. Ich sagte noch irgendwas, und dann rannte ich vom Sportgelände weg bis zu einer Baumgruppe. Da blieb ich stehen und heulte mir die Augen aus. Nicht, weil ich nicht hoch genug gesprungen war, sondern weil ich nur noch ein Jahr lang Zeit hatte, um mich auf die Olympischen Spiele vorzubereiten.

Mir schossen tausend Dinge durch den Kopf: ›Vielleicht werde ich nie besser, vielleicht habe ich meine Grenzen schon erreicht. Selbst wenn ich noch so hart trainiere, werde ich nie gewinnen können.‹«

Jenner machte beim Wettkampf in Santa Barbara nicht bis zum Ende mit. Statt dessen ging er nach Hause, um sich dort in Ruhe über sich selbst klarzuwerden. »Ich führte ein paar Unterhaltungen mit meiner Frau Chrystie. Sie fragte mich: ›Willst du bei den Olympischen Spielen die Goldmedaille gewinnen? Ist dir der Sieg bei den Spielen wichtig? Ist er das Wichtigste in deinem Leben?‹«

Damit hatte Chrystie den Nagel auf den Kopf getroffen. »Ich weiß noch, wie ich in dem großen schwarzen Sessel in unserem Wohnzimmer saß. Bejahen konnte ich Chrysties Fragen nicht, weil mir zu viele Dinge durch den Kopf gingen. Dann dachte ich, ›SEI AUF DER HUT. Behalte deine Versicherungsagentur. Sieh zu, daß du mehrere Eisen im Feuer hast, falls du bei den Spielen versagst.‹

Alles außer dem ersten Platz hätte für mich Versagen bedeutet, denn ich besaß die Fähigkeiten zu gewinnen. Also lehnte ich mich in meinem Sessel zurück und dachte, wenn ich ›nein‹ sage, ›nein, es ist mir nicht das Wichtigste im Leben‹, dann mache ich mir selbst etwas vor. Denn es war das Wichtigste in meinem Leben. Ich wollte nur nicht wagen, mir diese Tatsache einzugestehen.

Dann dachte ich, wenn ich zugebe, ›ja, es ist das Wichtigste in meinem Leben‹ – dann steht für mich mehr auf dem Spiel, als nur bei den olympischen Kämpfen zu gewinnen! Dann ist es mehr, als nur Erster in einem Wettkampf zu werden. Dann gebe ich nämlich zu, daß der Sport mein Leben ist und daß er genau das ist, was ich tun möchte. Dann hängt von diesem Sieg *mein Leben* ab!«

Voll und ganz zu seinem Ziel zu stehen bedeutete für Jenner, seine gesamte Existenz um den Sport herum zu planen. Damit wäre dann erreicht gewesen, »wofür ich lebe und atme«. Aber es war auch, so sagte er, »ein enormes Risiko. Es ist fast so, als würde man sein Leben riskieren. Aber um zu erreichen, was ich erreichen wollte, nämlich die Spiele zu gewinnen, mußte ich diese Verpflichtung eingehen.

Es war *wesentlich*, daß die ganze Angelegenheit mir so sehr von Bedeutung war. Wäre sie das nicht gewesen, hätte ich bei den Spielen nicht alles, sondern nur 98 Prozent gegeben.

Ich saß also immer noch in meinem Sessel und dachte: ›Als Mensch besitze ich genug Selbstvertrauen, um mich wieder aufzurappeln, wenn ich bei den Spielen verlieren sollte. Ich komme wieder auf die Beine, gleichgültig, ob ich Tage, Wochen oder Jahre meines Lebens dazu brauchen würde. Und wenn es sein muß, werde ich auch am 30. Juli 1976 damit fertig werden, verloren zu haben. Ich werde es schon überstehen.‹

Ich wandte mich an Chrystie und sagte: ›Ja, ich muß tatsächlich zugeben, daß ein Sieg bei den Olympischen Spielen das Wichtigste in meinem Leben ist!‹«

Heute erinnert sich Jenner an diesen Moment, als hätte damals plötzlich jemand ein Ventil aufgedreht, aus dem Adrenalin zu fließen begann. »In der Zeit, die ich in dem Sessel saß, hatte sich meine Einstellung total geändert.«

Einen Monat später, im August 1975, fast auf den Tag genau ein Jahr vor den Olympischen Spielen, nahm Jenner an einem wichtigen Wettkampf teil und brach den damaligen Weltrekord im Zehnkampf mit 8524 Punkten. »Das hatte ich meiner veränderten Lebenseinstellung zu verdanken«, sagt er. »Nun wußte ich: Dies ist mein Leben, das ist genau das, womit ich es verbringen möchte. Diesen Wettkampf nahm ich beschwingt in Angriff. Und bei allem, was ich dort leistete, war ich *voll da*.

Das war ein Wendepunkt in meiner Karriere. Und ich hatte ihn dadurch erreicht, daß ich zunächst einmal versagt hatte und mich dann ernsthaft damit auseinandersetzen mußte, wie ich mich fühlen würde, wenn ich bei den Olympischen Spielen ebenfalls versagen würde.«

*

Ich erzähle diese Geschichte besonders gern, weil sie ein so klares Beispiel dafür ist, wie man seine Ängste in Antriebskraft umsetzen kann. Kaum hatte Bruce Jenner sich dazu entschlossen, den unbequemen Weg zu wählen, voll und ganz auf seinen Sieg bei den Spielen hinzustreben, anstatt sich von seiner Angst, verlieren zu können, unterkriegen zu lassen, konnte er die neue Kraft, von der er plötzlich durchdrungen wurde, förmlich spüren.

Auch wenn Sie es sich nicht gerade zum Ziel gesetzt haben, olympisches Gold zu erringen, können Sie Jenners

Beispiel folgen. Wenn Sie ihm nacheifern, werden Ihnen die Probleme, mit denen Sie konfrontiert sind, weniger groß, nicht mehr unüberwindbar erscheinen. Indem Sie keine Angst mehr vor der Angst haben und sich ihr stellen, können Sie sie in reine Energie umwandeln. Sie müssen auch nicht erst auf eine Krisensituation oder ein besonders wichtiges Ereignis in Ihrem Leben warten, um Ihre großen und kleinen Ängste nutzbar zu machen. Öffnen Sie *Ihr* Ventil heute schon, indem Sie *alles* geben und Ihr Adrenalin zum Fließen bringen.

Sie müssen nicht Ihr Leben lang in alten Verhaltensmustern verharren. Unabhängig davon, wie viele oder wie wenige Jahre Sie auf dem Buckel haben: Es ist nie zu spät – und schon gar nie zu früh! – den »unbequemen« Weg einzuschlagen und sich mit den Ängsten, denen Sie in Ihrer Vergangenheit ausgewichen sind, auseinanderzusetzen.


## Kommen Sie aus Ihrer Ecke heraus

Vielleicht nannte Ihre Mutter Sie, als Sie noch ein Kind waren, »schüchtern«. Vielleicht fühlen Sie sich gesellschaftlich unterlegen. Sind Sie es müde, immer beiseite geschoben zu werden? Würden Sie sich gerne verändern?

Dann tun Sie es Bruce Jenner gleich und gehen Sie das große Wagnis ein! Hören Sie auf damit, sich selbst *zurückzuhalten!* Geben Sie nicht nur 98, sondern 100 Prozent von sich selber! Bringen Sie die Kraft auf, mit einem Versagen fertig zu werden und einen neuen Weg zu versuchen.

Wenn Sie auf einer Party sind oder neue Menschen kennenlernen, verkriechen Sie sich dann normalerweise ruhig in eine Ecke und hoffen darauf, daß jemand, der mehr Selbstvertrauen hat als Sie, zu Ihrer Rettung auftaucht? Sollte das die Rolle sein, die Sie normalerweise spielen, sollten Sie Mut zu etwas Neuem fassen: sich mit einem Fremden zu unterhalten lernen. Auf der nächsten Gesellschaft sollten Sie nach einem Menschen, dessen Erscheinung Sie am wenigsten einzuschüchtern scheint, umschauen.

Gehen Sie auf diesen Menschen zu, und reichen Sie ihm oder ihr die Hand. Lächeln Sie ihn an, und sagen Sie etwas wie »Hallo, ich bin Irene Kassorla. Ist das nicht eine ausgesprochen nette Party?«

Unterhalten Sie sich mit ihm über die Räumlichkeiten, das Essen, Ihre Freundschaft mit dem Gastgeber oder der Gastgeberin – über was Ihnen in den Sinn kommt. Schon wenn Sie sich umsehen, werden Sie genügend Gesprächsthemen finden. Seien Sie herzlich. Versuchen Sie, sich zu entspannen und vergessen Sie nicht, daß der andere vielleicht ebenso verängstigt ist wie Sie, weil Sie ihn angesprochen haben...

Was unsere Gefühle anbelangt, so sitzen wir alle im selben Boot. Also seien Sie freundlich! Stellen Sie dem Fremden Fragen, die ihn selbst betreffen, erkundigen Sie sich nach seinem Beruf, seinem Geschmack, seinen Interessen. Dann entschuldigen Sie sich, um sich etwas zu essen oder zu trinken zu holen. Danach haben Sie dann Gelegenheit, das Kennenlernspiel mit einer anderen Person von vorn zu beginnen. Wiederholen Sie es, so oft Sie nur können!

Jedesmal, wenn Sie Ihrer Angst freien Lauf gewähren, indem Sie auf fremde Menschen zugehen, kann es Ihnen passieren, daß Sie anfangs das altbekannte Unbehagen verspüren, das sich beispielsweise in erhöhtem Pulsschlag oder Transpiration äußert. Das sind gute Zeichen! Begrüßen Sie diese – und machen Sie weiter. Es ist nur Ihr Unterbewußtsein, das noch nicht begriffen hat, daß dieser neue Weg – vor dem es Sie durch besagte körperliche Symptome warnt – der richtige ist.

Machen Sie sich bewußt: Ein Leben lang als »schüchtern« zu gelten kann ziemlich demoralisierend sein! Es wird Sie beleben, Veränderungen in Ihrer Persönlichkeit herauszufordern und daran zu arbeiten, der Mensch zu werden, der Sie sein möchten.

# Es wird Ihnen leichter und leichter fallen

*»Tue das, was du am meisten fürchtest, und der Tod dieser Furcht ist dir gewiß.«*

RALPH WALDO EMERSON

Mit jedem Mal, mit dem Sie gerade die Dinge tun, die Sie bislang zu tun vermieden haben, und mit jedem Mal, mit dem Sie die Furcht, die Sie bei solchen Handlungen überfällt, tolerieren, wird sich Ihre Angst vermindern. Alles, vor dem Sie sich einst gefürchtet haben, wird Ihnen leichter und leichter fallen.

Nehmen wir einmal an, man könnte die Angst, die Sie haben, bei Parties auf Fremde zuzugehen, nach Gewicht messen. Nehmen wir weiter an, daß Ihre ursprüngliche Angst, einen Unbekannten anzusprechen, Sie beim ersten Versuch mit einem Schlag trifft, hinter dem 100 Pfund Gewicht stehen.

Beim zweiten Versuch sind Sie das Risiko immerhin schon einmal zuvor eingegangen, und es wird Ihnen vertrauter sein. Folglich trifft Ihre Angst Sie nur noch mit einem Aufprallgewicht von 60 Pfund.

Beim dritten Versuch, mit einem fremden Menschen ins Gespräch zu kommen, wird Ihre Angst nur noch eine Schlagkraft von 30 Pfund aufweisen. Und beim sechsten oder siebten Versuch werden Sie so geübt sein, daß Ihre Angst so gut wie verschwunden ist. Sie werden der Charme in Person sein und auf andere mit Anmut, Wärme und Leichtigkeit zugehen.

Und doch wird nicht jede Ihrer Bemühungen erfolgreich sein. Dann und wann kann es Ihnen schon einmal passieren, daß Sie doch noch Angst vor der eigenen Courage kriegen. Aber Erfolgsmenschen machen sich auf derlei Schlappen von vornherein gefaßt und wählen trotzdem unverdrossen den unbequemen, neuen Weg. Dadurch, daß sie ihre Angst nach und nach mehr zu bezwingen lernen, sind sie dem Erfolg, den sie als Ziel vor Augen haben, wieder ein Stück näher gekommen.

*»Untersuchungen zeigen, daß Menschen, die Risiken eingehen, ihr Tun nur selten bereuen, selbst wenn dabei nichts Vernünftiges herauskommt. Sie sind der Ansicht, daß sie wertvolle Lektionen lernen und sie erfreuen sich der Freiheit, ihre eigenen Fehler machen zu können.«*

DANIEL YANKELOVICH

## Sich große Mühe zu geben wagen

Einige meiner Patienten berichten mir, daß es ihnen besonders in der Schule schwerfällt, neue Wege einzuschlagen. Wenn das Damoklesschwert schlechter Zensuren und schwieriger Themen über ihnen schwebt, haben sie vor Hausarbeiten und Examensvorbereitungen schrecklich viel Angst.

Obwohl ihnen klar ist, daß Stunden um Stunden mit Lernen zuzubringen keine Garantie dafür ist, eine gute Arbeit zu schreiben, gehen Erfolgsmenschen dennoch das Risiko ein, jedwede Energie, die ihnen zur Verfügung steht, in ihr Lernen zu investieren.

Verlierer verhalten sich in einer solchen Situation völlig anders. Sie sagen sich: »Wenn ich mich gar nicht erst in das Thema hineinknie und versage, steh' ich wenigstens nicht so dumm da, als wenn ich gebüffelt und immer noch nichts begriffen hätte. Wenn ich nichts tue und nirgendwohin gelange, ist das völlig in Ordnung... weil es einen Sinn ergibt. Weshalb also sollte ich riskieren, wie ein Wilder zu lernen und dann doch nur eine miese Note kriegen? Ich muß es ja nicht darauf anlegen, mich lächerlich zu machen!«

Nach einer Studie, die im Psychologischen Institut der New Yorker Universität von Michael Lenauer durchgeführt wurde, sind solche Menschen »Eigensaboteure«:

*»Sie haben eine solche Angst davor, mit ihren eigenen Unzulänglichkeiten konfrontiert zu werden, daß sie sich unbewußt jeder Chance berauben, auch nur den geringsten Erfolg zu haben. Das tun sie, indem sie sich selbst behindern. Wenn sie dann versagen, können sie auf den Grund ihres Versagens*

*hinweisen, wie: ›Ich habe die Arbeit, die heute früh abgege-*
*ben werden mußte, erst gestern nacht nach 22.00 Uhr in*
*Angriff genommen‹ oder ›Ich hatte einen solchen Kater, daß*
*ich während des Examens nun wirklich nicht denken*
*konnte‹.«*

Um sein Gesicht zu wahren und das Risiko so klein wie
möglich zu gestalten, wagt ein Verlierer gar nicht erst den
Versuch. Er büffelt nicht, und er verändert sich auch nicht.
Folglich sind seine Erfolgschancen gleich Null. Aber das
stört den Verlierer nicht. Im Gegenteil, er hält sich noch für
besonders clever, weil er weder Zeit noch Mühe in das
Unternehmen, um das es ging, gesteckt hat.

## Riskieren Sie ruhig, daß man Ihnen die Tür vor der Nase zuknallt

Haben Sie je eine Stelle gesucht? Wie viele Stunden haben
Sie täglich in dieses Unterfangen investiert? Und nach wo-
chenlanger, ergebnisloser Suche haben Sie sich da Gedanken darüber gemacht, warum, wieso und weshalb nichts
Vielversprechendes geschehen ist?

In meiner Rundfunk-Sprechstunde beklagt sich dann und
wann ein Hörer: »Ich kann einfach keinen Arbeitsplatz
finden. Um unsere Wirtschaftslage ist es offenbar dermaßen
schlecht bestellt, daß ein Mensch wie ich keine Chance hat,
Arbeit zu bekommen.«

Wenn ich den Anrufer dann frage, wieviel Zeit er in seine
Stellensuche gesteckt hat, antwortet er normalerweise etwa:
»Nun, in der vergangenen Woche hatte ich einen Vorstel-
lungstermin. Außerdem habe ich heute morgen volle *zwei*
Stunden herumtelefoniert!«

Wenn man das Ganze addiert, kommt man auf nicht mehr
als geschlagene vier Stunden, die der Anrufer seiner Stellensuche gewidmet hat. Kein Wunder, daß er so nicht voran-
kommt!

Wer sich nun wenig Mühe gibt, erzielt auch nur geringe
Resultate.

Die Aktivitäten, die ein Sieger bei seiner Stellensuche zeigen würde, wären weitaus andere. Ein Erfolgsmensch geht Risiken ein und scheut weder Zeit noch Mühe. Sein Tagesablauf sähe in einem solche Fall etwa so aus:

6.00 Uhr – 8.00 Uhr: Am Schreibtisch sitzen und sämtliche Stellenangebote der regionalen Tageszeitungen durchforsten. Interessante Angebote einkreisen.

8.00 Uhr – 9.00 Uhr: Duschen, anziehen, frühstücken.

9.00 Uhr – 12.00 Uhr: Per Telefon Vorstellungstermine vereinbaren. Lebensläufe schreiben und sie an die Leute, die darum gebeten haben, schicken.

12.00 Uhr – 13.00 Uhr: Mittagessen. Zum ersten Treffen fahren.

13.00 Uhr – 17.00 Uhr: Sich mit Personalchefs und Abteilungsleitern treffen, um mögliche Anstellungen durchzusprechen.

An Wochenenden: Mindestens sechs Stunden damit verbringen, die Stellenangebote der Wochenendzeitungen zu studieren und auszusortieren.

Ebenso würde ein Siegertyp sich, wie in der Übung 5, Kapitel 6, beschrieben wurde, von anderen Menschen helfen lassen.

Wenn sie auf dem Weg zu einem Bewerbungsgespräch sind, fühlen sich beide nicht ganz wohl in ihrer Haut: Erfolgsmenschen nicht und Verlierer nicht. Die Möglichkeit, abgelehnt zu werden, ist enorm und entsprechend groß sind die Ängste. Der Unterschied ist nur: Während Verlierer sich dazu entschließen, mit ihren Taten so lange zu warten, bis ihre Angst vorübergegangen ist, machen sich Erfolgsmenschen *mit ihrer Angst* auf den Weg.

Jedesmal, wenn ein Gewinner die Tür zum Büro desjenigen, bei dem er sich bewerben soll, öffnet, sitzt ihm höchstwahrscheinlich ein dicker Kloß im Hals. Doch unabhängig davon, welche Befürchtungen er hegt – der Gewinner öffnet die Tür und tritt ein. Selbst wenn man ihm die Tür vor der

Nase zumacht, läßt er sich nicht beirren und hakt eine Firma nach der anderen, die auf seiner Bewerbungsliste steht, ab.

Erkennen Sie den Unterschied? Der Verlierer geht kaum ein Risiko ein, folglich muß er sich kaum mit seinen Ängsten auseinandersetzen. Er widmet der Stellensuche maximal zwei Stunden pro Woche. Wer also, glauben Sie, wird die ausgeschriebene Stelle bekommen?

## Rons Pseudo-Herzinfarkt

Ron war vier Jahre lang für ein internationales Öl-Konsortium tätig gewesen, als er vom Vertreter zum Bezirksleiter befördert wurde.

Seine erste Aufgabe in der neuen Position war, die alljährliche Vertretertagung der Firma samt einem zweitägigen Seminar zu organisieren. Da zu diesem Treffen die Geschäftsführer der Firma aus allen Teilen der Welt zusammenkamen, war besagte Tagung das größte Ereignis des Jahres.

Ron lag die Organisation des Ganzen wie ein Stein im Magen. Er fürchtete, nicht in der Lage zu sein, für die Unterbringung der Teilnehmer, ein vollständiges Unterrichtsprogramm, Banketts und Unterhaltung für die mehr als hundert erscheinenden Angestellten sorgen zu können. Da Ron für die Vorbereitung all dieser Dinge nur zehn Tage blieben, machte er sich selbst dermaßen verrückt, daß er eine starke Erkältung bekam. Trotz seines körperlichen Unwohlseins stürzte er sich voll und ganz in die detaillierte Planung der Angelegenheit. Er ahnte, daß die Erkältung ein Symptom seiner heimlichen Ängste, mit der Organisation nicht klarzukommen, waren und ignorierte darum den Rat seiner Frau, einen Arzt aufzusuchen und sich ein Medikament verschreiben zu lassen.

Am Mittwoch vor der Tagung, die am Wochenende stattfinden sollte, wurde Ron mitten in der Nacht von einem stechenden Schmerz geweckt. Er zitterte und war schweißgebadet.

»Ich weiß nicht, was los ist«, sagte er zu seiner Frau, »aber ich fürchte, es ist ernst. Links unter meinem Arm habe ich einen stechenden Schmerz.«

Rons Frau sprang aus dem Bett und rannte zum Telefon. »Lieber Gott«, rief sie mit Panik in der Stimme, »das kann ein Herzinfarkt sein!«

Zuerst rief sie den Krankenwagen und dann den Hausarzt. Beide erschienen innerhalb weniger Minuten. Der Arzt ließ sich die Krankheitssymptome beschreiben und untersuchte seinen Patienten. Er versicherte Ron, daß er gesund sei und daß die Symptome, die er verspürte, höchstwahrscheinlich Streß zur Ursache hätten. Um ganz sicher zu sein, empfahl er Ron jedoch, sich am nächsten Tag einigen Tests zu unterziehen. Das Testergebnis bestätigte, was der Hausarzt vermutet hatte: Die Schmerzen in Rons Arm rührten von Muskelkrämpfen her, die durch Streß und Nervosität zustande kommen.

Während der nächsten zwei Tage ließen die Schmerzen in Rons Arm nicht nach. Dennoch machte Ron sich keine weiteren Gedanken darüber, weil er ja wußte, daß ihm keine ernsthafte Gefahr drohte. Mehr noch: Ron ignorierte den Schmerz und arbeitete weiter. Er sagte weder die Tagung ab, noch benutzte er sein körperliches Unbehagen, um damit Mitleid zu erregen. Er war so sehr damit beschäftigt, alles für die Tagung zu arrangieren, daß er seine Mitarbeiter nicht einmal in seinen miesen körperlichen Zustand einweihte.

Als die Tagung schließlich begann, lief alles wie am Schnürchen. Das Ganze war ein Riesenerfolg. Selbst der Präsident der Firma war von Rons hervorragender Organisation dermaßen begeistert, daß er am gesamten Konferenzprogramm teilnahm und Ron zu der »exzellenten Leistung« gratulierte.

Nach der Tagung setzte sich Ron mit einigen Kollegen zusammen und unterhielt sich über das erfolgreiche Wochenende. Bei dieser Gelegenheit gestand Ron den anderen, welch panische Furcht er gehabt hatte. »Ich hatte eine solche Angst, meine Karriere stünde auf dem Spiel, daß ich eines Nachts sogar in der Überzeugung, einen Herzinfarkt zu haben, aufgewacht bin. Ich kann es gar nicht fassen, daß ich es trotz meiner Erkältung, der kurzfristigen Absage einiger Teilnehmer und meinem Pseudo-Herzinfarkt tatsächlich geschafft habe!«

Als er beschrieb, was er in der vorangegangenen Woche durchgestanden hatte, kamen alle seine Ängste zum Vorschein. Mehr noch: Nicht nur Ron, sondern auch seine Zuhörer gestanden plötzlich Ängste, von denen sie befallen worden waren, ein. Einer von Rons Kollegen erzählte von einem schrecklichen Lampenfieber vor einer Rede, die er am Gymnasium halten mußte. Ron war überrascht, daß selbst der Präsident der Firma zugab, schon an Angstzuständen gelitten zu haben.

Die meisten Episoden, die an diesem Tag von den verschiedensten Menschen erzählt wurden, waren in einer Hinsicht sehr ähnlich: Jede Erzählung betraf ein wichtiges Ereignis, das zunächst von Furcht überschattet worden war. Und jeder Erzähler konnte von sich sagen, daß er sich seiner Angst nicht gebeugt, sondern die Situation durchgestanden hatte.

Rons Offenheit hatte die anderen Männer dazu motiviert, sich ebenso offen zu geben. Das Ende vom Lied war, daß sie einander alle ein großes Stück nähergekommen waren und sich völlig entspannen konnten.

»Es ist herrlich, die Hosen herunterzulassen und herauszufinden, daß jeder an derselben Stelle ein Muttermal hat«, lachte der Präsident.

Ron organisierte noch viele Tagungen für diese Firma. Die anderen liefen glücklicherweise ohne Pseudo-Herzinfarkt ab. Obwohl die Angst jedesmal gegenwärtig war, nach dem Ende der vierten gelungenen Konferenz war sie so gut wie verschwunden. Oder genauer: Rons Angst wurde durch die Freude und die Aufregung ersetzt, daß die Arbeit, die er tat, ihm zu immer größerem Erfolg verhalf... denn genau das war es, was geschah!

## Geben Sie die Hoffnung nicht auf

Im 7. Kapitel habe ich Ihnen erklärt, wie wichtig es ist, der Zukunft positiv entgegenzusehen. Tatsächlich haben wissenschaftliche Studien ergeben, daß der Erfolg, den Sie haben oder nicht haben, zu einem beachtlichen Teil von der Lebenseinstellung, die Sie haben, abhängt. Ebenso wie Ihre Ängste, denen Sie sich stellen, die Antriebskraft erhöhen können, sind Selbstzweifel und Gefühle der Hilflosigkeit dazu angetan, die Energien, die Ihnen zur Verfügung stehen, zu schwächen. Beides, Ihre geistige Einstellung und Ihre Fähigkeit, nie die Hoffnung zu verlieren, können Ihr Bestreben, Erfolg zu haben, entscheidend beeinflussen.

Wie groß dieser Einfluß sein kann, wurde innerhalb der vergangenen drei Jahrzehnte von Biologen und Psychologen untersucht. In einem der Experimente, die Dr. Kurt Richter an der John-Hopkins-Universität durchführte, ging es darum, in welchem Maße Hoffnung das Verhalten prägt. Diese Untersuchung wurde anhand zweier Ratten vorgenommen: Eine der Ratten hielt Dr. Richter so fest in seiner Hand, daß es ihr trotz all ihrer Bemühungen nicht möglich war, seinem Griff zu entkommen. Nach beachtlicher Anstrengung, sich freizukämpfen, gab die Ratte ihr Ringen auf und bewegte sich kaum mehr. In diesem Moment wurde sie in einen mit warmem Wasser gefüllten Tank gesetzt, wo sie – ohne sich die geringste Mühe zu geben, um ihr Leben zu schwimmen und sich zu retten – augenblicklich auf den Grund sank.

In der nächsten Phase des Experiments wurde eine zweite Ratte, ohne daß sie erst festgehalten worden war, in das warme Wasser gegeben. Diese Ratte schwamm sofort in Sicherheit.

Der Schluß, zu dem die Forscher kamen, war folgender: Die erste Ratte hatte gelernt, daß es sinnlos war, ihre Situation ändern zu wollen. Ob sie um ihr Leben kämpfte oder nicht, machte im Endeffekt keinen Unterschied. Folglich versuchte sie es gar nicht mehr. Sie hatte die Hoffnung, irgend etwas unternehmen zu können, aufgegeben.

Die zweite Ratte war diesem Lernprozeß nicht ausgesetzt gewesen. Sie hatte nicht in Dr. Richters Hand erfolglos um ihre Freiheit kämpfen müssen. Sie hatte nicht erfahren, wie es ist, hilflos zu sein oder sich in einer hoffnungslosen Lage zu befinden. Als diese Ratte in eine Krise geriet, die ein sofortiges Handeln erforderte, handelte sie und überlebte.

Untersuchungen an College-Studenten haben ebenfalls gezeigt, daß Hilflosigkeit und Hoffnungslosigkeit das Resultat früherer Konditionierung und damit *erlernte* Verhaltensweisen sind.[35] Ebenso kann Ihnen das Personal eines jeden Krankenhauses bestätigen, daß todgeweihte Patienten, die ganz einfach noch nicht sterben wollen, tatsächlich länger überleben als Patienten, die keine Lebensmotivation haben. Mehr noch: Patienten, die darauf vertrauen, gesund zu werden, überwinden ihre Krankheit schneller als Patienten, die jede Hoffnung, wieder zu genesen, aufgegeben haben. Daß die positiv denkenden Patienten glücklicher sind als die anderen, versteht sich sicherlich auch.[36]

Die klinischen Erfahrungen von Therapeuten sowie Experimente an Menschen und Tieren ergeben gleichermaßen, daß diejenigen, die sich mehr Mühe geben, entsprechend mehr Erfolg haben. Und da Hilflosigkeit und Hoffnungslosigkeit zu den *erlernten Verhaltensmustern* gehören, können wir sie, indem wir unseren Ängsten nicht weiter ausweichen, auch *verlernen*. Je mutiger Sie ihren Ängsten entgegentreten, desto größer wird Ihre Energie und Ihre Motivation werden, sich ihnen mehr und mehr zu stellen.

### UND WIE STEHT'S MIT IHNEN?

Hat man Ihnen beigebracht, Hindernisse in der Hoffnung, sie zu überwinden, anzugehen? Dies ist eine weitere Weggabelung, an der Sieger und Verlierer in verschiedene Richtungen gehen. Der Sieger verliert die Hoffnung nicht, er macht weiter. Er bekommt die Dinge in den Griff, er findet durchführbare Lösungen.

*Hoffnung* und *Humor* sind die Widersacher der Angst – sie können Sie in Ihren Bemühungen, den unbequemen Weg zu beschreiten, unterstützen. Ein besonders lebendiges Beispiel dafür ist die Geschichte, die ich Ihnen nun erzählen werde. Mir selbst wurde sie von einem Mann berichtet, der den größten aller Kämpfe gewonnen hat – den Kampf um sein Leben.

# Sie müssen leben wollen!

Norman Cousins ist Professor an der Fakultät für Psychiatrie und Bioverhaltenswissenschaften an der School of Medicine der University of California in Los Angeles.

Fünfunddreißig Jahre lang war er Chefredakteur des Magazins *Saturday Review*, und er ist zudem der Autor von fünfzehn Büchern, wie *Der Arzt in uns, Human Options* (Menschliche Möglichkeiten), *An Autobiographical Notebook* (Autobiographisches Notizbuch) und *Anatomy of Illnesses* (Anatomie der Krankheiten).

Mehr als fünfundzwanzig Jahre sind vergangen, seit Experten auf dem Gebiet der Medizin Cousins zum ersten Mal erklärten, daß er nur noch eine kurze Zeit zu leben habe. Durch seine unerschütterliche Hoffnung und seinen starken Willen gelang es ihm, die tödliche Prognose der Ärzte zu widerlegen. Auch jeden Rat, den sie ihm gegeben hatten, schlug er in den Wind. Statt dessen hielt er sich all die Jahre über an ein Rezept, das er sich selbst verschrieben hatte, um seinen kranken Körper zu heilen: nämlich an eine Kombination aus Vitamin C, positivem Denken, Freude, Glaube, Humor... und Hoffnung.

Daß er ernsthafte gesundheitliche Probleme hatte, erfuhr Cousins zum ersten Mal im Jahre 1954, als eine Lebensversicherung ihm die Mitgliedschaft verweigerte. Das Elektrokardiogramm, das von Cousins angefertigt worden war, zeigte Beweise für einen Herzkranzverschluß.

Der Arzt, der Cousins für die Lebensversicherung untersucht hatte, gab dem damals 39jährigen Chefredakteur nur noch achtzehn Monate zu leben. Und das auch nur unter der Voraussetzung, daß er seinen Beruf an den Nagel hängen, keinerlei Sport mehr treiben und sich absolut ruhigstellen würde.

Cousins hingegen dachte nicht daran, seinen aktiven Lebensstil aufzugeben. Er zog es vor, sein Herz durch Bewegung gesund zu halten, und entschloß sich, nach alternativen Methoden zu suchen, um am Leben zu bleiben.

Sieben Jahre später lebte er *immer noch*. Zu diesem Zeitpunkt wurde er von einer anderen tödlichen Krankheit heimgesucht: Spondylarthritis ankylopoetica, eine Krankheit, die den Zerfall der Bindegewebe des Rückgrats und der Gelenke verursacht.

Wieder einmal griff Cousins zu einem wagemutigen Selbsterhaltungs-Programm. Er schluckte große Mengen an Vitamin C und unterzog sich einer »Humor-Therapie«, indem er sich systematisch alle Marx-Brothers-Filme ansah und sämtliche humorvollen Bücher von James Thurber und Robert Benchley las. Später berichtete er: »Ich machte die erfreuliche Entdeckung, daß zehn Minuten herzhaft lachen eine betäubende Wirkung hat und mir zu einem mindestens zweistündigen schmerzfreien Schlaf verhilft.«[37]

In einem späteren Interview sagte mir Cousins: »Der große Wert des Humors liegt darin, daß Humor ein Lösungsmittel ist. Es wäscht viele der Dinge fort, die ein Leben fleckig machen können. Der Vorteil, den Humor als Heilmittel bei Krankheiten hat, ist nicht allein der physiologische Wert, der dadurch entsteht, daß Humor innerlich wohltut. Der unbezahlbare Wert des Humors liegt auch darin, daß er die Panik ausschaltet. Das Wichtigste bei Fällen wie dem meinen ist nämlich, daß man die Angst, die man empfindet, und die Panik, die man verspürt, durch etwas anderes *ersetzt*. Denn dadurch, daß man lediglich sagt, ›Panik, laß mich in Ruh‹, wird man sie schwerlich los. Wenn man aber Humor hat und lachen kann, dann bleibt der Panik kaum noch Platz, um sich in einem auszubreiten.«

Cousins ist überzeugt davon, daß negative Kräfte wie Anspannung und Streß den Körper schwächen können, während positive Kräfte wie Freude, Liebe, Lachen und Hoffnung die gegensätzliche Wirkung haben.

»Niemand kann mir weismachen, daß unsere Fähigkeit, Depressionen zu überwinden, nicht in positiven biochemischen Veränderungen, die in unserem Körper stattfinden, begründet ist. Wir können uns selbst zum Leben programmieren.«

Cousins dritter Wettkampf mit dem Tod fand 1981 statt, als er einen Herzinfarkt erlitt. Wohlwissend, daß Panik in Notsituationen mörderisch sein kann, zwang er sich selbst dazu, so ruhig wie möglich zu bleiben. »Das erste, was man tun muß«, sagte er, »ist, mit dem innerlichen Umsturz fertig zu werden. Als ich meinen Herzinfarkt hatte, sagte ich mir also, ›Cous, bleib ruhig, es ist schon Hilfe unterwegs. Du wirst wieder in Ordnung kommen. Laß uns nur die ganze Angelegenheit mit Ruhe angehen.‹ Ich war absolut zuversichtlich, daß ich es schaffen würde. Ich wußte, daß Zuversicht lebenswichtig war. Der Preis der Angst war so hoch, daß ich die Angst aus mir *heraus*ängstigte.

Als ich im Krankenhaus ankam, warteten der Chefarzt und der Herzspezialist schon auf mich. Ich sagte: ›Nehmen Sie's leicht. Sie müssen wissen, daß Sie mit mir die raffinierteste Heilmaschine vor sich haben, die je in dieses Krankenhaus gerollt wurde.‹«

Cousins Erfahrungen haben ihn zu der Ansicht gebracht, daß der Geist des Menschen mehr bewirken kann als jede Medizin. Das ist eine Tatsache, so Cousins, denen die Gesundheitsexperten mehr Aufmerksamkeit widmen sollten: »Wenn der menschliche Geist seine eigenen Medikamente herstellen kann, dann ist das nicht nur eine Angelegenheit, die nicht ignoriert werden sollte, sondern das sollte fundamentaler Teil einer jeden Therapie werden.«

Was mich jedoch besonders beeindruckte, waren die Folgerungen, die Cousins gezogen hatte. Auch wenn seine Worte sich mit den Auswirkungen, die Angst auf die körperliche Gesundheit eines Menschen hat, befassen, so betreffen sie doch auch alle anderen Aspekte des Lebens: »Mir fällt nichts ein, das mehr lähmt, als Angst. Wenn Leute aus Angst handeln, sind sie nicht mehr in der Lage zu bemerken, daß sie haargenau das Problem, um das es geht, in haargenau der Situation, in der sie sich befinden, herumdrehen und damit, daß sie es von allen Seiten betrachten, lösen können.

Angst produziert so etwas wie einen Astigmatismus des Intellekts. Man ist sich der Möglichkeiten, die man hat, nicht bewußt. Angst ist wie Pessimismus: Sie erfüllt sich selbst. Der Körper findet immer einen Weg, den Erwartungen seines Geistes zu folgen. Daraus ergibt sich, daß die Angst Situationen schafft, in denen es gerechtfertigt ist, Angst zu haben.«

\*

Dadurch, daß er lernte, seine Ängste zu überwinden und sie durch Freude und Glauben zu unterwandern, ist es Norman Cousins tatsächlich gelungen, die Heilkräfte seines eigenen Körpers freizusetzen.

Dadurch, daß Sie den unbequemen Weg wählen und Ihren Ängsten nicht länger ausweichen, können auch Sie außergewöhnliche Kräfte in sich freimachen, die es Ihnen ermöglichen, zu den Erfolgsmenschen zu gehören. Indem Sie den weniger begangenen Weg einschlagen und mit neuen Möglichkeiten, die Dinge in Angriff zu nehmen, experimentieren, können Sie Ihr Potential voll ausschöpfen. Indem Sie Ihre Angst ein wenig länger ansehen und jederzeit riskieren, Ihr Bestes zu geben, können Sie mehr erreichen, als Sie sich je haben träumen lassen.

Wenn Sie hingegen wie ein Verlierer auf Angst reagieren und jedem Risiko aus dem Weg gehen, werden Sie sich nur selten mit Furcht auseinandersetzen müssen. Was Ihnen dann allerdings auch versagt bleibt, ist, in Ihrem Leben viel zu erreichen.

Wie sagte doch der Filmproduzent/Unternehmer Mike Todd vor mehr als drei Jahrzehnten:

*»Du kannst keinem zweiten zuvorkommen, wenn du nicht zuerst deine Füße bewegst.«*


## Sieger und Verlierer

Sieger wissen, wie sie ihren Ängsten entgegentreten und sie in Antriebskraft umwandeln können. Verlierer haben solche Angst vor ihrer Angst, daß sie diese mit selbstzerstörerischen Methoden betäuben und sich somit jeder Energie berauben.

Wie reagieren Sie, wenn Sie von Zweifeln darüber befallen werden, ob Sie mit einer neuen Aufgabe oder einer schwierigen Situation zurechtkommen?

1. Die Angst, die einen Verlierer überkommt, wenn er an sich selbst zweifelt, will er um jeden Preis vermeiden. Um mit dieser Angst fertig zu werden, flüchtet er sich in Alkohol, Drogen, Schlaf, Freßsucht, Dauerreden, exzessives Streiten oder Prügeln, Zigarettenrauchen und zwanghafte sexuelle Verhaltensmuster.

2. Verlierer wissen sich in Gefahrensituationen nicht zu helfen. Sie sind wie gelähmt und wälzen die Verantwortung für sich selbst auf andere ab. Wenn niemand zur Stelle ist, der ihnen helfen kann, hoffen sie darauf, daß noch jemand zu ihrer Rettung auftaucht.

3. Wenn Verlierer etwas Neues in Angriff nehmen und fürchten, damit nicht fertig zu werden, erfinden sie eine Ausrede nach der anderen. Sie sagen »Ich bin zu müde, um mich jetzt konzentrieren zu können«, »Ich warte lieber bis morgen, bis es mir besser geht«, »Ich bin erkältet... mein Arzt sagt auch, daß die Grippe kursiert. Ich verschiebe die Angelegenheit lieber.«

1. Sieger haben auch oft ein flaues Gefühl im Magen, wenn sie etwas Neues in Angriff nehmen oder ein Problem bewältigen. Aber anstatt sich davon unterkriegen zu lassen, konzentrieren sie sich darauf, das zu tun, was sie zu tun haben. Sie verwandeln ihre Angst in Antriebskraft... und machen sie sich nutzbar.

2. In Notsituationen setzen Sieger fast übermenschliche Kräfte frei. Ihre Angst dient ihnen als Energiequelle dafür, Unmögliches möglich zu machen.

3. Sieger akzeptieren ihre Angst und lernen, mit ihr umzugehen und mit ihr zu leben. Dinge, vor denen sie sich fürchten, nehmen sie sich lieber *heute* als morgen zu erledigen vor, damit sie sie so schnell wie möglich hinter sich bringen.

4. Wenn Verlierer sich entscheiden müssen, einen unbequemen oder einen bequemen Weg zu wählen, schlagen sie automatisch den ihnen vertrauten, bequemen Weg ein. Das tun sie selbst dann, wenn sie sich dafür hassen, diesen Weg zu gehen. Denn was ihnen auf diesem Weg blüht, wissen sie wenigstens, und sie sind vor unliebsamen Überraschungen sicher.

5. Verlierer sind »Eigensaboteure«. Sie haben solche Angst davor, ihre eigenen Unzulänglichkeiten zu entdecken, daß sie sich selbst einen Stein nach dem anderen in den Weg legen: Sie fangen eine Arbeit zu spät an oder beginnen sie erst gar nicht. Wenn sie dann versagen, waren es die »Umstände«, aber nie ihre Intelligenz oder ihre Fähigkeit, die sie im Stich gelassen haben.

4. Sieger ringen sich dazu durch, neue, unbequeme Wege zu beschreiten, um sich selbst eine Chance zur Veränderung zu geben. Sie wissen, daß sie im Endeffekt damit mehr gewinnen können, als wenn sie immer nur auf Nummer Sicher gehen.

5. Sieger wagen es, alles auf eine Karte zu setzen, wenn viel für sie auf dem Spiel steht. Sie gehen ein solches Risiko selbst dann ein, wenn sie wissen, daß die Mühe, die sie sich geben, keine Garantie dafür ist, daß sie auch schaffen, was sie sich vorgenommen haben. Daß ihnen letztlich doch Erfolg beschieden ist, liegt daran, daß sie Stunden um Stunden darauf hingearbeitet haben.

6. Verlierer fürchten manche Projekte dermaßen, daß sie sich körperliche Leiden wie Schmerzen, Fieber und Erkältungen zulegen. Damit erheischen sie dann das Mitleid der anderen und haben zugleich einen »guten« Grund, alles, was mit diesem Projekt zusammenhängt, abzusagen und sich zu regenerieren.

6. Wenn der Streß, unter dem Sieger stehen, körperliche Auswirkungen zeigt, ignorieren Sieger diese Symptome und widmen sich weiter ihrer Arbeit. Sie benutzen ihr körperliches Unwohlsein also nicht als Ausrede, um sich vor ihren Aufgaben zu drücken.

7. Verlierer quälen sich mit Selbstzweifeln. Da sie die Hoffnung, das eine oder andere zu erreichen, schnell aufgeben, gelingt ihnen tatsächlich kaum etwas... und sie sehen sich in ihren Selbstzweifeln bestätigt und bestärkt.

7. Je schwieriger eine Aufgabe ist, desto mehr trachtet ein Sieger danach, sie zu lösen. Anstatt die Hoffnung aufzugeben, macht ein Sieger so lange weiter, bis er das, was er sich vorgenommen hat, geschafft hat.

# 16. KAPITEL

# Die Angst vor dem Erfolg – Erfolgsangst

*...wenn du auf Sieg und Unheil treffen*
*Und diese beiden Betrüger gleich behandeln kannst...*
*Und wenn du dann verlierst und wieder von vorn beginnst...*
*Dann ist die Erde und alles, was darauf ist, dein.*

RUDYARD KIPLING

Ich halte viele Vorträge über Erfolgsangst. Sie ist deshalb ein so beliebtes Thema, weil die meisten Menschen wissen möchten, was es ist, das sie davon abhält, das Erfolgserlebnis, nach dem sie sich sehnen, auch tatsächlich zu verwirklichen. Zunächst einmal erscheint es ihnen unmöglich, daß sie selbst es sind, die dem Erfolg, den sie sich wünschen, im Weg stehen. Wieso sollten sie sich unbewußt selbst sabotieren, wo sie es doch ganz *bewußt* darauf anlegen, ihr Leben zu verbessern?

Immer, wenn ich über Erfolgsangst spreche, unterbricht mich jemand aus dem Publikum und sagt: »Liebe Dr. Kassorla, ich kann es einfach nicht begreifen, daß Sie das Wort ›Angst‹ mit dem Wort ›Erfolg‹ in Verbindung bringen. Jeder, den ich kenne, *möchte* erfolgreich sein. Wir alle streben nach Erfolg! Er ist der Hauptgewinn – wenn man gut ist, bekommt man ihn, und wenn man ihn nicht bekommt, ist man schlecht.«

Ähnliche Reaktionen kommen von den Hörern meiner Rundfunksendungen und den Zuschauern meiner Fernseh-Talkshows, die in den Studios anrufen. Auch für diese Menschen ist es unfaßbar, daß Erfolg sehr wohl und sehr eng mit Angst zusammenhängen kann. Und die Patienten, die in meine Praxis kommen, sind ebenfalls skeptisch, wenn ich von »Erfolgsangst« spreche.

Wenn sie erstmals zu mir in die Therapie kommen, sagen meine Patienten schmerzlich: »Wenn ich mich nicht verändere, kann ich nicht mehr weiterleben. Denn so, wie ich bislang gelebt habe, geht es nicht.« Sobald sich dann allerdings die ersten Veränderungen bemerkbar machen und Wirkung zeigen, sind meine Patienten dermaßen verunsichert, daß sie die Therapie beenden und ihrem Fortschritt, den sie machen, Einhalt gebieten wollen. Unbewußt fürchten sie nämlich, daß ihre neuen, erfolgreichen Verhaltensweisen sie in eine unvorhersehbare Gefahr, vielleicht sogar in den Tod treiben. Nachdem sie sich ein Leben lang gequält haben und sich mit Beleidigungen und Kritik auseinandersetzen mußten, bereitet es ihnen offensichtlich schier unüberwindbare Schwierigkeiten, die gefühlsmäßige Wende zu vollziehen und sich der Freude, Erfolg zu haben, hinzugeben. Sie wissen einfach nicht, wie sie mit positiven Erlebnissen klarkommen sollen.

Nur sehr wenigen Kindern wird gesagt, wie gut sie das eine oder andere gemacht haben oder wie talentiert sie sind und daß ihre Eltern stolz auf sie sind.

Selbst wenn Kinder eine wirklich außergewöhnliche Leistung vollbringen, widmen ihre Eltern ihre Aufmerksamkeit zumeist sofort den Dingen, die diese Kinder *nicht* getan haben oder die sie *nicht* tun können.

Nehmen wir einmal an, ein kleines Kind kommt stolz lächelnd aus der Schule und sagt seiner Mutter: »Ich hatte heute die beste Zensur im Buchstabieren!«

Alles, was es zur Antwort bekommt, ist normalerweise ein lahmes »das ist schön« – und gleich darauf -zig negative Bemerkungen, die seine Mutter endlich loswerden will: »Es ist wahrlich eine Erleichterung, endlich mal was Gutes von dir zu hören. Als ich nämlich heute früh in dein Zimmer ging, war mir alles andere als fröhlich zumute. Ich hätte heulen können über die Unordnung, die du da veranstaltet hast. Alle deine Kleidungsstücke lagen auf dem Boden... usw., usw.« Und schon sind wir wieder bei den Klagen, die Eltern über ihre Kinder haben und die sie ihnen wieder und wieder vorhalten.

Sobald sich der Erfolg bei Ihnen einstellt, wird es Ihnen vorkommen, als würden Sie Ihre Intimsphäre plötzlich mit einem Wilden, der einer Primitivgesellschaft entsprungen ist, teilen müssen. Sie werden von Unbehagen ergriffen. Die Leichtigkeit, mit der Sie bisher gelebt haben, fehlt Ihnen. Sie vermissen die Ihnen vertrauten Stimmen und Gesichter. Sie möchten mit denen, die Sie lieben, wieder so aufeinandertreffen, wie Sie es bislang gewohnt waren. Selbst die Kämpfe, die Sie mit ihnen hatten, die Demütigungen, die Sie über sich ergehen lassen mußten oder gegen die Sie sich zu verteidigen versucht haben, erscheinen Ihnen überhaupt nicht mehr schlimm im Vergleich zu dem komischen Gefühl, das Sie nun, in Gegenwart des Fremden, beschlichen hat. So hoffen Sie bald nur noch, daß er Sie wieder allein läßt und alles wieder so wird, wie es früher war.

Es ist tatsächlich nichts anderes als der Erfolg, der Ihnen so fremd ist und der das Unbehagen in Ihnen verursacht. *Er* ist es, dem Sie um jeden Preis entkommen wollen.


## Dem Verlierer, der in Ihnen wohnt, den Garaus machen

Wann immer Sie eine alte Verhaltensweise oder eine alte Gewohnheit ablegen, wird es Ihnen vorkommen, als hätten Sie etwas, das ein Teil von Ihnen ist, verloren. Das geschieht auch dann, wenn das Verhalten oder die Gewohnheit, um die es sich handelt, Ihnen im Endeffekt mehr geschadet als genützt hat. Sie betrauern also den Verlust und sehnen sich nach den »guten alten Zeiten« zurück, selbst wenn sie – für Sie! – alles andere als »gut« waren. Sie vermissen sie so, als hätten Sie ein geliebtes Familienmitglied oder einen engen Freund verloren.

Wenn Sie mit alten Gewohnheiten brechen, kann es durchaus vorkommen, daß Sie eine plötzliche Leere empfinden. Diese Leere dauert so lange an, bis Sie sich die neuen Verhaltensweisen, die Sie anstreben, zur Gewohnheit gemacht haben. Mag sein, daß Sie sogar ein Gefühl der Depression oder eine unbestimmte Angst, deren Ursache Sie partout nicht finden können, überkommt. Und obwohl Sie wissen, welch negative Auswirkungen sie hatten, vermissen Sie die alten Verhaltensmuster, nach denen Sie bisher gelebt hatten ... und sind traurig.

Der Konflikt, in dem Sie sich mit sich selbst befinden, ist folgender: Während Sie vom Intellekt her wissen, daß es gut, wünschenswert und sogar notwendig ist, Ihr bisheriges Verliererverhalten abzulegen, bedauert Ihr Ego den Verlust. Kopf und Bauch sind sich nicht einig. Und Sie? Sie schwanken. »Ja«, sagen Sie sich einerseits, »ich möchte mich verändern.« »Nein«, sagen Sie sich andererseits, »die ganze Angelegenheit ist mir zu unsicher.« Was passiert daraufhin? Gar nichts. Sie verändern sich nicht.

ES WIRD ZEIT, DASS SIE *VERSUCHEN*,
SICH ZU ÄNDERN, UND ZWAR HEUTE SCHON!

Das Unbehagen und Ihre Unsicherheit, die Sie bei Ihrer Lebensumstellung empfinden, wird schnell wieder verschwinden. Sie werden Ihren alten Verhaltensweisen und Gewohnheiten auch nicht mehr lange nachtrauern, wenn Sie sich immer wieder eines begreiflich machen, und das ist: Mittelmäßigkeit ist alles andere als erstrebenswert! Weg mit den Verhaltensmustern, die Sie zu einem gewöhnlichen, griesgrämigen und unglücklichen Menschen machen!

SIE KÖNNEN ERFOLGREICH SEIN.

Um Ihre Probleme lösen zu können und Ihre Verlierer-Verhaltensmuster schließlich endgültig abzulegen, müssen Sie sich mit Ihrem widerspenstigen »zweiten Ich« auseinandersetzen.

Lassen Sie mich Ihnen ein Beispiel dafür geben, wie starr und unbeugsam Ihr Unterbewußtsein ist und wie sehr es sich vor allem, das mit Veränderung zu tun hat, fürchtet.


# Der Verwalter Ihres Schlosses

Ihr Ego spielt in diesem Vergleich die Rolle eines Schloßverwalters, der Tag und Nacht durch die Hallen des alten

Gebäudes schlurft und nach dem Rechten sieht. Seine Aufgabe ist es, Ihre Verhaltensweisen zu überprüfen und darauf aufzupassen, daß sich nichts um Sie herum verändert. Alles beim alten zu belassen ist für ihn gleichbedeutend damit, daß »alles in Ordnung« ist.

Ihr Verwalter fühlt sich dabei wohl, daß er sich an den Status quo klammert. Darum achtet er darauf, daß Sie auch heute alles noch so tun, wie Sie es schon vor Jahren taten. Selbst wenn die Verhaltensmuster, nach denen Sie gelebt haben, Sie zum Verlierer gestempelt haben, ist er zufrieden, wenn Sie so weitermachen wie bisher und in Ihren alteingefahrenen Geleisen bleiben.

Um sich mit Ihnen zu unterhalten, benutzt der Verwalter Ihre Träume. In denen warnt er Sie: »Wenn du dich veränderst, wird etwas Fürchterliches geschehen ... Schlimmer noch, du wirst mich nicht mehr brauchen können, und ich bin die Lebensstellung, die ich bei dir zu haben geglaubt hatte, los. Hör auf mich. Habe ich mich nicht all die Jahre fair und anständig verhalten? Habe ich nicht gut auf dich aufgepaßt? Mag sein, daß nicht unbedingt das dabei herauskam, was du erwartet hattest, und mag auch sein, daß einiges schrecklich für dich war. Aber du lebst immerhin noch.

Sei vernünftig! Wenn du dich veränderst ... wirst du *sterben*!

Der Beweis dafür, daß ich recht habe, ist der, daß du jetzt schon Angst hast, daß du dich saumäßig fühlst und unter Alpträumen leidest. Hör also nicht auf diese Kassorla, sondern lebe weiter so, wie du bisher gelebt hast. So, wie man dir es von klein auf beigebracht hat.«

Wenn Sie sich daraufhin bei Ihrem »Verwalter« beklagen und ihm erklären, daß Sie es leid seien, immer der Verlierer zu sein und sich immer wieder weh tun lassen zu müssen, anstatt das Leben genießen zu können, wird der alte Mann, wie könnte es anders sein, ebenfalls eine Antwort für Sie parat haben.

»Stimmt«, wird er zugeben, »du warst dein Leben lang nicht gerade auf Rosen gebettet und hast dich oft als unzulänglich, wertlos und erfolglos erachtet.« Dann aber wird er warnen: »Trotzdem mußt du zugeben, daß du dich auf diese Weise immer durchgebracht hast. Wenn du so weiterlebst wie bisher, *weißt* du, wo du dran bist. Wenn du dich auf die Ratschläge der Kassorla einläßt, *weißt du nicht*, was dir blüht. Du weißt doch, daß der Spatz in der Hand immer noch besser ist als die Taube auf dem Dach. Weshalb also willst du unbedingt ein Risiko eingehen und dich in Gefahr begeben?«

## Der alte Schloßverwalter lehnt sich auf

Die meisten Ihrer Ängste und Alpträume haben Sie Ihrem Ego zu verdanken. Sein Ziel ist es, Sie dermaßen zu verängstigen, daß Sie die Veränderung, die Sie vorhaben, *nie* wagen. Bleibt Ihnen nur eine Rettung: Hören Sie nicht auf die Dinge, die das Ego von sich gibt.

So sehr Ihr Ego Sie nämlich anfangs auch warnt, wenn es erkennt, daß es eine Veränderung in Ihnen nicht aufhalten kann und daß Ihnen Ihre neuen Verhaltensweisen mehr und mehr in Fleisch und Blut übergehen, wird es seine Tyrannei beenden und sich auf Ihre Seite stellen.

Der Zeitraum Ihrer Veränderung allerdings wird den alten Mann hart ankommen. Es paßt ihm gar nicht, daß Sie plötzlich ein Selbstwertgefühl bekommen und daß Sie lernen, mit Lob und Anerkennung, die Sie ernten, umzugehen. Was wird der Alte also tun? Er wird in seiner Verzweiflung versuchen, Sie durch körperliche Beschwerden wie Rückenschmerzen, Übelkeit, feuchte Hände, Hitzewallungen, verschwommene Sicht und auch Schmerzen in Ihrem Nacken, Ihren Armen und Beinen dazu zu bewegen, sich wieder auf altgewohnte Pfade zu begeben. Immer, wenn er Angst um seine Stellung hat, wird er Sie durch die verschiedensten Wehwehchen, die er Ihnen zufügt, dafür büßen lassen.

Obwohl ich meinen Patienten, wenn sie unter körperlichen Beschwerden zu leiden beginnen, immer einen Arztbesuch empfehle, möchte ich Sie dennoch darauf hinweisen, diese Symptome als Zeichen dafür anzusehen, daß Sie auf dem richtigen Weg sind. Alle diese Beschwerden sind Reaktionen Ihres Körpers auf den Streß, den es für Sie (noch) bedeutet, langsam, aber sicher zum Erfolg zu kommen und mit Ihren Ängsten, die Sie vor einer Veränderung haben, fertig zu werden.

Je weniger Sie auf Ihren »Verwalter« hören und je mehr Sie sich dazu entschließen, glücklich zu sein, desto schneller werden Ihre Erfolgsangst und mit ihr die körperlichen Symptome verschwinden. Dennoch sollten Sie den Schloßverwalter im Auge behalten: Beharrlich wie er ist, kann es Ihnen immer wieder passieren, daß er sich gerade dann, wenn Sie es am wenigsten erwarten, noch einmal gegen Sie auflehnt und Sie zu Ihren alten Verhaltensweisen zurückbringen möchte. So schnell, wie es vielleicht den Anschein haben mag, gibt er nämlich nicht kampflos auf!

## Ständig auf der Hut sein

Nehmen wir an, daß einige Monate verstrichen sind. Während dieser haben Sie die Ratschläge dieses Buches befolgt und auch schon einige Erfolgserlebnisse gehabt. Ihr Verwalter hat seinen Widerstand aufgegeben und sich mit seinem neuen Chef angefreundet, und Sie genießen es, Ihr Berufs- und Privatleben besser im Griff zu haben als zuvor.

SIE MÜSSEN DENNOCH STÄNDIG AUF DER HUT SEIN!

Da Sie so viele Jahre an Erfolgsangst gelitten haben, wird es Zeit brauchen, die alten Gewohnheiten voll und ganz abzulegen. Sobald Sie einen neuen Erfolg aufweisen können, ist es durchaus denkbar, daß Sie im letzten Moment doch noch der Rappel packt und Sie alles wieder zunichte machen.

Seien Sie unbesorgt: Auch ein solches Verhalten wird nur vorübergehend sein. Um ihm aber von vornherein so wenig Chancen wie möglich zu geben, sollten Sie sich bei allem, was Sie tun, auf Ihr Ziel konzentrieren. Behalten Sie es immer im Auge, und lassen Sie sich durch nichts von ihm abbringen.

Mimi, eine vierzigjährige Frau, kam zu mir in die Therapie, weil sie es allein nicht schaffte, mit den Ladendiebstählen, die sie unternahm, aufzuhören. Sie hatte schon als Teenager in regelmäßigen Abständen die verschiedensten Kleinigkeiten in den verschiedensten Geschäften gestohlen.

Sie sah besorgt aus, als sie mir sagte: »Ich weiß, daß ich Hilfe brauche, wenn ich nicht im Gefängnis landen will!«

Acht Monate nach Therapiebeginn fühlte Mimi sich von ihrem zwanghaften Stehlen befreit. Sie brach ihre Behandlung bei mir ab, und ich hörte nichts mehr von ihr, bis sie mich ein Jahr später anrief.

»Ich kann einfach nicht glauben, daß ich es schon wieder getan habe«, weinte sie. »Ich bin immer noch eine verrückte Kleptomanin! Dabei habe ich die ganze Zeit über nicht das *geringste Verlangen* danach gehabt zu stehlen ... jedenfalls nicht bis zu diesem Tag. An dem hatte ich, ehe ich mich versehen konnte, einen Schal unter meinem Mantel versteckt und den Laden damit verlassen. Ich habe einen Schal geklaut, den ich nicht brauche, den ich nicht einmal hübsch finde und dessen Farbe zu meiner restlichen Garderobe absolut nicht paßt. Ich muß voll und ganz durchgedreht haben!«

Als Mimi sich beruhigt hatte, bat ich sie, mir zu erzählen, was sich ereignet hatte, seit sie nicht mehr bei mir in Behandlung war. Was hatte zu diesem Diebstahl geführt?

Sie berichtete mir, daß sie ein Jahr zuvor einen Teilzeitjob, bei dem sie von Haus zu Haus gehen und Kosmetika verkaufen mußte, angenommen hatte. »Ich liebe meine Arbeit und bin sehr erfolgreich damit«, sagte Mimi. »Ehe ich mich versah, hatten meine Umsätze schwindelnde Höhen erreicht, und ich erhielt den ersten Firmenpreis als erfolgreichste Halbzeitkraft. Dieser Preis war ein dicker, fetter Bonus. Ich war völlig aus dem Häuschen. Endlich hatte ich es geschafft, erfolgreich zu sein!«

An dem Tag, an dem Mimi den Bonus bekommen hatte und nach Hause fuhr, freute sie sich auf den Moment, in dem sie ihrem Mann von ihrem Erfolg berichten konnte. Sie dachte: »Bin ich glücklich! Mit dem Geld können wir unseren diesjährigen Urlaub finanzieren. Jim wird Augen machen, wenn er den Scheck sieht.«

Als sie mir berichtete, was dann passierte, brach Mimi erneut in Tränen aus. »Am liebsten würde ich vergessen, was dann geschah. Ich wollte ein paar Einkäufe tätigen. Und ehe ich wußte, was ich getan hatte, saß ich mit Herzklopfen und dem gestohlenen Schal im Wagen. Ich weiß noch, daß ich in den Rückspiegel schaute, um festzustellen, ob mir jemand folgte.«

Als Mimi mit ihrer Erzählung zu Ende war, erklärte ich ihr, daß etwas Destruktives und Beängstigendes der schnellste und sicherste Weg war, um ihrem ungewohnten Glück und dem Erfolg, den sie mit dem Bonus erreicht hatte, sofort wieder zu entkommen. Sie hatte die »Überdosis« an Erfolg damit kompensiert, daß sie sich in die »gute alte Zeit«, in der sie sich hundeelend und unzulänglich gefühlt hatte, zurückversetzte.

Danach versicherte ich ihr sofort, wie gut sie sich gehalten hatte, seit ich sie zuletzt gesehen hatte. »Sie haben es ein ganzes Jahr lang geschafft, *nicht ein einziges Mal zu stehlen*. Das ist ein beachtlicher Rekord. Seien Sie stolz auf sich selbst, und klopfen Sie sich dafür auf die Schulter. Ein ganzes Jahr! Sie werden es schon schaffen, Ihren Erfolg zu akzeptieren und höchstwahrscheinlich nie mehr das Verlangen danach haben, irgendwo irgendwas zu stehlen.«

Ich erinnerte Mimi auch daran, daß Lernprozesse in Kurven verlaufen. »Wenn Sie ein Computer wären«, sagte ich ihr, »könnten Sie einfach Ihre neuen Verhaltensmuster einschalten und würden nie mehr einen Fehler machen. Aber Sie sind *keine* Maschine. Sie sind ein liebes und wertvolles menschliches Wesen, das sich wirkungsvoll darum bemüht, so erfolgreich wie möglich zu sein.

Wenn Sie ein Leben lang Erfolgsangst haben und plötzlich einen Glückstreffer landen, ist es verständlich, daß Sie emotional aufgerüttelt werden und in alte Verhaltensmuster zurückfallen. Aber vergessen Sie nicht, daß Sie Ihren Erfolg *verdient* haben. Er sei Ihnen *gegönnt*!

Machen Sie sich keine unnötigen Gedanken, sondern arbeiten Sie lieber weiter daraufhin, so erfolgreich wie bisher zu sein«, versicherte ich Mimi. »Das nächste Mal werden Sie Ihren Erfolg leichter verkraften können und das darauf folgende Mal noch leichter. Und dann wird es nicht mehr lange dauern, bis Sie Ihren Erfolg tolerieren können, weil Sie begonnen haben, sich an ihn zu gewöhnen. Schließlich wird Ihnen Erfolg zu haben so vertraut sein, daß Sie sich dabei wohl fühlen, Glanzleistungen zu erbringen.«

## Harry wollte nur helfen

Erfolgsangst hat viele Verkleidungen. Jeder ist mit Ängsten behaftet, die direkt in seine Kindheit zurückführen. Selbst wenn wir völlig erwachsen sind, neigen wir dazu, uns Erfolgserlebnissen gegenüber so zu verhalten, wie wir es in frühen Jahren gelernt haben.

Die Schwierigkeiten, die Beth und Harry, ein Paar, das ich behandelte, miteinander hatten, rührten von solcherlei Problemen her. In einer der Abendtherapiegruppen erzählte Beth von einem Vorfall, bei dem sie sich über Harry grün und blau geärgert hatte.

Während ihrer zwölfjährigen Ehe hatten Beth und Harry beide einen festen Arbeitsplatz gehabt. Vor einigen Wochen nun hatte Beth, die zwölf Jahre lang bei einer Firma gewesen war, ihren Arbeitsplatz gewechselt. Die Umstellung fiel ihr nicht leicht. Nach einer Weile jedoch hatte sie neue Freunde gewonnen und freute sich darüber, daß sie sich akklimatisiert hatte.

Eines Abends kam sie ganz aufgeregt von der Arbeit heim. Sie sprühte vor Energie, als sie Harry mit folgenden Worten begrüßte: »Ich fühl' mich blendend! Ich glaube, meine neue Arbeit läuft richtig gut. Meine Kollegen sind außerordentlich freundliche Menschen, und der Chef, den ich habe, ist problemlos zufriedenzustellen.«

Weiter erzählte Beth der Gruppe: »Während ich mit ihm redete, schüttelte Harry den Kopf und schaute besorgt drein. Dann sagte er: ›Du kennst nicht *alle an deinem Arbeitsplatz* gut genug, um verallgemeinern zu dürfen. Und wenn du erst mal eine Weile für ihn gearbeitet hast, wirst du deinen Chef auch nicht mehr in solch rosigem Licht sehen.‹«

Doch unbeirrt war Beth fortgefahren: »Die Aussicht von meinem Bürofenster ist herrlich, und die Räume sind mit sehr viel Stil und Eleganz eingerichtet. Es macht Spaß, da zu arbeiten.«

Da hatte Harry seine Stirn gerunzelt und zu schreien begonnen: »Freu dich nicht zu früh! Du hast noch keine Ahnung, was du in einem Monat über die neue Firma sagen wirst. Wir leben in einer Großstadt, in der es noch genügend andere Superarbeitsplätze gibt!«

Nun schrie Beth zurück: »Was ist denn in dich gefahren? Darf ich mich nicht über meine neue Stelle freuen, ohne daß du mir den Spaß daran sofort verderben mußt?«

An diesem Punkt ihrer Erzählung wandte ich mich an Harry. »Sie *haben* ihr die Freude verdorben«, sagte ich. »Gibt es irgend etwas an Ihrer Arbeit, das Ihnen Angst macht? Überreaktionen wie die Ihre basieren meistens auf einer versteckten Furcht. Erinnern Sie sich an den Abend, und versuchen Sie, sich in die Gefühle zurückzuversetzen, die Sie hatten, als Beth Ihnen von ihrem neuen Arbeitsplatz berichtete. Was fällt Ihnen dazu ein?«

»Ich wollte nur verhindern, daß es sie zu sehr trifft, falls sie die Probezeit nicht besteht«, sagte Harry. »Als sie ihre letzte Stelle verlor, war Beth so enttäuscht und niedergeschlagen, daß sie wochenlang deprimiert war. Das hatte mir Angst gemacht. Ich ertrage es nicht, wenn sie sich mies fühlt. Es macht mich einsam, und ich komme mir vor wie ein kleines, verlassenes Kind. Ich möchte verhindern, daß sie wieder wie am Boden zerstört ist, wenn aus dieser Anstellung im Endeffekt nichts wird. Ich möchte sie beschützen. Wenn sie sich nicht zu sehr über ihren neuen Arbeitsplatz freut, kann sie auch nicht zu enttäuscht sein, wenn die Angelegenheit doch eines Tages in die Binsen geht.«

Was so geklungen hatte, als wolle Harry seiner Frau die Freude verderben, war eigentlich lieb und beschützend gemeint gewesen.

Das ist genau die Reaktion, die Eltern zeigen, wenn sie ihre Kinder vor Enttäuschung bewahren wollen. Auch sie halten für die Erfolgsberichte ihrer Kinder ähnliche Antworten wie: »Freu' dich nicht so toll, sonst trifft dich noch der Schlag« oder »Paß auf, daß dir die Freude nicht zu Kopf steigt« parat. Eltern begreifen einfach nicht, daß sie ihre Kinder durch derlei Kommentare davon abhalten, kleine Erfolge in große umwandeln zu wollen. Mehr noch: Dadurch, daß sie die Erfolgsfreude der Kinder dämpfen, jagen sie ihnen das Gegenteil, nämlich Erfolgsangst, ein. Diese Angst verfolgt die Kinder auch noch dann, wenn sie längst erwachsen sind.

Ebenso wie Harry tun wir als Erwachsene gerade den Menschen, die wir am meisten lieben, auch am meisten weh. Am schlimmsten ist, daß wir dabei nicht begreifen, was wir eigentlich in diesen Menschen – ob sie klein sind oder groß – anrichten: Wir töten ihren Leistungswillen und halten sie dazu an, mittelmäßig zu sein und zu bleiben. Daß wir uns selbst mit genau denselben Mitteln daran hindern, erfolgreich zu sein, ist uns ebenfalls nicht bewußt.

*

Der größte Teil unserer Erfolgsangst liegt in unserer Furcht zu versagen begründet. Auch diese Angst haben wir aus unserer Kindheit mitgebracht. Hat man uns nicht immer erklärt, Versagen als das Schlimmste zu betrachten? Hat man uns nicht beigebracht, jedes Versagen um jeden Preis zu vermeiden? Das Resultat einer solchen Erziehung ist, daß manche Leute lieber ihren möglichen Erfolg, Reichtum und Ruhm opfern, als daß sie das Risiko eingehen, irgendwann, irgendwo einen Fehler machen zu können.

## Fehler sind Lehrmeister

Um erfolgreiche Erwachsene zu werden, müssen wir nicht nur lernen, wie wir Probleme lösen können, sondern auch, »gute Verlierer« zu sein. Ich habe Ihnen schon im 2. Kapitel unter der Überschrift »Gleich wieder aufgeben« über Fehler und ihre Wirkung erzählt. Jetzt möchte ich, daß Sie sich folgendes Motto ein für allemal einprägen:

FEHLER SIND LEHRMEISTER!

Jeder Mißerfolg lehrt uns wichtige Dinge über uns selbst und über unser Verhalten.

Zu lernen, wie man mit seinem eigenen Versagen fertig wird, ist ein wesentlicher Teil des Reifeprozesses eines jeden Menschen. In der amerikanischen und englischen Sprache gibt es ein altes Sprichwort: »Ein Apfel pro Tag hält den Doktor fern.« Dieses Sprichwort würde ich gern ändern in: »Ein kleiner Fehler pro Tag hält Dr. Kassorla fern.«

Die meisten Eltern wünschen sich, leistungsfähige Kinder heranzuziehen. Was sie dabei völlig übersehen, ist, daß Kinder schon in frühen Jahren – wenn auch in kleinen Dosen – mit Versagen und Niederlagen bekanntgemacht werden müssen. Wenn sie es als normal empfinden, auch mal einen Fehler zu machen, werden sie lernen, mit Niederlagen umzugehen, ohne sich durch sie beirren und von ihrem Ziel abbringen zu lassen. Je eher sie das erfahren, desto schneller können Kinder lernen, das Beste aus ihren Fehlern zu machen.

Ein Bodybuilder beginnt sein Training, indem er zuerst mit leichten Gewichten arbeitet. Nach und nach stemmt er dann schwerere Gewichte, bis er eines Tages Zentnerlasten heben kann. Ähnlich können Kinder, die tagtäglich mit kleinen Enttäuschungen konfrontiert werden, unter der liebevollen Anleitung ihrer Eltern kräftige Anti-Frust-Muskeln entwickeln. Diese Muskeln können ihnen dann später dabei helfen, mit großen Problemen klarzukommen.

Menschen, die dazu erzogen wurden, »einen kleinen Fehler pro Tag« zu bewältigen, haben ganz andere »Überlebenstechniken« als Menschen, die diese Fähigkeit nicht erlernt haben. Wenn Menschen, die mit ihrem Versagen klarkommen können, vor einem Hindernis stehen, sind sie nicht so schnell umzuwerfen oder zu verunsichern wie andere: Sie sind gegen jeden seelischen Sturm und jedes Tief gefeit.

Viele Psychologen sind der Meinung, daß Rückfälle oder Versagen Menschen vielmehr sogar dazu motivieren können, größere Risiken einzugehen. Denn sobald man gemerkt hat, daß man Rückfälle und Versagen überleben kann, weiß man, daß man nicht viel zu verlieren hat. Ralph Waldo Emerson formulierte es so:

*»Der Erfolg eines Menschen setzt sich aus Fehlern zusammen, denn er experimentiert und wagt an jedem Tag, und je mehr Fehlschläge er erlebt, desto schneller kommt er weiter voran... Ich habe mir sagen lassen, daß in der Reitkunst nicht derjenige ein guter Reiter ist, der nie vom Pferd gewor-*

*fen wurde, sondern daß er vielmehr kein guter Reiter sein
wird, bevor er nicht vom Pferd gestürzt ist. Nur dann nämlich
wird er nicht länger von der Angst verfolgt werden, daß er
fallen könnte, und seinem Ziel unbeirrt entgegenreiten.«[38]*

Wenn Kinder es sich erlauben können, Fehler zu machen,
ohne deshalb gleich ernsthafte Mißbilligung zu ernten, werden sie ohne Unbehagen den einen oder anderen Versuch
wagen, der ruhig auch mal danebengehen kann, und sie
werden den Mut haben, günstige Gelegenheiten wahrzunehmen. Unabhängig davon, ob sie dabei gewinnen oder
verlieren, wird es ihnen beim nächsten Mal leichter fallen,
Probleme, die sich ihnen stellen, anzugehen, und es wird mit
der Zeit noch einfacher für sie werden.

Ziehen *Sie* aus Ihren Fehlern Erkenntnisse, die Sie *nutzen*? Oder verschwenden Sie Ihre wertvolle Zeit damit, sich
immer dann, wenn Ihnen ein Fehler unterlaufen ist, selbst
zu beschimpfen?

Gewiß, ein Ziel nicht zu erreichen, kann sehr enttäu-
schend sein. Und weh tun. Viele von uns haben sich auf
diese Weise eine ganze Menge von blauen Flecken zugezogen. Dennoch können gerade die Fehler, die wir machen,
Aufschluß darüber geben, wie etwas *nicht* funktioniert.
Wichtig ist also, wie Sie mit solchen Fehlern umgehen.

### VERWERFEN SIE SIE NICHT,
### SONDERN LERNEN SIE DARAUS!

Fehler können Wegweiser dafür sein, Ihnen anzuzeigen,
welche Richtung Sie nicht einschlagen sollen. Achten Sie
auf diese Wegweiser, so daß Sie das nächste Mal nicht wieder in die falsche Richtung marschieren. Oder, um mit der
Therapeutin Virginia Satir zu sprechen: »Jeder Mensch hat
das Recht, Fehler zu machen.«[39]

Auch Sie haben dieses Recht. Indem Sie den Mut haben,
Ihre Angst, Fehler zu machen, über Bord zu werfen, befrei-
en Sie sich zugleich von Ihrer Erfolgsangst.

### FEHLER MACHEN = DARAUS LERNEN
### = WEITERARBEITEN = ERFOLG.

# Ist erfolgreich sein unweiblich?

Untersuchungen zeigen, daß Erfolgsangst für Frauen ein weitaus größeres Problem ist als für Männer, weil man Frauen beigebracht hat, daß es unweiblich sei, sich zu behaupten und Karriere zu machen. Das wurde auch durch eine Studie bestätigt, die die Psychologin Matina Horner, Präsidentin des Radcliffe College, 1968 an der Universität von Michigan durchführte. Ihre Beobachtungen von außerordentlich leistungsfähigen Studentinnen im zweiten Studienjahr zeigten, daß diese jungen Frauen, sobald sie etwas zu erreichen begannen, in schwere Konflikte gestürzt wurden. Obwohl sie alle Voraussetzungen hatten, erfolgreich zu sein, waren sie dahingehend erzogen worden, daß Frauen »passiv« und nicht »karriereorientiert« zu sein haben: also wichen sie jedem möglichen Erfolg unbewußt aus.

Es steht außer Frage, daß erfolgreich sein in unserer Gesellschaft als ein männliches Vorrecht gewertet wird. Schon im zarten Kindesalter wird Jungen beigebracht, was Erfolg für sie bedeutet. Wenn sie dann eingeschult werden, sind ihnen Sprüche wie »Sieger geben nie auf, und wer aufgibt, wird nie siegen« oder »Zeig' mir einen guten Verlierer, und ich zeig' dir einen Verlierer« in Fleisch und Blut übergegangen.

Wenn sich ein Junge mal entmutigt oder überfordert zeigt, wird er normalerweise sofort zur »Memme« abgestempelt. Aus Angst, sich lächerlich zu machen, muß er sich – gleichgültig, ob er gewinnt oder verliert – dem Leistungskampf stellen.

Wie wichtig Siege sind, wird an der von Männern beherrschten Welt des Sports ersichtlich. Große Athleten werden in diesem Land (USA; Red.) vergöttert. Mehr noch: Sportliche Siege gelten hierzulande oft mehr als Leistungen auf wissenschaftlichem Gebiet. Trainer und Sportstars werden zu Helden, deren Aussagen die Richtlinien für das, was männlich ist, geben. Sie sind es auch, die die Freude am Sieg immer wieder neu formulieren:

*»Es ist nur dann ein gutes Spiel, wenn man gewinnt. Wenn man verliert, ist es die Hölle.«*

HANK STRAM
(ehemaliger Trainer der Kansas City Chiefs)

Letztlich lassen Sprüche wie »Möge der Beste gewinnen« keinen Platz für Frauen – sprich »die Beste« – und erziehen Buben schon von klein auf dazu, mit ihren Spiel- und Klassenkameraden zu wetteifern. Später überträgt sich dieses Verhalten auf den Beruf. Aus den Jungen werden Männer, die Erfolg, Ruhm und Reichtum nachjagen.

## Heute machen auch Frauen Karriere

Der Gedanke, daß Wettkämpfe »den Männern vorbehalten sind«, ist ein unsinniger Mythos. Wir leben in einer Zeit, in der auch Frauen große Erfolge verbuchen können. Die Frauenbewegung der vergangenen Jahrzehnte ist eines der wichtigsten gesellschaftlichen Phänomene, die unser Land hervorgebracht hat. Auch Frauen machen heute Karriere und gewöhnen sich Verhaltensmuster, die zu Erfolg führen, nach und nach an.

Jeder von uns kennt erfolgreiche Frauen, die sich *nicht* haben weismachen lassen, Karrieremachen wäre eine Domäne der Männer. Mehr noch: Mir ist aufgefallen, daß die Frauen, die beruflich erfolgreich sind, nie dazu erzogen wurden, sich solche Vorurteile anzueignen. Im Gegenteil. Sie waren – wie sonst nur kleine Jungen – von Anfang an dazu ermutigt worden, Erfolg und eine Karriere anzustreben.

Eine meiner Patientinnen, die als Vizepräsidentin einer großen Firma eine Viertelmillion Dollar pro Jahr verdient, erzählte mir: »Meine Mutter hat nie einen Unterschied in dem gemacht, was für Jungen und was für Mädchen ›schicklich‹ ist. Das Wort ›unweiblich‹ habe ich von ihr nie gehört. Ich war eine gute Sportlerin und habe mich immer als Mannschaftskapitän beworben, weil ich länger und härter trainiert habe als die anderen Kinder. Man hat mir nie erzählt, daß Baseballspielen, auf Bäume klettern oder Motorbootfahren ›männliche Betätigungen‹ seien. Folglich war ich ein hervorragender Mittelfeldspieler, kletterte liebend gern auf Bäume und fuhr viele Bootsrennen. Noch heute beteilige ich mich, zusammen mit meinem Mann und meinen Kindern, an Bootsrennen.

Meine Mutter hielt mich immer dazu an, die Beste zu werden. Hätte ich eine ›befriedigende‹ Schulnote nach Hause gebracht, sie hätte einen Herzinfarkt bekommen!

Erst als ich erwachsen war, wurde mir klar, daß andere Frauen Probleme haben, wenn sie ihr Können unter Beweis stellen wollen. Erst dann begriff ich, daß es tatsächlich Frauen gibt, die mit sich selbst in Konflikt geraten, wenn sie den Wunsch haben, Karriere zu machen.

Als die Frauenbewegung auf ihrem Höhepunkt war und alle Welt darüber redete, daß Frauen nicht die Möglichkeiten hätten, wie Männer sie haben, ging das alles ziemlich spurlos an mir vorüber. Ich war zu dem Zeitpunkt so sehr damit beschäftigt, in der Firma, in der ich arbeitete, eine Sprosse auf der Erfolgsleiter nach der anderen zu erklimmen und ebensoviel Geld zu verdienen wie jeder männliche Angestellte, daß mir gar nicht die Zeit blieb, mich mit Möglichkeiten, die Frauen haben oder nicht haben, auseinanderzusetzen.

Ich wußte nicht, daß eine Frau dieses oder jenes nicht tun ›sollte‹ oder ›könnte‹. *Ich tat alles.* Ich hatte eine gute Ausbildung genossen, die mich mit den Männern, die in meiner Firma arbeiteten, auf eine Stufe stellte. Ich arbeitete oft mehr Stunden am Tag, als die Männer es taten. Das ist auch der Grund für meinen Erfolg. Welchen Geschlechts ich bin, war dabei immer unwichtig.

Als ich mich schließlich dazu entschloß, der Frauenbewegung beizutreten und an diversen Treffen teilzunehmen, begriff ich, wie sehr meine Erziehung sich von der Erziehung anderer Frauen unterschieden hatte. Wenn man so will, bin ich nach den ›Wertmaßstäben der Männer‹ erzogen worden.«

Meine Patientin also hat es zur Vizepräsidentin ihrer Firma gebracht, weil sie von klein auf gelernt hatte, »männliche Wertmaßstäbe« anzulegen. Folglich konnte sie auch danach leben, ohne dadurch in Konflikt mit ihrer Weiblichkeit zu geraten. Sie hatte gelernt, sich durchzusetzen und stolz auf ihre Leistungen zu sein. Dennoch wurde sie dadurch nicht davon abgehalten, eine äußerst weibliche Frau und letztlich auch Ehefrau und Mutter zu sein.

Dianne Feinstein, San Franciscos erste Bürgermeisterin, gehört ebenfalls zu den Frauen, die mit ihrem Streben nach Erfolg und dem Erfolg selbst umgehen können:

*»Ich betrachte ein Versagen als nichts anderes als einen Teil der von mir gewählten Karriere. Wenn ich mich von jeder Niederlage unterkriegen lassen würde, wäre ich keine gute Bürgermeisterin. Man muß also lernen, Niederlagen nicht persönlich zu betrachten. Ein guter Politiker oder eine gute Politikerin muß ein wenig von einem Phoenix an sich haben.«*

Dianne Feinstein bewegt sich seit Jahren in der Politik, obwohl gerade die Politik angeblich »Männersache« sein soll. In einem Interview erklärte Frau Feinstein, daß sie in der »Männerwelt« überleben könne, weil ihr Vater ihr von klein auf beigebracht habe, daß Erfolg etwas sehr Positives sei. Für jede gute Leistung, die sie vorweisen konnte, war sie von ihren Eltern gelobt und belohnt worden.

Kurzum: Wieviel ein Mensch leistet und wie erfolgreich er sein kann, hängt nicht davon ab, ob er männlichen oder weiblichen Geschlechts geboren wurde. Derjenige, der es an die Spitze der Erfolgsleiter schafft, ist der, der die notwendige Ausbildung erhält und der seinem Beruf die Zeit und die Energie widmet, die notwendig ist, um ihn so gut wie möglich zu erfüllen.

In diesem Buch haben Sie des öfteren über die Erfahrungen und die innere Einstellung von Frauen gelesen, die es beruflich und privat geschafft haben: Dianne Feinstein, Margaret Thatcher, Mary Wells Lawrence, Paula Meehan, Diana von Fürstenberg, Jessica Savitch und Judianne Densen-Gerber. Ihre glänzenden Karrieren sind wohl die überzeugendsten Argumente dafür, daß Erfolg geschlechtsunspezifisch ist.

Vergessen Sie das Gerede, Frauen hätten »passiv« zu sein und Karrieremachen sei »unweiblich«. Diese Lebenseinstellung ist unrealistisch und überholt. Mehr noch: Frauen, die beruflich erfolgreich sind, müssen deshalb noch lange nicht auf ein glückliches Leben als Ehefrauen und Mütter verzichten.

Für einen Artikel, der in *Cosmopolitan* erschien, interviewte Mary McHugh mich und 29 andere »Karrierefrauen«, die alle »erfolgreiche Ehen und Beziehungen, prima Kinder und herausragende Karrieren« vorzuweisen haben. In dem Artikel, mit dem Titel »Karriere, Ehemann, Kinder... kann man wirklich alles haben?« erklärten all diese Frauen und ich natürlich auch, daß sie es genössen, »Erfolg im Beruf und ein erfülltes Familienleben miteinander zu verbinden«.[40]

Mir sind viele dynamische und aufregende Frauen begegnet, deren Aktivitäten sich über das gesamte Spektrum menschlicher Leistungsfähigkeit erstrecken. All diese Frauen sind nicht nur erfolgreich, sie sind auch glücklich und erfüllt. Mehr noch: Keine von ihnen hat auch nur ein Jota ihrer Weiblichkeit eingebüßt!

## Und wenn sie nicht gestorben sind...

Verlierer glauben, daß erfolgreiche Menschen keinerlei Probleme haben. Sie glauben an das Märchen von »Und wenn sie nicht gestorben sind, dann leben sie glücklich und zufrieden auch noch heute«. Sie sind tatsächlich überzeugt davon, daß es Menschen gibt, die das Glück gepachtet haben. Für Verlierer sind Sieger, einmal oben, immer oben. Sorgen und Ängste kennen sie, wie könnte es anders sein, natürlich keine.

Die Wirklichkeit sieht jedoch anders aus. Auch Erfolgsmenschen sind immer wieder mit Problemen und Ängsten konfrontiert. Aber sie lassen sich davon nicht unterkriegen, und sie geben immer wieder ihr Bestes. Trotzdem kann es vorkommen, daß auch Erfolgsmenschen dann und wann dazu neigen, sich selbst zu sabotieren.

Das passierte beispielsweise einer Primaballerina, einem

internationalen Star, die ich in Europa behandelte. In regelmäßigen Abständen geriet sie am Tag einer Vorstellung dermaßen in Rage, daß sie sich ihre Ballettschuhe von den Füßen riß und keinen Bissen mehr zu sich nahm. Obwohl sie mehr als 250 Paar Schuhe in ihrer Garderobe verstreut hatte, war es ihr an solchen Tagen unmöglich, auch nur ein einziges Paar Schuhe auszumachen, das ihr gefiel.

Ein berühmter Opernsänger, mit dem ich arbeitete, hatte von Zeit zu Zeit immer dann, wenn er gerade auf die Bühne gehen wollte, das Gefühl, keinen Ton mehr herauszubringen. In solchen Momenten begann sein Herz wie wild zu rasen, und er war von einer Sekunde zur anderen schweißgebadet.

Ich behandelte auch einen berühmten Sportler, dessen Leistungen dann und wann von Rückenschmerzen beeinträchtigt wurden. Manchmal nahmen die Schmerzen dermaßen überhand, daß er kaum laufen konnte. Dennoch zeigten Röntgenaufnahmen, die von seinem Rücken gemacht wurden, keinerlei körperliche Ursachen. Auch ansonsten fanden die Ärzte nichts, wodurch die Schmerzen hätten entstehen können.

Eine andere meiner Patientinnen war eine international berühmte Schönheit und eine gute Schauspielerin. Teil ihres Berufes war es, ihr Gesicht in Nahaufnahmen ablichten zu lassen. Dieser Patientin passierte es immer wieder mal, daß sie einen Fototermin nicht wahrnehmen konnte, weil ihr Teint von einem Tag zum anderen mit Akne bedeckt war. Daß sie unter solchen Umständen nicht arbeiten konnte, war klar.

Die Behandlung dieser höchst erfolgreichen Leute ergab, daß all die Probleme, mit denen sie sich herumschlagen mußten, einen gemeinsamen Nenner hatten: das Schuh-, das Hals-, das Rücken- und das Pickelproblem tauchten immer *nur* dann auf, wenn diese Menschen gerade ein außergewöhnlich großes Erfolgserlebnis hinter sich hatten. Immer im Moment ihres Triumphes war das jeweilige Problem akut.

In den Einzeltherapien, die ich mit diesen Leuten durchführte, besprachen wir, daß ihre Probleme aus ihrer Unfähigkeit herrührten, sich mit ihrem wohlverdienten Erfolg anzufreunden. Es gelang mir, ihnen begreiflich zu machen, daß *sie selbst* es waren, die diese Probleme heraufbeschworen, und daß sie damit – wenn auch unbewußt – nichts anderes vorhatten, als ihren Erfolg augenblicklich wieder zunichte zu machen. Vor der Therapie war keinem dieser Patienten klargewesen, daß sie unbewußt immer den Teil ihres Körpers angriffen, der für den Erfolg, den sie hatten, ausschlaggebend war. Sie alle hatten nach einer »körperlichen Entschuldigung« dafür gesucht, die Leistung, die ihnen abverlangt wurde, nicht erbringen zu können und damit ihre Erfolgschancen zu schmälern.

Bei all diesen Patienten handelte es sich um hochintelligente Erwachsene. Dennoch war keinem von ihnen bewußt geworden, daß sie das jeweilige Handicap, mit dem sie zu kämpfen hatten, selbst verursacht hatten. Weshalb sie das taten, war nicht schwierig zu begründen: Sie peinigten sich in genau dem Maße selbst, in dem sie als Kinder beschimpft und gezüchtigt worden waren. Jahr für Jahr fügten sie sich nun selbst genau die Menge an Schmerzen zu, die ihnen in jungen Jahren zugefügt worden war. Sie selbst hatten sich zu ihren strafenden Eltern erkoren.

Es ist für niemanden einfach, sich dahingehend zu verändern, plötzlich mit Erfolg, den man genießt, klarzukommen. Vor allem dann nicht, wenn man als Kind beständig Zielscheibe für Beschimpfungen und die Kritik anderer war. Um an den – seelischen und/oder körperlichen – Mißhandlungen nicht zugrunde zu gehen, greift man zu einem Trick: Man beginnt, besagte Mißhandlungen als angenehm zu betrachten. Folglich vermißt man sie, wenn sie plötzlich ausbleiben. Was tut man also? Man sucht unbewußt nach Wegen, weiterhin mißhandelt zu werden. Wenn sich niemand dafür findet, mißhandelt man sich selbst.

Sobald meine Patienten das, was in ihnen vorging, begriffen hatten, waren sie in der Lage dazu, ihren Selbstzüchtigungen Einhalt zu gebieten. Statt dessen lernten sie, nett zu sich selbst zu sein. Es gab schließlich keinen Grund dafür, weshalb sie sich nicht selber hätten lieben sollen. Jeder der vier hatte jahrelang hart gearbeitet, um zu erreichen, was er letztlich erreicht hatte. Der Erfolg war ihnen also nicht in den Schoß gefallen, sondern sie hatten ihn sich sauer verdient.

Was diese Patienten ebenfalls zu akzeptieren lernen mußten, war, daß dem Erfolg keine Grenzen gesetzt sind und dem Glück, das ein Mensch empfinden kann, ebensowenig. Gutem kann Gutes folgen... und ein Erfolg kann auf dem anderen aufbauen.

Sobald diese Patienten sich dazu durchgerungen hatten, sich selbst zu mögen und ihren Erfolg als wohlverdient anzusehen, waren das Schuh-, das Hals-, das Rücken- und das Pickelproblem verschwunden.

Was Erfolgsangst betrifft, macht sie sich auch noch auf andere Art und Weise bemerkbar. Dann nämlich, wenn Sie Ihr Ziel erreicht haben, kann Sie die Angst beschleichen, all das, was Sie zustande gebracht haben, nicht bewahren zu können. So fürchten Sie, daß es nun nur noch bergab gehen kann.

## Es wird mir nicht noch einmal gelingen

Es war 3.00 Uhr früh, am Morgen nach der Oscar-Verleihung, als ich von der Haustürklingel geweckt wurde. Noch schlaftrunken wankte ich zur Tür, um sie zu öffnen. Schon im Flur vernahm ich die laute Stimme eines meiner Patienten, der mich anflehte: »Irene, bitte mach auf! Ich friere... ich bin's.«

Da ich die Stimme erkannte, öffnete ich die Tür sofort. Mir bot sich ein verblüffender Anblick. Da stand Klaus in seinem Smoking und weinte. Über seinem Kopf schwenkte er einen Oscar. »Ich weiß, daß ich es nicht noch einmal schaffen werde«, weinte er. »Jeder wird wissen, daß ich dieses Ding im Grunde gar nicht verdiene. Bald werden alle wissen, daß ich nur gebluft habe!«

Ich bat Klaus in die Küche, wo er mir sein Herz ausschüttete. Wir saßen und redeten... und tranken bis zum Morgen einen Tee nach dem anderen.

Klaus befürchtete, sein Erfolg sei lediglich das Ergebnis

dessen, daß der »zufälligerweise zur rechten Zeit am rechten Ort mit den richtigen Leuten hinter sich« gewesen sei. Er wollte nicht wahrhaben, daß er den Oscar jahrelanger harter Arbeit und seinem Talent zu verdanken hatte. Obwohl all das bei der Oscar-Verleihung gesagt worden war, wollte Klaus einfach nicht glauben, daß er tatsächlich ein außergewöhnlich talentierter und kreativer Mensch war.

Klaus schaffte es einfach nicht, seine eigenen Leistungen anzuerkennen. Er war sicher, daß seine zukünftigen Leistungen nicht an die, für die er den Oscar erhalten hatte, heranreichen würden. Dazu malte er sich in düstersten Farben aus, wie ihn die Filmindustrie von nun an beobachten und als Scharlatan entlarven würde.

»Wie kann ich alldem nur je wieder gerecht werden?« jammerte er. »Wenn jeder jeden meiner Schritte verfolgt und Perfektion erwartet, werde ich so gehemmt sein, daß ich überhaupt nichts Vernünftiges mehr tun kann. Es kann nur noch bergab gehen! Diesen Preis zu gewinnen ist wahrlich kein Glückstreffer«, fuhr Klaus fort und betrachtete dabei seinen Oscar. »Er belastet einen nur. Er steht für zu vieles. Ich werde mich nie mehr entspannen können. Jede Minute meines Lebens werde ich fortan damit beschäftigt sein, meinem letzten Film gerecht zu werden.«

»Unsinn!« erwiderte ich. »*Nicht* jeder beobachtet dich von früh bis spät. Die anderen sind viel zu sehr damit beschäftigt, sich um sich selbst zu kümmern und die Ziele, die sie sich gesteckt haben, zu erreichen.

Ich weiß, daß Erfolg beunruhigen kann, wenn man ihn hat. Aber das gehört nun mal zum Erfolg. Davon ganz abgesehen wirst du *immer* hervorragende Leistungen bringen, weil du voll und ganz in deiner Arbeit aufgehst und nichts lieber tust, als fünfzehn Stunden pro Tag zu arbeiten. Und was Fehler, die man macht, angeht, so kommt man nun mal nicht um sie herum... es sei denn, man liegt auf dem Friedhof.

Menschen, die Experimente wagen und es riskieren, hie und da einmal zu versagen, sind die einzig schöpferischen Menschen auf der Welt. Und die meisten dieser Menschen machen viele Fehler. Seit du ein kleiner Junge warst, hast du dich den Ängsten, die du hattest, gestellt und dir mehr Mühe gegeben als die anderen. Einen Sieg zu erringen ist für dich nichts Neues. Es ist auch unwichtig, ob du noch mal einen Oscar erhalten wirst oder nicht. Denn was immer du auch tust, du wirst immer zu den Siegern gehören.«

## Die Reise genießen

Ob Sie mühsam auf Ihr Ziel hinarbeiten oder ob Sie es schon erreicht haben, eines bleibt sich gleich: daß Sie Ihren Erfolg verdoppeln können, wenn Sie die Erfahrungen, die Sie mit sich und Ihrem Leben machen, GENIESSEN.

ERFREUEN Sie sich an Ihrer Arbeit und an der Reise, die Sie zum Erfolg führt. STRECKEN Sie sich nach den äußersten Grenzen Ihrer Fähigkeiten, und seien Sie STOLZ darauf, alles zu geben, was Sie geben können. Verwandeln Sie Nachteile in Vorteile, indem Sie GEFALLEN daran finden, Ihr Leben speziell nach Ihren Vorstellungen zu gestalten!

Schenken Sie sich selbst ein Lächeln, und nehmen Sie Ihre Schwächen mit mehr Humor. Hüten Sie sich vor dem Saboteur, der in Ihnen selbst steckt, und nehmen Sie Ihr Rollenspiel als Erwachsener nicht zu ernst. Machen Sie sich ein Vergnügen daraus, sich selbst auf dem Weg zum Erfolg zu beobachten. Wenn Sie erst begriffen haben, daß niemand von uns diese schöne Welt lebendig verläßt, dann werden Sie lernen, jede Stunde Ihres Lebens auszukosten.

Ich glaube, daß der geschickteste Weg, dem Tod ein Schnippchen zu schlagen, der ist, sein Leben in vollen Zügen zu genießen und auszuleben. Das Leben ist eine faszinierende Reise. Genießen Sie sie!

# Sieger und Verlierer

Immer dann, wenn der Erfolg in greifbare Nähe kommt, trennen sich die Wege von Siegern und Verlierern. Verlierer entscheiden sich an einem solchen Punkt dafür, den vertrauten Weg, der ihnen keine Angst bereitet, zu gehen. Sieger lassen sich von ihren Ängsten nicht beirren, sondern steuern geradewegs auf ihr Ziel zu. Unbequemlichkeiten nehmen sie dabei gern in Kauf, weil sie wissen, daß sie sie überwinden können.

## VERLIERER

1. Wenn Verlierer Verhaltensmuster, mit denen sie sich selber schaden, ablegen, erwacht in ihnen sofort die Furcht, daß ihr neues Verhalten sie in unvorhersehbare Gefahren bringen könnte. Um diese Ängste auszuschalten, begeben sie sich flugs wieder auf den alten Weg und gebieten dem Fortschritt, den sie machen könnten, Einhalt.

2. Sobald Verlierer die ersten Anzeichen von Erfolg verspüren, bekommen sie's mit der Angst zu tun und sind erleichtert, wieder in ihre alten Gewohnheiten zurückfallen zu können. Für sie hat Erfolg einen zu hohen Preis und ist zudem noch zu schwierig – wenn überhaupt – zu erreichen.

## SIEGER

1. Wenn Sieger sich auf neue Wege wagen, sind sie keineswegs gefeit vor körperlichen Symptomen, die nicht gerade angenehm sind. Doch Sieger ignorieren die auftretenden Beschwerden und setzen alles daran, daß ihnen ihr neues Verhalten so bald wie möglich in Fleisch und Blut übergeht.

2. Wenn Sieger sich dabei ertappen, in alte Gewohnheiten zurückzufallen, loben sie sich dafür, daß sie es immerhin eine Zeitlang geschafft haben, ein neues Verhalten an den Tag zu legen. Dadurch ermutigt, machen sie dort weiter, wo sich der Fehler, den sie begangen haben, eingeschlichen hat.

3. Verlierer versuchen den Erfolg und die Glanzleistungen derer, die sie lieben, zu schmälern. Damit wollen sie die anderen davor bewahren, zu sehr enttäuscht zu sein, wenn ihr Traum doch noch wie eine Seifenblase zerplatzt.

3. Sieger freuen sich über die Erfolge ihrer Freunde und Verwandten und gratulieren ihnen dazu. Sollte der andere wider Erwarten doch noch in seinem Erfolg enttäuscht werden, so weiß ein Sieger, daß man niemanden vor Enttäuschungen bewahren kann und daß sie letztlich notwendige Erfahrungen sind, die man einfach machen muß.

4. Verlierer glauben, ihre Kinder vor Unheil bewahren zu können, indem sie ihnen ständig sagen: »Paß auf, sei vorsichtig, mach keine Fehler, erlaube dir kein Versagen.«

4. Sieger wissen, daß Fehler Lehrmeister sind. Folglich denken sie nicht im Traum daran, ihre Kinder vor kleinen Enttäuschungen oder kleinen Niederlagen zu bewahren. Nach dem Motto »Was Hänschen nicht lernt, lernt Hans nimmermehr« bringen sie ihren Kindern auf diese Weise bei, auch später als Erwachsene mit ihren Problemen fertig zu werden.

5. Ein Verlierer hat eine solche Angst vor dem Versagen, daß er lieber seinen möglichen Erfolg, Reichtum und Ruhm opfert, als das Risiko einzugehen, irgendwelche Fehler zu machen. Er wagt nichts, obwohl er weiß, daß er so nie etwas gewinnen kann.

5. Ein Sieger weiß, daß jeder Mensch das Recht hat, Fehler zu machen. Er sagt sich, »Probieren geht über Studieren«. Weil er weiß, daß er Rück- und Reinfälle überlebt, wagt er es immer wieder, neue Dinge zu versuchen.

6. Manche Frauen sind Verlierer, weil man ihnen beigebracht hat, daß Erfolg »Männersache« ist. Sie fürchten ihre Weiblichkeit zu verlieren, wenn sie Karriere machen. Um das nicht zu riskieren, verzichten sie darauf, sich selbst zu Hochleistungen anzuspornen.

6. Sieger wissen, daß Erfolg nicht davon abhängt, daß man männlichen Geschlechts ist. Erfolgreiche Frauen wissen, daß sie die oberste Stufe der Karriereleiter erklimmen können, ohne mit ihrer Weiblichkeit in Konflikt zu geraten. Sie wissen, daß die Voraussetzungen für Erfolg bei Männern und Frauen dieselben sind: eine gute Ausbildung und die Bereitschaft, hart zu arbeiten. Wer Zeit und Energie in seinen Beruf steckt, wird immer – ob Mann oder Frau – erfolgreich sein.

7. Verlierer glauben, daß Erfolgsmenschen keinerlei Probleme und Ängste haben und daß sie sich, wenn sie erst einmal »oben« sind, nie mehr um weitere Erfolge bemühen müssen.

7. Sieger wissen, daß es nicht allein damit getan ist, sein Ziel zu erreichen. Um oben zu bleiben, muß man weiter hart arbeiten. Sieger wissen auch, daß sie sich manchmal selbst um ihre Erfolge bringen, indem sie sie unbewußt zu vereiteln suchen. Dennoch lassen sie sich von Fehlern, die sie machen, nicht unterkriegen, sondern arbeiten mehr denn je zuvor an sich – und ihren Projekten –, um erneut zu Erfolg zu kommen.

| VERLIERER | SIEGER |
|---|---|
| 8. Verlierer haben Angst davor, eine hervorragende Leistung, die sie erbracht haben, kein zweites Mal wiederholen zu können. Unbewußt tun sie alles, um ihren eigenen Erfolg zu sabotieren. | 8. Sieger befürchten zwar auch, nicht in der Lage zu sein, einen Erfolg, den sie hatten, zu wiederholen. Aber sie geben sich alle Mühe, es dennoch zu tun. Da sie dem, womit sie beschäftigt sind, ihre Zeit und Kraft widmen, erlangen sie einen Erfolg nach dem anderen. |
| 9. Verlierer sind überzeugt davon, daß dem Glück, das sie erfahren können, Grenzen gesetzt sind. Ihrer Meinung nach folgt auf Gutes automatisch Schlechtes und auf jeden Sieg eine Niederlage. | 9. Sieger wissen, daß ihrem Erfolg und dem Glück, das sie empfinden, keinerlei Beschränkungen auferlegt sind. Sie freunden sich mit der Idee an, ihren Erfolg »verdient« zu haben, und trachten danach, noch mehr Erfolg zu »verdienen«. |

# 17. KAPITEL

# Kühnheit hat Geist

*Was du tun kannst, oder zu tun träumst,*
*Fang es an. Kühnheit hat Geist, Kraft und Zauber in sich.*

GOETHE

Beide, Gewinner und Verlierer, haben Tagträume. Aber nur zu oft verbringen Verlierer ihr ganzes Leben damit, sich in Phantasien und der Vorstellung von Ruhm und Ehre zu ergehen – *ohne daß sie je etwas dafür täten,* ihre Träume Wahrheit werden zu lassen. Sieger denken praktischer. Sie handeln und steuern kühn auf ihre Ziele zu. Sie haben nicht die Zeit, sich in unproduktiven Tagträumen zu ergehen, weil sie zu sehr damit beschäftigt sind, ihre Phantasien in Wirklichkeit zu verwandeln.

Sieger können jahrelang auf ihr Ziel hinarbeiten und dabei nach den vernünftigsten und begehbarsten Wegen suchen, um zum Erfolg zu gelangen. Sie lernen – nicht zuletzt durch ihre Mißerfolge –, wie sie am geschicktesten vorwärtskommen, und sie lassen sich durch nichts unterkriegen.

Sieger entwickeln Mut und Stärke, um die Hindernisse, die ihnen im Weg stehen, zu überwinden. Ihr kühner Geist läßt sie nach immer neuen Wegen suchen. Sie trotzen jeder Mißbilligung und verfolgen ihr Ziel unbeirrt.

## Die Kühnheit, jeder Mißbilligung zu trotzen

Eine der Eigenschaften, die alle Sieger haben, ist, auf ihre Fähigkeiten zu vertrauen und sich nicht von dem, was andere sagen, beirren zu lassen. Wenn man die frühen Lebensjahre gefeierter Persönlichkeiten betrachtet, stellt sich heraus, daß einige von ihnen unter schmerzlichen Entmutigungen ihrer Lehrer oder Erziehungsberechtigten zu leiden hatten. Ironischerweise war aber gerade das Gebiet, auf dem sie verhöhnt wurden, jenes, auf dem sie später zu Ruhm gelangten.

Viele von ihnen bekamen zu hören, daß sie es nie schaffen würden oder daß ihnen einfach das notwendige Talent fehle. Aber sie hörten nicht auf das, was man ihnen sagte. Na, wie steht's, erkennen Sie einige dieser Namen wieder?

*Woody Allen*, Oscar-Gewinner, Autor, Produzent, Regisseur und Schauspieler, fiel bei der Filmproduktion der New York City-Universität, im City College von New York und in Englisch an der N. Y. U. durch.

*Malcolm Forbes*, Chefredakteur des *Forbes*-Magazin, einer der größten Unternehmenszeitschriften der Welt, schaffte es nicht, für *The Princetonian*, die Studentenzeitschrift der Princeton-Universität, arbeiten zu dürfen.

*Leon Uris*, Autor, Gelehrter und Philosoph in einem, fiel im Gymnasium dreimal in Englisch durch. »Nur gut, daß Englisch nichts mit Schreiben zu tun hat«, sagt er.

*Liv Ullmann*, die zweimal als beste Schauspielerin für den Oscar nominiert wurde, schaffte die Aufnahmeprüfung an die Staatliche Schauspielschule in Norwegen nicht. Die Jury erklärte ihr, sie habe *kein* Talent.

*Geraldo Rivera*, Fernseh-Journalist, mußte in Englisch und Mathematik Sonderkurse belegen, bevor er vom Maritime College der State University of New York angenommen wurde.

*Barbara Jordan*, US-Parlamentarierin in Texas, verlor die Wahl zur Studentensprecherin der Texas Southern University.

*Dr. Richard L. Mani*, Neuroradiologe am Veteran's Hospital der University of California, San Francisco, fiel in seinem ersten Studienjahr in Neuroanatomie durch. Heute lehrt er dieses Unterrichtsfach.[41]

*Dr. Albert Einstein*, Physiker und Nobelpreisträger, dessen Theorien den Grundstein für die Atomphysik legten, fiel bei der Aufnahmeprüfung fürs Gymnasium durch, weil er schlecht in Mathematik war.

*Dr. Theodore Maiman*, Physiker und Erfinder des Laserstrahls, mußte seine mündliche Doktorprüfung an der Stanford-Universität wiederholen.

All diese genialen Köpfe ließen sich weder durch ihr eigenes Versagen, noch durch die »wohlgemeinten Ratschläge« ihrer Umwelt von ihren Zielen abbringen. Sie wollten, was immer sie sich vorgenommen hatten, schaffen, und sie schafften es.

Schon vor rund 2000 Jahren erklärte Sokrates, daß es ein notwendiger Reifeprozeß sei, traditionelle Denkweisen für sich selbst noch einmal zu überdenken, bevor man sie annimmt – oder eben auch verwirft. Erfolgsmenschen stellen die Autorität anderer und auch Traditionen in Frage. Ihre schöpferische Vorstellungskraft und ihre Kühnheit ermöglichen es ihnen, furchtlos nach neuen Wegen, die sie zu ihrem Ziel führen, zu suchen. Sie lassen sich nicht von alten Regeln, denen ihre Lehrmeister blind gefolgt sind, einengen.

## Norman Lear
## geht auf seine Art und Weise vor

Norman Lear, eines der größten Fernsehtalente unserer Zeit, war einst ein Schuhverkäufer, der unbedingt Hollywood-Autor werden wollte. Zuerst versuchte er es auf konventionelle Weise, die Aufmerksamkeit der Agenten und Produzenten auf sich zu lenken. Aber damit hatte er kein Glück. Die üblichen Wege, Komiker zu werden, führten bei Lear einfach nicht zum Ziel.

Daraufhin wagte er einen kühnen Versuch, mit dem er seine Talente anpreisen wollte. Erfinderisch, wie er war, bat er einen Freund, ihm die Telefonnummer eines berühmten Hollywood-Komikers zu besorgen. Den rief Lear dann an.

Sobald er die Stimme des Stars am anderen Ende der Leitung erkannte, sagte er, ohne sich auch nur vorzustellen: »Der wird Ihnen gefallen, dieser Witz.« Und schon begann er, einen besonders komischen Sketch, den er geschrieben hatte, vorzutragen. Als er damit fertig war, bog der Komiker sich vor Lachen. Ihm hatte nicht nur der Sketch, sondern auch die Kühnheit, mit der Lear seine Aufmerksamkeit erregt hatte, gefallen.

In der darauffolgenden Unterhaltung fragte der Komiker Lear, ob er je für das Fernsehen gearbeitet hätte. Der wagemutige Schuhverkäufer, der noch nie ein Studio von innen gesehen hatte, antwortete ihm ohne zu zögern: »Natürlich.«

Daß sein Anrufer nicht nur hervorragend schreiben, sondern auch Fernseherfahrung vorweisen konnte, freute den Starkomiker besonders. Am Ende des Telefonats hatte Lear seinen ersten Auftrag, für das Danny-Kaye-Weihnachtsspecial zu schreiben, in der Tasche.

Seine Kühnheit hatte sich bezahlt gemacht!

## Ein Jahr lang blieb er am Ball

Sollte Ihnen der Name Jerry Weintraub nicht geläufig sein, er ist einer von Hollywoods Top-Managern und Produzenten. Die Liste seiner Klienten enthält einen Superstar nach dem anderen. Neil Diamond, John Denver, Wayne Newton und Herb Alpert gehören dazu, um nur einige zu nennen.

Eine seiner größten Herausforderungen, so erzählte mir Jerry, war in den 60er Jahren, die Konzerte des damals größten Stars veranstalten zu dürfen. Nämlich die Konzerte von Elvis Presley.

Damals war jeder scharf darauf, ein Stück von Elvis zu kriegen. Mit Elvis zu tun zu haben bedeutete für den, der die Auftritte veranstaltete, Millionen.

Eines Morgens, als Jerry Weintraub erwachte, berichtete er seiner Frau Jane Morgan von dem Traum, den er in dieser Nacht gehabt hatte: »Ich sah etwas Wunderschönes: eine große Leinwand, auf der stand, ›Jerry Weintraub präsentiert Elvis Presley!‹«

Kaum war Weintraub in seinem Büro, rief er Colonel Parker, Elvis' Manager, an. Er hoffte, daß er in Parker das Interesse wecken könne, Elvis durch seine Agentur, Management III, zu vertreten.

Der Colonel erteilte ihm eine glatte Absage. Aber dadurch ließ Weintraub sich nicht irritieren. Er hatte einen kühnen Plan: er würde Parker so lange mit Telefonaten bombardieren, bis dieser endlich zustimmte. Und genau das tat Weintraub. Ein ganzes Jahr lang rief er Parker tagtäglich an. Die Abweisungen, die er sich dabei immer wieder einhandelte, störten ihn nicht.

»Weshalb sollte ich Ihnen diesen Gefallen tun?« war Parkers ständige Frage. »Im Gegensatz zu anderen Leuten, denen ich wirklich einen Gefallen schuldig bin, schulde ich Ihnen gar nichts!« Und immer wieder hatte Weintraub auf diese Frage dieselbe Antwort parat: »Weil ich besonders gut bin. Weil ich das, was ich tue, besser mache als jeder andere. Lassen Sie es mich Ihnen beweisen!«

Schließlich nahm der Colonel Kontakt mit Jerry auf und sagte: »Wenn Sie sich sofort mit einem gedeckten Scheck über eine Million Dollar hierher bewegen, können wir miteinander ins Gespräch kommen.« Der Colonel, selbst ein kühner Mann, hatte keine Hemmungen, Weintraub mit dieser ungeheuren Forderung zu kommen. Gerechtfertigt war Parkers Forderung nach einer Million Dollar damals noch nicht.

Weintraub überzeugte einen Geschäftsmann in Seattle, die enorme Summe, die er nun zur Hand haben mußte, zu investieren. Glücklicherweise war der Geldgeber ebenso wagemutig wie Weintraub selbst.

Weintraub traf also Elvis' Manager in Las Vegas und präsentierte ihm, gemeinsam mit den Vorstellungen, die er hatte, auch den von Parker geforderten Scheck. Parker warf den Scheck auf seinen Schreibtisch, schüttelte Jerry die Hand und sagte: »Wir sind im Geschäft.«

Freudestrahlend eilte Jerry zurück zu seinen Partnern und teilte ihnen mit: »Wir haben Elvis!«

Als er seinem Anwalt von seinem Fang berichtete, fragte dieser Jerry nach seinem Vertrag. »Ich habe keinen«, war die Antwort.

»Wie sind denn die Bedingungen?« wollte der Anwalt wissen.

»Das weiß ich nicht«, sagte Jerry. »Ich weiß nur, daß wir Elvis haben.«

Ein Jahr später, nachdem Weintraub Elvis-Konzerte in ganz Amerika veranstaltet hatte, gab Parker den Scheck über die Million Dollar an Weintraub zurück. Der Scheck hatte die ganze Zeit in seinem Schreibtisch gelegen. Als Jerry ihn fragte, weshalb er den Scheck nicht eingelöst habe, bekam er zur Antwort: »Das Geld hat mich nicht interessiert. Ich wollte nur sehen, ob Sie das haben, was man braucht, um mit den großen Jungen zu spielen.«

## Die neue Assistenzärztin macht sich an die Arbeit

Es macht mir Spaß, Geschichten über die Kühnheit zu berichten. Und da ich auch nicht gerade schüchtern bin, möchte ich Ihnen an dieser Stelle ein Ereignis aus meinem Leben erzählen.

1970 war ich als Ärztin mit meinem Diplom des Instituts für Psychiatrie von der Londoner Universität nach Amerika zurückgekehrt. Doch obwohl ich bereits drei Jahre lang in London gearbeitet und in den frühen 60ern vier zusätzliche Jahre als Therapeutin in Amerika verbracht hatte, durfte ich in Kalifornien nicht praktizieren. Nicht jedenfalls, ohne zuvor ein Jahr als Assistenzärztin in einem amerikanischen Institut absolviert zu haben.

Ich konnte es kaum fassen. Nicht nur hatte ich in England eine blühende Arztpraxis gehabt, sondern ich war auch regelmäßig in Rundfunk- und Fernsehsendungen erschienen. In Amerika wieder von vorn beginnen zu müssen, war ziemlich entmutigend. Aber um meinen Beruf in Kalifornien ausüben zu dürfen, blieb mir nun einmal gar nichts anderes übrig.

Am ersten Tag, an dem ich in dem Krankenhaus, in dem ich meine Assistenzarztzeit verbringen sollte, erschien, teilte mir der Leiter der psychologischen Abteilung mit, daß ich einen von drei leerstehenden Büroräumen als den meinen wählen durfte.

Als erstes zeigte er mir ein großes, sonniges Zimmer, das außer einem Schreibtisch und zwei Metallstühlen mit gerader Lehne keinerlei Mobiliar enthielt. Die anderen beiden Alternativen waren zwei winzige Räume, die so vollgestopft waren, daß sie wie Abstellkammern wirkten. Eines der beiden Zimmer hatte nicht einmal ein Fenster. Das einzige, was für die kleinen Zimmer sprach, war, daß sie wenigstens vernünftig möbliert waren.

Da ich große Therapiegruppen mit manchmal zwei Dutzend Teilnehmern leite, fiel meine sofortige Wahl auf den großen Raum, obwohl er so gut wie unmöbliert war.

Mittlerweile hatte ich auch gehört, daß der Südflügel des Hospitals seit einem Jahr geschlossen war. Da es meinem Zimmer an Mobiliar fehlte, machte ich mich auf den Weg durch den Südflügel, um mich dort umzuschauen, ob es vielleicht irgendwelche unbenutzte Möbelstücke gab, die ich für mein Zimmer brauchen könnte.

Als ich durch die verlassenen Flure ging, beschlich mich ein unheimliches Gefühl. Mir war, als beträte ich eine ägyptische Grabkammer. Die Räume, an denen ich vorbeikam, waren angefüllt mit Schätzen: gemütlichen Sofas und Sesseln, Tischen, Lampen, Archivschränken... alles, was ich für mein Zimmer brauchte.

Ich konnte es nicht fassen, daß all diese Möbel hier Staub sammelten, während in der psychologischen Abteilung nicht einmal die Mindestausstattung an Mobiliar vorhanden war. Es war mir nämlich aufgefallen, daß selbst das Büro des Chefpsychiaters ziemlich leer war.

Also machte ich mich an die Arbeit. Ich schob Sofas, Sessel, Schreibtische vom Südflügel in mein Büro. Weil die Flure frisch gebohnert waren, ging der Umzug mühelos vonstatten.

Ob ich diesen Umzug ohne jemanden zu fragen überhaupt veranstalten durfte oder nicht, kam mir dabei gar nicht in den Sinn. Meine Logik war folgende: Das gesamte Hospital, einschließlich der psychologischen Abteilung, gehörte ein und derselben Organisation. Ich brauchte Möbel, und im unbenutzten Südflügel gab es sie. Alles, was ich also tat, war, das Mobiliar des Hauses von einer Abteilung in die andere zu schaffen. Es erschien mir unsinnig, daß eine vielbeschäftigte Abteilung auf Möbel verzichten sollte, die in einem unbenutzten Teil des Krankenhauses zuhauf herumstanden! Also hatte ich die Initiative ergriffen und die Angelegenheit selbst in die Hand genommen.

Stellen Sie sich das Bild vor, wie ich, mit vollen hundert Pfund Gewicht und in ein konservatives englisches Kostüm gekleidet, eine mit tausenderlei Kleinkram überladene Couch über Krankenhausflure schiebe. Ebenfalls ein Bild für Götter, wie ich alle anderen Möbelstücke, eines nach dem anderen, vom Südflügel in mein Büro befördere.

Während dieser Aktion wurde ich mehrmals von verschiedenen Krankenschwestern und Pflegepersonal aufgehalten und befragt: »Wo schieben Sie dieses Sofa hin?«... »Was haben Sie mit diesen Lampen vor?«... »Wer hat Ihnen die Erlaubnis gegeben, die Sessel umzuräumen?«... »Niemand darf den Südflügel betreten... er ist geschlossen!«

Wann immer ich mit solchen Fragen konfrontiert wurde, lächelte ich nur freundlich, nickte mit dem Kopf und eilte weiter. Antworten oder Erklärungen gab ich nicht, ich wollte mich von meinem Vorhaben weder ablenken noch abbringen lassen. Ich brauchte die Dinge, die ich gefunden hatte, und ich war fest entschlossen dazu, sie nicht wieder aus der Hand zu geben.

Die meisten Menschen neigen dazu, einen Rückzieher zu machen, wenn sie von anderen, die sich autoritär verhalten, zur Rede gestellt werden. Dadurch, daß ich all diese Leute freundlich anlächelte und unbeirrbar weitermachte, erweckte ich in ihnen den Eindruck, als hätte ich für mein Tun von höchster Stelle die Erlaubnis. Ich schien genau zu wissen, was ich tat; mehr noch: Ich schien genau das zu tun, was ich tun sollte!

Eine Stunde später sah mein Zimmer wie verwandelt aus. Es war voll und ganz eingerichtet. Ich hatte es geschafft! Mein Herz klopfte vor Stolz und Freude, als ich das Ergebnis betrachtete, und ich lächelte zufrieden.

# Das Jüngste Gericht droht

Zehn Minuten später betrat einer der Ärzte mein frisch möbliertes Büro. Er sah besorgt drein. Kein Wunder, die Nachricht meines Massentransports hatte sich wie ein Lauffeuer durch das gesamte Krankenhaus verbreitet! Der Arzt gab mir zu verstehen, daß er nicht begreifen konnte, woher ich »den Nerv« gehabt hatte, mir diese Möbel einfach anzueignen. Er erklärte mir weiterhin, daß Dr. Selden, eines der einflußreichsten Mitglieder der Krankenhausverwaltung, ebenfalls von meiner eigenmächtigen Tat gehört hatte.

Er warnte mich: »Dr. Selden wird Sie heute nachmittag aufsuchen!« Seine düstere Ankündigung klang, als habe er gerade ein Hinrichtungsurteil gesprochen. Von diesem Moment an wagte ich kaum noch zu atmen, bis Dr. Selden um 16 Uhr endlich erschien. Den gesamten Nachmittag über hatte ich Magenschmerzen gehabt.

Obwohl ich Angst hatte, dachte ich mir: »Wenn dieser Mann klug genug ist, um einer der mächtigsten Männer in der Krankenhausverwaltung zu sein, dann müßte er eigentlich auch klug genug sein, um die Absurdität der Situation zu begreifen. Es wäre dumm und albern, zwei Dutzend Patienten bitten zu müssen, auf dem Fußboden Platz zu nehmen, wenn in einem anderen Flügel des Krankenhauses -zig Möbelstücke unbenutzt herumstehen.«

Als Dr. Selden mein Büro betrat, hatte ich zwar wackelige Knie, aber es gelang mir trotzdem, auf ihn zuzugehen und ihn mit einem festen Händedruck zu begrüßen. Lächelnd sagte ich dann: »Ich bin sehr erfreut, Sie in meinem neuen Büro empfangen zu dürfen.«

Mit der Anmut und der Leichtigkeit, mit der eine Gastgeberin einen Gast in ihrer Villa willkommen heißt, bat ich Dr. Selden, sich zu setzen. (Weil mein Zimmer voller Möbelstücke war, stellte diese Einladung kein Problem dar!) »Sie sind mein erster Besucher«, sagte ich. »Es freut mich, daß Sie sich die Zeit genommen haben, zu mir zu kommen. Bei Ihrem vollen Tagesprogramm ist das besonders freundlich von Ihnen!«

Mr. Selden mußte lachen. Dann schlug er sich ein paarmal auf die Knie und lachte weiter. Schließlich sagte er: »Sie sind mir eine! Da sind diese Möbel seit Urzeiten nichts als Staubfänger, und keiner kommt auf die Idee, sie in sein Büro zu holen und sie zu benutzen. Und dann kommen Sie, und kaum sind Sie eine Stunde hier, fangen Sie schon mit dem Möbelrücken an.«

Dann lachte er wieder. »Ich mag, was Sie da getan haben«, fuhr er fort. »Erzählen Sie mir ein bißchen über sich selbst. Man hat mir erzählt, daß Sie in London mit großem Erfolg für den Rundfunk und das Fernsehen gearbeitet haben. Das ist ziemlich ungewöhnlich für eine amerikanische Studentin.«

Mehr als zwei Stunden lang erzählte ich Dr. Selden von den wissenschaftlichen Studien, die ich in England betrieben hatte. Er war ein interessanter Gesellschafter, und es machte mich glücklich, daß er sich für die Arbeit, die ich mit meinen psychotischen Patienten unternommen hatte, interessierte. Weiterhin wollte er wissen, wie ich mir mein Jahr als Assistenzärztin vorstellte.

Nachdem ich ihm über meine Medienerfahrung in London berichtet hatte, erklärte ich ihm, daß meine Rundfunk- und Fernsehauftritte mir sehr dabei geholfen hatten, die Ergebnisse meiner Untersuchungen zu verbreiten. Ich schlug ihm also vor, sein Krankenhaus berühmt zu machen und die Zahl seiner ambulanten Patienten zu verdoppeln, wenn er es mir erlaubte, während meiner Arbeitszeit in den lokalen Medien zu erscheinen. Das Thema, über das ich sprechen wollte, waren die großen Familientherapiegruppen, die ich leiten und zu denen ich die Öffentlichkeit über die Medien einladen wollte. Außerdem wollte ich PTAs (Eltern-Lehrer-Gruppen), Kiwanis, Rotary und andere Clubs aufsuchen. Dort wollte ich über die Behandlungsmethoden unseres Krankenhauses – an ambulanten und stationären Patienten – berichten und wieder das Hauptaugenmerk auf meine Familientherapien lenken.

Ich erklärte Dr. Selden weiter, daß mein erster Plan war, ein allwöchentliches Müttertreffen von etwa sechzig Frauen zu organisieren; sie sollten über Probleme in der Kindererziehung diskutieren. Ferner, daß ich sehr interessiert daran sei, Ehe-Therapiegruppen von jeweils fünfzehn oder zwanzig teilnehmenden Paaren ins Leben zu rufen. Dafür war ich natürlich gern gewillt, länger zu bleiben und eben auch abends zu arbeiten.

Ich schloß mit der Erklärung, daß ich dem Hospital weitaus nützlicher sein könnte, wenn ich mich an die Öffentlichkeit wenden und die Anzahl der Patienten erhöhen würde, als wenn ich eine ganz normale Assistenzarztzeit hinter mich brächte.

Dr. Selden gefiel, was ich an neuen Ideen vorgetragen hatte, und so machten wir uns daran, die Verwirklichung meiner Vorschläge in Angriff zu nehmen. Er wollte wissen, ob ich Büromaterial oder sonst irgend etwas brauchen würde. »Und ob«, gab ich zur Antwort. »Ich werde eine Liste von Dingen, die mir zu meiner Arbeit noch fehlen, anfertigen. Was ich ebenfalls noch brauche, ist Personal, das mich bei meiner Arbeit unterstützt. Als erstes benötige ich zum Beispiel mindestens eine Sekretärin.«

Er war ganz schön geschockt, als er das hörte. »Ist Ihnen überhaupt klar«, fragte er mich, »daß die gesamte psychologische Abteilung über nicht mehr als *zwei* Sekretärinnen verfügt? Und daß sich zwanzig Ärzte diese beiden Sekretärinnen teilen müssen? Da wollen Sie, daß ich Ihnen ganz *für Sie allein eine* Sekretärin zuteile, Dr. Kassorla?«

»Natürlich«, sagte ich. »Wenn ich die Zahl der Neuaufnahmen verdopple, benötige ich ganz einfach Leute, die mir zur Hand gehen.«

Dr. Selden machte einen verwirrten Eindruck, als er schließlich auf seine Uhr blickte und sich zum Gehen wandte. An der Tür drehte er sich noch einmal um, begann erneut zu lachen, zeigte mit dem Finger auf mich und versprach: »Bis morgen mittag haben Sie Ihre neue Sekretärin!«

Meine kühnen Taten hatten mir zum Glück gereicht: Ich erhielt die Erlaubnis, meine von mir so heißgeliebte Rundfunk- und Fernseharbeit fortzusetzen; ich bekam eine Privatsekretärin, mein Büro war wunderschön eingerichtet, und dieses wichtige Vorstandsmitglied hatte sich bereit erklärt, mich zu unterstützen.

Ende des Monats hatte ich bereits einige meiner Pläne in Taten umgesetzt. Ich hatte öffentliche Vorträge gehalten und war mehrmals im Rundfunk und im Fernsehen interviewt worden.

Zudem hielt ich mein Versprechen. Nach nur drei Monaten hatte ich die Anzahl ambulanter Patienten der psychologischen Abteilung verdoppelt. Wieder ein paar Monate später hatte sich die Zahl der Patienten der psychiatrischen Abteilung des Krankenhauses verdreifacht. Was mich jedoch am meisten freute, war, daß ich tagtäglich große Familientherapiegruppen leitete, zu denen Eltern auch ihre kleinen Kinder, von denen manche erst drei Jahre alt waren, mitbrachten.

Als sich die Anzahl der Patienten verdoppelt hatte, fand ich in meiner Lohntüte einen Zettel von Dr. Selden, auf dem stand: »Das haben Sie großartig gemacht!« Dazu hatte er mir eine Gehaltserhöhung gegeben, die mir 1970 ein Vermögen zu sein schien. Meine Kühnheit hatte sich im wahrsten Sinne des Wortes bezahlt gemacht. Auch Sie können ein wagemutiges Vorgehen in klingende Münze umsetzen. Behalten Sie nur immer den Ratschlag des New Yorker Psychiaters Dr. Jack Chernus in Erinnerung:

*»Lösen Sie Ihre Probleme, indem Sie entschlossen handeln. Andere mögen Ihnen widersprechen oder Sie abzulenken versuchen, aber lassen Sie sich dadurch nicht beeinflussen. Halten Sie an Ihrem Plan, von dem Sie glauben, daß er funktioniert, fest.«*

# In Krisenzeiten

Die drei Geschichten, die ich Ihnen erzählt habe, zeigen, daß es nur von Vorteil ist, furchtlos und beharrlich zu handeln und zu denken. In normalen Zeiten dürfte eine solche Lebenseinstellung schon sehr gewinnbringend sein: In Krisenzeiten jedoch kann kühnes Vorgehen nicht nur Probleme lösen, sondern oft sogar völlig neue Möglichkeiten erschließen.

Die alten Chinesen wußten das. Die Weisheit, die in ihrer Kultur liegt, sagt, daß Krisen gute Gelegenheiten dazu sind, sich weiterzuentwickeln und geistig zu reifen. Tatsächlich besteht das chinesische Schriftzeichen für »Krise« aus zwei

Schriftzeichen, von denen das eine »Gefahr« und das andere »Gelegenheit« bedeutet.

Wenn sie in eine Krise geraten, versuchen Sieger nicht nur, ihre Hauptprobleme aus dem Weg zu schaffen; sie bemühen sich gleichzeitig darum, ihre allgemeine Lage zu verbessern. Sie sind Bilderstürmer, die es wagen, neuen Gedanken und neuen Methoden nachzugehen und zu erforschen.

## Selbst Präsidenten wagen Experimente

Während seiner Amtszeit als Präsident der Vereinigten Staaten war Franklin Delano Roosevelt gleich mit zwei großen Krisen konfrontiert worden: einer niederschmetternden, weltweiten Finanzwirtschaftskrise und einem Weltkrieg. Die Ansprache, die Roosevelt 1932 an der Oglethorpe-Universität hielt, beweist, mit welcher Stärke er Probleme anging:

*»Das Land braucht, und, wenn ich seine Wesensart nicht falsch einschätze, das Land verlangt Kühnheit und beharrliches Experimentieren. Der gesunde Menschenverstand gebietet es, ein Konzept auszuwählen und es auszuprobieren. Wenn dieses Konzept fehlschlägt, gibt man es offen zu und versucht ein anderes.«*

Roosevelt wurde seinen Worten gerecht, indem er Neuerungen und Sozialreformen einführte. Die kühnen Versuche, die er wagte, schlugen tatsächlich manchmal fehl, aber sie führten auch zu Erfolgen, die weltweit von Bedeutung waren.

Nur wenige von uns werden die Gelegenheit erhalten, ein Land zu regieren. Aber das soll niemanden daran hindern, sein tagtägliches Leben mit größerer Kühnheit, Beharrlichkeit und Experimentierfreude anzugehen. Nehmen wir eine meiner Patientinnen. Sie wurde nicht müde, immer neue Alternativen auszuprobieren, bis sie geschäftlich genau das erreicht hatte, was sie hatte erreichen wollen.

# Sherry ließ nicht locker

In England behandelte ich eine dynamische Frau namens Sherry, die seit damals zehn Jahren ihre eigene Antiquitäten-Importfirma erfolgreich leitete.

Eines Tages, als Sherry vom Mittagessen in ihre Ausstellungs- und Verkaufsräume zurückkehrte, erfuhr sie von ihrer Sekretärin, daß eine gewisse Mrs. Avery, die eine neue Fracht holländischer Antiquitäten ansehen wollte, den Termin abgesagt hatte. Laut Sherrys Sekretärin mußte die Kundin zum Zahnarzt.

Verärgert fragte Sherry ihre Sekretärin: »Weshalb haben Sie nicht versucht, einen anderen Termin mit ihr zu vereinbaren, als Sie sie am Telefon hatten? Ich will Mrs. Avery als Kundin auf keinen Fall verlieren. Sie wissen genausogut wie ich, daß sie ganz versessen auf holländische Antiquitäten ist, und ich fürchte, daß ein anderer Händler sie uns wegschnappt, wenn sie die Möbel, die wir neu hereinbekommen haben, nicht sieht. Sie kennen doch meine Philosophie: Ein ›Nein‹ bedeutet lediglich, daß Sie es noch einmal versuchen müssen.«

Sherrys Sekretärin bestand allerdings darauf, daß Mrs. Avery keinerlei Begeisterung dafür gezeigt hatte, einen neuen Termin mit ihr zu vereinbaren. »Selbstverständlich habe ich probiert, sie dazu zu bekommen«, erklärte die Sekretärin, »aber sie hatte ganz einfach kein Interesse. Glauben Sie mir, ich weiß, wenn jemand einen Rückzieher machen will, und so habe ich sie nicht weiter gedrängt. Sie klang schon verärgert genug und erzählte mir, wie beschäftigt und ausgelastet sie sei.«

Sherry wußte, daß sie sich auf ihre Sekretärin und auch den Eindruck, den sie von dem Telefonat gehabt hatte, verlassen konnte. Trotzdem wollte Sherry nicht lockerlassen. Sie griff noch einmal selbst zum Telefon und rief die Kundin an.

Nach einer herzlichen Begrüßung begann Sherry über ihre eigene Angst, die sie vor Zahnarztbesuchen hatte, zu reden. Dann gab sie zu, daß sie ebenso wie Mrs. Avery Zahnarzttermine nie platzen ließ, weil sie nur eines wollte: sie hinter sich bringen. Schließlich gab sie noch ein paar komische Begebenheiten zum besten, die ihr vor lauter Angst beim Zahnarzt passiert waren.

All das tat Sherry, weil sie ahnte, daß sie sich eine Zurückweisung einhandeln würde, wenn sie das Gespräch mit der momentan offenbar desinteressierten Kundin sofort auf das eigentliche Thema brächte. Sherrys Erfolg als Geschäftsfrau beruhte nämlich nur teilweise auf ihrem umfassenden Wissen und der Erfahrung, die sie mit europäischen Antiquitäten hatte. Was einen weitaus größeren Teil ihres beruflichen Erfolgs ausmachte, war ihre Liebe zu Menschen. Folglich war sie den Stimmungen der anderen gegenüber einfühlsam, ohne allerdings zu übersehen, wann es wichtig war, ihren eigenen Willen durchzusetzen.

Weil Sherry Menschen wirklich gerne mochte, spürte sie, wann sie ihnen als Geschäftsfrau gegenübertreten mußte und wann sie es sich erlauben konnte, von ihren eigenen Schwierigkeiten zu erzählen. Sie wußte, wann es an der Zeit war zuzuhören und wann sie selbst über ihre Probleme sprechen konnte.

Irgendwann bei dem Gespräch mit Mrs. Avery kam Sherry schließlich auf die Freude zu sprechen, die sie und ihre Mitarbeiter beim Auspacken der Antiquitäten, die aus Amsterdam eingetroffen waren, gehabt hatten. Dann machte Sherry eine positive Voraussage, die fast so klang, als sei sie schon Wahrheit geworden: »Warten Sie nur, bis Sie all die Schätze sehen«, sagte sie mit freudiger Erregung in der Stimme. »Ich bin sicher, daß Sie ebenso begeistert davon sein werden, wie wir es sind!«

Sie fuhr fort: »Wie ich Ihren ausgezeichneten Geschmack kenne, weiß ich jetzt schon, daß es Ihnen schwerfallen wird, sich für das eine oder andere Stück zu entscheiden, weil jedes Teil dieser Lieferung haargenau das ist, was Sie suchen. Weshalb schauen Sie nicht einmal in Ihren Terminkalender? Ich habe meinen vor mir, und ich glaube schon, daß wir irgendwo eine Lücke von zwei Stunden finden können, wo wir beide Zeit haben.«

Durch ihre lockere Art, durch das Verständnis, das sie ihrer Kundin entgegenbrachte, und dadurch, daß sie sich mit ihr identifizierte, hatte Sherry es fertiggebracht, eine Atmosphäre zu schaffen, in der sie mit Mrs. Avery plaudern konnte. Ihre kühne Bemerkung: »Ich weiß jetzt schon, daß es Ihnen schwerfallen wird, sich für das eine oder andere Stück zu entscheiden«... hatte Mrs. Averys Desinteresse an einem Termin in Interesse verwandelt. Und wie Sherry vorgeschlagen hatte, griff Mrs. Avery zu ihrem Terminkalender, um ein Treffen zu vereinbaren.

Dann allerdings tauchten neue Probleme auf. Zuerst erklärte Mrs. Avery, daß sie ihre Tochter Caroline jeden Tag von der Schule abholen müsse und damit die Nachmittage für ein Treffen nicht in Frage kämen. Sich an einem Vormittag mit Sherry zu verabreden war ihr ebenfalls unmöglich, da sie vormittags arbeitete. An den Wochenenden fuhr sie aufs Land. Kurzum: Mrs. Avery präsentierte Sherry einen Grund nach dem anderen, aus dem es ihr einfach nicht möglich war, sich die neu angelieferten Antiquitäten anzusehen. Gegen keinen dieser Gründe konnte Sherry etwas sagen.

Dennoch blieb sie beharrlich. So bot sie Mrs. Avery an, daß ihre Sekretärin das Mädchen von der Schule abholen und zu Sherrys Antiquitätenladen, wo sie ihre Mutter treffen könnte, fahren würde. Immer dann, wenn die Kundin sich erneut querstellte, gab Sherry sich besonders hilfsbereit und liebenswürdig. Das Ergebnis war, daß sie Mrs. Avery doch noch zu einem Treffen überreden konnte. Und wie Sherry vorhergesagt hatte, war Mrs. Avery von der holländischen Fracht so begeistert, daß sie gleich mehrere Antiquitäten daraus erwarb.

✳

Wie hätten Sie die Angelegenheit mit Mrs. Avery gehandhabt? Hätten Sie aufgegeben, wenn Ihre Sekretärin Ihnen gesagt hätte, daß seitens der Kundin keinerlei Interesse mehr bestehe? Wäre es Ihnen gelungen, den Kontakt zur Kundin wieder herzustellen und sie dazu zu bringen, mit Ihnen zu plaudern? Sagen Sie sich jetzt: »Sherry hat diese Frau durch manipulative Schmeicheleien und durch ihr aggressives Vorgehen geradewegs dazu gezwungen, sich mit ihr zu verabreden?«

Das stimmt nicht. Sherry war eine ehrliche Frau. Alles,

was sie in ihrer Unterhaltung mit Mrs. Avery gesagt hatte, war ehrlich gemeint gewesen: die mitfühlenden Bemerkungen zum Zahnarztbesuch ebenso wie das, was Sherry über Mrs. Averys ausgezeichneten Geschmack gesagt hatte. Sherry hatte ihrer Kundin nicht geschmeichelt, sondern sie hatte ernsthaftes Interesse an den Problemen ihrer Kundin gezeigt. Das hatte sie dann damit gekoppelt, kühn und entschlossen das Ziel, das sie sich gesetzt hatte, zu verfolgen.

Hatte Sherry sich aggressiv verhalten? Und ob!

ERFOLGSMENSCHEN LASSEN NICHT LOCKER.

Und sie werden oft dafür belohnt, daß sie am Ball bleiben. Und vergessen Sie nicht, daß es in diesem Beispiel für *zwei* Frauen ein Happy-End gab: Die Kundin war glücklich über die Einkäufe, die sie getätigt hatte, und Sherry war ebenfalls glücklich, weil sie das getan hatte, was sie am meisten liebte: Antiquitäten einzukaufen und sie wieder zu verkaufen.

# Dem Überleben gewidmet

Um zu den Siegern zu gehören, ist es wichtig für Sie zu lernen, sich auch durch schwierige Zeiten durchzuboxen. Um Gelegenheiten, die zum Erfolg führen, zu bekommen, müssen Sie sich aktiv dem Überleben von Notlagen widmen. Solange Sie sich aktiv mit einem Dilemma, vor dem Sie stehen, befassen, geben Sie sich selbst die Möglichkeit, Wege zu finden, die Sie aus besagtem Dilemma herausführen.

*»Erfolg scheint zu einem großen Teil davon abzuhängen, auch dann noch am Ball zu bleiben, wenn andere längst aufgegeben haben.«*

WILLIAM FEATHER

Die Übung, die nun folgt, sollten Sie immer dann noch einmal ansehen, wenn für Sie die Notwendigkeit besteht zu handeln. Sie wird Ihnen vor allem in Krisensituationen eine große Hilfe sein. Aber selbst wenn sie sich derzeit nicht mit Problemen auseinandersetzen müssen, kann die nun folgende Übung dazu beitragen, Ihr Leben erfolgreicher als bisher zu gestalten.

## Übung 16:
## Wie die Kühnen überleben

Tagtäglich sind Menschen dazu gezwungen, gegen Krisensituationen anzukämpfen und sich mit ökonomischen oder emotionalen Problemen ihres Lebens auseinanderzusetzen. Wir hören von Firmen, die pleite gehen, plötzlichen Todesfällen, tragischen Unfällen und Urteilen, die irrtümlicherweise gefällt wurden und deren Konsequenzen unwiderruflich sind.

Wie niederschmetternd die Umstände jedoch auch sein mögen – Sieger entwickeln dadurch, daß sie immer neue Versuche wagen, eine Persönlichkeit, die auch Situationen überlebt, aus denen andere als Seelenkrüppel hervorgehen. Wenn auch Sie die Fähigkeit entwickeln wollen, Krisen zu überstehen (und mit Ihren derzeitigen Schwierigkeiten klarzukommen), so wird Ihnen das gelingen, indem Sie beherzigen:

**Je schwieriger die Zeiten sind, desto mehr Mühe müssen Sie sich geben**

Allzufrüh aufgeben vergrößert Ihre Probleme nur. Wenn Sie ernsthafte Rückfälle erleiden, bleiben Sie am Ball! Verdoppeln Sie die Mühe, die Sie sich geben. Fassen Sie den Entschluß, zu überleben. Lassen Sie nicht locker, bis Ihr eiserner Wille und Ihre Zielstrebigkeit Ihnen dazu verholfen haben, die Krise zu überstehen.

**Seien Sie realistisch**

Seien Sie realistisch, wenn Sie das Ausmaß der Krise, in der Sie stecken, überprüfen. Nehmen Sie ein Problem nicht auf die leichte Schulter. Wenn Sie nämlich die Problematik einer Situation unterschätzen, werden Sie sich nicht genug darauf vorbereiten können, sie aus dem Weg zu schaffen.

## Seien Sie dynamisch

Widmen Sie dem, womit Sie sich befassen, all Ihre Energie. Machen Sie sich keine Gedanken darüber, daß Sie sich erschöpfen könnten. Sieger tun immer zuviel – und wenn sie das geschafft haben, tun sie noch mehr. Müdigkeit und Abgeschlafftheit kennen sie nicht. Sie machen so lange weiter, bis es Zeit ist, schlafen zu gehen.

## Gehen Sie Schritt für Schritt vor

Wenn Sie eine große Krise oder ein so schreckliches Ereignis wie den plötzlichen Tod eines von Ihnen geliebten Menschen hinter sich haben, lassen Sie sich Zeit, um wieder voll zu Kräften zu kommen. Tun Sie einen Schritt nach dem anderen, bis Sie Ihre seelische Stärke wiedererlangt haben. Versuchen Sie nicht, übermenschliche Kräfte beweisen zu wollen, indem Sie alle Ihre Probleme auf einen Schlag zu lösen versuchen. Wählen Sie als erstes die Aufgabe, die Sie am wahrscheinlichsten bewältigen können. Jedes noch so geringe Erfolgserlebnis trägt in solchen Situationen dazu bei, Ihre Energie und Ihr positives Denken Stück für Stück zu erhöhen.

## Folgen Sie Ihren Intuitionen

Sobald Sie sich dazu entschlossen haben, vorwärtszukommen, sollten Sie nicht nur auf Ihren Intellekt, sondern auch auf Ihre Intuitionen hören. Lassen Sie sich weder von Ihrer Familie noch von Freunden unter Druck setzen. Nehmen Sie einen Standpunkt ein, und vertreten Sie das, *woran Sie glauben*. Unabhängig davon, ob Sie richtig oder falsch liegen: Es wird Zeit, daß Sie sich auf *Ihre eigene* Urteilsfähigkeit verlassen und an *Ihre eigene* Klugheit glauben.

## Gestehen Sie sich es ein, wenn Sie verärgert sind

Es ist ganz normal, verärgert zu sein, wenn Sie gezwungen werden, sich mit einer Krisensituation zu befassen. So wichtig es für Sie ist zu begreifen, daß Sie höchstwahrscheinlich selbst dazu beigetragen haben, sich in Schwierigkeiten zu bringen, sollten Sie doch eines nicht vergessen: Sie haben ein Recht darauf, sich darüber zu ärgern, daß Sie nun so viel Zeit damit verbringen müssen, das Problem, das entstanden ist, aus der Welt zu räumen.

## Lassen Sie sich von anderen trösten

Ob es ihnen gut oder schlecht geht, Verlierer haben eigentlich immer etwas zu jammern. Durch ihre chronisch negative Einstellung bedingt, schenkt man ihnen dann, wenn tatsächlich eine Krise eintritt, keinen Glauben mehr und tröstet sie auch nicht. Wenn Sie hingegen ein positiver Mensch sind, der sein Leben normalerweise im Griff hat, sollten Sie in schwierigeren Zeiten den Kummer, den Sie haben, ruhig mit anderen teilen. Geben Sie anderen die Gelegenheit, Sie zu trösten. Sie haben diese Unterstützung verdient und brauchen sich nicht zu schämen.

## Setzen Sie Ihre Verpflichtungen in Gewinn um

Seien Sie geistig wachsam, und halten Sie Ausschau nach Gelegenheiten, die sich aus einer Krisensituation oder einer schwierigen Lage ergeben könnten. Anstatt sich voll und ganz auf die Mißlichkeit Ihrer Lage zu konzentrieren, sollten Sie lieber nach positiven Aspekten suchen. Selbst aus der größten Katastrophe heraus kann sich manchmal eine Idee entwickeln, die Ihnen zu einem gewinnbringenden neuen Unternehmen verhilft.

## Scheuen Sie sich nicht davor zu experimentieren

Der Ausweg aus einer Krise mag nicht immer auf Anhieb zu entdecken sein. Solange Sie aber willens sind zu experimentieren und immer neue (Aus-)Wege zu suchen, *werden* Sie – selbst wenn die Erfolgschancen gering zu sein scheinen – schließlich eine Lösung finden.

Sieger sind sich selbst dazu verpflichtet, etwas zu leisten. Sie haben ihre Antennen, die sie in jeder Situation immer wieder neue Möglichkeiten finden lassen, unablässig ausgefahren. Im gesellschaftlichen und auch im beruflichen Bereich stehen sie mit anderen immer aktiv in Verbindung. Durch ihr kühnes, entschlossenes Handeln können sie nebenbei gemachte Bemerkungen oder Einladungen in fruchtbare Gelegenheiten verwandeln.

Hier ist noch ein Beispiel, wie eine meiner Patientinnen die Initiative ergriff und dadurch ein für sie maßgebliches Geschäftsbündnis schloß.

## Laureen packte die Gelegenheit beim Schopf

Laureen ist eine Songschreiberin, deren Lieder seit Jahren von Menschen in aller Welt gesungen werden. Ihre Kollegen in der Musikverlagsbranche würden sie ganz gewiß als einen Erfolgsmenschen bezeichnen.

Ich erinnere mich an eine Geschichte, die sie mir erzählte und aus der ersichtlich wird, daß Sieger selbst die kleinsten Erfolgschancen kühn ergreifen.

Auf einer Cocktailparty wurde Laureen mit einem berühmten Plattenstar bekannt gemacht. Nachdem die beiden sich ein paar Minuten lang unterhalten hatten, erwähnte er, daß er sich mit dem Gedanken trage, demnächst ein Lied über Einsamkeit aufzunehmen.

Sobald er diesen Gedanken ausgesprochen hatte, nahm Laureen ihn auf. »Ich habe mir auch schon viele Gedanken über Einsamkeit gemacht«, sagte sie. »Einsamkeit ist ein ergiebiges Thema. Ein Thema, das mich interessiert. Jetzt, wo wir davon reden, fallen mir alle möglichen Dinge dazu ein. Ich würde Ihnen sehr gerne einen Text über Einsamkeit schreiben.«

Der berühmte Plattenstar schien nicht sonderlich interessiert an ihrem Vorschlag zu sein. Aber als er die Party verließ, drückte er Laureen seine Visitenkarte in die Hand und sagte: »Vielleicht können wir uns ja eines Tages ausgiebiger über dieses Thema unterhalten.«

Obwohl er nur eine vage Bemerkung gemacht hatte, begann Laureen sofort zu handeln. Wie Erfolgsmenschen es so an sich haben, ignorierte sie sein beiläufiges »eines Tages« völlig und setzte kühn voraus, daß sie mit ihm zusammenarbeiten würde.

Am nächsten Morgen bereits rief sie den Sänger voller Energie an und sagte: »Ich konnte heute nacht kaum schlafen, weil mir so viele Gedanken über Einsamkeit in den Sinn kamen. Das Gerüst für ein Lied habe ich bereits, und ich kann es kaum erwarten, es Ihnen zu zeigen. Wann können wir uns treffen?«

Laureens letzte Bemerkung war kühn und richtungweisend gewesen: Sie nahm es ganz einfach als *gegeben*, daß er sich mit ihr treffen und gemeinsam mit ihr an dem Liedertext arbeiten würde. Dem Sänger gefiel ihre Begeisterung, und er lud sie ein, mit ihm zusammenzuarbeiten. Das glückliche Resultat war ein Welthit.

Später erfuhr Laureen, daß seine anfängliche Unentschlossenheit ihr gegenüber eine Folge seiner extremen Schüchternheit war. Er hatte sie nicht vertrösten wollen oder kein Interesse gehabt – er hatte lediglich nicht gewußt, wie er sich ihr gegenüber verhalten sollte.

Wäre Laureen ein Verlierer gewesen, hätte sie die Party verlassen und sich die ganze Nacht darüber Gedanken gemacht, was sie zu dem Sänger hätte sagen sollen oder können. Am Morgen wäre sie dann zu folgendem Schluß gekommen: »Er ist einfach zu groß und zu berühmt für mich. Zum Teufel mit ihm. Ich werde nicht um Arbeit betteln, wo ich unerwünscht bin. Wenn er nicht an mir interessiert ist, bin ich auch nicht an ihm interessiert. Daß er mir zum Abschied seine Karte gegeben hat, war nichts weiter als eine Geste, wie sie jeder in dieser Stadt macht. Was glaubt er eigentlich, wer er ist, daß er mir sagen kann, daß wir uns eines Tages ausgiebiger darüber unterhalten können? Ich brauche keine Almosen. Weder von ihm noch von sonst irgend jemand!«

Sieger denken anders. Sie packen auch die geringste Gelegenheit, die ihrer Karriere dienlich sein könnte, beim Schopf. Wenn sie das kleinste Anzeichen einer Gelegenheit erkennen, stürzen sie sich darauf. Und wenn eine Tür, durch die sie gehen wollen, nur wenige Millimeter geöffnet ist, setzen sie alles daran, sie ganz aufzustoßen und sich Eintritt zu verschaffen.

## Sie werden es nicht jedesmal schaffen

Selbst wenn Sie kühn handeln, werden Sie nicht unbedingt immer mit dem, was Sie sich vorgenommen haben, erfolgreich sein. Es ist sogar so, daß auch Gewinner bei sieben von zehn Versuchen ein »Nein« ernten!

Was diese Prozentzahl anbetrifft, so sagte mir Diane Bennett, die Musikkritikerin für den *Hollywood Reporter*:

*»Auch wenn man mir eine Million Male ›nein‹ sagt, lasse ich mich nicht entmutigen und mache weiter. Denn alles, was ich wirklich brauche, um es zu schaffen, ist ein einziges ›Ja‹.«*

## Sieger und Verlierer

Beide, Gewinner und Verlierer, tagträumen über die Dinge, die sie eines Tages erreichen wollen. Für Verlierer bleiben diese Tagträume Phantasie. Sieger hingegen finden einen Weg vorwärtszukommen und ihr Ziel zu erreichen. Sie zeichnen sich unter anderem durch folgende Eigenschaften aus: den Mut, die Mißbilligung, die sie von anderen erfahren, nicht ernst zu nehmen, die Stärke, Enttäuschungen zu überwinden, und die Vorstellungskraft, immer neue Wege zu ihrem Ziel zu finden. Auch Ihnen kann es gelingen, Ihre kühnsten Träume – durch kühnes Vorgehen – Wahrheit werden zu lassen.

## VERLIERER

1. Wenn Verlierer von ihren Lehrern oder Erziehungsberechtigten entmutigt werden, glauben sie tatsächlich, daß sie für das, was sie erreichen wollen, »einfach nicht das Zeug haben«. Folglich geben sie alle Hoffnung auf Erfolg auf, ohne einen zweiten Anlauf zu wagen.

2. Verlierer wagen es nicht, den Status quo herauszufordern. Sie meiden alle Dinge, die auf eine andere als auf die übliche Art und Weise getan werden müssen.

3. In Krisenzeiten sind Verlierer wie gelähmt. Dadurch, daß sie sich ausschließlich auf die Angst, die sie haben, konzentrieren, versäumen sie Gelegenheiten zu entdecken, die es ihnen ermöglichen würden, das Problem, um das es geht, aus der Welt zu schaffen.

## SIEGER

1. Sieger vertrauen auf ihre Fähigkeiten. Wenn man ihnen sagt, daß sie das eine oder andere Talent nicht haben, geben sie sich die doppelte Mühe, um das Gegenteil zu beweisen. Kühn und entschlossen gehen sie auf das Ziel, das sie vor Augen haben, zu.

2. Sieger stellen traditionelle Handlungsweisen und Konzepte in Frage. Sie schaffen es, die Dinge von verschiedenen Seiten zu betrachten und anzugehen. Wenn sie auf eine Art und Weise nicht weiterkommen, suchen sie eben nach wieder anderen, neuen Möglichkeiten, ihr Ziel zu erreichen.

3. Wenn Sieger mit einer Krisensituation konfrontiert werden, arbeiten sie nicht nur an der Problemlösung, sondern sie versuchen zugleich, der Krise eine gute Seite abzugewinnen. Sie wissen, daß sich manchmal mitten aus einer Katastrophe die Gelegenheit ergeben kann, eine völlig neue Idee zu entwickeln, die alle Chancen hat, erfolgreich zu sein.

4. In schwierigen Zeiten lassen sich Verlierer von ihren Ängsten dermaßen überwältigen, daß sie gerade die Experimente, die ihnen zum Erfolg verhelfen könnten, nicht mehr zu unternehmen wagen. Statt dessen geben sie verzweifelt auf, bevor sie auch nur nach einer Lösung zu suchen begonnen haben.

4. Wenn's schwierig wird, geben Sieger erst recht nicht auf. Weil sie interessiert daran sind zu überleben, schlagen sie sich mit einem Problem so lange herum, bis sie eine Lösung dafür gefunden haben.

5. Verlierer wollen nicht, daß man ihnen nachsagen könnte, sie seien aggressiv. Folglich stellen sie ein »Nein« und Erklärungen, die man ihnen dafür liefert, nicht in Frage. Weil sie sich kein Herz fassen können, ungünstige Situationen zu verändern, leben sie in ständiger Enttäuschung und fühlen sich nie richtig wohl.

5. Für Sieger bedeutet ein »Nein« nichts anderes als die Herausforderung, sich noch mehr Mühe als bisher zu geben oder einen anderen Weg, der sie zu ihrem Ziel führt, einzuschlagen. Wagemutig wie sie sind, experimentieren sie so lange herum, bis sie das, was sie sich vorgenommen haben, erreicht haben.

6. Verlierer reagieren nicht auf vage Vorschläge, die ihnen gemacht werden, oder Möglichkeiten, die sich ihnen bieten. Sie wollen hofiert werden und warten darauf, daß sie konkrete Angebote bekommen. Aus Angst vor Zurückweisung und aus Mißtrauen Freundlichkeit und Komplimenten gegenüber verschenken sie sämtliche Gelegenheiten, die sich ihnen bieten, ihr Leben zu verbessern.

7. Nur dann, wenn das Ziel, das sie vor Augen haben, problemlos zu erreichen ist, sind Verlierer bereit, ein wenig Zeit und Mühe zu investieren. Sie verlangen Erfolgsgarantien. Da sie diese so gut wie nie bekommen, sind sie entsprechend selten zu motivieren, sich selbst zu helfen.

6. Sieger packen auch die geringste Möglichkeit an, ihre Karriere auf- und auszubauen. Wenn eine Tür, durch die sie gehen wollen, nur wenig geöffnet ist, setzen Sieger alles daran, um sie gänzlich aufzustoßen. Wenn Sie auf Ablehnung treffen, versuchen sie alles, was in ihrer Macht steht, um die Situation zu ihrem Vorteil zu verändern.

7. Sieger können viele Erfolge verbuchen, weil sie aktiv sind und ihr Glück an vielen neuen Projekten versuchen. Das tun sie, obwohl sie genau wissen, daß viele der Dinge, die sie dort in Angriff nehmen, fehlschlagen werden.

# Nun ist es Zeit, Abschied zu nehmen

Abschiednehmen ist mir immer schon schwergefallen. Ich weiß nie, was man zum Abschied sagt und wie man damit anfängt. Dieses Buch zu beenden ist, als schlösse ich ein sehr wichtiges und schönes Kapitel meines Lebens ab. Während ich an meinem Schreibtisch sitze, füllen sich meine Augen mit Tränen, und die Worte auf dem Papier verschwimmen.

Weshalb ertappe ich mich immer wieder beim Weinen, wenn ich die letzten Seiten eines Buches schreibe? Warum? Vielleicht liegt es daran, daß ich Ihnen drei Jahre lang, in denen ich diese Seiten geschrieben habe, so nahe war. Vielleicht liegt es daran, daß ich so viel von mir selbst zwischen die Buchdeckel gesteckt habe, daß ich nicht weiß, wie ich mich davon trennen soll. Vielleicht aber ist es auch nur meine eigene unbewußte Erfolgsangst, die mich erwischt hat. Immer, wenn ich ein großes Projekt beendet habe, das so sehr ein Teil meines Lebens ist wie dieses Buch, bin ich mit dieser Angst konfrontiert.

Ich dachte mir gerade: »Wie würde ich diese Kassorla über ihre Tränen hinwegtrösten, wenn sie eine meiner Patientinnen wäre?«

Und dann sagte ich mir: »Zuerst würde ich sie umarmen und sagen: ›Ist ja schon gut, Liebes. Ich verstehe, daß du weinst. Deine Tränen hängen mit dem Schmerz, den du bei einer Trennung empfindest, zusammen. Aber mach' dir keine Sorgen, du wirst bald wieder mit deinen Lesern zusammen sein.‹«

Dann würde ich Irenes Hand in meine nehmen und sagen: »Gib deinen Lesern einen Abschiedskuß, Irene, schreibe die letzten Seiten... und trockne deine Tränen.«

Am Beginn des Buches bat ich Sie, meine Hand zu ergreifen. Ich wollte Ihnen ein Gefühl der Sicherheit verleihen, weil ich weiß, wie beängstigend es ist, sich verändern zu wollen und ganz allein auf sich selbst gestellt zu sein.

Ich bin stolz darauf, daß Sie mir vertraut haben und mit mir gegangen sind. Jetzt aber ist es an der Zeit, daß Sie sich selbst vertrauen und den letzten Teil der Reise ohne mich machen.

Sie sind startbereit, lieber Leser und liebe Leserin.

Die Belohnungen dafür stehen schon für Sie bereit. Greifen Sie danach, greifen Sie nach Ihrem Leben. GEHEN SIE DAS WAGNIS EIN.

GEBEN SIE SICH SELBST EINE CHANCE.

Machen Sie sich auf den Weg, und genießen Sie die Abenteuer, die auf Sie warten. Wenn Sie dazu bereit sind, sich Mühe zu geben, können auch Sie zu einem Energiebündel werden, das gerne und gut arbeitet und dabei glücklich ist. Gewiß fallen Sie dabei auch manchmal auf die Nase. Aber dann stehen Sie eben wieder auf und machen weiter, bis Sie die nächste Bauchlandung erleben. Und auch dann rappeln Sie sich wieder hoch! Wagen Sie es, Fehler zu machen und daraus zu lernen. Lernen Sie auch, nach Enttäuschungen nicht aufzugeben. Dann wird Ihnen der Erfolg gewiß sein, werden Sie das Drama, die Erregung und die Freude, die Sieger verspüren, selbst erfahren.

Lernen Sie sich selbst... besser kennen. Finden Sie heraus, wieviel Spaß Sie in der unbezahlbaren Zeit, die Ihnen auf diesem herrlichen Planeten zur Verfügung steht, haben können!

Sie sind jetzt dafür ausgerüstet, Ihr Schicksal in die Hand zu nehmen und zu verändern. Sie können ein individuelles Konzept für Ihren einzigartigen Lebensstil entwerfen, das Ihren persönlichen Schriftzug trägt. Wenn Sie erfolgreich sein wollen, müssen Sie die Ausdauer und den Mut dazu haben, sich selbst so weit wie möglich zu entwickeln.

Ich möchte, daß Sie Ihr eigenes Glück schmieden, indem Sie Ihre eigenen Wunder und Verwandlungen vollbringen. Fördern Sie alles, was Ihnen an Kreativität zur Verfügung steht, zutage. Werden Sie der Mensch, den Sie schätzen und respektieren können – der Mensch, der Sie wirklich sein wollen.

Fangen Sie jetzt damit an.

Sie haben sie in sich...

DIE KRAFT, IHR LEBEN ERFOLGREICH ZU GESTALTEN.

# ANMERKUNGEN

1 Paul Cameron, »Mood as an Indicant of Happiness: Age, Sex, Social Class, and Situational Differences«, *Journal of Gerontology*, 30:2 (1975). S. 216–224.

2 Barbara Rowes, *The Book of Quotes* (New York: Dutton, 1979).

3 John Barlett, *Barlett's Familiar Quotations* (Boston: Little, Brown & Company, 1980), S. 925.

4 Margaret Truman, *Harry S. Truman* (New York: Pocket Books, 1974), S. 5.

5 Ibid., S. 48.

6 Louis Binstock, *The Road to Successful Living* (New York: Simon & Schuster, 1958), S. 111.

7 George Plimpton, Herausgeber, *Writers at Work: The Paris Review Interviews* (New York: Penguin Books, 1981), S. 364–365.

8 Karin Mack, Ph. D. und Eric Skjei, PH. D., *Overcoming Writing Blocks* (Los Angeles: J. P. Tarcher, 1979).

9 Ibid., S. 148.

10 Ibid., S. 147.

11 John Barlett, *op. cit.*, S. 661.

12 Beide, Margaret Thatcher und ich, wurden vom Pan Hellenic Council der USC zu »den zehn einflußreichsten Frauen von 1980 gewählt, die alle eines gemeinsam haben: Sie alle sind Trend-Setter, deren Aktivitäten den Frauen neue Möglichkeiten eröffnen«.

13  Angus Deming, Anthony Collings, Tony Clifton und Allan J. Mayer; »Britain's ›Iron Lady‹«, *Newsweek* (14. Mai 1979).

14  Edith Loew Gross, »The All-Out, Attractive Style of Mary Wells Lawrence«, *Vogue* (Februar 1978).

15  Jerry Pournelle, »Fuzzy Black Holes«, *A Step Further Out* (New York: Ace Books, 1979), S. 157.

16  *Time* (7. Juni 1968), S. 30.

17  P. Huisman und M.G. Dortu, *Lautrec By Lautrec* (New York: The Viking Press, 1964).

18  Phil Gailey, »Behind the Scene with Ed Williams«, *The New York Times Magazin* (17. April 1983), S. 55–56, 60ff.

19  Paula Rice Jackson, »Winning is Everything«, *House and Garden* (Juni 1979), S. 150.

20  Ibid., S. 192.

21  Norman Vincent Peale, *The Power of Positive Thinking* (New York: Fawcett Crest, 1959), S. 66.

22  W.S. Verplanck, »The Control of the Content of Conversation: Reinforcement of Statements of Opinion«, *Journal of Abnormal Social Psychology*, 51 (1955), S. 668–676.

23  Diese theoretischen Konzepte wurden in den 1930er Jahren durch die Untersuchungen und Schriften B.F. Skinners erklärt.

24  1967 erlaubte Mr. Blakes Schwester der BBC, den Namen ihres Bruders und mein Experiment als Material für eine Rundfunk-Dokumentarsendung zu benutzen. Die Sendung wurde zu einem internationalen Wettbewerb eingereicht, bei dem sie 1968 den »Italia Preis« für die TV-Radio-Dokumentationen gewann.

25  L. Jesse Lemisch, Herausgeber, *Benjamin Franklin: The Autobiography and Other Writings* (New York: New American Library, 1961), S. 185.

26  *Playboy* (Juni 1981), S. 116.

27  Anthony R. Ferris, Herausgeber und Übersetzer, *Spiritual Sayings of Kahlil Gibran* (New York: Citadel Press, 1962).

28  Margaret Truman, *op. cit.*, S. 3.

29  Budd Schulberg, »What Makes Hollywood Run Now?«, *The New York Times Magazin* (27. April 1980).

30  Lois Korey, »How to be a Phenomenal Success ... First You Gotta Be Rotten«, *Mademoiselle* (September 1976), S. 248.

31  Dr. Herbert Hoffmann, Direktor des Hillside Psychological Guidance Center, Queens Village, New York.

32  Robert Frost, »The Road Not Taken«, *Complete Poems of Robert Frost* (New York: Henry Holt and Company, Inc., 1949), S. 131.

33  *Society Magazine* (Juli/August 1981), S. 2.

34  »Insecurity: Self-Saboteurs«, *Psychology Today* (Dezember 1979), S. 31.

35  Albert Rosenfeld, »Learning to Give Up«, *Saturday Review* (3. September 1977), S. 36.

36  Ibid., S. 37.

37  Norman Cousins, »Anatomy of an Illness (As Perceived By The Patient)«, *The New England Journal of Medicine* 295:26 (23. Dezember 1976), S. 1461.

38  Fredelle Maynard, »Turning Failure Into Success«, *The Reader's Digest* (Dezember 1977), S. 126.

39  Fredelle Maynard, *op. cit.*, S. 124.

40  Mary McHugh, »Career, Husband, Kids ... Can You Have It All?«, *Cosmopolitan* (Januar 1983).

41  »Don't Give Up!« *Glamour* (August 1978), S. 224.

Josef Kirschner

# So planen Sie
# Ihr Leben richtig

### Neun Schritte zu einem
### selbstbewussten Leben

Für ein erfülltes Leben brauchen Sie Ziele und Konzepte, an denen Sie sich orientieren können.

Josef Kirschners praktische Anleitung gibt Ihnen die Möglichkeit, Ihren ganz persönlichen Lebensplan zu erstellen, um zu einem selbstbewussten Leben zu gelangen.

In neun Schritten zeigt der Autor, wie Sie Antworten auf die zentralen Fragen jeder Lebensplanung finden: Erkennen Sie Ihre Wünsche und planen Sie den Weg, um sie zu erreichen.

Knaur

Josef Kirschner

# So nutzen Sie Ihre eigenen Kräfte besser

## Fünf Techniken,
## die alles möglich machen

Nur Sie sind der Schlüssel zu Ihrem eigenen Lebensglück.
Josef Kirschner zeigt in seinem Ratgeber, wie Sie Ihre
Kräfte entdecken und für sich nutzbar machen können.
Seine Botschaft ist so einfach wie genial: Glauben Sie an
sich! Verlassen Sie sich auf sich selbst, und Sie werden in
Zukunft nicht mehr manipuliert werden können.
Der Weg zum Ziel erfordert nur ein bißchen Zeit und
Aufmerksamkeit: Über Atem- und Entspannungstechniken
lernen Sie, sich Ihr Unterbewusstsein nutzbar zu machen
und Ihr Selbstbewusstsein zu stärken.

Knaur